Gonglu Gongcheng Shigong Celiang
Changyong Gongshi Chengxu Bianxie Ji Yingyong

公路工程施工测量
常用公式程序编写及应用

——CASIO *fx*—4500*PA*(4500*P*)、4800*P*
(4850*P*)型计算机程序计算专集
(新增用于5800*P*机型的程序转换技巧)

韩山农 编著

人民交通出版社

内 容 提 要

本书是一本关于公路工程施工测量的工具书。全书共分上下两篇,分别讲述了 CASIO fx—4500PA(4500P)型和 CASIO fx—4800P(4850P)型计算机程序编写的基本知识、基本编程技术和基本编程的操作方法步骤,在此基础上,详细讲述了公路工程施工测量中常用公式的程序清单、算例及程序执行的操作方法步骤。附录收集了公路工程施工测量实用程序,并介绍了 CASIO fx –5800P 型计算器的编程规律与格式。

本书可供从事公路工程施工测量的工程师及有关工程技术人员参考,也可供有关院校路桥工程测量专业师生参考使用。

图书在版编目(CIP)数据

公路工程施工测量常用公式程序编写及应用:CASIO fx
–4500PA(4500P)(4800P)(4850P)型计算机程序
计算专集(新增用于 5800P 机型的程序转换技巧)/韩山农编著.
–北京:人民交通出版社,2006.1
  ISBN 978 – 7 – 114 – 05899 – 8

  Ⅰ.公… Ⅱ.韩… Ⅲ.道路测量 – 可编程序计算器
– 应用程序 Ⅳ.U412 –39

  中国版本图书馆 CIP 数据核字(2006)第 001283 号

书   名:公路工程施工测量常用公式程序编写及应用
著 作 者:韩山农
责任编辑:孙 玺
出版发行:人民交通出版社
地   址:(100011)北京市朝阳区安定门外外馆斜街 3 号
网   址:http://www.ccpress.com.cn
销售电话:(010)59757969,59757973
总 经 销:人民交通出版社发行部
经   销:各地新华书店
印   刷:北京市密东印刷有限公司
开   本:720×960 1/16
印   张:24.75
插   页:3
字   数:340 千
版   次:2006 年 2 月第 1 版
印   次:2011 年 6 月 第 5 次印刷
印   数:12001 – 14000 册
书   号:ISBN 978 – 7 – 114 – 05899 – 8
定   价:35.00 元
(如有印刷、装订质量问题的图书由本社负责调换)

谨以此书献给从事公路工程施工测量的工程师及有关技术人员

重 印 说 明

本书自出版以来,以其良好的实用性和可操作性深受广大读者喜爱,市场目前正在热销,并曾一度售罄。为继续提高本书完整性和实用性,并方便读者更有效使用,作者在每次重印时均作了一些局部修订。其中第 2 次重印时分别于第七章、第八章、第九章、第十二章后增加了相应内容:

1. 第七章"CASIO fx—4800P 型计算机程序编写基本操作技术"部分,增加第五节"fx—4800P 型计算机程序编写及操作实例——施工支导线的测设及程序编写计算方法"

2. 第八章"公路工程施工导线近似平差分步计算程序"部分,增加第七节"附和导线近似平差一次性计算程序"

3. 第九章"公路工程施工水准测量近似平差分步计算程序"部分,增加第三节"单一水准线路近似平方差程序清单"

4. 第十二章"线路施测中其他有关计算程序"部分,增加第十四节"匝道平面线位放样桩位坐标程序计算"

第 4 次重印,为适应 CASIO 5800P 机型用户的需求,特在附录中增加了将 fx—4800P/4850P 程序修改为 fx—5800P 程序的规律,即:一个语言对照表,三个编程格式化和编辑程序八大要领。读者只要按照这个规律去做就能很容易地把 fx—4800P/4850P 现用程序修改成 fx—5800P 能用的程序。

为使本书更加完善、实用,质量更高,我们与作者共同希望广大读者就本书中的不足给出您的宝贵意见。您认为本书存在什么问题或者希望本书继续增加什么具体内容? 请您将您的意见和建议汇总并发送给作者或图书出版中心。

更多人民交通出版社土木与建筑类图书期待您的关注,详情请登陆 www.ccpress.com.cn 或来电咨询 010－85285927,5928。

人民交通出版社
2010 年 1 月

前　言

作者在《公路工程施工测量》(人民交通出版社,2004 年 9 月第 1 版)一书中介绍的公路工程施工测量中常用公式的程序计算和操作方法步骤,引起了读者广泛兴趣,有不少读者来函来电咨询程序编写技术及有关问题。由于作者在公路施工一线工作,时间不容作者一一答疑。据此,作者根据 CASIO fx—4500PA 型计算机和 CASIO fx—4800P 型计算机程序计算功能,依据《公路工程施工测量》书中讲述的公路工程施工测量常用公式,结合作者实践作业中程序计算经验,利用一年多业余时间,撰写成《公路工程施工测量常用公式程序编写及应用》一书。谨以此书献给从事公路工程施工测量的工程师及有关工程技术人员。

全书分上下两篇,共十二章。上篇详细讲述了 CASIO fx—4500PA 型计算机程序编写的基本知识、基本编程技术和基本编程的操作方法步骤。在此基础上,详细讲述了公路工程施工测量中常用公式程序编写的方法步骤、程序清单、应用算例、程序执行的操作方法步骤,以及程序应用范围和注意事项。

下篇详细讲述了 CASIO fx—4800P 型计算机程序编写的基本知识、基本编程技术和基本编程的操作方法步骤。在此基础上,详细讲述了公路工程施工测量中常用公式的程序清单、算例及程序执行的操作方法步骤。

书中程序编写上篇采用的是 CASIO fx—4500PA 型计算机,对于 CASIO fx—4500P 型计算机同样适用。下篇采用的是 CASIO fx—4800P 型计算机,对于 CASIO fx—4850P 型计算机,程序清单可参考使用。

书中的程序和算例,大部分已在公路工程施工实践中应用验证,少部分不常用的程序,也经过了反复比较验算,实践证明,这些程序是实用的、可行可靠的,可供公路施工测量生产中应用。

书中语言通俗,一程一例,容易理解,容易掌握,看了就会。书中介绍的程序清单,清楚、明白,容易弄懂;程序编程方法简单、直观,容易操作;编程语句简捷、短小,容易输入,不易出错;程序执行操作方便,计算快捷、准确。可供从事公路工程施工测量、监理、施工、管理人员使用,也可供公路设计技术人员参考,还可供有关院校路桥工程测量专业师生参考使用。

实践证明,CASIO *fx* 系列可设程式科学计算机,由于其键盘字符一目了然,便于选用;程序编写操作简便,输入字符方便快捷;由于其体积小,重量轻,携带方便,手控操作容易;加之其成本低廉,价格便宜等优势,决定了 CASIO *fx* 系列计算机在当前计算机市场上处于领先地位。它不但乐为从事公路工程施工测量的工程师选用,而且也深受其他行业的测量工程技术人员所青睐。

作者认为,可设程式科学计算机在公路工程施工测量计算领域里的应用,为我们从事公路工程测量的工程师们提供了一门新的计算技术。只要我们熟练地掌握了这门新的计算机技术,就能使我们从常规计算公式手算中解放出来,从而为公路工程施工快速地、准确地和及时地提供作业中各种所需要的数据,保证满足我国现阶段现代机械化公路建设的高效率、高质量和高精度的要求。作者衷心希望从事公路建设的同行们把自己应用程序计算的经验总结出来,让我们携起手来,共同促进这门新的计算技术——公路工程施工测量程序计算技术的推广和应用。

本书在撰写过程中,得到了广东冠粤路桥有限公司陈宗湖、列钦工程师的热情帮助。至此出书之际,表示衷心的感谢。

由于作者水平有限,书中难免有谬误不妥之处,敬请读者批评指正,以使公路工程施工测量程序计算技术不断发展完善。

作者联系:

(341100)江西省赣县城东原赣县钨矿院内十栋 204 号

电话:0797－4439570。

韩山农

二〇〇五年十月

目 录

2

上 篇

Shang pian ▶▶ ▷

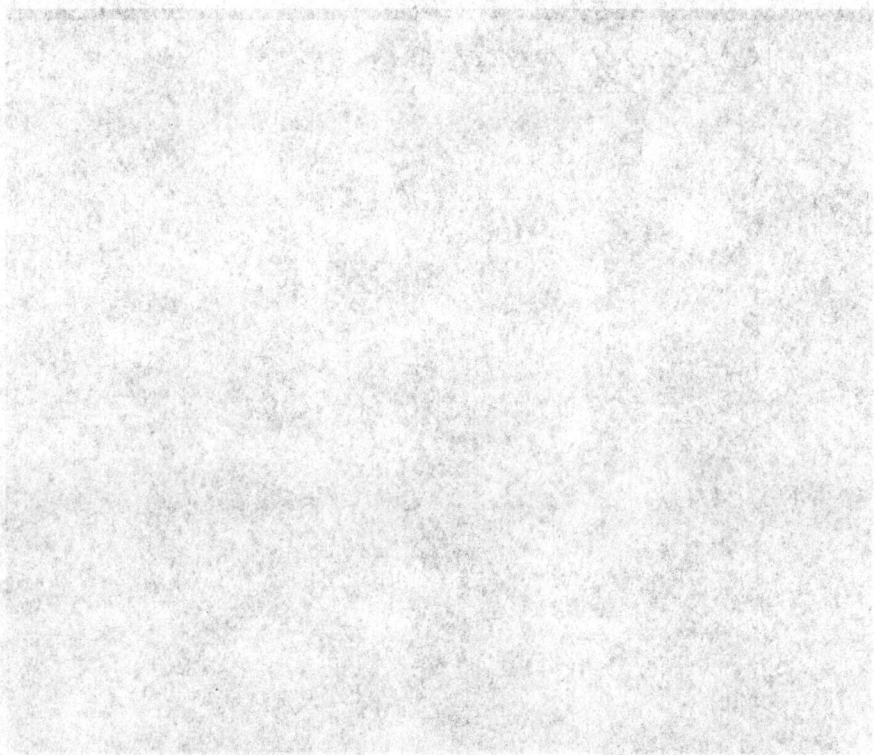

第一章

CASIO fx—$4500PA$($4500P$)型计算机 程序编写基本知识

第一节　fx—$4500PA$($4500P$)型计算机程序 计算功能简介

　　CASIO fx—$4500PA$($4500P$)型计算机是最先进的可设程式的科学计算机。它具有能同时显示计算方程式及计算结果的 2 行式显示幕的特色。其记存计算方程式的内藏式方程式储存系统,可使我们很方便地、轻易地进行重复计算或手控计算。该机的"多重语句功能",可让我们快速又容易地进行程序的编辑与查寻,而"转移指令"功能可使我们重复实行同一计算方程式或变换实行至另一个计算方程式,进行一连串的计算。

　　fx—$4500PA$($4500P$)型计算机程序计算的这些特别功能将为我们公路工程施工测量师带来很大方便,并将大大提高工效和成果提供的可靠率。

　　我们知道,公路工程施工,从开工到施工,到施工结束,从路基到垫层,到基层,到面层,施工测量师重复做的工作就是恢复线路中桩和边桩的平面位置及测设中桩和边桩的高程,量大而繁。用常规方法计算放样数据,实践证明难以满足施工的进度,特别是用水准测量方法测设大量中桩及边桩的高程,用常规方法计算:

$$H_i = H_巳 + a - b_i$$

是无法满足一边施工一边进行高程放样的。如果我们将其上述公式用 fx—$4500PA$($4500P$)型计算机程序计算功能编写成程序:

　　F1　　H　　(文件名)

　　L1　LbI　0:Z:A:{B K}:B>0⇒H=Z+A−B◢V=K−H◢≠⇒B

≤0⇒Goto　1◺ LbI　1:{Z A}:Goto 0◺ Goto 0

　　则可方便地、轻易地计算出每一桩位的高程放样数据。

3

从上述示例中，我们明确地看出 fx—$4500PA$（$4500P$）型计算机程序计算较常规公式计算的优越性。我们应充分地利用可设程式的科学计算机这一优越性为我们公路工程施工测量服务，使其成为施工测量师手中得心应手的武器。

　　可与 fx—$4500PA$（$4500P$）型计算机比美的是 CASIO fx—$4800P$。该机的程序容量较 fx—$4500PA$（$4500P$）型大，为 4500 步骤数，而 fx—$4500PA$（$4500P$）型计算机的程序容量为 1103 步骤数。只要在不超出 1103 步骤数的范围之内，任何数量的程序均可被写入 fx—$4500PA$（$4500P$）型计算机。

　　fx—$4800P$ 型计算机程序容量大是其优势，但其编写程序工作较 fx—$4500PA$ 型计算机复杂，没有 fx—$4500PA$（$4500P$）型计算机直观、简捷、便利。

　　由于上述两种计算机使用简单、操作方便、便于携带，又价格便宜，乐为广大公路工程施工测量师选用。可以预见，可编程式的科学计算机的程序计算必将替代公路工程施工测量中的常规计算。

第二节　fx—$4500PA$（$4500P$）型计算机正面键位图

　　熟悉 fx—$4500PA$（$4500P$）型计算机正面各键钮的位置及键记号的位置和颜色，将很方便我们使用该机，加快操作速度和编写程序。

　　图 1-1 是 fx—$4500PA$（$4500P$）型计算机正面键位图。

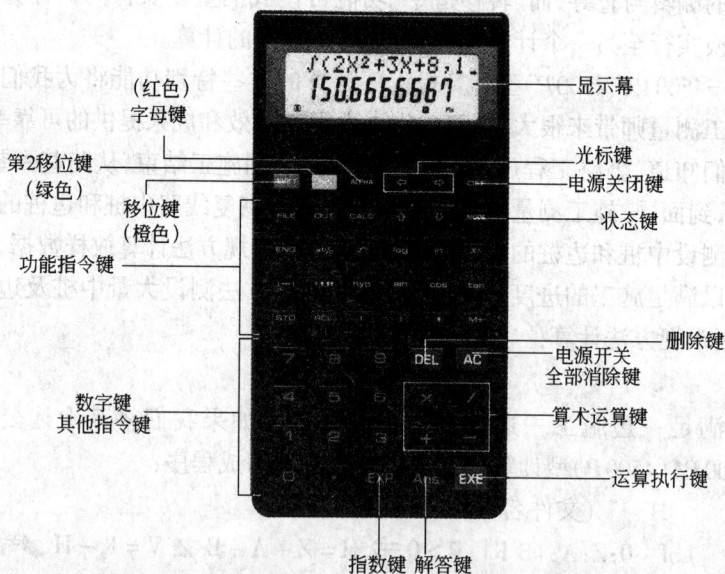

（红色）字母键
第2移位键（绿色）
移位键（橙色）
功能指令键
数字键　其他指令键

显示幕
光标键
电源关闭键
状态键
删除键
电源开关 全部消除键
算术运算键
运算执行键
指数键 解答键

图 1-1　fx—$4500PA$（$4500P$）型计算机正面键钮位置图

4

程序编写前必须搞清楚 $fx-4500PA(4500P)$ 型计算机"键记号"的功能（详情见该机的"用户说明书"）。

$fx-4500PA(4500P)$ 型计算机上的键钮均可用来实行多种不同的计算功能。例如，负数键 $\boxed{(-)}$ 可以实行下列五项功能：①$(-)$，②$\sqrt[3]{}$，③$=$，④A，⑤1A。这些功能符号，以易于识别的颜色标码表示。其颜色有：①本色（白色），②橙色，③浅绿色，④红色，⑤绿色，⑥蓝色。使用者可根据自己计算所需选用各色标键的功能。

用 $fx-4500PA$ 型计算机进行程序编写时，常用的色标功能符号是：

本色（白色）键：$\boxed{\Leftarrow}$，$\boxed{\Rightarrow}$、$\boxed{OFF}$、$\boxed{FILE}$、$\boxed{CALC}$、$\boxed{\Uparrow}$、$\boxed{\Downarrow}$、$\boxed{MODE}$、$\boxed{ENG}$、$\boxed{\sqrt{}}$、$\boxed{x^y}$、$\boxed{(-)}$、$\boxed{°\,'\,''}$、$\boxed{\sin}$、$\boxed{\cos}$、$\boxed{\tan}$、$\boxed{(}$、$\boxed{)}$、$\boxed{,}$、$\boxed{DEL}$、$\boxed{AC}$、$\boxed{\cdot}$、$\boxed{EXP}$、$\boxed{Ans}$、$\boxed{EXE}$，及 0～9 数字键和"$+$、$-$、$\times$、$/$"算术运算键。

橙色键：Prog，Abs、x^2、$\sin^{-1}$、$\cos^{-1}$、$\tan^{-1}$、CAPA、π、Pol(、Rec(、McI。

浅绿色键：Goto，LbI、：、◢、$\Rightarrow$、$\neq\Rightarrow$、⌐、{:}、$=$、$\neq$、$\geq$、$\leq$、$>$、$<$。

红色键："，[，]、A、B、C、D、E、F、G、H、I、J、K、L、M、N、O、P、Q、R、S、T、U、V、W、X、Y、Z。

红色字母键，在程序编写时经常要用到，为了加快编程速度，必须熟记各红色字母在键盘的位置，为了便于记忆，下面将字母键位图排出，如图 1-2 所示，供编程参考。

□	□	□	□	□	□
□	□	□	□	□	□
"			[	]	
A	B	C	D	E	F
G	H	I	J		
K	L	M			
N	O	P	Q	R	
S	T	U	V	W	
X	Y	Z	SPACE		

图 1-2　字母键位图

上述橙色、浅绿色、红色色标键功能的产生，是靠键盘左上角橙色键 $\boxed{SHIFT}$、浅绿色键 $\boxed{2ndF}$ 和红色键 $\boxed{ALPHA}$ 的操作来实现的。

程序编写时，上述各色标键按下述操作执行：

按 $\boxed{SHIFT}$ 键，接着按所需橙色功能键，该键橙色符号将在屏幕显示；

按 $\boxed{2ndF}$ 键，接着按所需浅绿色功能键，该键绿色符号将在屏幕显示；

按 $\boxed{ALPHA}$ 键，接着按所需红色功能键，该键红色符号将在屏幕显示；若在按下 SHIFI 键之后接着按 ALPHA 键,可连续输入数个所需字母,直到再按一次 ALPHA 键,连续输入功能则解除。

本色键(白色)符号输入,直接按本键就可产生。

第三节 fx—$4500PA$($4500P$)型计算机程序编写中常用键术语与功能

fx—$4500PA$($4500P$)型计算机程序编写中常用本色(白色)键术语与名称及其功能如表 1-1 所示。

fx—$4500PA$($4500P$)型计算机本色(白色)键术语名称及其功能　表 1-1

键	术语(符号)名称	功　能
AC	电源开关、全部消除键——开机	在电源关闭的情况下按本键,即可开启电源。运算中按下本键,可将显示幕上的显示全部消除
OFF	电源关闭键——关机	按本键可将机件的电源切断
MODE	状态键	按本键可设定本机件的状态。程序编写状态为 WRT,按 MODE EXP 键可设定为编程状态
EXE	运算执行键	在程序的计算时,将数据输入之后,或是在计算已得到结果后按本键,以执行往下的计算
DEL	删除/插入键	按本键可将在闪烁光标位置上的字符删除。按 SHIFT DEL 键可使插入光标( )显示。此时可在光标处输入一个字符
Ans	解答键/容量/空格键	按 Ans EXE 键,可唤出最后一次计算的答案;按 ALPHA Ans 键,可输入一个空格;按 SHIFT Ans 可查寻程序剩余容量步骤数
⇐	光标键	按本键时光标会向左移位,若持续地按住,则连续快速地向左移位

6

键	术语(符号)名称	功 能
⇨	光标键	按本键时光标会向右移位,若持续地按住,则连续快速地向右移位
⇧	文件一览表前移键(上移)	当文件内容显示时,按本键可前移显示上一个文件名称
⇩	文件一览表后移键(下移)	当文件内容显示时,按本键可后移显示下一个文件名称
FILE	文件键	按本键可呼出所需的文件名(详情见下文)
( )	括号键	在计算方程式中的适当位置依需要按下前括号键和后括号键

以上各键均为本色(白色)键术语名称及其功能,下面列出各色标键的术语(符号)名称及功能。

(1)橙色 SHIFT 键:移位键,按本键即可使用功能指令与键钮上端的橙色符号功能。

按 SHIFT CALC 键,显示:Prog,接着输入文件名,然后按 EXE 键以执行此程序。

按 SHIFT ⇩ 键,显示绝对值符号:Abs,程序编写中常用此符号配合使用。

按 SHIFT √ 键,显示平方"^{2}",程序编写中常用此平方数配合使用。

按 SHIFT sin 键,显示:$\sin^{-1}$,按 SHIFT cos 键,显示 $\cos^{-1}$;按 SHIFT tan 键,显示 $\tan^{-1}$。程序编写中用于三角函数与反三角函数反算。

按 SHIFT AC 键,显示:McI,接着按 EXE 键,显示:McI 0。程序执行中,用此操作消除程序中输入数据,使其为0。

按 SHIFT EXP 键,显示:π;程序编程中用此 π 配合使用。

按 SHIFT + 键,显示:PoI(;按 SHIFT − 键,显示 Rec(。常用于直角坐标和极坐标变换计算;程序编写中用于坐标反算。

按 SHIFT Ans(CAPA) 键,显示出现有的剩余步骤数。当放开键时显示幕恢复原状。

(2)浅绿色 2ndF 键:第 2 移位键,按本键即可使用功能指令与键钮上端的浅绿色符号功能。

按 2ndF ⇦ 键,显示:Goto;无条件转移指令,加在程序的最后。程序编写中常用符号之一。

按 2ndF ⇨ 键,显示:LbI;无条件转移指令,加在程序的起点。程序编写中常用符号之一。

程序指令中,无条件转移由"Goto"和"LbI"构成。当程序实行到"Goto"状态和一个分类名称时,在实行后会转移到相同标记有"Goto"指令的分类名称的"LbI"处。无条件转移经常使用在简单的程序中,用以将实行回调到起点,以实行重复计算,或是在没有程序时的定点重复计算。

按 2ndF CALC 键,显示::;多重语句功能,将方程或语句分开。程序编写中常用符号之一。编写程序时,将其放在方程式后面,则计算结果不显示,而存在储存器中。

按 2ndF ⇧ 键,显示:▲;显示指令,显示程序计算和连续计算的结果,将显示到该设定位置的计算结果为止。程序编写时,加在需要计算结果的方程式后面。程序编写中常用符号之一。

按 2ndF √ 键,显示:⌐;转移终止符号,在转移指令的执行中被运用,其个数必须与条件语句中的条件数相同。程序编写中常用符号之一。

按 2ndF ENG 键,显示:⇒;判断指令,在转移指令的执行中被运用,若是条件为真,则继续实行至下一个语句。程序编写中常用符号之一。

按 2ndF a^b/c 键,显示:≠ ⇒;判断指令,在转移指令的执行中被运用,若是条件为伪,则继续进行至下一个语句。在此后,若按 2ndF ⌐ 键时,实行会由下一个"⌐"处继续下去。程序编写中常用符号之一。

按 2ndF In 键,显示:{;变数输入指令,在转移指令的执行中被运用。

按 2ndF x^y 键,显示:};变数输入指令,在转移指令的执行中被运用。

变数输入指令:"{ }",在转移指令的执行中被运用。当一个数值在程序中当作变量予以输入时,此数值当成定义数值被存入储存器中。若是必需输入新的变量来取代上一变量时,变数输入指令"{ }"可用来让此变量回复至非定义状况。这项操作由输入变量(A~Z)至括号"{ }"中来完成。

8

例如：{A}……变量 A 回复至非定义状况。

{A B}、{A,B}……变量 A 和 B 回复至非定义状况。

"{ }"变量输入指令在程序编写中是常用符号之一。

按 2ndF (−) 键，显示：＝，等号；

按 2ndF °,″ 键，显示：≠，不等号；

按 2ndF hyp 键，显示：≥，大于或等于符号；

按 2ndF sin 键，显示：≤，小于或等于符号；

按 2ndF cos 键，显示：＞，大于符号；

按 2ndF tan 键，显示：＜，小于符号。

上述＝、≠、≥、≤、＞、＜六种符号，在程序编写中称为关系运算子。关系运算子是一个对照符号：

左侧＝右侧　（左侧等于右侧）

左侧≠右侧　（左侧不等于右侧）

左侧≥右侧　（左侧大于或等于右侧）

左侧≤右侧　（左侧小于或等于右侧）

左侧＞右侧　（左侧大于右侧）

左侧＜右侧　（左侧小于右侧）

此六种关系运算子，是程序编写中常用符号。

按 2ndF log 键，显示：Fixm，变数定位指令。当 Fixm 输入至一个程序中时，所有在此之后的变数（A～Z）数值均当成定义值处理。当此程序被实行时，程序不必等待变数的数值输入，而是利用以前输入过的数值来完成计算。

(3)红色 ALPHA 键：字母键，按本键以进行英文字母或特殊字母的输入。

按 ALPHA ENG 键，显示：″，引号。程序编写时将字符放入″ ″引号内，使其显示，例如 Z″X1″＝DcosT（令 D＝135.137，T＝158°05′30″），则计算显示为 X1＝−125.387。

按 ALPHA In 键，显示：[，括号。

按 ALPHA x^y 键，显示：]，括号。

"[ ]"当成一个单独语句处理。

按 ALPHA (−) 键，显示：A。

按 ALPHA °,″ 键，显示：B。

按 $\boxed{\text{ALPHA}}$ $\boxed{\text{hyp}}$ 键,显示:C。

按 $\boxed{\text{ALPHA}}$ $\boxed{\text{sin}}$ 键,显示:D。

按 $\boxed{\text{ALPHA}}$ $\boxed{\text{cos}}$ 键,显司:E。

按 $\boxed{\text{ALPHA}}$ $\boxed{\text{tan}}$ 键,显示:F。

按 $\boxed{\text{ALPHA}}$ $\boxed{(}$ 键,显示:G。

按 $\boxed{\text{ALPHA}}$ $\boxed{)}$ 键,显示:H。

按 $\boxed{\text{ALPHA}}$ $\boxed{,}$ 键,显示:I。

按 $\boxed{\text{ALPHA}}$ $\boxed{\text{M}+}$ 键,显示:J。

按 $\boxed{\text{ALPHA}}$ $\boxed{7}$ 键,显示:K。

按 $\boxed{\text{ALPHA}}$ $\boxed{8}$ 键,显示:L。

按 $\boxed{\text{ALPHA}}$ $\boxed{9}$ 键,显示:M。

按 $\boxed{\text{ALPHA}}$ $\boxed{4}$ 键,显示:N。

按 $\boxed{\text{ALPHA}}$ $\boxed{5}$ 键,显示:O。

按 $\boxed{\text{ALPHA}}$ $\boxed{6}$ 键,显示:P。

按 $\boxed{\text{ALPHA}}$ $\boxed{\times}$ 键,显示:Q。

按 $\boxed{\text{ALPHA}}$ $\boxed{/}$ 键,显示:R。

按 $\boxed{\text{ALPHA}}$ $\boxed{1}$ 键,显示:S。

按 $\boxed{\text{ALPHA}}$ $\boxed{2}$ 键,显示:T。

按 $\boxed{\text{ALPHA}}$ $\boxed{3}$ 键,显示:U。

按 $\boxed{\text{ALPHA}}$ $\boxed{+}$ 键,显示:V。

按 $\boxed{\text{ALPHA}}$ $\boxed{-}$ 键,显示:W。

按 $\boxed{\text{ALPHA}}$ $\boxed{0}$ 键,显示:X。

按 $\boxed{\text{ALPHA}}$ $\boxed{\cdot}$ 键,显示:Y。

按 $\boxed{\text{ALPHA}}$ $\boxed{\text{Ans}}$ 键,显示:Z。

上述字母 A~Z,在程序编写中是必不可少的符号。在程序编写中,它可作为:

①计算结果;

10

②计算方程式中的常量(不变量);

③计算方程式中的变量;

④程序中某种设定的含意。

公式(1-1)是用来计算线路中桩和边桩高程的(水准前视法测设)。

$$H_i = H_已 + a - b_i \qquad (1\text{-}1)$$

式中:H_i——线路中桩或边桩某点高程;

$H_已$——施工水准点高程(称后视点);

a——施工水准点上标尺读数(称后视读数);

b_i——线路中(或边)桩上标尺读数(称前视读数)。

分析公式(1-1)知:

①H_i 是计算结果;

②$H_已$ 和 a 是已知数据,在一个测站上,此数据是不变的,将其称为常量(不变量);

③b_i 是线路每一桩位上标尺读数,每立一次尺,就产生一个 b 读数,所以此数据是变化的,将其称为变量。

要将公式(1-1)编写成程序,就要用计算机的字符 A ~ Z 取代公式(1-1)中的符号,如下述形式:

$$H_i = H_已 + a - b_i$$
$$\downarrow \qquad \downarrow \qquad \downarrow \qquad \downarrow$$
$$H = Z \quad +A - B \qquad (1\text{-}2)$$

此时,式(1-2)中的 H 是计算结果,Z 和 A 是常量,B 是变量。

上述术语符号,在程序编写中经常要用,必须熟练地掌握其操作按键方法和功能使用意义。为此,必须多练习、多操作、多按键,这样才能快速而准确地编写程序。

在程序编写中,经常用到的符号还有:

算术运算符号: $\boxed{+}$ 、 $\boxed{-}$ 、 $\boxed{\times}$ 、 $\boxed{/}$;

数据符号: $\boxed{0}$ ~ $\boxed{9}$;

小数点符号: $\boxed{\cdot}$ 。

数值的小数数位指定操作方法是:

按 $\boxed{\text{MODE}}$ 键,接着按数字键 $\boxed{7}$,然后按一个数字(0~9)来指定数位。

例如,取小数后 3 位,则按 $\boxed{\text{MODE}}$ $\boxed{7}$ $\boxed{3}$ 即可(此时"Fix"指示符号会显示在显示幕上)。

11

10 进位↔60 进位符号：$\boxed{\circ\,,\,''}$；按本键后即可进行 60 进位（例如水平角）数值的输入。

例如：输入 156°29′30″，操作：156 $\boxed{\circ\,,\,''}$ 29 $\boxed{\circ\,,\,''}$ 30 $\boxed{\circ\,,\,''}$，屏幕即显示：156°29°30°，即是 156°29′30″。

在按下 $\boxed{\text{SHIFT}}$ 键后再按下 $\boxed{\circ\,,\,''}$ 键，则以 10 为底的数值即可换算显示出度/分/秒的值。例如：156°29′30″，按 EXE 键，显示：156.491 7，接着按 $\boxed{\text{SHIFT}}$ $\boxed{\circ\,,\,''}$ 键，屏幕即显示为 156°29°30°。

第四节　fx—4500PA(4500P)型计算机程序编写操作步骤

第一步：编程计算公式准备——输入计算机的计算公式准备

fx—4500PA(4500P)型计算机程序编写中输入的计算公式，必须是该机设定的字母数码，它们是英文字母 A～Z 和数字 0～9。编写程序时，必须将公路施工测量中的常规计算公式的字符换成 fx—4500PA 型计算机设定的字符。例如，公路工程施工测量中水准前视法测高计算公式：

$$H_i = H_巳 + a - b_i$$

由于 H_i 和 $H_巳$ 是同一字母 H，而 a 和 b 是小写字母，所以 fx—4500PA 型计算机不认定，应将上式改写成：

$$H = Z + A - B$$

才可在程序编写时将其输入程序中。当然，改写公式中的字母选用可以编程者的喜好而定。

接着分析公式中的常量和变量：式中 Z 是已知水准点高程，A 是该点标尺读数，B 是待测点标尺读数，在一个测站上 A 和 Z 是不变数，是常量，B 因待测点不同而标尺读数不同，是一变数，即变量，而 H 是计算结果。即：

常量："Z"和"A"；

变量：{B}。

然后设计程序编写清单：

Fi　　H-(1)　　（文件名）

第1行　L1　LbI 0

第2行　L2　Z:A:{B}

第3行　L3　H=Z+A-B ◣

第4行　L4　Goto 0

12

注:Fi中i表示文件名序号,当是第一个程序时i＝1。

第二步:设定程序编写状态——WRT状态

操作步骤:按 $\boxed{AC}$ 键,开机,按 $\boxed{MODE}$ $\boxed{EXP}$ 键,显示幕显示:

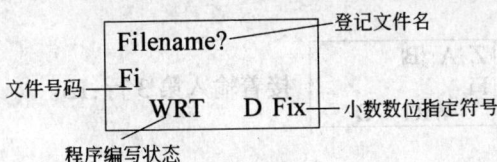

```
                    ┌──────── 登记文件名
        ┌──────────────┐
        │ Filename?     │
文件号码 ─┤ Fi            │
        │   WRT  D Fix  │─── 小数数位指定符号
        └──────────────┘
          └──── 程序编写状态
```

第三步:编写文件名——文件名登记

文件名即某程序计算的名字。文件名表示方法有二:

(1)用数字表示;

(2)用英文字母表示。

要求:能代表程序计算的内容,且容易记忆,例如上例是计算高程的,其常用文件名是:H。

编写文件名操作步骤:

在第二步设定为WRT状态后,接着按 $\boxed{ALPHA}$ 键和 $\boxed{H}$ 键,此时,显示幕 Filename? 处显示 H 及闪烁的光标,显示幕显示:

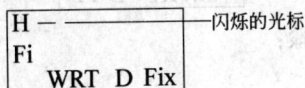

```
        ┌──────────────┐
        │ H —           │──── 闪烁的光标
        │ Fi            │
        │   WRT D Fix   │
        └──────────────┘
```

接着按 $\boxed{EXE}$ 键,光标消失,文件名确定,完成储存区的登记。

第四步:程序编写

在上述第三步文件名登记后,接着按 $\boxed{⇩}$ 键,显示出程序的第一行"L1",然后写入程序。显示幕为:

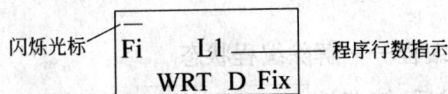

```
                ┌──────────────┐
闪烁光标 ────────│ —            │
                │ Fi    L1      │──── 程序行数指示
                │   WRT D Fix   │
                └──────────────┘
```

操作步骤:依据程序清单,选按键钮输入:

按 $\boxed{2ndF}$ $\boxed{⇨}$ $\boxed{0}$ 键,显示:
```
┌──────────────┐
│ Lbl    0 —    │── 光标消失
│ Fi            │
│   WRT D Fix   │
└──────────────┘
```
接着按 $\boxed{EXE}$ 键确定,即将第一行完成登记。此时闪烁光标消失。接着输入第2行:L2。

操作步骤:

按 $\boxed{⇩}$ 键,显示第2行L2,显示幕显示:
```
        ┌──────────────┐
闪烁光标─│ —            │
        │ Fi     L2     │
        │   WRT D Fix   │
        └──────────────┘
```
,接着按

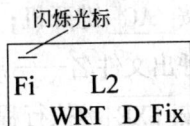

| ALPHA | | Z | | 2ndF | | CALC | | ALPHA | | A | | 2ndF | | CALC |

| 2ndF | | ln | | ALPHA | | B | | 2ndF | | x^y | | EXE | 键确定,完成第

2行登记。

　　　　　　　　　　　　　　Z∶A∶B
　　　　显示幕显示∶Fi
　　　　　　　　　　　　　　　WRT　D　　　　,接着输入第3行∶L3。

　　操作步骤∶

　　　　　　　　　　　　　　　　　　　　　　　　　　闪烁光标

　　按 ⇩ 键,显示第 3 行 L3,显示幕显示∶ Fi　　　L3 ,接着按
　　　　　　　　　　　　　　　　　　　　　　　　WRT　D　Fix

| ALPHA | |) | | 2ndF | | (−) | | ALPHA | | EXP | | + | 键,显示∶H = Z

+,按 | ALPHA | | (−) | | − | | ALPHA | | °,″ | | 2ndF | | ⇧ | | EXE |

键,显示∶A − B ◢,确定,完成第3行登记。

　　　　　　　　　　　　　　H=Z+A−B◢
　　　　显示幕显示∶Fi
　　　　　　　　　　　　　　　WRT　D Fix　　　　,接着输入第4行∶L4。

　　操作步骤∶

　　　　　　　　　　　　　　　　　　　　　　　　　　　Fi
　　按 ⇩ 键,显示第 4 行 L4,显示幕显示∶闪烁光标
　　　　　　　　　　　　　　　　　　　　　　　　　WRT　D　Fix　　　　,接

着按 | 2ndF | | ⇦ | | 0 | | EXE | 键,显示∶Goto　0,显示幕显示∶

　Goto　0
　Fi
　　　WRT　D　Fix　　　　,确定,完成第4行登记。至此,上述程序清单编写完成。

　　第五步∶退出编程——解除编程状态

　　程序编写完成后,接着按 | MODE | | EXP | 键可解除 WRT 编程状态。显

示幕显示出使用此状态之前的原有状态∶闪烁光标
　　　　　　　　　　　　　　　　　　　　　　　　　　　D　Fix

　　第六步∶程序实行——操作使用程序

　　使用程序的操作步骤∶

　　(1)按 | AC | 键开机;

　　(2)呼出文件名——调出文件名;

　　(3)按 | EXE | 键执行程序。

14

关于呼出文件名,方法有 3 种:

方法 1:按 FILE 键呼出文件名。

操作:开机,在计算机状态,显示幕显示:闪烁光标 $\boxed{\begin{array}{c} - \\ \quad D\ Fix \end{array}}$,直接按 FILE 键,此时会显示出第一个文件名(F1)。接着按下去,直至所需要的文件名(Fi)。然后按 EXE 键便可实行该程序。

方法 2:按 SHIFT Prog 键直接呼出所需文件名(Prog 键即 CALC 键)。

操作:开机,在计算机状态,按 SHIFT Prog 键,显示幕显示:

$\boxed{\begin{array}{l} \text{prog} \\ \qquad D\ Fix \end{array}}$ 闪烁光标,此时,输入所需文件名,例如输入"H",这时,显示幕显示:

$\boxed{\begin{array}{l} \text{prog H}- \\ \qquad D\ Fix \end{array}}$,然后按 EXE 键便可实行此程序。

方法 3:按文件名的第一字母或全名,直接呼出文件名。

操作:开机,在计算机状态,按 ALPHA 键和文件名第一个字母,例如文件名.Dxy 的 D ,显示幕显示:$\boxed{\begin{array}{l} \text{D}- \\ \qquad D\ Fix \end{array}}$,接着按 FILE 键,于是该文件名 Fs 显示在 Dxy 下方。显示幕显示:$\boxed{\begin{array}{l} \text{Dxy} \\ \text{Fs} \\ \quad\text{FILE D Fix} \end{array}}$,然后按 EXE 键便可实行该程序。

程序实行举例:

例题数据及计算结果见表 1-2。

K12 + 500 ~ K13 + 500 段施工中

表 1-2

时间:2003.10.5 上午　　　　　Data:　　　　　NO.:

桩　　号	前视读数 B	H_i	H_0	－ 挖	＋ 填
BM-2 H = 129.919　后视 A = 1633					
K13 + 300 左	4 186	127.366	127.032	－ 0.334	
中	4 400	127.152	127.312		＋ 0.160
右	4 526	127.026	127.032		＋ 0.006

桩 号	前视读数 B	H_i	H_0	-挖	+填
+325 左	4 300	127.252	127.057	-0.195	
中	4 345	127.207	127.337		+0.130
右	3 205	128.347	127.057	-1.290	
+350 左	4 276	127.276	127.068	-0.208	
中	4 128	127.424	127.348	-0.076	
右	3 971	127.581	127.068	-0.513	
+375 左	3 712	127.840	127.062	-0.778	
中	3 621	127.931	127.342	-0.589	
右	3 958	127.594	127.062	-0.532	
+400 左	4 220	127.332	127.042	-0.290	
中	4 177	127.375	127.322	-0.053	
右	4 245	127.307	127.042	-0.265	

BM-2 H = 129.919　后视 A = 1633

操作步骤:

①开机:按 AC 键;

②呼出文件名:按 FILE 键,显示 H 文件名为止;

③按 EXE 键,显示:Z?,输入后视水准点 BM-2 高程:129.919;

④按 EXE 键,显示:A?,输入后视水准标尺读数:1.633;

⑤按 EXE 键,显示:B?,输入前视水准标尺读数:4.186;

⑥按 EXE 键,显示:H = 127.366,此结果即是 K13+300 左桩高程;

⑦接着按 EXE 键,显示:B?,输入另一个前视水准尺读数 4.400;

⑧接着按 EXE 键,显示:H = 127.152,此结果即是 K13+300 中桩实测高程;

⑨接着按 EXE 键,显示:B?,连续计算下去……

注:例题中挖、填高度计算可手控计算,亦可将其编入"H"程序中计算,编程清单详见后文:水准前视法高程计算部分。

16

第五节　fx—$4500PA(4500P)$型计算机程序的订正、追加和删除

一、错误程序的订正修改

当一个程序编辑成功后,在程序执行运算过程中,显示幕显示为"Syn ERROR"时,说明:①计算方程式内容有错误;②程序方程式内容有错误。此时,程序执行无法进行下去。只有对发生错误的程序进行必要的修改订正,使其正确无误后,方可进行正确的运算。

前述水准前视法高程计算程序[见公式(1-2)],第2行正确输入时,应是:

L2　Z:A:{B}

程序输入时,如将其输入成:

L2　Z:A{B}

则在用此程序运算时,显示幕将显示为:

Syn ERROR

FILE　D Fix

为了改正此错误,可按下述步骤操作:

1.按 ⇐ ⇒ 键,ERROR 的标示即可解除,同时光标会移动至错误发生的部分闪烁不停,显示幕显示:标示错误部分的光标,闪烁不停

Z:A{B}

Fi

WRT　FILE　D Fix

2.按 SHIFT DEL 键,则在错误发生处显示插入光标 闪烁,显示幕显示:

Z:A {B}

闪烁的插入光标

3.按 2ndF CALC 键,错误部分显示:,插入光标后移,接着按 EXE 键确定,重新完成第2行登记,显示幕显示:

Z:A:{B}

Fi L2

4.按 OFF 键关机。若要继续用此程序,则重新开机启动。

二、需要程序的追加

以水准前视法测定线路桩位高程为例来说明程序追加的实用性。

17

测设线路桩位高程的目的是为了确定这些桩位的填或挖高度。显然前述公式(1-2)是无法满足这一预期结果的。为此,必须对公式(1-2)进行补充追加修正。如果将其设计为:

Fi　　　H－(1)　　(文件名)

第 1 行　L1　LbI　0

第 2 行　L2　Z:A:{B K}

第 3 行　L3　H＝Z＋A－B▰

第 4 行　L4　V＝K－H▰

第 5 行　L5　Goto　0

新设计程序中,第 2 行变量中增设"K"是桩位设计标高(已知数据);另外增设第 4 行,用 V 表示填挖高度。

这样经过补加后的程序,同时可计算出桩位实测高度和应填或应挖的高度(读者可用表 1-2 验算)。

为此,需对原编辑的程序进行追加改动。

在原程序两行之间插入一行时,按下述步骤操作:

①开机,设定 WRT 状态,选取需要文件名。

②按 ⬇ 键,移动显示幕到所要插入该行的位置之前。若插入到第 4 行,则显示幕移到第 3 行。然后输入要插入的程序。该例中插入程序为: V ＝K－H▰ (按 ALPHA V 2ndF (－) ALPHA 7 － ALPHA) 2ndF ⬆ 键)。

③插入完后,接着按 EXE 键确定。

在程序的开头插入一行时,按下述步骤操作:

①开机,设定 WRT 状态,选取需要文件名;

②按 ⬆ 或 ⬇ 键,使显示幕显示到第一行;

③再按一次 ⬆ 键,输入要插入的程序;

④输入完成后按 EXE 键确定。

在程序的某一行中实行订正时,按下述步骤操作:

①开机,设定 WRT 状态,选取所需文件名;

②按 ⬆ 或 ⬇ 键,使显示幕显示到所需订正那一行,该例中应显示第 2 行 L2　Z:A:{B};

③按 ⬅ 或 ➡ 键移位到要实行订正处,该例中应移位到第 2 行 "}"处,此时"}"闪烁;

18

④按 $\boxed{\text{SHIFT}}$ $\boxed{\text{DEL}}$ 键,"{"处显示闪烁的插入光标"[]";

⑤进行订正;该例处需输入 K,按 $\boxed{\text{ALPHA}}$ $\boxed{7}$,"{"处显示 K,插入光标后移,继续闪烁;

⑥按 $\boxed{\text{EXE}}$ 键确定,K 存入程序中,订正后为{B K}。

三、不需要程序的删除

程序删除有下列几种情况:

1.删除错误输入的字符

在输入程序时,当发现多输入或错误输入某一字符时,按 $\boxed{\text{DEL}}$ 键,该字符即可删除,然后输入正确字符,随后按 $\boxed{\text{EXE}}$ 键确定。

2.删除程序中某一行

方法 1:

(1)按 $\boxed{\text{MODE}}$ $\boxed{\text{EXP}}$ 键,设定 WRT 状态;

(2)按 $\boxed{\text{FILE}}$ 键,呼出所需删除行的文件名;

(3)按 $\boxed{\uparrow}$ 或 $\boxed{\Downarrow}$ 键,将要删除行显示出来;

(4)按 $\boxed{\Leftarrow}$ 或 $\boxed{\Rightarrow}$ 键,该行字符闪动;

(5)按 $\boxed{\text{AC}}$ $\boxed{\text{EXE}}$,该行即完成删除,该行之下一行即显示在此行。

方法 2:

(1) ~ (4)步同方法 1;

(5)连续按 $\boxed{\text{DEL}}$ 键,删除所要删除行的全部字符,显示幕光标闪动;紧接着按 $\boxed{\text{EXE}}$ 键确定该行完成删除。此时,该行之下一行显示在此行。

3.删除程序全部内容

方法 1:

(1)按 $\boxed{\text{MODE}}$ $\boxed{\text{EXP}}$ 键,设定 WRT 状态;

(2)按 $\boxed{\text{FILE}}$ 键,呼出所要删除程序的文件名;

(3) $\boxed{\Leftarrow}$ 或 $\boxed{\Rightarrow}$ 键,所要删除的文件名闪动;

(4)按 $\boxed{\text{AC}}$ $\boxed{\text{EXE}}$ 键,该文件名及程序完成删除,该文件名之下一个文件名显示在该行。

方法 2:

(1)~(3)步同方法1;

(4)连续按 $\boxed{\text{DEL}}$ 键,删除该文件名;接着按 $\boxed{\text{EXE}}$ 键确定该文件及程序被删除,该文件名之下一个文件名显示在该行。

第六节　fx—$4500PA$($4500P$)型计算机转移指令的应用

fx—$4500PA$($4500P$)型计算机转移指令有两种型式:一种是单纯无条件转移的转移指令;另一种是条件转移,就是由情况的真伪而定的转移指令。

前述水准前视法计算高程程序是按无条件转移指令设计的程序流程。它是由分类名称 LbI,Goto 配合,以及变量输入指令"{ }"、显示指令"◢"的配合来实现其重复计算功能的。如果将上述 H-(1)程序设计为:

文件名:H-(2)

第1行　L1　LbI　0

第2行　L2　Z:A:{B K}

第3行　L3　B>0⇒H=Z+A-B ◢　V=K-H ◢≠⇒ B≤0⇒ Goto 1 ⌐

第4行　L4　LbI　1:{Z A}:Goto 0 ⌐

第5行　L5　Goto　0

在这一程式中,变量 B 大于 0(B>0)时,在判断指令"⇒"和显示指令"◢"之间的语句:H=Z+A-B 和 V=K-H 被实行。如果变量 B 小于或等于 0 时,则在判断指令"≠⇒"和终止符号"⌐"之间的语句{B K}被实行。当到达第六行"Goto　0"的位置时,实行回调到起点"LbI　0"处,以实行重复计算。

在这一程序中,判断符号"⇒"为真,可以这样叙述:如果这样,则条件为真,实行这一个语句。

判断符号"≠⇒"为伪,可以这样叙述:如果那样,则条件为伪,实行另一个语句。

终止符号"⌐"的作用是在条件真伪之间的转移;设定条件转移时,条件转移的语句中应有多个终止符号,而终止符号的个数,必须与条件语句中的条件数相同。

例如 H-(2)程序第3行,设计为:

　　　L3　B>0⇒ Goto　1:≠⇒ B≤0⇒ Goto　2⌐　⌐

此处有两个条件,则终止符号要用两个"⌐　⌐"。

由于第3行设定了真伪条件,所以 H-(2)程序第4行、第5行则应相

20

应设定为：

第4行:条件为真:$B>0 \Rightarrow$ Goto　1 ⌐

L4　LbI　1:$H=Z+A-B$ ◣

$V=K-H$ ◣Goto　0 ⌐

第5行:条件为伪:$\Rightarrow B\leq 0 \Rightarrow$ Goto　2 ⌐

L5　LbI　2:{Z A}:Goto　0 ⌐

比较 H－(2)程序和 H－(1)程序,其优点是显然易见的:

1.用 H－(1)程序计算测点高程,每设一站,都必须重新查寻"H"文件名,然后才能计算。

2.用 H－(2)程序计算测点高程,当一个测站测高完成,转入另一个测站时,只要给变量 B 输入 0 或小于 0 的一个数,即可输入新的常量 Z 和 A,不需查寻文件名。这一功能,在一段线路用多个测点测完后计算高程更显得方便实用。

上述条件转移指令在程序编辑中的应用,可使我们设计出更方便、更实用的程序,读者应结合上例了解、熟悉并掌握这种功能。

第七节　fx—$4500PA$($4500P$)型计算机错误标示一览表

fx—$4500PA$($4500P$)型计算机错误标示一览表见表1-3。

表1-3

标　示	原　因	对　策
Go ERROR	①LbI(分类名称)与 Goto(分类名称)不相符时; ②指定的 Prog(文件名)中没有存入程序时	①将 LbI 以符合 Goto 的正确形式输入; ②将程序储存入程序区 Prog(文件名)之内或是将已不需要的 Prog(文件名)删除掉
Syn ERROR	①计算方程式内容有错误; ②程序方程式内容有错误	使用光标键找出发生错误的位置后加以订正
Mem ERROR	①储存扩大超出了程序内的段数; ②当储存没有扩大而将 Z[S]当成储存区名称使用时; ③当储存区内已经没有容纳程序的位置时输入程序	①按 MODE Ans (Defm)以扩大储存器至所需的段数; ②使用有代码名称的储存器; ③简化程序使它合乎储存器内剩下的可输入位置或是先将不需要的程序删除掉再行输入

标　示	原　因	对　策
Ne ERROR	子行列群在实行时超出了 10 段的限制	①确认该程序(文件名)是否没有使用主行列程序的子行列回位。若有，请将不必要的程序(文件名)删除。②检查子行列转移指定和确认原始程序区有无转移发生。请确认回位是否正确

　　另外，当计算机在进行程序实行时，显示幕上若显示：Low Battery 字幕，说明该机的电池电力转弱，需要更新。若在显示幕出现上述指示时仍然继续操作机件时，则计算机会自动关闭电源，同时所有的操作也将停顿，纵使按下 AC 键亦无法进行操作。此时，请尽快将 CR 2032 型锂电池更换。

　　电池更换操作步骤详见《用户说明书》"电源和电池的更换"一节。

　　但是必须重复强调的是：

　　1.不可同时更换两个电池，否则程序及资料数据将会全部消除。

　　2.不可将没有电的电池留置在机件内，以免造成机件损坏或储存内容消失。

　　为了能及时更换电池，防止辛苦输入的程序内容全部消除，最好能预置 1~2 个电池，以作备用。请记住：fx—4500PA 型计算机电池型号是：CR 2032 型锂电池。

第二章

公路工程施工导线近似平差
公式程序编写及应用

第一节　施工导线近似平差公式

所谓导线测量近似平差,就是将角度闭合差平均分配于各观测角,然后用平差角和导线边长(平距)计算坐标增量,再对坐标增量进行改正,然后求得各导线点的最后坐标。其计算步骤是:

(1)对观测角进行改正(平差);

(2)计算导线边方位角;

(3)计算坐标增量及坐标增量闭合差;

(4)对坐标增量进行改正(平差);

(5)计算导线点坐标平差值;

(6)导线精度评定。

有关公路工程施工导线近似平差计算方法详见《公路工程施工测量》(人民交通出版社,2004年9月第1版)第三章第二节"施工导线的近似平差"。

下面将施工导线近似平差常用公式列述于下。

1.角度闭合差的计算公式

(1)附合导线的角度闭合差计算公式

$$f_\beta = T_起 + \sum \beta_左 - n \cdot 180° - T_终$$
$$= T_起 - T_终 + \sum \beta_左 - n \cdot 180°$$

或用下式:

$$f_\beta = T_{终计} - T_{终已}$$

以上式中:$T_起$——附合导线已知起始边方位角;

$T_{终已}$——附合导线已知附合边(终止边)的方位角;

$T_{终计}$——附合导线终止边的方位角,$T_{终计} = T_起 + \sum \beta_左 - n \cdot 180°$;

23

$\sum \beta_{左}$——附合导线所有观测角（左角）之和；

n——附合导线观测角个数。

(2)闭合导线的角度闭合差计算公式

对于内角：

$$f_\beta = \sum \beta_{内} - (n-2) \cdot 180°$$

对于外角：

$$f_\beta = \sum \beta_{外} - (n+2) \cdot 180°$$

以上式中：　$\sum \beta$——闭合导线实测的几个内角（或外角）总和；

n——测角个数；

$(n-2) \cdot 180°$——闭合导线内角理论值；

$(n+2) \cdot 180°$——闭合导线外角理论值。

2.观测角改正数 V_β 的计算公式

$$V_\beta = -(f_\beta / n)$$

3.观测角平差值计算公式

$$(\beta_i) = \beta_i + V_\beta$$

式中：(β_i)——观测角平差值；

β_i——观测角；

V_β——观测角改正数。

4.导线边方位角计算公式（适用于左角）

$$T_{i \sim i+1} = T_{i-1 \sim i} + \beta_i - 180°$$

当 $T_{i \sim i-1} + \beta_i < 180°$，则用下式：

$$T_{i \sim i+1} = T_{i-1 \sim i} + \beta_i + 360° - 180°$$

$$= T_{i-1 \sim i} + \beta_i + 180°$$

当计算结果大于 360°时，则减去 360°。

5.坐标增量的计算公式

纵坐标增量 Δx：

$$\Delta x = D \cdot \cos T$$

横坐标增量 Δy：

$$\Delta y = D \cdot \sin T$$

以上式中：D——导线边长（平距）；

T——该导线边方位角。

6.坐标增量闭合差的计算公式

(1)对于附合导线

$$f_x = \sum \Delta x_{计} - \sum \Delta x_{理} = \sum \Delta x_{计} - (x_{终} - x_{起})$$

24

$$f_y = \sum \Delta y_{\text{计}} - \sum \Delta y_{\text{理}} = \sum \Delta y_{\text{计}} - (y_{\text{终}} - y_{\text{起}})$$

以上式中：$x_{\text{终}}, y_{\text{终}}$——附合导线终止点坐标值；

$\qquad x_{\text{起}}, y_{\text{起}}$——附合导线起始点坐标值。

$$\sum \Delta x_{\text{计}} = \Delta x_1 + \Delta x_2 + \cdots$$

$$\sum \Delta y_{\text{计}} = \Delta y_1 + \Delta y_2 + \cdots$$

(2)对于闭合导线

$$f_x = \sum \Delta x_{\text{计}}$$

$$f_y = \sum \Delta y_{\text{计}}$$

7.坐标增量改正数的计算公式

$$V_x = -\left(\frac{f_x}{\sum D}\right) \cdot D_i$$

$$V_y = -\left(\frac{f_y}{\sum D}\right) \cdot D_i$$

8.导线点坐标平差值计算公式

$$(x) = x + \Delta x + V_x$$

$$(y) = y + \Delta y + V_y$$

9.导线精度评定计算公式

(1)导线测角中误差 m''_{β}

附(闭)合导线的测角中误差：

$$m''_{\beta} = \pm\sqrt{\frac{\dfrac{f_{\beta}^2}{n}}{N}}$$

式中：f_{β}——附(闭)合导线的角度闭合差；

$\qquad n$——导线折角个数；

$\qquad N$——附(闭)合导线的个数。

独立复测支导线的测角中误差：

$$m''_{\beta} = \pm\sqrt{\frac{\dfrac{\Delta T^2}{(n_1 + n_2)}}{N}}$$

式中：ΔT——两次测量的方位角之差；

$\qquad n_1, n_2$——复测支导线第一次和第二次测量的角数；

$\qquad N$——复测支导线个数。

(2)导线全长绝对闭合差 f

$$f_s = \sqrt{f_x^2 + f_y^2}$$

25

(3)导线全长相对闭合差$\dfrac{1}{T}$

$$\frac{1}{T} = \frac{f_{s}}{[D]} = \frac{1}{\dfrac{[D]}{f_{s}}}$$

式中:[D]——导线边长的总和。

第二节　施工导线近似平差公式程序编写

　　关于导线测量近似平差公式,用fx—$4500PA$型计算机进行程序编写,作者经过实践,认为宜按导线计算步骤分步分别编辑程序。这样编写,思路清晰,步骤分明,容易理解,方便输入,便于操作,不易出错。

　　根据这一思路,结合实践算例,下面详细介绍施工导线点近似平差程序编辑操作应用全过程,供读者参考。

一、附合导线观测角平差程序编写

　　1.将观测角角度闭合差常规计算公式写成计算机输入公式

常规角度闭合差计算公式:

$$f_{\beta} = T_{起} - T_{终} + \sum\beta_{左} - n \cdot 180°$$

计算机输入公式:

$$\text{F} = \text{A} - \text{B} + (\text{C} + \text{D} + \text{E} + \text{H} + \text{I} + \text{J} + \text{L} + \text{M}) - \text{N} \times 180 \quad \blacktriangle$$

上两式中:F = f_{β};A = $T_{起}$;B = $T_{终}$;(C + D + E + H + I + J + L + M) = $\sum\beta_{左}$;N = n。

　　计算机输入公式中的字符意义同常规角度闭合差计算公式中的含义。

　　程序中:(C + D + … + M)观测角按8个设置,若实测中超过,则可增设;若实测中不足8个,则多余字符输入0。

　　2.将观测角改正数计算常规公式写成计算机输入公式

常规观测角改正数计算公式:

$$V_{\beta} = -\left(\frac{f_{\beta}}{n}\right)$$

计算机输入公式:

$$\text{V} = -\left(\frac{\text{F}}{\text{N}}\right)$$

上两式中:V = V_{β};F = f_{β};N = n。

其字符代表意义相同。

3.观测角平差程序编写

(1)设计程序编写清单

F1 D101 - 1 (文件名)

L1 LbI 0

L2 {A B C D E H I J L M N} (变量)

L3 $A > B \Rightarrow$ Goto 1: $\Leftarrow\Rightarrow A < B \Rightarrow$ Goto 2 △△ (条件转移)

L4 LbI 1

L5 $F = A - B + (C + D + E + H + I + J + L + M) - N \times 180$ ◢

                  (角度闭合差)

L6 $V = -\left(\dfrac{F}{N}\right)$ ◢ (角度改正数)

L7 $K''1'' = C + V$ ◢ $K''2'' = D + V$ ◢ $K''3'' = E + V$ ◢

   $K''4'' = H + V$ ◢ $K''5'' = I + V$ ◢ $K''6'' = J + V$ ◢

   $K''7'' = L + V$ ◢ $K''8'' = M + V$ ◢ Goto 0 (改正后角值)

L8 LbI 2

L9 $F = (A + 360 - B) + (C + D + E + H + I + J + L + M) - N \times 180$ ◢

                  (角度闭合差)

L10 $V = -\left(\dfrac{F}{N}\right)$ ◢ (角度改正数)

L11 $K''1'' = C + V$ ◢ $K''2'' = D + V$ ◢ $K''3'' = E + V$ ◢

   $K''4'' = H + V$ ◢ $K''5'' = I + V$ ◢ $K''6'' = J + V$ ◢

   $K''7'' = L + V$ ◢ $K''8'' = M + V$ ◢ (平差角值)

L12 Goto 0

(2)向计算机输入程序

操作方法步骤:

①按 AC 键,开机;

②按 MODE EXP 键,设定程序编写状态 WRT;

③输入文件名:D101 - 1,按 EXE 键,

按 ALPHA sin 1 0 1 - 1 EXE 键,

显示   D 1 0 1 - 1   ;

④输入第1行 L1

按 ↓ 2ndF ⇨ 0 EXE 键,

显示 L1   LbI 0   ;

⑤输入第2行 L2

按 | ⇩ | 2ndF | ln | SHIFT | ALPHA | (−) 键,

显示 L2   {   A ;

按 | ° ' " | hyp | sin | cos |) | , | M+ | 8 | 9 键,

显示 B   C   D   E   H   I   J   L   M ;

按 | 4 | 2ndF | x^y | EXE 键,

显示 N   } ;

⑥输入第3行 L3

按 | ⇩ | ALPHA | (−) | 2ndF | cos | ALPHA | ° ' " | 2ndF 键,

显示 L3   A   >   B ;

按 | ENG | 2ndF | ⇦ | 1 | 2ndF | CALC 键,

显示 ⇒   Goto   1   : ;

按 | 2ndF | $a^{b}/_{c}$ | ALPHA | (−) | 2ndF | tan | ALPHA 键,

显示 ⇒   A   < ;

按 | ° ' " | 2ndF | ENG | 2ndF | ⇦ | 2 | 2ndF | √ 键,

显示 B   ⇒   Goto   2   △ ;

按 | 2ndF | √ | EXE 键,

显示   △ ;

⑦输入第4行 L4

按 | ⇩ | 2ndF | ⇨ | 1 | EXE 键,

显示 L4   Lbl   1 ;

⑧输入第5行 L5

按 | ⇩ | ALPHA | tan | 2ndF | (−) | ALPHA | (−) 键,

显示 L5   F   =   A ;

按 | − | ALPHA | ° ' " | + | (| ALPHA | hyp | + 键,

显示 −   B   +   (C   + ;

按 | ALPHA | sin | + | ALPHA | cos | + | ALPHA |) | + 键,

显示 D   +   E   +   H   + ;

按 | ALPHA | , | + | ALPHA | M+ | + | ALPHA | 8 | + 键,

显示 I   +   J   +   L   + ;

28

按 $\boxed{\text{ALPHA}}$ $\boxed{9}$ $\boxed{)}$ $\boxed{-}$ $\boxed{\text{ALPHA}}$ $\boxed{4}$ $\boxed{\times}$ $\boxed{1}$ $\boxed{8}$ $\boxed{0}$ 键，

显示 M) - N × 1 8 0 ；

按 $\boxed{\text{2ndF}}$ $\boxed{⇧}$ $\boxed{\text{EXE}}$ 键，

显示 ◢ ；

⑨输入第 6 行 L6

按 $\boxed{⇩}$ $\boxed{\text{ALPHA}}$ $\boxed{+}$ $\boxed{\text{2ndF}}$ $\boxed{(-)}$ $\boxed{(-)}$ $\boxed{(}$ $\boxed{\text{ALPHA}}$ $\boxed{\tan}$ 键，

显示 L6 V = - (F ；

按 $\boxed{/}$ $\boxed{\text{ALPHA}}$ $\boxed{4}$ $\boxed{)}$ $\boxed{\text{2ndF}}$ $\boxed{⇧}$ $\boxed{\text{EXE}}$ 键，

显示 / N) ◢ ；

⑩输入第 7 行 L7(以下操作略,读者可自己操作按键方法)

L7：K = C + V ◢ K = D + V ◢ K = E + V ◢ K = H + V ◢ K = I + V ◢

K = J + V ◢ K = L + V ◢ K = M + V ◢ Goto 0 $\boxed{\text{EXE}}$

⑪输入第 8 行 L8

L8 LbI 2 $\boxed{\text{EXE}}$

⑫输入第 9 行 L9

L9 F = (A + 360 - B) + (C + D + E + H + I + J + L + M) - N × 180 ◢

$\boxed{\text{EXE}}$

⑬输入第 10 行 L10

L10 V = - (F/N)◢ $\boxed{\text{EXE}}$

⑭输入第 11 行 L11

L11 K = C + V ◢ K = D + V ◢ K = E + V ◢

K = H + V ◢ K = I + V ◢ K = J + V ◢

K = L + V ◢ K = M + V ◢ $\boxed{\text{EXE}}$

⑮输入第 12 行 L12

L12 Goto 0 $\boxed{\text{EXE}}$

⑯按 $\boxed{\text{MODE}}$ $\boxed{\text{EXP}}$ 键,退出编程状态。

4.附合导线观测角平差程序应用算例

观测角平差程序应用操作方法步骤：

①按 $\boxed{\text{AC}}$ 键,开机；

②按 $\boxed{\text{FILE}}$ 键,调出文件名 F1 D101 - 1;

③按 $\boxed{\text{EXE}}$ 键执行程序。

下面以某高速公路 B4 标段施工导线为例说明观测角平差程序操作方法步骤。

某高速公路 B4 标段 D48～D49 施工导线资料详见表 2-1。

(附合)导线平差计算表   表 2-1

外业略图
50
47 A
48 K128+600 K128+820 49 B
K128+917 N = 5

起算数据	点名	x(m)	y(m)	方位角(° ′ ″)	边长(m)
	D47	31 533.520	69 624.196	A 161 51 21	216.510
	D48	31 327.782	69 691.638		
	D49	31 245.827	70 397.376	B 306 32 13	139.920
	D50	31 329.127	70 284.954		

点号	观测角 (° ′ ″)	平差角 (° ′ ″)	方位角 (° ′ ″)	边长 (m)	增量 Δx(m)	增量 Δy(m)	坐标 x(m)	坐标 y(m)
D47								
			161 51 21					
D48	+2 / 91 53 54	91 53 56					31 327.782	69 691.638
			73 45 17	127.921	35.786	2 / 122.813		
K128 + 600	+2 / 184 59 48	184 59 50					31 363.568	69 814.453
			78 45 07	218.893	42.697	2 / 214.688		
K128 + 820	+2 / 225 41 24	225 41 26					31 406.265	70 029.143
			124 26 33	95.603	− 54.071	1 / 78.843		
K128 + 917	+2 / 165 44 18	165 44 20					31 352.194	70 107.987
			110 10 53	308.315	− 106.367	3 / 289.386		
D49	+2 / 16 21 18	16 21 20					31 245.827	70 397.376
			306 32 13					
D50								

辅助计算

1.角总和 $\sum\beta = 684°40'42''$　　5.$\sum\Delta x_已 = -81.955$m　　7.$\sum\Delta x_计 = -81.955$m　　9.$f_x = 0.0$m

2.角闭合差 $f_\beta = -10''$　　6.$\sum\Delta y_已 = 705.738$m　　8.$\sum\Delta y_计 = 705.730$m　　10.$f_y = -0.008$m

3.改正数 $V = +2''$　　11.$\sum D = 750.732$m

4.测角中误差 $m_\beta = \pm 4.5''$

绝对误差 $= 0.008$m

相对误差 $= \dfrac{1}{T} = \dfrac{1}{94\,000} < \dfrac{1}{10\,000}$

D101−1 程序(观测角平差程序)操作方法步骤：

①按 $\boxed{\text{AC}}$ 键，开机；

30

②按 FILE 键,调出文件名:F1　D101-1;

③按 EXE 键,显示:A?,输入起始边 D47～D48 方位角 161°51′21″;

④按 EXE 键,显示:B?,输入终止边 D49～D50 方位角 306°32′13″;

⑤按 EXE 键,显示:C?,输入 D48 点观测角(连接角)91°53′54″;

⑥按 EXE 键,显示:D?,输入导线点 K128+600 观测角 184°59′48″;

⑦按 EXE 键,显示:E?,输入导线点 K128+820 观测角 225°41′24″;

⑧按 EXE 键,显示:H?,输入导线点 K128+917 观测角 165°44′18″;

⑨按 EXE 键,显示:I?,输入 D49 点观测角(连接角)16°21′18″;

⑩按 EXE 键,显示:J?,输入 0°(由于此导线只有 5 个观测角,所以其后各符号都分别输入 0°);

⑪按 EXE 键,显示:L?,输入 0°;

⑫按 EXE 键,显示:M?,输入 0°;

⑬按 EXE 键,显示:N?,输入测站个数 5;

⑭按 EXE 键,显示:$F=(A+360-B)+(C+D+\cdots)-N\times180=-0.003$,此为以 10 为底的数值,接着按 SHIFT °′″ 键换算成度/分/秒的值 -0°00′10″,即该符合导线角度闭合差为 -10″;

⑮按 EXE 键,显示:$V=-(F/N)=0.001$,按 SHIFT °′″ 键换算成角度 0°00′02″,即每个角分配 +2″;

⑯按 EXE 键,显示:$K=C+V=91.899$,换算成角度 91°53′56″,即为 D48 点观测角平差值(下同);

⑰按 EXE 键,显示:$K=D+V=184.997=184°59′50″$;

⑱按 EXE 键,显示:$K=E+V=225.691=225°41′26″$;

⑲按 EXE 键,显示:$K=H+V=165.739=165°44′20″$;

⑳按 EXE 键,显示:$K=I+V=16.356=16°21′20″$;

㉑按 EXE 键,显示:$K=J+V=0.001$　　(J～M 为设置的观测角符号,此导线用了 5 个,多设置的不用应为 0,下同);

㉒按 EXE 键,显示:$K=L+V$;

㉓按 $\boxed{\text{EXE}}$ 键,显示:$K = M + V$;

㉔按 $\boxed{\text{EXE}}$ 键,显示:$A^?$(开始重复计算,输入第二条导线起始边方位角。以下连续计算同上操作,略)。

5. 观测角平差程序的订正、追加和删除

分析上述观测角平差程序,我们发现用该程序计算的角度闭合差 F、角度改正数 V 没有检核条件,用没有经过检核的角度改正数 V 对观测角进行改正,其结果(平差角 K)是否正确只有在计算方位角后才能发现。这一缺点是不容忽视的,应对该程序进行修订才能使其完善,才能放心地在生产实践中应用。

如果我们对观测角平差程序做如下修改,则该程序的上述缺点就可克服:

(1)令 $G = C + D + E + H + I + J + L + M$ ◢

$Q = A - B, Q = A + 360 - B$

$R = Q + G + NV - N \times 180$ ◢

$U = NV$ ◢

式中:G——观测角总和;

Q——起始边方位角 A 减终止边方位角 B 之差,若 $A < B$,则 A 加 360°;

R——改正后的角度闭合差,其值应等于 $0°00'00''$;

U——角度改正数和,其值应等于角度闭合差 F,但符号相反。

(2)将 $G = C + D + E + H + I + J + L + M$ ◢ 插入 D101 - 1 程序的第 3 行;

将 $Q = A - B$ 插入 D101 - 1 程序的第 6 行;

将 $R = Q + G + NV - D \times 180$ ◢插入 D101 程序的第 9 行、第 15 行;

将 $U = NV$ ◢追加到 D101 - 1 程序的第 8 行、第 14 行,将 $Q = A + 360 - B$ 插入 D101 程序的第 12 行;

将第 7 行、第 13 行 F 订正修改为:$F = Q + G - N \times 180$ ◢

上述 D101 - 1 观测角平差程序的订正修改、追加和删除,读者可依据第一章第五节"fx—4500PA(4500P)型计算机程序的订正、追加和删除"一节介绍的方法自行操作。

(3)经过订正、追加和删除后的观测角平差程序清单如下:

F1   D101 - 1   (文件名)

L1   LbI   0

L2　　{A B C D E H I J L M N}

L3　　$G = C + D + E + H + I + J + L + M$ ▲

L4　　$A > B \Rightarrow$ Goto 1 ：$\leftarrow \Rightarrow A < B \Rightarrow$ Goto 2 △△

L5　　LbI　1

L6　　$Q = A - B$

L7　　$F = Q + G - N \times 180$ ▲

L8　　$V = -(F/N)$ ▲　$U = NV$ ▲

L9　　$R = Q + G + NV - N \times 180$ ▲

L10　 $K = C + V$ ▲　$K = D + V$ ▲　$K = E + V$ ▲

　　　$K = H + V$ ▲　$K = I + V$ ▲　$K = J + V$ ▲

　　　$K = L + V$ ▲　$K = M + V$ ▲　Goto　0

L11　 LbI　2

L12　 $Q = A + 360 - B$

L13　 $F = Q + G - N \times 180$ ▲

L14　 $V = -(F/N)$ ▲　$U = NV$ ▲

L15　 $R = Q + G + NV - N \times 180$ ▲

L16　 $K = C + V$ ▲　$K = D + V$ ▲　$K = E + V$ ▲

　　　$K = H + V$ ▲　$K = I + V$ ▲　$K = J + V$ ▲

　　　$K = L + V$ ▲　$K = M + V$ ▲

L17　 Goto　$\dot{0}$

经过上述订正修改后的"D101 – 1"程序,在实行中,我们发现观测角值的显示都是"K",这样极易错位,填错角的位置,如果我们将第 10 行、第 16 行修订为:

$K''K1'' = C + V$ ▲　　$K''K2'' = D + V$ ▲

$K''K3'' = E + V$ ▲　　$K''K4'' = H + V$ ▲

$K''K5'' = I + V$ ▲　　$K''K6'' = J + V$ ▲

$K''K7'' = L + V$ ▲　　$K''K8'' = M + V$ ▲

这样计算的结果,显示的是:K1、K2、K3、K4、K5、K6、K7、K8 的平差角值。使用起来就更加方便应手,不易出错(修订后 D101 – 1 计有 336 步骤数)。

经追加、订正后,D101 – 1 程序中:

C,D,E,H,I,J,L,M——附合导线观测角值;

G——观测角总和;

A——附合导线起始边方位角;

33

B——附合导线终止边方位角；

Q——附合导线 A－B 之差；

N——观测角个数或测站数；

F——附合导线观测角闭合差；

V——附合导线观测角闭合差改正数；

U——改正数和,应等于 F,但符号相反,以此检查计算正确与否；

R——观测角经改正后的角闭合差,应等于零,以此检查观测角改正是
否正确；

K1,K2,K3,K4,K5,K6,K7,K8——经改正后的观测角值,即角平差
值。

本程序设了 8 个观测角,如果观测角不足 8 个,多余字符输入零；如果
观测角大于 8 个,则程序中要追加订正。

从上述反复订正修改程序,我们可知,一个完善的、使用方便的程序,是
在实践中使用后,发现缺点,然后经过反复修改才能完成的。

6.附合导线观测角平差程序应用范围

附合导线观测角平差程序是依据导线左观测角进行程序编辑的,其计
算功能同样适合于导线右观测角的附合导线。

当附合导线观测右角时,利用 D101 程序计算观测角改正,在输入“$C^?$,
$D^?$,…,$M^?$”时,只要输入：

$C^?$ 输入 360°－$C_右$ 观测角值；

$D^?$ 输入 360°－$D_右$ 观测角值；

$\vdots$

$M^?$ 输入 360°－$M_右$ 观测角值。

计算结果“K”则显示为左平差观测角值。如果仍要用右角,则在显示 K
后减去 360°就行了(可参阅表 2-2 闭合导线平差计算表观测角平差部
分)。

二、闭合导线观测角平差程序清单

闭合导线观测角平差程序编辑设计方法基本上与附合导线观测角平差
程序相同,读者可自己编写练习。下面只将闭合导线观测角平差程序清单
书写如下：

F2   D101－2   (文件名)   (174 步骤数)

L1   LbI   0

34

L2　　{C D E H I J L M N}

L3　　G = C + D + E + H + I + J + L + M ◢

L4　　F = G − (N − 2) × 180 ◢

L5　　V = − (F/N) ◢　　U = NV ◢

L6　　R = G + NV − (N − 2) × 180 ◢

L7　　K″K1″ = C + V ◢　　K″K2″ = D + V ◢　　K″K3″ = E + V ◢

　　　K″K4″ = H + V ◢　　K″K5″ = I + V ◢　　K″K6″ = J + V ◢

　　　K″K7″ = L + V ◢　　K″K8″ = M + V ◢

L8　　Goto　0

程序中：C，D，…，M——内角观测角值；

　　　　　　　G——内角总和；

　　　　　　　F——闭合导线内角角度闭合差；

　　　　　　　V——内角角度改正数；

　　　　　　　U——内角角度改正数之和，其值等于F，但符号相反；

　　　　　　　R——角度经改正后的闭合差，应等于零，即 R = 0；若 R ≒
　　　　　　　　　 0，应检查输入数据或检查程序内容；

　　　　　　　K——内角平差值。

值得注意的是，当观测角为外角时，在输入观测角时，应输入：

C?　　输入 360° − 外角

D?　　输入 360° − 外角

其余类同。只是应注意改正数 V，用外角时应反号。

闭合导线观测角平差程序应用范例见表2-2。操作步骤方法同附合导线，读者可自己演练该程序的执行。

(闭合)导线平差计算表　　　　　　　　　　　　表2-2

点名	x (m)	y (m)	方位角 (° ′ ″)	边长 (m)
起算数据 D17	2 858 395.143	502 203.207		
			240 32 18	505.709
D18	2 858 146.414	501 762.894		

35

点号	观测角 (° ′ ″)	平差角 (° ′ ″)	方位角 (° ′ ″)	边长 (m)	坐标增量 Δx(m)	坐标增量 Δy(m)	坐标 x(m)	坐标 y(m)
D17	−6 (97 33 18)	(97 33 12)	240 32 18					
D18	−6 286 58 48	286 58 42					2 858 146.414	501 762.894
			158 05 30	135.147	5 −125.387	3 50.426		
K11+200左	−6 191 28 30	191 28 24					2 858 021.032	501 813.323
			169 33 54	86.395	3 −84.966	2 15.648		
+500左	−6 275 48 24	275 48 18					2 857 936.069	501 828.973
			265 22 12	80.881	3 −6.529	2 −80.617		
+800左	−6 208 35 12	208 35 06					2 857 929.543	501 748.358
			293 57 18	174.860	6 70.996	3 −159.798		
K12+120左	−6 294 48 00	294 47 54					2 858 000.545	501 588.563
			48 45 12	99.504	4 65.603	2 74.815		
+100左	−6 182 21 42	182 21 36					2 858 066.152	501 663.380
			51 06 48	127.842	5 80.257	3 99.511		
D18	−6 286 58 48	286 58 42					2 858 146.414	501 762.894
			60 32 18					
D17								

辅助计算	1．内角和：719°59′24″　　5．边长总和：704.629　　8．绝对误差：$f_s = 0.030$m 2．角闭合：−36″　　　　　6．$\Delta x = -0.026$　　　　9．相对误差：$1/T = 1/23\,500$ 3．角改正数：6″　　　　　7．$\Delta y = -0.015$ 4．角个数：6 注：1．97°33′18″是连接角，$T = 240°32′18″$； 　　2．观测角为外角(左)，程序用内角(右)，输入时用 $360 - \beta_左$

三、附合导线方位角及坐标增量程序计算公式编写

1．将导线方位角计算常规公式写成计算机输入公式

常规方位角计算公式：

$$T_{i \sim i+1} = T_{i-1 \sim i} + \beta_i - 180°$$

当 $T_{i-1 \sim i} + \beta_i < 180°$ 时，则用下式：

$$T_{i \sim i+1} = T_{i-1 \sim i} + \beta_i + 180°$$

当计算结果大于 360°时，则减去 360°。

计算机输入公式：

$$T = M + K - 180 \; \blacktriangle$$

当 $M + K < 180$，则：

$$T = M + K + 180 \; \blacktriangle$$

36

以上式中：T——导线前一边的未知方位角；

M——导线后一边的已知方位角；

K——导线经平差后的观测角。

2.将导线坐标增量计算常规公式写成计算机输入公式

坐标增量计算常规公式：

纵坐标增量 Δx：

$$\Delta x = D \cdot \cos T$$

横坐标增量 Δy：

$$\Delta y = D \cdot \sin T$$

计算机输入公式：

纵坐标增量 W：

$$W = D \cos T \blacktriangleleft$$

横坐标增量 P：

$$P = D \sin T \blacktriangleleft$$

式中：D——导线边平距；

T——导线边方位角。

3.导线方位角及坐标增量程序公式编写

(1)设计程序编写清单

F2　　D102　　（文件名）（102 步骤数）

L1　　LbI　0

L2　　{D　M　K}　　（变量）

L3　　M + K > 180 ⟹ Goto　1：⟸ M + K < 180 ⟹ Goto　2△△　　（条件转移）

L4　　LbI　1

L5　　T = M + K – 180 ◢　　（方位角计算）

L6　　W = D cos T ◢ ⎫
　　　　　　　　　　　⎬（坐标增量计算）
L7　　P = D sin T ◢ ⎭

L8　　Goto　0

L9　　LbI　2

L10　　T = M + K + 180 ◢　　（方位角计算）

L11　　W = D cos T ◢ ⎫
　　　　　　　　　　　 ⎬（坐标增量计算）
L12　　P = D sin T ◢ ⎭

L13　　Goto　0

程序中：M——导线后视边的已知方位角；

K——平差角；

37

T——导线前一边的未知方位角；

D——导线前一边的平距；

W,P——导线前一边的纵、横坐标增量。

(2)向计算机输入程序

操作方法步骤参阅第二节"闭合导线观测角平差程序清单"。此节不再重复。

(3)程序应用算例

算例数据详见表2-1。

程序执行操作方法步骤：

①按 AC 键，开机；

②按 MODE 键，调出文件名：F2 D102；

③按 EXE 键，显示：M？，输入起始边(47~48 边)方位角 161°51′21″；

④按 EXE 键，显示：K？，输入平差角 91°53′56″；

⑤按 EXE 键，显示：T = M + K - 180 = 73.755；接着按 SHIFT °′″ 键，显示：= 73°45′17″(48 - K128 + 600 边方位角)；

⑥按 EXE 键，显示：D？，输入导线边长：127.921(米)；

⑦按 EXE 键，显示：W = D cos T = 35.786(纵坐标增量 Δx)；

⑧按 EXE 键，显示：P = D sin T = 122.813(横坐标增量 Δy)；

⑨按 EXE 键，显示：M？(重复计算开始，输入 48 - K128 + 600 边方位角 73°45′17″)；

⑩按 EXE 键，显示：K？，输入下一点平差角 184°59′50″；

⑪按 EXE 键，显示：T = M + K - 180 = 78.752，接着按 SHIFT °′″ 键显示：78°45′07″；

⑫按 EXE 键，显示：D？，输入导线边长：218.893；

⑬按 EXE 键，显示：W = D cos T = 42.697；

⑭按 EXE 键，显示：P = D sin T = 214.688；

⑮按 EXE 键，显示：C？(又开始重复计算，以下连续计算，同上操作，略)。

4.附合导线方位角及坐标增量程序应用范围及注意事项

附合导线方位角及坐标增量程序是依据导线左观测角进行编辑的。当观测角为右角时,该程序仍可适用,只是此时在输入平差角时,应将右角变为左角,只要输入 $360° - K_{右}$ 就行了。

另外,此程序还可适用于闭合导线的方位角及坐标增量计算,其操作方法与附合导线相同。

附合导线方位角及坐标增量程序的缺点是方位角计算结果无检查项,为了保证运算正确,可在计算出终止边方位角后,将其与终止边已知方位角比较,此时:

$$T_{终计} = T_{终已}$$

说明计算正确,若:

$$T_{终计} \doteqdot T_{终已}$$

则说明计算有错。当有错误时,可按下述顺序检查:

(1)首先检查程序编写输入是否有错;

(2)其次检查起始方位角是否有错;

(3)最后检查平差角是否用错。

只要程序编写输入正确,起始方位角没有用错,平差角计算输入正确,用 D102 导线方位角及坐标增量程序计算的结果必定是正确的。

四、附合导线坐标增量闭合差计算程序编写

1.将导线坐标增量闭合差计算常规公式写成计算机输入公式

坐标增量闭合差计算常规公式:

$$f_x = \sum \Delta x_{计} - (x_{终} - x_{起}) = \sum \Delta x_{计} - \sum \Delta x_{已}$$

$$f_y = \sum \Delta y_{计} - (y_{终} - y_{起}) = \sum \Delta y_{计} - \sum \Delta y_{已}$$

计算机输入公式:

$$X = E + F + G + H + K + L + M + N \blacktriangleleft$$

$$Z = C - A \blacktriangleleft \quad I = X - Z \blacktriangleleft$$

$$Y = O + P + Q + R + S + T + U + V \blacktriangleleft$$

$$W = D - B \blacktriangleleft \quad J = Y - W \blacktriangleleft$$

式中: X——纵坐标增量总和;

E,F,G,H,K,L,M,N——导线纵坐标增量;

          I——纵坐标增量闭合差;

          Y——横坐标增量总和;

O,P,Q,R,S,T,U,V——导线横坐标增量;

          J——横坐标增量闭合差;

          A,B——导线起点纵横坐标值;

C,D——导线终点纵横坐标值。

2.导线坐标增量闭合差程序编写

(1)设计程序编写清单

F3　　D103　　(文件名)　(107 步骤数)

L1　　LbI　0

L2　　{E F G H K L M N}:{O P Q R S T U V}:
　　　{C D A B}　　(变量)

L3　　X=E+F+G+H+K+L+M+N ▲　　(计算纵坐标增量总和)

L4　　Z=C－A ▲(或:)　(计算已知纵坐标增量)

L5　　Y=O+P+Q+R+S+T+U+V ▲　　(计算横坐标增量总和)

L6　　W=D－B ▲(或:)　(计算已知横坐标增量)

L7　　I=X－Z ▲　(计算纵坐标增量闭合差)

L8　　J=Y－W ▲　(计算横坐标增量闭合差)

L9　　Goto　0

程序中,第 4 行和第 6 行显示指令"▲"后括号内"或:",意思是说将"▲"换成":",则计算结果不显示,而用"▲"则计算结果会显示。或是"▲"、":"都不输入,则计算结果亦不显示。

(2)向计算机输入程序

操作方法步骤略,读者可自己输入。

(3)程序应用算例

算例数据详见表 2-1 和表 2-2。本节以表 2-2 数据为例,程序执行操作方法步骤如下:

①按 AC 键,开机;

②按 FILE 键,调出文件名 F3　D103;

③按 EXE 键,显示:E?,输入纵坐标增量 –125.387;

④按 EXE 键,显示:F?,输入纵坐标增量 –84.966;

⑤按 EXE 键,显示:G?,输入纵坐标增量 –6.529;

⑥按 EXE 键,显示:H?,输入纵坐标增量 70.996;

⑦按 EXE 键,显示:K?,输入纵坐标增量 65.603;

⑧按 EXE 键,显示:L?,输入纵坐标增量 80.257;

⑨按 EXE 键,显示:M?,输入 0(程序设置了 8 条边增量,此例 6 条边,因此从第 7 条以下输入 0);

40

⑩按 $\boxed{\text{EXE}}$ 键,显示:$N^?$,输入 0;

⑪按 $\boxed{\text{EXE}}$ 键,显示:$X = E + F + G + H + K + L + M + N = -0.026$;

⑫按 $\boxed{\text{EXE}}$ 键,显示:$C^?$,输入 0(此例为闭合导线,导线起终点为同一点,因此输入 0);

⑬按 $\boxed{\text{EXE}}$ 键,显示:$A^?$,输入 0;

⑭按 $\boxed{\text{EXE}}$ 键,显示:$O^?$,输入横坐标增量 50.426;

⑮按 $\boxed{\text{EXE}}$ 键,显示:$P^?$,输入横坐标增量 15.648;

⑯按 $\boxed{\text{EXE}}$ 键,显示:$Q^?$,输入横坐标增量 -80.617;

⑰按 $\boxed{\text{EXE}}$ 键,显示:$R^?$,输入横坐标增量 -159.798;

⑱按 $\boxed{\text{EXE}}$ 键,显示:$S^?$,输入横坐标增量 74.815;

⑲按 $\boxed{\text{EXE}}$ 键,显示:$T^?$,输入横坐标增量 99.511;

⑳按 $\boxed{\text{EXE}}$ 键,显示:$U^?$,输入 0;

㉑按 $\boxed{\text{EXE}}$ 键,显示:$V^?$,输入 0;

㉒按 $\boxed{\text{EXE}}$ 键,显示:$Y = 0 + P + Q + R + \cdots + V = -0.015$;

㉓按 $\boxed{\text{EXE}}$ 键,显示:$D^?$,输入 0;

㉔按 $\boxed{\text{EXE}}$ 键,显示:$B^?$,输入 0;

㉕按 $\boxed{\text{EXE}}$ 键,显示:$I = X - Z = -0.026$;

㉖按 $\boxed{\text{EXE}}$ 键,显示:$J = Y - W = -0.015$;

㉗按 $\boxed{\text{EXE}}$ 键,显示:$E^?$,输入第二条导线的纵坐标增量;

以下重复操作,略。

算例中:第 4 行 $Z = C - A$ 及第 6 行 $W = D - B$,计算结果不显示。其值保留在计算机储存器中,若要 Z 与 W 结果显示,则必须在方程式后加入显示指令"◢"。

3.附合导线坐标增量闭合差计算程序应用范围

附合导线坐标增量闭合差计算程序同样适用于闭合导线坐标增量闭合差的计算,只是在程序执行中,输入已知点 A 和终止点 B 的坐标值时,应输入 0,这是因为闭合导线的起点与终点是同一点的缘故。

关于附合导线坐标增量闭合差计算的算例,见表 2-1。读者可自己用 D103 程序演算。

五、导线坐标增量改正数计算程序编写及导线精度评定计算程序编写

1.将导线坐标增量改正数计算常规公式写成计算机输入公式

(1)坐标增量改正数计算常规公式

$$V_x = -\left(\frac{f_x}{\sum D}\right) \cdot D_i$$

$$V_y = -\left(\frac{f_y}{\sum}\right) \cdot D_i$$

(2)计算机输入公式

$$V = - (I/D)： \quad I''IV'' = VA + VB + VC + \cdots + VK \ \blacktriangle$$

$$U = - (J/D)： \quad J''JU'' = UA + UB + UC + \cdots + UK \ \blacktriangle$$

$$D = A + B + C + E + F + G + H + K \ \blacktriangle$$

$$R''XV1'' = VA \ \blacktriangle \ R''XV2'' = VB \ \blacktriangle \ \cdots \ R''XV8'' = VK \ \blacktriangle$$

$$L''YU1'' = UA \ \blacktriangle \ R''YU2'' = UB \ \blacktriangle \ \cdots \ R''YU8'' = UK \ \blacktriangle$$

式中：V,U——纵横坐标增量改正数之常数；

D——导线边长总和；

A,B,…,K——导线各边边长；

R''XVi''——纵坐标增量改正数；

L''YUi''——横坐标增量改正数；

I——纵坐标增量闭合差；

J——横坐标增量闭合差；

I''IV''——纵坐标增量改正数之和,其值应等于I,但符号相反:I = – IV；

J''JU''——横坐标增量改正数之和,其值应等于J,但符号相反:J = – JU。

(3)导线精度评定计算常规公式

导线全长绝对闭合差 f_s：

$$f_s = \sqrt{f_x^2 + f_y^2}$$

导线全长相对闭合差 $\frac{1}{T}$：

$$\frac{1}{T} = \frac{f_s}{\sum D} = \frac{1}{\left(\frac{\sum D}{f_s}\right)}$$

(4)计算机输入公式

$$W''FS'' = \sqrt{(I^2 + J^2)} \ \blacktriangle$$

$$Q''\frac{1}{T}'' = \frac{D}{W} \ \blacktriangle \quad (计算结果为相对闭合差之分母)$$

2.导线坐标增量改正数计算公式程序编写及精度评定计算公式程序编写

(1)设计程序编写清单

F4　　D104　　（文件名）（317 步骤数）

L1　　LbI　0

L2　　{I J}:{A B C E F G H K}　　（坐标增量闭合差,导线各边长:变量）

L3　　$D = A + B + C + E + F + G + H + K$ ◢　　（导线边长总和计算）

L4　　$V = - \left(\dfrac{I}{D}\right) : U = - \left(\dfrac{J}{D}\right)$　　（坐标增量闭合差改正数常数计算）

L5　　$R''XV1'' = VA$ ◢　　$R''XV2'' = VB$ ◢

　　　$R''XV3'' = VC$ ◢　　$R''XV4'' = VE$ ◢

　　　$R''XV5'' = VF$ ◢　　$R''XV6'' = VG$ ◢

　　　$R''XV7'' = VH$ ◢　　$R''XV8'' = VK$ ◢

L6　　$L''YU1'' = UA$ ◢　　$L''YU2'' = UB$ ◢

　　　$L''YU3'' = UC$ ◢　　$L''YU4'' = UE$ ◢

　　　$L''YU5'' = UF$ ◢　　$L''YU6'' = UG$ ◢

　　　$L''YU7'' = UH$ ◢　　$L''YU8'' = UK$ ◢

（L5,L6 为纵横坐标增量改正数之计算）

L7　　$I''IV'' = VA + VB + VC + VE + VF + VG + VH + VK$ ◢　　（改正数检查计算）

L8　　$J''JU'' = UA + UB + UC + UE + UF + UG + UH + UK$ ◢　　（改正数检查计算）

L9　　$W''FS'' = \sqrt{(I^2 + J^2)}$ ◢　　（绝对闭合差计算）

L10　　$Q''\dfrac{1}{T}'' = \dfrac{D}{W}$ ◢　　（相对闭合差分母计算,分子为1）

L11　　Goto　0

式中,L5,L6 改正数计算结果,由于四舍五入取舍问题而存有误差,因此应手控计算予以调正。

(2)向计算机输入程序

操作方法步骤略。

(3)程序应用算例

算例数据详见表 2-1 和表 2-2。本节以表 2-2 数据为例。

操作方法步骤:

①按 AC 键,开机;

②按 FILE 键,调出文件名:F4 D104;

③按 EXE 键,显示:A?,输入导线第一条边长 135.147;

④按 EXE 键,显示:B?,输入导线第二条边长 86.395;

⋮   ⋮   ⋮

⑧按 EXE 键,显示:G?,输入导线最后一条边长 127.842;

⑨按 EXE 键,显示:H?,输入 0;

⑩按 EXE 键,显示:K?,输入 0;

⑪按 EXE 键,显示:$D = A + B + C + D + E + F + G + H + K = 704.629$(导线边长总和);

⑫按 EXE 键,显示:I?,输入纵坐标增量闭合差 −0.026;

⑬按 EXE 键,显示:J?,输入横坐标增量闭合差 −0.015;

⑭按 EXE 键,显示:$XV1 = 0.005$ (Δx_1 的改正数);

⑮按 EXE 键,显示:$XV2 = 0.003$ (Δx_2 的改正数);

⑯按 EXE 键,显示:$XV3 = 0.003$ (Δx_3 的改正数);

⑰按 EXE 键,显示:$XV4 = 0.006$ (Δx_4 的改正数);

⑱按 EXE 键,显示:$XV5 = 0.004$ (Δx_5 的改正数);

⑲按 EXE 键,显示:$XV6 = 0.005$ (Δx_6 的改正数);

⑳按 EXE 键,显示:$XV7 = 0.0$;

㉑按 EXE 键,显示:$XV8 = 0.0$;

㉒按 EXE 键,显示:$YU1 = 0.003$ (Δy_1 的改正数);

㉓按 EXE 键,显示:$YU2 = 0.002$ (Δy_2 的改正数);

㉔按 EXE 键,显示:$YU3 = 0.002$ (Δy_3 的改正数);

㉕按 EXE 键,显示:$YU4 = 0.004$ (Δy_4 的改正数,调整为 0.003);

㉖按 EXE 键,显示:$YU5 = 0.002$ (Δy_5 的改正数);

㉗按 EXE 键,显示:$YU6 = 0.003$ (Δy_6 的改正数);

㉘按 EXE 键,显示:YU7 = 0.0;

㉙按 EXE 键,显示:YU8 = 0.0;

㉚按 EXE 键,显示:IV = 0.026　(纵坐标增量改正数之和);

㉛按 EXE 键,显示:JU = 0.015　(横坐标增量改正数之和);

㉜按 EXE 键,显示:FS = 0.030　(导线全长绝对闭合差);

㉝按 EXE 键,显示:1/T = 23475　(导线全长相对闭合差分母);

㉞按 EXE 键,显示:A?,输入另一条导线边长;

以下重复连续计算,略。

3. 导线坐标增量改正数计算程序及导线精度评定计算程序应用范围

D104 程序的计算功能是计算导线坐标增量改正数和导线精度的绝对闭合差和相对闭合差。它既可适用于附合导线近似平差,又适合于闭合导线近似平差,还适用于小三角锁近似平差中计算坐标增量改正数。

六、导线坐标平差值计算程序编写

1. 将导线点坐标平差值计算常规公式写成计算机输入公式

导线点坐标平差值常规计算公式:

$$(x) = x + \Delta x + V_x$$

$$(y) = y + \Delta y + V_y$$

计算机输入公式:

$$X = A + P + (R) \quad \blacktriangleright$$

$$Y = B + W + (L) \quad \blacktriangleright$$

式中:X,Y——导线点坐标平差值;

　A,B——导线后一点已知坐标值;

(R),(L)——导线纵、横坐标增量改正数,向计算机输入时要带符号;

　P,W——导线纵横坐标增量 Δx, Δy。

2. 坐标平差值计算程序编写

(1)设计程序编写清单

F5　　D105　　(文件名)　(43 步骤数)

L1　　LbI　0

L2   {A B P W R L}

L3   X = A + P + (R) ◢

L4   Y = B + W + (L) ◢

L5   Goto 0

(2)向计算机输入程序

操作方法步骤略。

(3)程序应用算例

算例数据详见表 2-1 和表 2-2。本节以表 2-2 数据为例,读者可自习演算表 2-1 坐标平差值计算。

程序执行操作方法步骤如下:

①按 AC 键,开机;

②按 FILE 键,调出文件名:F5 D105;

③按 EXE 键,显示:$A^?$,输入导线起点 D_{18} x 值:2858146.414;

④按 EXE 键,显示:$P^?$,输入导线第一边纵坐标增量 $\Delta x_1 = -125.387$;

⑤按 EXE 键,显示:$R^?$,输入导线第一边纵坐标增量改正数 $V_x = 0.005$;

⑥按 EXE 键,显示:X = A + P + (R) = 2858021.032(导线第一点纵坐标平差值);

⑦按 EXE 键,显示:$B^?$,输入导线起点 D_{18} y 值:501762.894;

⑧按 EXE 键,显示:$W^?$,输入导线第一边横坐标增量 $\Delta y_1 = 50.426$;

⑨按 EXE 键,显示:$L^?$,输入导线第一边横坐标增量改正数 $V_y = 0.003$;

⑩按 EXE 键,显示:Y = B + W + (L) = 501813.323(导线第一点横坐标平差值);

⑪按 EXE 键,显示:$A^?$,输入导线第一点纵坐标平差值:2858021.032;

以下重复计算,略。

3.导线点坐标平差值程序计算范围

本程序适用于附合导线坐标平差值计算、闭合导线坐标平差值计算和小三角近似平差坐标平差值计算。

46

第三节　施工导线近似平差程序计算综述

施工导线近似平差用五个程序来计算。它们分别是：

(1)文件名：D101,其功能是计算导线观测角平差值；

(2)文件名：D102,其功能是计算导线方位角平差值及导线纵、横坐标增量；

(3)文件名：D103,其功能是计算导线纵、横坐标增量闭合差；

(4)文件名：D104,其功能是计算导线纵、横坐标增量改正数,计算导线精度评定值、导线全长绝对闭合差和相对闭合差；

(5)文件名：D105,其功能是计算导线点最后纵、横坐标平差值。

这样用五个程序来计算一条导线的近似平差工作,看起来程序多了些,麻烦了些。实际上,每个程序语句短、步骤数少、字符简单明了,容易编写,容易输入,编写输入不易出错,而且程序执行操作方便。

作者在实践应用中,觉得上述五个程序编写方便,输入方便,使用方便。读者可借鉴参考运用。

在程序编辑设计中,对字符的定义,作者没有追求严格统一,而是随机定义。例如,字符 A 及 B,在 D101 程序中,其定义为起、终边方位角,而在 D103 程序中,则定义为起始点纵、横坐标,在 D104 程序中却定义为导线边长,在 D105 程序中定义为导线后一点已知坐标。这样看起来凌乱,实际上为编辑设计程序带来很大方便。在使用程序时,只要搞清其在程序中的定义,就可运用自如。为了方便使用,现将导线近似平差程序字符定义整理如下：

(1)附合导线观测角平差程序字符定义

    F1   D101-1   （文件名）（用订正修改后之程序）

①$C^?$,导线连接角（平差前）；

②$D^?$,导线观测角（平差前,下同）；

③$E^?$,导线观测角；

④$H^?$,观测角；

⑤$I^?$,观测角；

⑥$J^?$,观测角；

⑦$L^?$,观测角；

⑧$M^?$,观测角；

⑨$G = C + D + E + H + I + J + L + M$,导线观测角总和；

⑩$A^?$,导线起始边方位角；

⑪$B^?$,导线终止边方位角；

⑫$N^?$,观测角个数或测站个数；

⑬$F = Q + G - N \times 180$,角度闭合差;

⑭$V = -(F/N)$,角度改正数;

⑮$U = NV$,角度改正数之和,$U = -V$;

⑯$R = Q + G + NV - N \times 180$,平差角总和计算的角度闭合差,$R = 0$;

⑰$K1 = $,平差角;

⑱$K2 = $,平差角;

$\vdots$

$K8 = $,平差角。

(2)闭合导线观测角平差程序字符定义

　　F2　　D101-2　　(文件名)

①$C^?$,观测角(外角输入 $360° - C$,下同);

②$D^?$,观测角;

③$E^?$,观测角;

④$H^?$,观测角;

⑤$I^?$,观测角;

⑥$J^?$,观测角;

⑦$L^?$,观测角;

⑧$M^?$,观测角;

⑨$G = C + D + E + H + I + J + L + M$,内角总和;

⑩$N^?$,观测角个数;

⑪$F = G - (N - 2) \times 180$,内角闭合差;

⑫$V = -(F/N)$,内角闭合差改正数,若改正外角要反号;

⑬$U = NV$,角改正数和,$U = -V$;

⑭$R = G + NV - (N - 2) \times 180$,改正后角计算的闭合差,$R = 0$;

⑮$K_1 = $,内平差角;

$\vdots$

$K_8 = $,内平差角。

(3)附合导线方位角及坐标增量计算程序字符定义

　　F2　　D102　　(文件名)

①$M^?$,导线后一边的方位角(已知);

②$K^?$,平差角;

③$T = M + K - 180$,所求边方位角;

④$D^?$,所求边平距;

48

⑤W = D cos T,所求边两端点间纵坐标增量;

⑥P = D sin T,所求边两端点间横坐标增量。

(4)导线坐标增量闭合差计算程序字符定义

    F3   D103   （文件名）

①$E^?$,导线第一边纵坐标增量;

②$F^?$,导线第二边纵坐标增量;

③$G^?$,导线第三边纵坐标增量;

④$H^?$,导线第四边纵坐标增量;

⑤$K^?$,导线第五边纵坐标增量;

⑥$L^?$,导线第六边纵坐标增量;

⑦$M^?$,导线第七边纵坐标增量;

⑧$N^?$,导线第八边纵坐标增量;

⑨X = E + F + G + H + K + L + M + N,纵坐标增量总和;

⑩$C^?$,导线终点纵坐标;

⑪$A^?$,导线起点纵坐标;

⑫Z = C − A,导线全长已知纵坐标增量和;

⑬$O^?$,导线第一边横坐标增量;

⑭$P_?$,导线第二边横坐标增量;

⑮$Q^?$,导线第三边横坐标增量;

⑯$R^?$,导线第四边横坐标增量;

⑰$S_?$,导线第五边横坐标增量;

⑱$T^?$,导线第六边横坐标增量;

⑲$U^?$,导线第七边横坐标增量;

⑳$V^?$,导线第八边横坐标增量;

㉑Y = O + P + Q + R + S + T + U + V,横坐标增量总和;

㉒$D^?$,导线终点横坐标;

㉓$B^?$,导线起点横坐标;

㉔W = D − B,导线全长已知横坐标增量和;

㉕I = X − Z,纵坐标增量闭合差;

㉖J = Y − W,横坐标增量闭合差。

(5)导线坐标增量改正数计算程序字符定义及导线精度评定计算程序
字符定义

    F4   D104   （文件名）

①$A^?$,导线第一边边长;

②$B^?$,导线第二边边长;

③$C^?$,导线第三边边长;

④$E^?$,导线第四边边长;

⑤$F^?$,导线第五边边长;

⑥$G^?$,导线第六边边长;

⑦$H^?$,导线第七边边长;

⑧$K^?$,导线第八边边长;

⑨$D = A + B + C + E + F + G + H + K$,导线边长总和;

⑩$I^?$,纵坐标增量闭合差;

⑪$J^?$,横坐标增量闭合差;

⑫$XV1 =$,纵坐标增量改正数;

⑬$XV2 =$,纵坐标增量改正数;

⑭$XV3 =$,纵坐标增量改正数;

⑮$XV4 =$,纵坐标增量改正数;

⑯$XV5 =$,纵坐标增量改正数;

⑰$XV6 =$,纵坐标增量改正数;

⑱$XV7 =$,纵坐标增量改正数;

⑲$XV8 =$,纵坐标增量改正数;

⑳$YU1 =$,横坐标增量改正数;

㉑$YU2 =$,横坐标增量改正数;

㉒$YU3 =$,横坐标增量改正数;

㉓$YU4 =$,横坐标增量改正数;

㉔$YU5 =$,横坐标增量改正数;

㉕$YU6 =$,横坐标增量改正数;

㉖$YU7 =$,横坐标增量改正数;

㉗$YU8 =$,横坐标增量改正数;

㉘$IV =$,纵坐标增量改正数和,$IV = -I$;

㉙$JU =$,横坐标增量改正数和,$JU = -J$;

㉚$FS =$,导线全长绝对闭合差;

㉛$1/T =$,导线全长相对闭合差分母,分子为1。

(6)导线坐标平差值计算程序字符定义

F5　　D105　　(文件名)

①$A^?$,导线后一点已知纵坐标;

②$P^?$,未经改正的纵坐标增量;

③$R^?$,纵坐标增量改正数;

④$X = A + P + (R)$,纵坐标平差值;

⑤$B^?$，导线后一点已知横坐标；

⑥$W^?$，未经改正的横坐标增量；

⑦$L^?$，横坐标增量改正数；

⑧$Y = B + W + (L)$，横坐标平差值。

一个程序中，字符的定义是人为设定的。当读者熟练地掌握了程序编辑设计基本功后，便可根据自己习惯的字符重新定义来编写程序。这样编写的程序，使用起来更能得心应手。

第四节　施工支导线点坐标计算的程序编写及应用

一、复测支导线坐标计算程序编写及应用

1. 复测支导线的布设形式

所谓复测支导线，即由已知点发展 1～3 个导线点，其终点不闭合也不附合到另一已知导线。这样发展的导线点没有检核条件，为了保证精度，要求往返施测水平角和导线边长。一般是往测左角，返测右角，这样测站点水平角可按下法求取：

测站平差：

$$f_\beta = \beta_{左} + \beta_{右} - 360$$
$$(\beta_{左}) = \beta_{左} + (-f_\beta/2)$$
$$(\beta_{右}) = \beta_{右} + (-f_\beta/2)$$

导线边长，则按下法求取：

$$(D) = (D_{往} + D_{返})/2$$

复测支导线又称自由导线。它不可无限制地发展下去，发展的次数越多，则精度逐渐降低。为了满足施工精度要求，规范规定最多发展 3 点。因此，讨论复测支导线点坐标计算可设定其为 3 个观测水平角、3 个导线边长。其实地布设形式，如图 2-1 所示。

图 2-1 中，β_1，β_2，β_3 为左测水平角，α_1，α_2，α_3 为右测水平角；D_1，D_2，D_3 为往测导线边长（一般测平距），D'_1，D'_2，D'_3 为返测导线边长。起始点为 CD_{19}，发展了 I，II，III 个导线点，起始方位角为 $T_{CD19-CD18}$ 或 $T'_{CD18-CD19}$。

2. 复测支导线点坐标计算程序编写

(1) 复测支导线点坐标计算常规公式

$$x_未 = x_已 + \Delta x \qquad \Delta x = D\cos T$$
$$y_未 = y_已 + \Delta y \qquad \Delta y = D\cos T$$

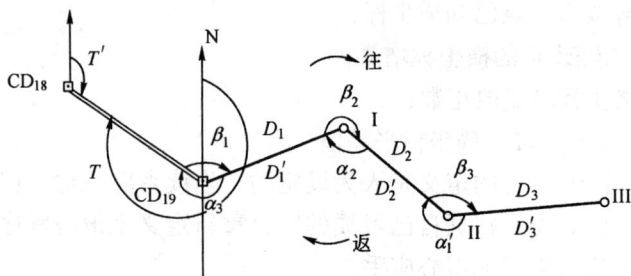

图 2-1　复测支导线示意图

(2)复测支导线点坐标程序计算设计

有两种方案可供考虑：

第一方案：逐点计算

由于此种导线不闭合，亦不附合到已知点，所以没有角度平差条件和坐标平差条件。在计算导线点坐标时，可直接取用外业测量的成果：水平角和边长。只要起始点坐标和起始边方位角已知，就可逐点计算出各导线点坐标。

下面给出方案一的程序清单：

F6　D106-1　　（文件名）（79 步骤数）

L1　LbI　1

L2　{V U D B G}（变量）

L3　$G + B > 180 \Rightarrow T = G + B - 180$ ◢≒$\Rightarrow T = G + B + 180$ ◢凸（条件转移、方位角计算）

L4　$Z = D \cos T$ ◢　$W = D \sin T$ ◢（坐标增量计算）

L5　$X = V + Z$ ◢　$Y = U + W$ ◢（坐标计算）

L6　Goto　1

程序中：V，U——导线已知点（后一点）坐标；

　　　　　D——导线各边边长；

　　　　　B——导线点观测水平角；

　　　　　G——导线点后一边方位角；

　　　　　T——方位角（未知）；

　　　Z，W——坐标增量（未知）；

　　　X，Y——待求点坐标。

程序执行方法：

由导线起点（例如 CD_{19}）的坐标、起始边（例如 CD_{18}—CD_{19}）的方位角，以及起点观测角（β）和导线第一条边长（D），计算出导线第 I 点，然后由 I 点计

算 Ⅱ 点,再由 Ⅱ 点计算出第 Ⅲ 点,逐点计算。

第二方案:一次性全部计算

复测支导线没有观测角平差条件和坐标平差条件,这一缺点却为计算工作带来很大方便;由于其只有三条边、三个观测角和一组起算数据,这就为我们在一个程序中能同时全部计算出所有点的坐标提供了可能性。

下面介绍我们设计这一程序的思路,供读者参考,如图 2-2 所示。

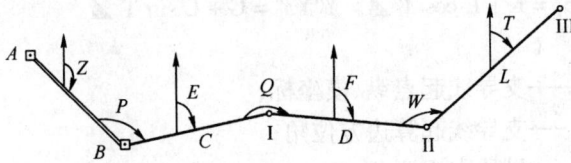

图 2-2 复测支导线程序设计思路参考图

令 B 点坐标为: M, N (已知);

　　I 点坐标为: I, J (未知待求);

　　Ⅱ 点坐标为: K, G (未知待求);

　　Ⅲ 点坐标为: x, y (未知待求);

　　起始边 $A—B$ 方位角为: Z (已知);

　　第一条导线边方位角为: E

　　第二条导线边方位角为: F $\Big\}$ (未知待求);

　　第三条导线边方位角为: T

　　导线边 1,2,3 为: C, D, L;

　　观测角 B ,Ⅱ,Ⅲ 为: P, Q, W 。

程序方程式则为:

方位角计算:

　　$E = Z + P - 180°$,若 $Z + P < 180°$,则 $E = Z + P + 180°$;

　　$F = E + Q - 180°$,若 $E + Q < 180°$,则 $F = E + Q + 180°$;

　　$T = F + W - 180°$,若 $F + W < 180°$,则 $T = F + W + 180°$ 。

导线点坐标计算:

I 点: $I = M + C \cos E$; $J = N + C \sin E$;

Ⅱ 点: $K = I + D \cos F$; $G = J + D \sin F$;

Ⅲ 点: $X = K + L \cos T$; $Y = G + L \sin T$ 。

根据上述分析,整理出复测支导线点坐标程序计算清单:

F7　　D106-2　　(文件名)　(200 步骤数)

L1　　LbI　　1

L2 {M N}:{C D L}:{Z P Q W}

L3 $Z + P > 180 \Rightarrow E = Z + P - 180$ ◢ ⇒ $E = Z + P + 180$ ◢

L4 $E + Q > 180 \Rightarrow F = E + Q - 180$ ◢ ⇒ $F = E + Q + 180$ ◢

L5 $F + W > 180 \Rightarrow T = F + W - 180$ ◢ ⇒ $T = F + W + 180$ ◢

L6 $I''X1'' = M + C \cos E$ ◢ $J''Y1'' = N + C \sin E$ ◢

L7 $K''X2'' = I + D \cos F$ ◢ $G''Y2'' = J + D \sin F$ ◢

L8 $X''X3'' = K + L \cos T$ ◢ $Y''Y3'' = G + L \sin T$ ◢

L9 Goto 1

程序中:M,N——支导线起点纵、横坐标;

        Z——支导线起算边方位角;

    P,Q,W——导线点观测角;

    C,D,L——导线边长。

(3)算例及操作方法步骤

算例外业观测数据见表2-3,用D106-2程序计算结果见表2-4。读者可用D106-1程序逐点计算出例中方位角、坐标增量,以及各点坐标来验算,表2-4中括号内数字是用D106-1程序计算的坐标增量,供参考。

外业测量数据整理 表2-3

点号	观测角		测站平差角		边长(m)		
	左 (° ′ ″)	右 (° ′ ″)	左 (° ′ ″)	右 (° ′ ″)	往	返	中数
GD₄₆							
GD₄₇	3 62 42 12	3 297 17 42	62 42 15	297 17 45			
					196.281	196.276	196.278
K₁₂+600左	0 149 33 24	0 210 26 36	149 33 24	210 26 36			
					201.546	201.550	201.548
K₁₂+800左	3 155 33 36	3 204 26 18	155 33 39	204 26 21			
					187.511	187.505	187.508
K₁₃+000左							
备注	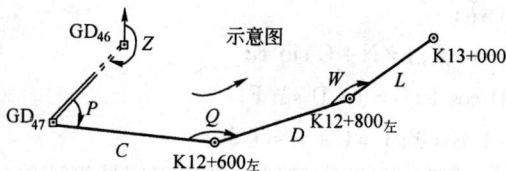 示意图 外业观测:××× 整理:×××						

注:观测角秒上的数是角度改正数。

54

计算:×××

示意图		起算数据	点名	x(m)	y(m)	方位角 (° ′ ″)	边长 (m)
			GD46	2 861 422.809	510 321.910	309 45 36	262.521
			GD47	2 861 590.710	510 120.102		

点号	观测角 (° ′ ″)	方位角 (° ′ ″)	边长 (m)	坐标增量		坐标	
				Δx(m)	Δy(m)	x(m)	y(m)
GD46		309 45 36					
GD47	62 42 15					2 861 590.710	510 120.102
		192 27 51	196.278	(−191.652)	(−42.362)		
K12+600左	149 33 24					2 861 399.058	510 077.740
		162 01 15	201.548	(−191.706)	(62.212)		
K12+800左	155 33 39					2 861 207.352	510 139.952
		137 34 54	187.508	(−138.426)	(126.481)		
K13+000						2 861 068.926	510 266.433

操作方法步骤:

①按 AC 键,开机;

②按 FILE 键,调出文件名:F7　D106-2;

③按 EXE 键,显示:Z?,输入起始边方位角 309°45′36″;

④按 EXE 键,显示:P?,输入连接角 62°42′15″;

⑤按 EXE 键,显示:E = Z + P − 180 = 192.464 = 192°27′51″(导线第一条边方位角);

⑥按 EXE 键,显示:Q?,输入测站平差角 149°33′24″;

⑦按 EXE 键,显示:F = E + Q − 180 = 162.021 = 162°01′15″(导线第二条边方位角);

⑧按 EXE 键,显示:W? 输入测站平差角 155°33′39″;

⑨按 EXE 键,显示:T = F + W − 180 = 137.582 = 137°34′54″(导线第三条边方位角);

⑩按 EXE 键,显示:M?,输入起始点 GD47 x = 590.710;

⑪按 EXE 键,显示:C?,输入 C 边边长 196.278;

⑫按 EXE 键,显示:X1,399.058(支导线第一点纵坐标值);

⑬按 EXE 键,显示:N?,输入起始点 $GD_{47}\ y = 120.102$;

⑭按 EXE 键,显示:Y1 = 077.740(支导线第一点横坐标值);

⑮按 EXE 键,显示:D?,输入 D 边边长:201.548;

⑯按 EXE 键,显示:X2 = 207.352(支导线第二点纵坐标值);

⑰按 EXE 键,显示:Y2 = 139.952(支导线第二点横坐标值);

⑱按 EXE 键,显示:L?,输入 L 边边长:187.508;

⑲按 EXE 键,显示:X3 = 068.926(支导线第三点纵坐标值);

⑳按 EXE 键,显示:Y3 = 266.433(支导线第三点横坐标值);

㉑按 EXE 键,显示:Z?;

以下连续操作输入另一条复测支导线的有关数据,略。

3.复测支导线点坐标程序计算应用范围

复测支导线点坐标程序 D106-1 和 D106-2 适用于左观测角,亦适用于右观测角,只是在用右角时,需输入360° – 右角。

在输入起始边方位角时,需输入起始边正方位角,例如上例中,输入 $Z_{GD46-GD47}$ 的方位角,而不是输入 $Z_{GD47-GD46}$ 的方位角。

二、引点坐标计算程序编写及应用

1.引点的布设形式

所谓引点,即由已知点发展一个导线点,也叫支导线。碎部测图中(地形测量)在图根点下常用引点法来增设测站点(架置测图板的点)。其实地布设形式,如图 2-3 所示。

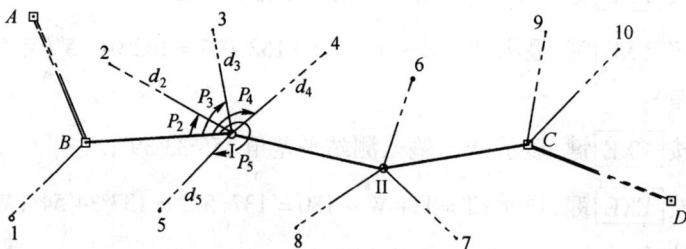

图 2-3 引点示意图

图中,A,B,C,D 为一、二级导线点,I,II 为图根点,1,2,3,4,…,10 为引点,也叫支导线点。在一个图根点发展(或叫支出)多少个引点,根据测图实地地形来考虑,只要测图需要,就可以支出一点。

引点是在布设图根点时同时布设的。在测图根导线时,亦同时测量。内业计算时,先算出图根点(坐标和高程),然后依图根点为已知,再算出引点的坐标和高程。

公路工程构造物,例如:盖板涵、通道、圆管涵、桥梁施工中,常用引点方法在其附近增设施工导线点,以方便放样。

2.引点坐标计算程序编写

(1)引点坐标计算常规公式

引点坐标计算,实际上就是计算一条边导线点的坐标。只是在同一起算数据下,要计算若干个引点坐标,有时少则一个,多则10多个。其计算公式是(以图 2-3I 点为例):

计算方位角:

$$T_{I-i} = T_{I-B} + P_i$$

或

$$T_{I-i} = T_{B-I} + P_i - 180$$

计算坐标增量:

$$\Delta x_{I-i} = d_i \cdot \cos T_{I-i}$$

$$\Delta y_{I-i} = d_i \cdot \sin T_{I-i}$$

坐标计算:

$$x_i = x_I + \Delta x_{I-i}$$

$$y_i = y_I + \Delta y_{I-i}$$

(2)写成计算机输入公式

$$X = R + D \cos T$$

$$Y = Q + D \sin T$$

式中:X,Y——引点坐标;

R,Q——起点(测站点)纵横坐标值;

D——引点边长,一般为平距,若测斜距,则:

$$D = S \cos V (S 为斜距,V 为垂直角)$$

T——引点边方位角,T = Z + P – 180,若 Z + P < 180,则 T = Z + P + 180,

其中 Z——起算边方位角,即已知方位角;

P_i——起算边与各引点边之夹角。

(3)程序编辑设计

略

(4)程序清单

F8   D106-3   (文件名)   (81 步骤数)

L1 LbI 2

L2 Z:R:Q:{P S V}   (Z,R,Q 设为常量,P,S,V 设为变量,因在同一测站支出的引点变化的只是 P,S,V,而 Z,R,Q 是各引点共用不变的)

L3 D = S cos V   (平距计算)

L4 Z + P > 180 ⇒ T = Z + P – 180 ◢ ⇒ T = Z + P + 180 ◢△ (条件转移,方位角计算)

L5 $\begin{matrix} X = R + D \cos T ◢ \\ Y = Q + D \sin T ◢ \end{matrix}$ (引点纵、横坐标计算)

L6 Goto 2   ("Goto"和"LbI"无条件转移必须相对应)

程序中:Z——支导线起算边方位角,即已知方位角;

R,Q——支导线起点 x,y 坐标;

P——引点起算边与各引点边之夹角;

S——起算点至引点间斜距,若直接测平距,则为平距;

V——引点垂直角,若测平距,则 V = 0;

D——平距计算;

T——引点边方位角;

X,Y——引点纵、横坐标值。

3.引点坐标程序计算算例

算例数据及用 D106-3 程序计算的引点坐标值见表 2-5。

引点坐标计算表   表 2-5

外业略图		起算数据	点名	x(m)	y(m)	方位角 (° ′ ″)	边长(m)
			GD16	426.479	1 351.988	316 42 00	405.628
			I	721.684	1 073.801		

点名	观测角 (° ′ ″)	斜距	垂直角 (° ′ ″)	平距 (m)	方位角 (° ′ ″)	坐标	
						x(m)	y(m)
GD16							
I					316 42 00	721.684	1 073.801
K_1	29 40 00		0 00 00	72.440	166 22 00	651.285	1 090.876
K_2	68 28 12		0 00 00	86.798	205 10 12	643.127	1 036.885
K_3	156 10 18		0 00 00	126.512	292 52 18	770.855	957.236
⋮					⋮		
⋮					⋮		
K_7	286 10 24		0 00 00	136.718	62 52 24	784.022	1 195.480
K_8	301 09 18		0 00 00	268.158	77 51 18	778.101	1 335.957

58

操作方法步骤:

①按 AC 键,开机;

②按 FILE 键,选择文件名:F8　D106-3;

③按 EXE 键,显示:$Z^?$,输入 T_{GD16-1} 方位角 316°42′00″;

④按 EXE 键,显示:$R^?$,输入 I 点纵坐标 721.684;

⑤按 EXE 键,显示:$Q^?$,输入 I 点横坐标 1073.801;

⑥按 EXE 键,显示:$S^?$,输入引点 K1 的边长:72.440(如是斜距输入斜距,如是平距输入平距);

⑦按 EXE 键,显示:$V^?$,斜距输入该点垂直角,平距输入 0;

⑧按 EXE 键,显示:$P^?$,输入 K1 观测角 29°40′00″;

⑨按 EXE 键,显示:$T = Z + P - 180 = 166.367$,接着按 SHIFT ° ′ ″ 键,$T = 166°22′00″$;

⑩按 EXE 键,显示:$X = R + D \cos T = 651.285$(K1 点纵坐标值);

⑪按 EXE 键,显示:$Y = Q + D \sin T = 1090.876$(K1 点横坐标值);

⑫按 EXE 键,显示:$S^?$,$V^?$,$P^?$ (输入另一引点边长、垂直角、观测角);

则直接计算出另一引点的 T,X,Y。此处 R,Q 不显示,因为 R 和 Q 已在计算 K1 点时给予定义,所以以下各引点均与其发生关系。

以下重复连续计算,略。

注意:当计算出 T > 360°时,则其值等于 T - 360°。

公路工程施工水准测量
近似平差程序编写及应用

第一节　施工水准测量近似平差计算公式

公路工程施工水准测量计算常采用水准测量近似平差法。所谓水准测量近似平差，就是将线路高程闭合差，按线路长度或测站数成比例地进行分配，对所测高差进行改正，然后根据改正后的高差，求得各水准点的最后高程。其计算步骤是：

(1)计算实测高差总和；

(2)计算线路已知高差总和；

(3)计算线路高差闭合差及高差允许闭合差；

(4)计算线路高差改正数；

(5)对实测高差进行改正平差；

(6)计算水准点平差后高程。

下面将施工水准线路近似平差常规公式列述于后。有关公路工程施工水准测量近似平差方法详见《公路工程施工测量》第三章第三节"三、施工水准路线的计算"(人民交通出版社,2004年9月第1版)

一、计算水准线路实测高差总和 $\sum h_{测}$

$$\sum h_{测} = h_1 + h_2 + \cdots + h_i$$

式中：h_i——水准实测高差，将其写成计算机输入公式：

$$Q = C + D + E + F + G + I + J + M \blacktriangleleft$$

其中 Q——水准线路实测高差总和，

C,D,…,M——水准线路实测高差。

60

二、计算水准线路起、终已知水准点的高差 $\sum h_已$

$$\sum h_已 = H_终 - H_起$$

式中：$H_终$，$H_起$——水准线路终点、起点已知高程,将其写成计算机输入公式:

$$Z = B - A \blacktriangle$$

其中 Z——水准线路已知高差,

B,A——水准线路终点、起点已知高程。

三、计算水准线路高程闭合差 Δh

$$\Delta h = \sum h_测 - \sum h_已$$

将其写成计算机输入公式:

$$R = Q - Z \blacktriangle$$

四、计算高差改正数 V_i

$$V_h = -\frac{\Delta h}{\sum n} \cdot n_i$$

或

$$V_h = -\frac{\Delta h}{\sum D} \cdot D_i$$

式中：n_i——测站数;

D_i——线路各段长度;

$\sum n$——测站总数;

$\sum D$——线路总长度。

将其写成计算机输入公式:

$$K = -(R/N)$$

式中：N——线路测站总数或总长度,其值为

$$N = S + T + U + V + W + O + X + Y \blacktriangle$$

五、计算水准点平差高程

$$H_1 = H_起 + h_1$$
$$H_2 = H_1 + h_2$$
$$\vdots$$
$$H_终 = H_i + h_{i+1}$$

式中：H_1，H_2，$\cdots$，$H_终$——平差后水准点高程;

h_1，h_2，$\cdots$，h_{i+1}——改正后的高差。

将其写成计算机输入公式:

$$H''HC1'' = A + (C + KS) \blacktriangle$$

$$H''HD2'' = H''HC1'' + (D + KT) \blacktriangle$$

$$H''HE3'' = H''HD2'' + (E + KU) \blacktriangle$$

$$H''HF4'' = H''HE3'' + (F + KV) \blacktriangle$$

$$\vdots$$

$$H''HM8'' = H''HJ7'' + (M + KY) \blacktriangle$$

式中：$H''HC1''$，$H''HD2''$，$\cdots$，$H''HM8''$——平差后水准点之高程；

　　　　KS，KT，KU，$\cdots$，KY——高差改正数。

六、计算线路的允许高差闭合差 $\Delta h_{容}$

$$\Delta h_{容} = \pm 20 \sqrt{L} \, \text{mm}（四等水准）$$

$$\Delta h_{容} = \pm 30 \sqrt{L} \, \text{mm}（五等水准）$$

式中：L——水准线路总长，以 km 为单位，将其写成计算机输入公式：

$$L''RF'' = 0.03 \sqrt{L}$$

当高差闭合差小于允许的高差闭合差时，则可对实测高差进行改正。

第二节　施工水准测量近似平差计算程序编写

一、程序编辑设计

根据上节水准测量近似平差计算常规公式和据其编写的计算机输入公式，进行水准测量近似平差程序的编辑设计。其程序清单如下：

Fi　　H001　　（文件名）（316 步骤数）

L1　Lb1　1

L2　{C D E F G I J M}：{S T U V W O X Y}：{A B}：{L}　（高差；测站或线路长；已知点高程；线路总长）

　　L3　Q = C + D + E + F + G + I + J + M ▲　（实测高差总和）

　　L4　N = S + T + U + V + W + O + X + Y ▲　（测站和，当用距离时，为长度和）

　　L5　Z = B − A ▲　（已知高差总和）

　　L6　R = Q − Z ▲　（高差闭合差）

　　L7　L''RF'' = 0.03 $\sqrt{L}$ ▲　（允许高差闭合差）

　　L8　K = − (R/N)　（高差改正数计算常数）

　　L9　P = KS + KT + KU + KV + KW + KO + KX + KY ▲　（高差改正数和，

62

应等于 R,但符号相反)

L10　H″HC1″ = A + (C + KS)▲　（1 点平差后高程）

L11　H″HD2″ = H″HC1″ + (D + KT)▲　（2 点平差后高程）

L12　H″HE3″ = H″HD2″ + (E + KU)▲　（3 点平差后高程）

L13　H″HF4″ = H″HE3″ + (F + KV)▲　（4 点平差后高程）

L14　H″HG5″ = H″HF4″ + (G + KW)▲　（5 点平差后高程）

L15　H″HI6″ = H″HG5″ + (I + KO)▲　（6 点平差后高程）

L16　H″HJ7″ = H″HI6″ + (J + KX)▲　（7 点平差后高程）

L17　H″HM8″ = H″HJ7″ + (M + KY)▲　（8 点平差后高程）

L18　Goto　1

程序中：

C,D,E,F,G,I,J,M——	水准线路实测高差；
S,T,U,V,W,O,X,Y——	水准线路与实测高差同测段的测站数或距离长度；
A,B——	水准线路起点、终点已知高程；
L——	水准线路总长度,km；
Q——	水准线路实测高差总和；
N——	水准线路测站总和或长度总和,m；
Z——	水准线路已知高差总和；
R——	水准线路高差闭合差；
L″RF″——	水准线路允许高差闭合差:四等水准 $\Delta h_容 = \pm 20\sqrt{L}$ mm；五等水准 $\Delta h_容 = \pm 30\sqrt{L}$ mm；
K——	高差改正数计算常数；
KS,KT,KU,KV,KW,KO,KX,KY——	水准线路各测段改正数；
P——	水准线路高差改正数总和,应等于 R,但符号相反；
HC1,HD2,HE3,HF4,HG5,HI6,HJ7,HM8——	平差后高程。

二、程序应用范围及注意事项

H001 水准测量近似平差程序是依据附合水准线路近似平差常规计算公式编辑设计的。但其功能亦同样适用于闭合水准线路近似平差计算。当闭合水准线路用 H001 程序进行平差计算时,由于线路起终点是同一点,所以程序中 A、B 是同一高程,计算的 Z = B - A = 0,除这一点须注意外,其他均与符合水准线路近似平差相同。

程序中,N = S + T + U + V + W + O + X + Y,可输入测站数,也可输入距离。当输入测站时,N 为水准线路测站总数;当输入距离时,N 为水准线路总长度。输入距离时,可用 m 为单位,亦可用 km 为单位。而程序中"L"必须以 km 为单位。

本程序设置了 8 个高差段,程序执行中,多出之高差段输入 0。

第三节 施工水准测量近似平差程序应用算例

表 3-1 中的图是 ×× 高速公路 ×× 标段加密施工水准点外业测量略图。图中,BM44 是该水准线路起点,BM46 是该水准线路终点。全长 0.8km,加密施工水准点 3 点:K129-1、K129-2、K129-3。

(附合)施工水准点平差计算表 表 3-1

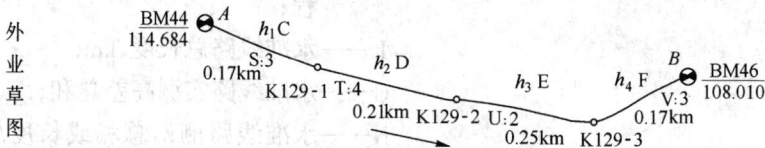

点名	高差 (m)	测站 (个)	距离 (m)	高程(m)	所 在 地
BM44				114.684	K129 + 000 右小道石上
	0.835	3	170		
K129-1				115.522	K129 + 180 右井沿上
	-4.294	4	210		
K129-2				111.232	K129 + 391 左田坎木桩
	1.098	2	250		
K129-3				112.332	K129 + 650 左田坎木桩
	-4.325	3	170		
BM46				108.010	K129 + 670 左路桥头
					控制 K128 + 900 ~ K129 + 760 施工段

辅助计算	$\sum h_计 = -6.686\text{m}$ $N = 12$ $\sum D = 0.800\text{km}$ $\sum h_已 = -6.674\text{m}$ $\Delta h_容 = \pm 30\sqrt{0.8} = \pm 0.027\text{m}$ $\Delta h = -0.012\text{m}$	检查计算: $-0.012 = \Delta h = \sum V = 0.012$ 观测:××× 计算:×××

这是一条典型的单一附合水准线路。在公路工程施工测量中,常用这种形式加密施工水准点。

选用 H001 程序进行单一附合水准线路平差时,可按下述方法步骤进行:

(1)将 H001 程序中有关字符标在外业草图相应位置,例如"A"标在 BM44 旁,"B"标在 BM46 旁,"C"标在 h_1 旁等。这样做,方便程序输入数字,

64

不易输错。

(2)将外业草图上有关测量数据整理在"施工水准测量计算表"中。

(3)用 H001 程序计算平差高程

操作方法步骤(见表 3-1):

① 按 AC 键,开机;

② 按 FILE 键,调出文件名:Fi H001;

③ 按 EXE 键,显示:$C^?$,输入高差 0.835;

④ 按 EXE 键,显示:$D^?$,输入高差 -4.294;

⑤ 按 EXE 键,显示:$E^?$,输入高差 1.098;

⑥ 按 EXE 键,显示:$F^?$,输入高差 -4.325;

⑦ 按 EXE 键,显示:$G^?$,输入高差 0;

⑧ 按 EXE 键,显示:$I^?$,输入高差 0;

⑨ 按 EXE 键,显示:$J^?$,输入高差 0;

⑩ 按 EXE 键,显示:$M^?$,输入高差 0。

⑪ 按 EXE 键,显示:$Q = C + D + E + F + G + I + J + M = -6.686$ (实测高差总和);

⑫ 按 EXE 键,显示:$S^?$,输入测站 3;

⑬ 按 EXE 键,显示:$T^?$,输入测站 4;

⑭ 按 EXE 键,显示:$U^?$,输入测站 2;

⑮ 按 EXE 键,显示:$V^?$,输入测站 3;

⑯ 按 EXE 键,显示:$W^?$,输入测站 0;

⑰ 按 EXE 键,显示:$O^?$,输入测站 0;

⑱ 按 EXE 键,显示:$X^?$,输入测站 0;

⑲ 按 EXE 键,显示:$Y^?$,输入测站 0;

⑳ 按 EXE 键,显示:$N = S + T + U + V + W + O + X + Y = 12$;

㉑ 按 EXE 键,显示:$B^?$,输入终点高程 108.010;

㉒ 按 EXE 键,显示:$A^?$,输入起点高程 114.684;

㉓按 EXE 键,显示:Z = B − A = − 6.674　(水准线路已知高差);

㉔按 EXE 键,显示:R = Q − Z = − 0.012　(水准线路高程闭合差);

㉕按 EXE 键,显示:L?,输入线路总长 0.8;

㉖按 EXE 键,显示:RF = 0.027,(线路高差容许值,− 0.012 < ± 0.027);

㉗按 EXE 键,显示:P = KS + KT + KU + KV + KW + KO + KX + KY = 0.012　(线路高差改正数之和:0.012 = − 0.012);

㉘按 EXE 键,显示:HC1 = 115.522　(1 点平差后高程);

㉙按 EXE 键,显示:HD2 = 111.232　(2 点平差后高程);

㉚按 EXE 键,显示:HE3 = 112.332　(3 点平差后高程);

㉛按 EXE 键,显示:HF4 = 108.010　(线路终点高程);

㉜按 EXE 键,显示:HG5 = "108.010"　(保留终点高程,说明 $h = 0$,平差止上一点结束);

㉝按 EXE 键,显示:HI6 = "108.010";

㉞按 EXE 键,显示:HJ7 = "108.010";

㉟按 EXE 键,显示:HM8 = "108.010";

㊱按 EXE 键,显示:C?　(输入另一条线路高差);

以下重复连续计算,略。

关于闭合水准线路平差程序计算算例,见表 3-2。具体操作方法步骤,同上述附合水准线路平差计算。读者可自行演练,此处不再重复。

(闭合)施工水准点平差计算表　　　　　表 3-2

外业略图

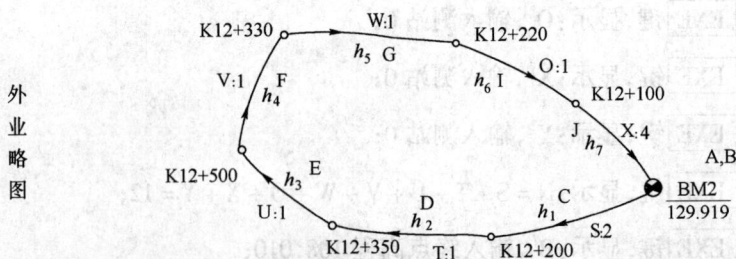

点名	高差 (m)	测站 (个)	距离 (km)	高程 (m)	所在地
BM2				129.919	K11 + 980 左屋下石墩上
	− 1.390	2			
K12 + 200左				128.527	K12 + 200 左水沟
	− 0.401	1			
K12 + 350左				128.125	K12 + 350 左平台
	− 0.139	1			
K12 + 500左				127.985	K12 + 500 左平台
	− 0.913	1			
K12 + 330右				127.071	K12 + 330 右水沟
	− 0.719	1			
K12 + 220右				126.351	K12 + 220 右水沟
	− 0.544	1			
K12 + 100右				125.806	K12 + 100 右平台
	+ 4.117	4			
BM2				129.919	
辅 助 计 算	$\sum h_{计} = 0.011$　　$N = 11$ 个　　$\sum D = 1.08\text{km}$ $\sum h_{已} = 0.000$　　$\Delta h_{容} = \pm 0.031$ $\Delta h = 0.011$　　$-\Delta h = -0.011$　　　　　观测：×××　　计算：×××				

第四节　复测支水准线路高程计算程序编写及应用

一、复测支水准线路高程计算常规公式

复测支水准线路高程计算简单容易。实践中常采用逐点法计算线路上水准点之高程。其公式是：

$$H_1 = H_{已} + (h_{1往} + h_{1返})/2$$
$$H_2 = H_1 + (h_{2往} + h_{2返})/2$$
$$\vdots$$
$$H_i = H_{i-1} + (h_{i往} + h_{i返})/2$$

式中：$H_{已}$——复测支水准线路起点高程；

$h_{i往}$，$h_{i返}$——线路各水准点间往、返测之高差。

二、复测支水准线路高程计算程序编写

有两种方案可供考虑：

第一方案：逐点计算水准点高程

由于此种水准线路不闭合亦不附合到已知水准点，所以没有高差改正条件。为了保证精度，用往返测高差较差来控制施测精度。只要往返测较差 < 5mm，即可取往返测高差之中数来计算水准点之高程。

由于计算简便,可用计算机手控来算;如欲用程序来算,可编写为下述程序:

程序清单:

Fi H002 （文件名） （33 步骤数）

L1 LbI 0

L2 {Z K P}

L3 $H = Z + ((K + P)/2)$ ◢

L4 Goto 0

程序中:Z——后一点已知高程;

K——已知点与未知点间往测高差;

P——与 K 同测段之返测之高差;

H——前一点未知高程,当计算下一点时,H 成为已知高程。

程序执行方法:

由支水准线路的起点高程、起点至第一个水准点间的往返测高差,计算出第一个水准点的高程,然后由第一点计算第二点,再由第二点计算第三点,逐点计算下去。

第二方案:一次性全部算出各点高程

程序清单:

Fi H003 （文件名） （170 步骤数）

L1 LbI 0

L2 {Z}:{AB,CD,EF,IJ,MN,PR}

L3 $H''H1'' = Z + ((A + B)/2)$ ◢

L4 $H''H2'' = H''H1'' + ((C + D)/2)$ ◢

L5 $H''H3'' = H''H2'' + ((E + F)/2)$ ◢

L6 $H''H4'' = H''H3'' + ((I + J)/2)$ ◢

L7 $H''H5'' = H''H4'' + ((M + N)/2)$ ◢

L8 $H''H6'' = H''H5'' + ((P + R)/2)$ ◢

L9 Goto 0

程序中: Z——支水准线路起点高程;

AB,CD,EF,IJ,MN,PR——支水准线路各测段往返高差;

H1,H2,H3,H4,H5,H6——支水准线路各加密点高程。

三、复测支水准线路高程计算程序应用算例

作者曾在××县××乡—××乡公路改造工程中测设一施工复测支水准线路,线路长 1.1km,发展 6 个施工水准点,其外业草图、观测数据、H003

68

程序计算结果见表3-3。

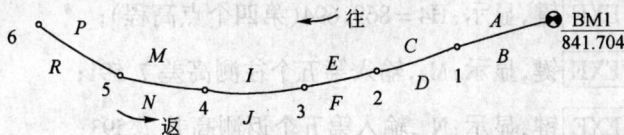

点名	$h_{往}$ (m)	$h_{返}$ (m)	中数 (m)	H(m)	所在地
BM1				841.704	看林房前石上 K12 + 626 右
	11.750	– 11.754			
1				853.456	K12 + 512 左大树下
	17.775	– 17.776			
2				871.232	K12 + 404 右树桩
	– 0.163	0.165			
3				871.068	K12 + 129 右树桩
	– 1.373	1.374			
4				869.694	K12 + 010 左石上
	7.591	– 7.593			
5				877.286	K11 + 856 左石上
	2.657	– 2.652			
6				879.941	K11 + 511 右石上

观测:×××　　　　计算:×××

注:计算时高差符号以往测为准。

操作方法步骤(用 H003 程序计算):

① 按 AC 键,开机;

② 按 FILE 键,选择文件名 Fi　H003;

③ 按 EXE 键,显示:Z?,输入支水准线路起点高程 841.704;

④ 按 EXE 键,显示:A?,输入第一个往测高差 11.750;

⑤ 按 EXE 键,显示:B?,输入第一个返测高差 11.754;

⑥ 按 EXE 键,显示:H1 = 853.456(第一个点高程);

⑦ 按 EXE 键,显示:C?,输入第二个往测高差 17.775;

⑧ 按 EXE 键,显示:D?,输入第二个返测高差 17.776;

⑨ 按 EXE 键,显示:H2 = 871.232(第二个点高程);

⑩ 按 EXE 键,显示:E?,输入第三个往测高差 – 0.163;

⑪ 按 EXE 键,显示:F?,输入第三个返测高差 – 0.165;

⑫ 按 EXE 键,显示:H3 = 871.068(第三个点高程);

⑬按 EXE 键,显示:I?,输入第四个往测高差 - 1.373;

⑭按 EXE 键,显示:J?,输入第四个返测高差 - 1.374;

⑮按 EXE 键,显示:H4 = 869.694(第四个点高程);

⑯按 EXE 键,显示:M?,输入第五个往测高差 7.591;

⑰按 EXE 键,显示:N?,输入第五个返测高差 7.593;

⑱按 EXE 键,显示:H5 = 877.286(第五个点高程);

⑲按 EXE 键,显示:P?,输入第六个往测高差 2.657;

⑳按 EXE 键,显示:R?,输入第六个返测高差 2.652;

㉑按 EXE 键,显示:H6 = 879.941(第六个点高程);

㉒按 EXE 键,显示:Z?,输入另一条支水准线路起点高程;

以下重复连续计算,略。

上述算例,读者可用逐点计算程序 H002 自己演算。

计算输入时须注意的是:输入高差的符号应以往测为准。

第四章

公路工程施工高程位置放样数据计算程序编写及应用

第一节　线路直线段、圆曲线段设计标高计算公式程序编写及应用

一、将线路直线段、圆曲线段(不设超高)设计标高计算常规公式写成计算机输入公式

直线段、圆曲线段中桩高程计算常规公式：

$$H_i = H_变 + (x_i - a_变) \cdot i$$

与中桩同一横断面左右两边桩高程计算：

$$H_边 = H_i + bE$$

以上式中：$H_变$——线路纵坡变坡点高程；

x_i——直线段、圆曲线段上任一点的里程桩号，即所求点桩号；

$a_变$——变坡点里程桩号；

i——x_i 所在坡段的设计纵坡度；

b——路面半幅宽度；

E——路拱，取负值。

将其写成计算机输入公式：

$$A = H + \text{Abs}(M - N)(I) \quad \blacktriangleright$$

$$C = A + BE \quad \blacktriangleright$$

式中：A——直线段、圆曲线段中桩设计高程；

H——线路纵坡变坡点高程；

Abs——绝对值符号；

M——变坡点里程桩号；

71

N——直线段、圆曲线段上任一点的里程桩号,即所求点桩号;

I——N所在坡段的设计纵坡度,上坡取正,下坡取负;

C——与 A 同一横断面左右边桩设计高程;

B——路面半幅宽度;

E——路拱,即路面横坡度,取负值。

二、线路直线段、圆曲线段(不设超高)设计标高计算程序编写

(1)设计程序编写清单

Fi　H-ZY　　(文件名)　(51 步骤数)

L1　LbI　0

L2　H:M:I:B:E

L3　{N}

L4　D = Abs(M - N)

L5　A = H + DI　▲

L6　C = A + BE　▲

L7　Goto　0

程序中:H——线路纵坡变坡点高程;

M——变坡点里程桩号;

N——直线段、圆曲线段上任一点的里程桩号,即所求点桩号;

I——N 所在坡段的设计纵坡度,上坡取正,下坡取负;

B——路面半幅路宽;

E——路拱,即路面横坡度,取负值;

D——所求点 N 至变坡点间距离;

A——所求点中桩设计高程;

C——所求点左、右边桩设计高程。

(2)计算机输入程序

本程序公式中用了绝对值符号 Abs,计算机输入时按 $\boxed{SHIFT}$ $\boxed{\Downarrow}$ 键,则显示:Abs;其余字符的输入,操作方法略。

(3)程序应用算例

××二级公路 A2 标段,相邻纵坡段连接如图 4-1 所示,K251 + 240,K251 + 610,K251 + 900 是前、中、后三个变坡点,其相应高程分别是:180.269,182.426,174.886;连接相邻纵坡段的是三个竖曲线,我们称其为前竖曲线、本竖曲线、后竖曲线。计算竖曲线间直线段、圆曲线段设计高程时,必须弄清楚:

①纵坡计算范围

前竖曲线　　　　　本竖曲线　　　　　后竖曲线

图 4-1　竖曲线相邻纵坡段连接示意图

以图 4-1 本竖曲线来说,前纵坡段计算范围是 K251 + 364.68 ~ K251 + 530.42 这一段,其长度为:

$$\mathrm{Abs}(364.68 - 530.42) = 165.74(\mathrm{m})$$

后纵坡段计算范围是 K251 + 689.58 ~ K251 + 818.00 这一段,其长度是:

$$\mathrm{Abs}(689.58 - 818.00) = 128.42(\mathrm{m})$$

②纵坡坡度及符号

对本竖曲线来说,前纵坡坡度为 - 0.583%,后纵坡坡度为 - 2.60%。

③变坡点里程桩号及高程

对于本竖曲线,变坡点里程桩号是:K251 + 610,变坡点高程是:182.426m。本算例是计算本竖曲线前纵坡直线段每隔 25m 的中桩及边桩设计高程。其计算数据见表 4-1。

线路纵坡设计高程计算　　　　　　　　　　　表 4-1

桩号	左桩	中桩	右桩	备 注
K251 + 375	180.896	181.056	180.896	H = 182.426(m)
+ 400	181.042	181.202	181.042	M = K251 + 610(m)
+ 425	181.187	181.347	181.187	I = - 0.00583
+ 450	181.333	181.493	181.333	B = 8.0(m)
+ 475	181.479	181.639	181.479	E = - 0.02
+ 500	181.625	181.785	181.625	
+ 525	181.770	181.930	181.770	

用 H - ZY 程序计算,操作方法步骤是:

①按 $\boxed{\mathrm{AC}}$ 键,开机;

②按 $\boxed{\mathrm{FILE}}$ 键,选择文件名:Fi　H - ZY;

③按 $\boxed{\mathrm{EXE}}$ 键,显示;H?,输入变坡点高程 182.426;

73

④按 EXE 键,显示:M?,输入变坡点里程桩号 610;

⑤按 EXE 键,显示:I?,输入前纵坡坡度 – 0.00583;

⑥按 EXE 键,显示:B?,输入路面半幅宽 8.0;

⑦按 EXE 键,显示:E?,输入路面横坡度 – 0.02;

⑧按 EXE 键,显示:N?,输入所求点里程桩号 375;

⑨按 EXE 键,显示:A = H + Abs(M – N)(I) = 181.056(所求点 375 中桩设计高程);

⑩按 EXE 键,显示:C = A + BE = 180.896 (所求点 375 左、右边桩设计高程);

⑪按 EXE 键,显示:N?,输入另一所求点里程桩号 400;

⑫按 EXE 键,以下重复连续计算,略。

三、线路直线段、圆曲线段(不设超高)设计高程计算程序应用范围

H – ZY 程序只能计算线路直线段、圆曲线段上任意一点里程桩号的中桩及边桩的设计高程,超出直线段、圆曲线段外的任一点则不能计算。以图 4-1 为例,该程序计算的范围是:

(1)前竖曲线终点桩号至本竖曲线起点桩号之间的一段距离:前终点桩号—本起点桩号,即变坡点前纵坡的设计标高;

(2)本竖曲线终点桩号至后竖曲线起点桩号之间的一段距离:本竖曲线终点桩号—后竖曲线起点桩号,即变坡点后纵坡的设计标高。

第二节 竖曲线上任意一点设计高程
计算公式程序编写及应用

一、竖曲线上任意一点设计高程计算常规公式

1.竖曲线概念

线路在竖直面内两相邻纵坡相交时,就会产生变坡点,汽车通过变坡点时,由于坡度方向的改变,会产生附加力和附加加速度,而使汽车不能安全行驶,为了行车的平稳和视距的要求,两相邻坡段间应以曲线形式连接起来。这条连接两相邻纵坡的曲线称为竖曲线(见图 4-2)。连接两相邻坡度线的竖曲线,可以用圆曲线,也可以用二次抛物线。目前,我国公路采用的

是二次抛物线作为竖曲线。

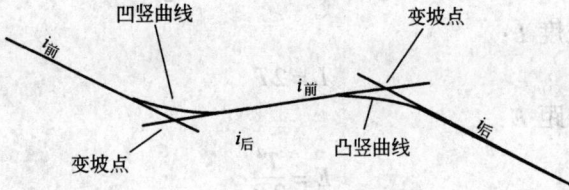

图 4-2　竖曲线示意图

竖曲线有凸形与凹形两种。判断竖曲线凸、凹形式方法如下：

(1)计算法

当 $i_前 - i_后$ 为正值时,是凸竖曲线;当 $i_前 - i_后$ 为负值时,是凹竖曲线。

其中,$i_前$、$i_后$ 是两相邻纵坡的坡度;上坡时 i 取正值,下坡时 i 取负值。计算 $i_前 - i_后$ 时,要考虑 i 的符号,其计算结果为代数和,例如图 4-1 的本竖曲线:

$$i_前 - i_后 = 0.00583 - (-0.026) = 0.032$$

因此,本竖曲线为凸竖曲线。

再如图 4-1 的后竖曲线:

$$i_前 - i_后 = -0.026 - (0.015) = -0.041$$

因此,后竖曲线为凹竖曲线。

(2)图示法

凸竖曲线在"路线纵断面图"上的表示形式是:

凹竖曲线在"路线纵断面图"上的表示形式是:

或如图 4-2 所示,变坡点在曲线之下者为凹竖曲线,变坡点在曲线之上者为凸竖曲线。

2.竖曲线的要素及计算公式

竖曲线要素是:竖曲线半径 R,竖曲线切线长度 T、竖曲线长度 L 和竖曲线外距 E。

国家交通部《公路工程技术标准》依不同等级公路及地形条件规定了竖曲线半径 R 的极限最小值和一般最小值;其他要素则是根据竖曲线半径以及两相邻纵坡的坡度计算出来的。

竖曲线切线长度 T:

$$T = \frac{1}{2} R (i_{前} - i_{后}) = \frac{R}{2} \Delta i$$

竖曲线长度 L：

$$L = 2T$$

竖曲线外距 E：

$$E = \frac{T^2}{2R}$$

竖曲线上任一点距切线的纵距 y（高程差或称高程改正值）：

$$y = \frac{x^2}{2R}$$

式中：x——竖曲线上任一点至竖曲线起点或终点的距离。

3. 竖曲线上各点高程计算公式

$$H_{竖} = H_{切} \pm y$$

式中：$H_{竖}$——竖曲上的高程，即竖曲线上的设计高程；

$H_{切}$——竖曲线切线上相应于 $H_{竖}$ 点的高程；

y——竖曲线上相应于 $H_{竖}$、$H_{切}$ 点的高程差，即 $y = H_{切} - H_{竖}$，所以亦可称为切竖高程差。

在凸竖曲线内：

$$H_{竖} = H_{切} - y$$

在凹竖曲线内：

$$H_{竖} = H_{切} + y$$

二、竖曲线上各点高程计算公式程序编写及应用

1. 将竖曲线上各点高程常规计算公式写成计算机能够输入的公式

前一节不厌其烦地介绍竖曲线的概念、竖曲线的要素及其计算公式，目的是为了将其常规公式编写成计算机能够输入的公式做知识准备。下面直接写出计算机编程公式：

$$Z = H + QXI + Q(T - X)^2/(2R) \quad \blacktriangleleft$$

式中：H——变坡点高程；

X——变坡点到所求点之间距离，其值为 X = A − P （A 为变坡点桩号，P 为竖曲线上任一点桩号）；

I——变坡点两侧之纵坡坡度，上坡取正，下坡取负；

Q——控制竖曲线凹、凸条件，凹取正，凸取负；

T——竖曲线切线长度；

R——竖曲线半径。

2.程序清单

Fi   F-H   （文件名）

L1   H:T:I:R:A:Q″（＝1,）＝－1″　（常量:竖曲线要素;变坡点桩号;高程;纵坡度）

L2   LbI   0

L3   {P}   （变量:竖曲线上所求点桩号）

L4   X＝Abs(A－P)　（竖曲线上所求点至变坡点之距离）

L5   Z＝H＋QXI＋Q(T－X)²/(2R)　◢　（所求点中桩高程）

L6   Goto   0

3.程序应用算例

××二级公路 A2 标段,有一凹竖曲线,其型式及要素见图4-3。为了施工放样需要,需计算出该竖曲线上每隔 10m 的设计高程。

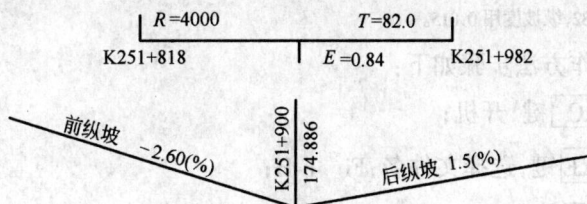

图 4-3　××线路"路面纵断面图"上凹竖曲线

用 F－001 程序计算的结果见表 4-2。

竖曲线高程计算表　　　　　　　表 4-2

桩号	$H_左$	$H_中$	$H_右$	备　注
K251＋818	176.858	177.018	176.858	1.变坡点桩号:K251＋
＋820	176.807	176.967	176.807	900;
＋830	176.564	176.724	176.564	2.$H_变$＝174.886;
＋840	176.347	176.507	176.347	3.R＝4000;
＋850	176.154	176.314	176.154	4.T＝82.0;
＋860	175.987	176.147	175.987	5.E＝0.84;
＋870	175.844	176.004	175.844	6.前纵坡:－0.026;
＋880	175.727	175.887	175.727	7.后纵坡:0.015;
＋890	175.634	175.794	175.634	8.路拱 E＝－0.02;
＋900	175.567	175.727	175.567	9.路宽 B＝8.0;

77

桩号	$H_左$	$H_中$	$H_右$	备　　注
+910	175.524	175.684	175.524	10.此竖曲线为:
+920	175.507	175.667	175.507	$W=-0.026-(0.015)$
+930	175.514	175.674	175.514	$=-0.041$
+940	175.547	175.707	175.547	凹型
+950	175.604	175.764	175.604	
+960	175.687	175.847	175.687	
+970	175.794	175.954	175.794	
+980	175.927	176.087	175.927	
K251+982	175.956	176.116	175.956	

注:前半曲线计算范围 K251+900~K251+818,纵坡度用 0.026;后半曲线计算范围 K251+900~
K251+982,纵坡度用 0.015。

程序操作方法步骤如下:

①按 $\boxed{AC}$ 键,开机;

②按 $\boxed{FILE}$ 键,选择文件名:Fi　F-H;

③按 $\boxed{EXE}$ 键,显示:H?,输入竖曲线变坡点高程 174.886;

④按 $\boxed{EXE}$ 键,显示:T?,输入竖曲线切线长度 82.00;

⑤按 $\boxed{EXE}$ 键,显示:I?,输入竖曲线前纵坡 0.026(注意符号);

⑥按 $\boxed{EXE}$ 键,显示:R?,输入竖曲线半径 4000;

⑦按 $\boxed{EXE}$ 键,显示:A?,输入竖曲线变坡点桩号 900;

⑧按 $\boxed{EXE}$ 键,显示:$(=1,)=-1$?,输入 1(凹竖曲线,输入 +1);

⑨按 $\boxed{EXE}$ 键,显示:P?,输入所求点桩号 818.000;

⑩按 $\boxed{EXE}$ 键,显示:$Z=H+QXI+Q(T-X)^2/(2R)=177.018$;

⑪按 $\boxed{EXE}$ 键,显示:P?,输入另一所求点桩号 820.000;

⑫按 $\boxed{EXE}$ 键,显示:$Z=H+QXI+Q(T-X)^2/(2R)=176.967$;

以下重复计算,略。

当计算完前半边竖曲线上各点高程后,重新选择文件名:F-H,重新输入竖曲线的常量 H,T,I,R,B 和该竖曲线后半边上各所求点桩号,就可算出其高程。须注意的是:在输入 I 时,应输入后纵坡的坡度 0.015。

另外,在计算前应先计算出该竖曲线的起点桩号和终点桩号,以便确定计算范围：

　　该竖曲线起点桩号 = 251900 − 82 = 251818;

　　该竖曲线终点桩号 = 251900 + 82 = 251982。

　　所以该竖曲线计算范围应是 K251 + 818 ~ K251 + 982。

　　4. F-H 竖曲线高程计算程序应用范围

　　①F-H 程序只能计算竖曲线起点至竖曲线终点之间的竖曲线上任意一点的中桩高程;

　　②计算时起算数据是竖曲线要素: R, T 及变坡点里程桩号和高程;

　　③计算时前纵坡计算至竖曲线起点,纵坡度用前纵坡的坡度,但要反号;后纵坡计算至竖曲线终点,纵坡度用后纵坡的坡度;

　　④若要计算边桩高程,则要对 F-H 程序追加修正:将 C = Z + BE ◢ 加入程序中。式中,B 为半幅路宽,E 为路拱。其修正后的 F-H 程序清单如下:

　　F　F-H　（文件名）（100 步骤数）

　　L1　LbI　0

　　L2　H:T:I:R:A:B:E:Q''(= 1,) = − 1''

　　L3　{P}:P≤0 ⇒ Goto 1

　　L4　X = Abs(A − P)

　　L5　Z = H + QXI + Q(T − X)²/(2R)　◢

　　L6　C = Z + BE　◢

　　L7　Goto　0

　　L8　LbI　1

　　L9　{H T I R A B E}

　　L10　Goto　0

程序中:H——变坡点高程;

　　　　T——竖曲线切线长度;

　　　　I——所求点所在纵坡坡度,上坡取正,下坡取负;

　　　　R——竖曲线半径;

　　　　A——变坡点里程桩号;

　　　　P——所求点桩号;

　　　　Z——所求点中桩高程;

　　　　B——所求点中桩至边桩距离;

　　　　E——路拱,即横坡度,取负值;

　　　　C——所求点边桩高程。

　　修正、追加后的 F-H 程序更方便使用,它既可计算出所求点中桩高程,也可计算出所求点的边桩高程。当前半竖曲线各桩号高程计算完后,只要

给 $P^?$ 输入 0,则计算机自动要求重新输入 H,T,I,R,A,P,即可开始计算后半竖曲线高程。

第三节　线路设计高程计算的直竖联算程序

上述两节介绍的 $fx—4500PA$ 型计算机计算线路直线、平曲线、竖曲线设计高程的程序,自成系统,各具特点,为施工测量现场计算工作提供了一定方便,但不足的是各自为战,只能计算各自那一段,不能一并连算直线和曲线。实际操作执行中还较麻烦。为了更方便、更直观、更快速地在施工现场一并连算出线路直线、平曲线、竖曲线上任意一桩点的设计高程,经反复实践,我们编辑设计了一个线路上任一点设计高程计算的"直竖联算程序",下面予以介绍,供读者参考。

一、直竖联算程序公式

1.程序公式

$$G = H - CP + ZF(T - \text{Abs } C)^2/(2R) \quad \blacktriangleright$$

式中:G——线路直线、曲线(平曲线、竖曲线、缓和超高曲线)上任意一点中桩的设计高程;

　　H——变坡点高程;

　　C——变坡点至任一点间距离,其值为

$$C = B - L$$

　　B——变坡点里程桩号;

　　L——线路上任意一点(所求点)里程桩号;

P,F,Z——控制前纵坡度 I、后纵坡度 J 的条件;

　　T——竖曲线切线长度;计算机内部计算,不需输入;$T = R\text{Abs}(J - I)/2$;若要显示"T"结果,在其方程式后面加显示指令:$\blacktriangleright$;

　　R——竖曲线半径;

　　Abs——绝对值符号。

2.程序清单

Fi　F-Z-Y-H　　（文件名）（154 步骤数）

L1　LbI　0

L2　H:B:R:I:J　（常量:变坡点高程、桩号;竖曲线半径;前、后纵坡坡度:输入带符号）

L3　{L}　　（变量:所求点桩号）

80

L4　　$T = RAbs(J - I)/2$　　　　　　　　　（竖曲线切线）

L5　　$C = B - L$　　　　　　　　　（变坡点至所求点间距离）

L6　　$F = 1$　　　　　　　　　　　（凹竖曲线条件）

L7　　$I > J \Rightarrow F = -1 \, \lrcorner$　　　　　　　（凸竖曲线条件）

L8　　$L \leq 0 \Rightarrow \{H\ R\ B\ I\ J\}$: Goto　0　（给 L 输入 0，重新显示常量）

L9　　$\leftrightarrows \Rightarrow L < B - T \Rightarrow Z = 0: P = I$　（前纵坡条件）

L10　$\leftrightarrows \Rightarrow L < B \Rightarrow Z = 1: P = I$　（竖曲线内条件）

L11　$\leftrightarrows \Rightarrow L < B + T \Rightarrow Z = 1: P = J$　（竖曲线内条件）

L12　$\leftrightarrows \Rightarrow Z = 0: P = J \, \lrcorner \lrcorner$　　　（后纵坡条件）

L13　$G = H - CP + ZF(T - Abs\ C)^2/(2R)$ ▲　（所求点中桩高程）

L14　Goto　0

二、直竖联算程序使用说明及注意事项

(1)计算范围

以图 4-4 为例。图 4-4 为×××公路"路线纵断面图"上一段施工线路设计示意图。图上有三个竖曲线，我们称为前竖曲线、本竖曲线(或称中间竖曲线)和后竖曲线。假定以本竖曲线变坡点里程桩号：K251 + 610 为起点，则向前可计算至前竖曲线的终点号：K251 + 364.68，向后可计算至后竖曲线的起点桩号：K251 + 818.00;即用"直竖联算程序"可计算的范围是：K251 + 364.68 ~ K251 + 818.00，在这段范围内的直线、圆曲线、缓和曲线超高段、竖曲线上任意一点的中桩设计高程都可以计算。边桩高程除缓和超高段需另行计算外，其他直线、圆曲线、竖曲线亦可一并计算，只要对该程序稍加追加修订即可[见(5)]。

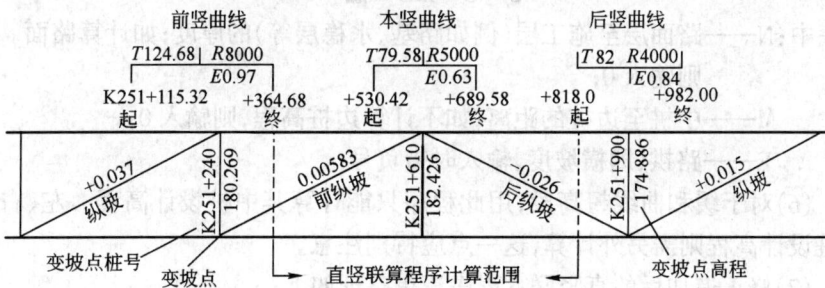

图 4-4　直竖联算程序计算范围示意

概言之，直竖联算程序计算范围是：公路线路前竖曲线终点桩号至后竖曲线起点桩号之间那一段线路上任意一点的中桩设计高程。

(2)计算时以变坡点里程桩号及高程为起点，计算所需要素是该变坡点相邻两坡段的前纵坡度 I、后纵坡度 J 和变坡点所在竖曲线的半径 R。例如在图 4-4 中，用本竖曲线计算，其变坡点里程桩号是：K251 + 610;变坡点高程是:182.426;前纵坡度是:I = + 0.00583;后纵坡度是:J = − 0.026;竖曲线半径是:R = 5000。

(3)L 为计算范围内任意一点里程桩号,计算过程中,只要输入 L 的桩号,就可算出所需点的中桩高程。

(4)当 L 输入 0 时,计算自动中止。需重复输入起算要素:H,B,R,I,J 等。这一功能可帮助我们检查输入的起算数据是否正确,或是进行下一个竖曲线计算时,不需再重新找寻文件名,方便操作。这是此程序的一个特点。

(5)对程序内容作如下追加修正,则在计算中桩设计高程的同时,很容易且很方便地计算:

①与中桩同一横断面的左、右边桩高程。此时只要输入所需路宽 M 和路拱坡度 E 就可以了(不含缓和超高段的边桩高程)。

②计算出路面各结构层的中桩、边桩高程。此时只要输入各结构层至路面层的厚度 N 就可以了。例如路基至路面层厚度为 0.77,输入:N = 0.77,则计算的结果就是路基的设计高程。

由于公路建设是分层施工的,而设计单位提供的是路面设计高程,施工单位所需要的却是本施工层的设计高层。所以程序追加的这一功能,就能很方便地、准确地计算出所需设计高程(放样数据)。这是此程序的又一特点。

程序追加修正如下(追加修正后为 173 步骤数):

第 2 行　L2：　H:B:R:I:J:N:M:E

第 8 行　L8：　$L \leq 0 \Rightarrow \{H\ B\ R\ I\ J\ N\ M\ E\}$:Goto　0

第 13 行　L13：　$G = H - N - CP + ZF(T - Abs\ C)^2/(2R)$　◣

$U = G + ME$　◣

程序中:N——路面层至施工层(例如路基、水稳层等)的厚度;如计算路面
　　　　　　则输入 0;

　　　　 M——中桩至边桩的距离;如不计算边桩高程,则输入 0;

　　　　 E——路拱,即横坡度,输入时带负号。

(6)对于缓和曲线超高段,用此程序只能计算其中桩设计高程。左、右边桩设计高程则需另外计算,这一点应特别注意。

(7)修正追加后的直竖联算程序清单整理如下:

Fi　F − Z − Y − H　　(文件名)　(173 步骤数)

L1　LbI　0

L2　H:B:R:I:J:N:M:E

L3　{L}

L4　T = RAbs(J − I)/2

L5　C = B − L

82

L6   F = 1

L7   I > J ⟹ F = −1

L8   L ≤ 0 ⟹ {H B R I J N M E}:Goto 0

L9   ⟻ ⟹ L < B − T ⟹ Z = 0:P = I

L10 ⟻ ⟹ L < B ⟹ Z = 1:P = I

L11 ⟻ ⟹ L < B + T ⟹ Z = 1:P = J

L12 ⟻ ⟹ Z = 0:P = J

L13 $G = H - N - CP + ZF(T - AbsC)^2/(2R)$

L14 U = G + ME

L15 Goto 0

程序中:H——变坡点高程;

         B——变坡点里程桩号;

         R——竖曲线半径;

         I——前纵坡坡度,输入时要带符号;

         J——后纵坡坡度,输入时要带符号;

         N——路面层至施工层(例如路基、底基层等)的厚度。知道了"N",

             就可由路面层设计高程,直接计算出各施工层的设计高程;

         M——所求点中桩至边桩宽度;

         E——路拱,即路面横坡度;

         L——所求点里程桩号;给 L 输入零或小于零的数,计算机重新显

             示:H B R I J N M E,这是本程序的一个优点;

         C——所求点至变坡点间距离;

         T——竖曲线切线长度;

         G——所求点中桩高程;

         U——与中桩同一横断面左、右边桩设计高程。

三、直竖联算程序算例及操作步骤

算例起算数据见图 4-4"本竖曲线"及表 4-3 备注栏,用直竖联算程序计算结果见表 4-3 桩号栏及 $H_左$、$H_中$、$H_右$ 栏。

路基设计高程计算表(用直竖联算程序计算)   表 4-3

桩号	$H_{左8.0}$	$H_中$	$H_{右8.0}$	备 注
K251 + 375	180.126	180.286	180.126	1. 变坡点高程:H = 182.426
+ 400	180.272	180.432	180.272	(m);
+ 425	180.417	180.577	180.417	2. 变坡点桩号:

桩号	$H_{左8.0}$	$H_中$	$H_{右8.0}$	备 注
+450	180.563	180.723	180.563	B = 251 610(m);
+475	180.709	180.869	180.709	3.竖曲线要素:
+500	180.855	181.015	180.855	R = 5000(m);
+525	181.000	181.160	181.000	T = 79.58(m);
+550	181.108	181.268	181.108	E = 0.63;
+575	181.093	181.253	181.093	4.起点桩号: +530.42;
+600	180.954	181.114	180.954	5.终点桩号: +689.58;
+625	180.689	180.849	180.689	6.前纵坡:I = 0.00583;
+650	180.299	180.459	180.299	7.后纵坡:J = -0.026;
+675	179.785	179.945	179.785	8.路面层至路基厚度:
+700	179.156	179.316	179.156	N = 0.77(m);
+725	178.506	178.666	178.506	9.路基宽:M = 8.0(m);
+750	177.856	178.016	177.856	10.路拱:E = -0.02
+775	177.206	177.366	177.206	
+800	176.556	176.716	176.556	
+818	176.088	176.248	176.088	

计算步骤:

(1)计算前必须弄清计算范围

例如:该施工段是 K251 + 000 ~ K252 + 000,全长 1000m;1000m 长的线路设置了三个竖曲线、一个圆曲线。利用直竖联算程序计算该段路基各桩号设计高程时,必须弄清楚(见图 4-4):

①三个变坡点各自的桩号和高程;

②三个竖曲线各自的起点桩号及终点桩号,以及各自的要素;

③三个竖曲线各自的计算范围:

前竖曲线计算范围是:K251 + 000 ~ K251 + 530.42;

本竖曲线计算范围是:K251 + 364.68 ~ K251 + 818.00;

后竖曲线计算范围是:K251 + 689.58 ~ K252 + 000。

这样三个竖曲线,有两段重复计算,它们是:

a. K251 + 364.68 ~ K251 + 530.42;

b. K251 + 689.58 ~ K251 + 818.00。

利用此重复计算,可校核计算成果是否正确,以保证计算质量。

(2)因为是路基施工,还必须弄清楚:

①路面层至路基的厚度,本例中 N = 0.77(m);

②路基宽度、路基横坡度(路拱),本例中 M=8.0(m),E=-0.02。

操作方法步骤：

①按 AC 键,开机；

②按 FILE 键,选择文件名:Fi F-Z-Y-H；

③按 EXE 键,显示:H?,输入变坡点高程:H=182.426；

④按 EXE 键,显示:B?,输入变坡点里程桩号:B=610；

⑤按 EXE 键,显示:R?,输入竖曲线半径:R=5000；

⑥按 EXE 键,显示:I?,输入前纵坡度:I=0.00583；

⑦按 EXE 键,显示:J?,输入后纵坡度:J=-0.026；

⑧按 EXE 键,显示:N?,输入路面层至路基厚度:N=0.77；

⑨按 EXE 键,显示:M?,输入路基宽度:M=8.0；

⑩按 EXE 键,显示:E?,输入路拱:E=-0.02；

⑪按 EXE 键,显示:L?,输入所求点桩号:L=375；

⑫按 EXE 键,显示:$G=H-M-CP+ZF(T-Abs\ C)^2/(2R)=180.286$
(所求点中桩高程)；

⑬按 EXE 键,显示:$U=G+ME=180.126$ (所求点边桩高程)；

⑭按 EXE 键,显示:L?,输入另一所求点桩号400；

⑮按 EXE 键,显示:G=180.432；

⑯按 EXE 键,显示:U=180.272；

以下重复计算,略。

为了验算计算是否正确,给 L 输入818,则 G=176.248,176.248+0.77=177.018,与表4-2计算相同；边桩 U=176.088,176.088+0.77=176.858,与表4-2计算相同,说明计算正确。

为了验算计算是否正确,可在计算出 K251+800 桩号的高程后,给 L? 输入0,这时,则可输入前竖曲线变坡点要素:H=180.269,B=240,R=8000,I=0.037,J=0.00583,重新计算 K251+375~K251+525 间各桩号高程；或输入后竖曲线变坡点要素:H=174.886,B=900,R=4000,I=-0.026,J=0.015,重新计算 K251+700~K251+800 间各桩号高程来验算。

实践证明,直竖联算程序计算线路设计高程方法,在公路施工测量中非常适用,是一个优秀的计算程序。

第四节　缓和曲线超高段设计高程计算
程序编写及应用

一、缓和曲线超高段设计高程计算概述

将有缓和曲线的圆曲线那一段称为缓和曲线超高段。缓和曲线超高段由下述三段组成(见图4-5)：

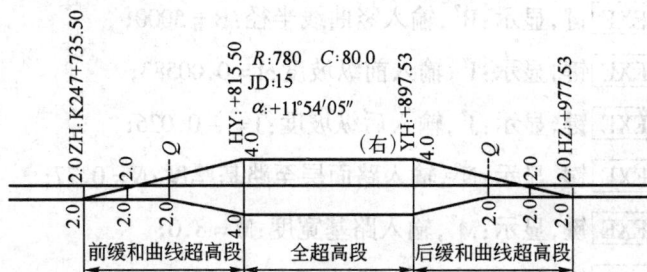

图4-5　"线路纵断面图"弯道超高图

（1）前缓和曲线超高段：直缓（ZH）至缓圆（HY）段；

（2）全超高段，也称最大超高段，其超高横坡度是设定的，即是已知的。全超高设置在主曲线内，主曲线是缓圆（HY）至圆缓（YH）段；

（3）后缓和曲线超高段：圆缓（YH）至缓直（HZ）段。

缓和曲线超高段的超高横坡度，在全超高段其值是设计单位按计算行车速度、半径大小，结合路面种类、自然条件等情况设定的，其两侧的缓和曲线段的超高横坡度是逐渐变化的。

弯道超高段的抬高边，其超高横坡度由路拱坡度逐渐变大至设定的最大超高横坡度，经由全超高段再逐渐变小至路拱坡度。

弯道超高段的降低边，其超高横坡度由路拱坡度逐渐变小至设定的最小超高横坡度，经由全超高段再逐渐变至路拱坡度。

通常情况下，设计单位提供的"线路纵断面图"上只给出了部分中桩设计高程，没有提供与中桩同一横断面的左、右边桩高程，因此必须依据中桩设计高程、中桩至边桩距离和超高横坡度才能计算出边桩高程。

在缓和曲线超高段，中桩高程除设计单位提供外，还可用"直竖联算程序"来计算加桩的设计高程。由于线路中桩至边桩距离是已知的，所以要计算弯道超高段边桩高程的关键是计算超高横坡度。

二、缓和曲线超高段超高横坡度计算公式

公式（一）：

$$I = Abs(B - A)(E + D)/C - E$$

公式(二):

$$\left. \begin{array}{l} I = Abs(B - A) \times 2E/Q - E \\ I = (Abs(B - A) - Q)(D - E)/(C - Q) + E \end{array} \right\}$$

以上式中:I——缓和曲线内任一横断面超高横坡度;

   B——缓和曲线超高段内任意一点里程桩号;

   A——缓和曲线起点直缓(ZH)或终点(HZ)的里程桩号;

   E——直线段路拱坡度(取正值);

   D——全超高段设定的最大超高横坡度,取正值;

   C——缓和曲线长度;

  Abs——绝对值符号;

   Q——缓和曲线起点(或终点)至超高变坡临界面距离:$Q = 2E/(E + D) \times C$。所谓临界面即抬高边 $I = 0.02$,降低边 $I = -0.02$ 处,即抬高值 = 降低值处,但符号相反。

三、缓和曲线超高段设计高程计算程序编写

计算缓和曲线超高段的超高横坡度的目的是要计算出相对于中桩的两边桩的设计高程。因此在编辑设计的程序中,应能够同时算出超高横坡度和左、右边桩高程。

为此,公式(一)的程序清单如下:

Fi ZHD-001 (文件名)(160 步骤数)

L1 LbI 0

L2 E:D:C:A:L (常量:L 为中桩至边桩宽)

L3 {B H}:B > 0 ⇒ Goto 1:≠ ⇒ B ≤ 0 ⇒ Goto 2
               (H 为中桩设计高程)

L4 LbI 1

L5 $I = Abs(B - A)(E + D)/C - E$
   I ≤ E ⇒ Goto 3:≠ ⇒ I ≤ D ⇒ Goto 4:≠ ⇒ Goto 5

L6 LbI 2

L7 {E D C A L}:Goto 0

L8 LbI 3

L9 M = H - LE   N = H + LI   Goto 0
    (计算 ZH 点或 HZ 点至 Q 点间与中桩同一横断面边桩高程)

L10 LbI 4

L11 P = H − LI ▲ S = H + LI ▲ Goto 0

    （计算 Q 点至 HY 点或 YH 点间与中桩同一横断面边桩高程）

L12 LbI 5

L13 U = H − LD ▲ V = H + LD ▲ Goto 0

    （计算 HY 点或 YH 点间与中桩同一横断面边桩高程）

程序中：E——直线段路拱坡度，即横坡度（取正值）；

       D——全超高段设定的最大超高横坡度（取正值）

       C——缓和曲线长度；

       A——缓和曲线起点直缓(ZH)点或终点缓直(HZ)点的里程桩号；

         当计算前缓和曲线超高段 I 时，A 输入 ZH 点的里程桩号；

         当计算后缓和曲线超高段 I 时，A 输入 HZ 点的里程桩号；

       L——中桩至边桩宽度；

       B——缓和曲线超高段内任意一点即所求点的里程桩号；当计算完
         前超高缓和段的 I 和高程时，只要给 B 输入 0，则计算机自动
         重新开始显示 E，D，C，A，L，此时只要给 A? 输入后缓和曲线
         终点 HZ 点的里程桩号，即可进行后缓和曲线超高段的 I 和高
         程计算；

       I——缓和曲线超高段内任意一点所在横断面的超高横坡度；

       H——缓和曲线超高段内任意一点中桩设计高程；

   M，N——ZH 点或 HZ 点至 Q 点（Q = 2E/(E + D) × C）间与中桩同一横
         断面的边桩高程；

   P，S——Q 点至 HY 点或 YH 点间与中桩同一横断面之边桩高程；

   U，V——HY 点至 YH 点间（全超高段）与中桩同一横断面之边桩高
         程。

公式（二）的程序清单：

Fi ZHD-002 （文件名）（156 步骤数）

L1 LbI 0

L2 E：D：C：A：L （常量：L 为中—边宽度）

L3 {B H}：B ≤ 0 ⇒ Goto 2 └ （H 为中桩设计高程）

L4 Q = 2E/(E + D) × C （计算 ZH 点或 HZ 点至 Q 点间距离；若要显
         示，可在方程式后加▲）

L5 Abs(B − A) > Q ⇒ Goto 1 └ （条件转移）

L6 I = Abs(B − A) × 2E/Q − E ▲ （超高横坡度）

L7 F = H − LE ▲ T = H + LI ▲ （计算 ZH 点或 HZ 点至 Q 点间
         任一横断面边桩高程）

L8　　Goto　0

L9　　LbI　1

L10　　$I = (Abs(B - A) - Q)(D - E)/(C - Q) + E$　◢　（超高横坡度）

L11　　$F = H - LI$　◢　　$T = H + LI$　◢　（计算 Q 点至 HY 点或 YH 点间
任一横断面边桩高程）

L12　　Goto　0

L13　　LbI　2

L14　　{E D C A L}

L15　　Goto　0

程序中：Q——临界面，即缓和曲线超高段抬高边 I 值等于降低边 I 值处，但
符号相反；

　　　　F，T——与中桩同一断面之边桩高程；

E，D，C，A，L，B，I，H 符号意义同公式（一）的程序清单。

四、缓和曲线超高段设计高程程序计算使用说明

（1）ZHD-001，ZHD-002 程序功能及注意事项

此程序可计算（绕中轴旋转）：

①缓和曲线起点（ZH）至全超高段起点（HY）之间任意一横断面的超高
横坡度及左、右边桩高程；

②缓和曲线终点（HZ）至全超高段终点（YH）之间任意一横断面的超高
横坡度及左、右边桩高程；

③不计算全超高段（HY 点至 YH 点）的超高横坡度及边桩高程，此段超
高横坡度是设定的，是已知值，其边桩高程可据此以及中桩高程、中桩至边
桩距离来计算。

（2）计算时前缓和曲线超高段起点（ZH）的桩号为 A，后缓和曲线超高段
终点（HZ）的桩号为 A。

当前缓和曲线超高段的"I"计算至缓圆（HY）点时，可转入计算后缓和
曲线超高段的"I"，此时则要重新输入 E，D，C，A，L，只要给"B"输入 0，就可
转换过来，不需重新选择文件名，这是上述程序的一个特点。

（3）计算的超高横坡度"I"之正负符号按下法确定：

①抬高边"I"为正值，按实际计算值取用；

②降低边"I"为负值，当超高横坡度的计算值小于路拱坡度时，设置等
于路拱坡度的超高。

判断弯道抬高边、降低边的方法是：

以偏角正负判断。右偏角为"＋"，则弯道右低左高；左偏角为"－"，则

弯道左低右高。

(4)缓和曲线超高段的中桩设计高程,应在计算"I"前,用"直竖联算程序"逐桩算出。

(5)缓和曲线超高段的边桩高程,必须在算出"I"后,输入与边桩同横断面的中桩设计高程,才能算正确。这一点应特别注意。

五、缓和曲线超高段程序计算设计高程算例及操作步骤

1.算例

算例起算数据见图4-5和表4-4上部分。计算结果见表4-4。

缓和曲线超高段超高横坡度计算及边桩高程计算 表4-4

已 知 条 件	$E=-0.02$	$C=80.0$	JD：15	$L=7.75$	起点 ZH:K247+735.50	
	$D=0.04$	$\alpha=+11°54'05''$（右）	$R：780.0$		终点 HZ:K247+977.53	
$H_{左7.75}$	$i(\%)$	桩号	$H_{中}$	$i(\%)$	$H_{右7.75}$	备注
1	2	3	4	5	6	7
182.382	-2.0	K247+700	182.537	-2.0	182.383	
182.233	-2.0	+720	182.388		182.233	直线段
182.117	-2.0	ZH+735.50	182.272	-2.0	182.117	
182.109	-1.66	+740	182.238	-2.0	182.083	
182.076	-0.163	+760	182.089	-2.0	181.934	前缓和曲线超高段
182.044	+1.34	+780	181.940	-2.0	181.785	
182.011	+2.84	+800	181.791	-2.84	181.571	
181.985	+4.00	HY+815.50	181.675	-4.00	181.365	
181.952	+4.00	+820	181.642	-4.00	181.332	
181.802	+4.00	+840	181.492	-4.00	181.182	全超高段
181.653	+4.00	+860	181.343	-4.00	181.033	
181.504	+4.00	+880	181.194	-4.00	180.884	
181.373	+4.00	YH+897.53	181.063	-4.00	180.753	
181.341	+3.815	+900	181.045	-3.815	180.749	
181.075	+2.32	+920	180.896	-2.32	180.717	后缓和曲线超高段
180.809	+0.81	+940	180.746	-2.0	180.591	
180.544	-0.69	+960	180.597	-2.0	180.442	
180.311	-2.0	HZ+977.53	180.466	-2.0	180.311	
180.293	-2.0	+980	180.448	-2.0	180.293	直线段

图4-5是323线国道某施工段其中一个弯道超高段,路宽15.0m。由图4-5知:

①偏角 $\alpha = +11°54'05''$,为右偏,弯道应为右低左高。

②缓和曲线长度 $L_n = 80m$。

检核:$L_n = HY - ZH = HZ - YH = 80m$。

③前缓和曲线超高段是:

ZH = K247 + 735.50 起至 HY = K247 + 815.50 段80m。

90

后缓和曲线超高段是：

HZ = K247 + 977.53 起至 YH = K247 + 897.53 段 80m。

④全超高段设定最大超高横坡度：$D = 0.04$；

全超高段 HY 点至 YH 点，全长：$897.53 - 815.50 = 82.03$（m）。

⑤路拱坡度为 -0.02，程序计算中用正值。

⑥缓和曲线超高段内中桩高程已算出，见表 4-4 第 4 栏。

2.操作步骤

①按 AC 键，开机；

②按 FILE 键，选择文件名：Fi ZHD-002；

③按 EXE 键，显示：$E?$，输入路拱 0.02；

④按 EXE 键，显示：$D?$，输入最大超高横坡度 0.04；

⑤按 EXE 键，显示：$C?$，输入缓和曲线长度 80.000；

⑥按 EXE 键，显示：$A?$，输入前缓和曲线起点桩号 735.50；

⑦按 EXE 键，显示：$L?$，输入中桩至边桩距离 7.75；

⑧按 EXE 键，显示：$B?$，输入缓和曲线超高段任一点桩号，例如输入 735.50；

⑨按 EXE 键，显示：$Q = 2E/(E + D) \times C = 53.333$ （ZH 点至 Q 点间距离。计算中，可不显示，只要方程式后"◢"取掉就可以了）；

⑩按 EXE 键，显示：$I = Abs(B - A) \times 2E/Q - E = -0.02$ （桩号 735.50 横断面超高横坡度，填入第 2、5 栏）；

⑪按 EXE 键，显示：$H?$，输入 735.50 桩号中桩设计高程 182.272；

⑫按 EXE 键，显示：$F = H - LE = 182.117$ （735.50 桩号右边桩设计高程）；

⑬按 EXE 键，显示：$T = H + LI = 182.117$ （735.50 桩号左边桩设计高程）；

⑭按 EXE 键，显示：$B?$，输入另一所求点桩号，例如 740；

⑮按 EXE 键，显示：$Q = 53.333$；

⑯按 EXE 键，显示：$I = -0.01663$ ［740 横断面坡度，左边（抬高边）按实际计算值填写，右边该值小于路拱，填入路拱值，下同］；

⑰按 EXE 键，显示：$H?$，输入桩号 740 处中桩设计高程 182.238；

⑱按 $\boxed{\text{EXE}}$ 键,显示:F = H − LE = 182.083　(740 右边桩设计高程);

⑲按 $\boxed{\text{EXE}}$ 键,显示:T = H + LI = 182.109　(740 左边桩设计高程);

⑳按 $\boxed{\text{EXE}}$ 键,显示:B?,输入 800;

㉑按 $\boxed{\text{EXE}}$ 键,显示:Q = 53.333;

㉒按 $\boxed{\text{EXE}}$ 键,显示:I = 0.02838　(注意:I > 0.02,左填 + 0.02838,右填 − 0.02838);

以下重复连续计算,操作步骤略。

当计算至 HY 点 K247 + 815.50 时,按 $\boxed{\text{EXE}}$ 键,显示:B?,输入 0,计算机自动转入重新输入已知数据功能,按 $\boxed{\text{EXE}}$ 键,重新输入 E?,D?,C?,A?,L?,只是在输入 A 时,应输入后缓和曲线超高段终点(HZ)桩号 977.53,其他操作同上,此时由 HZ 点计算至 YH 点。

第五节　水准前视法测高计算程序编写及应用

一、水准前视法测高程序计算清单

水准前视法测高程序编写,作者已在第一章第一节至第三节详细讲述,本节只将其程序清单列述于下。

水准前视法测高程序清单:

Fi　H　　(文件名)　(57 步骤数)

L1　LbI　0

L2　Z:A:{B K}

L3　B > 0 ⇒ H = Z + A − B ◢ V = K − H ◢ ⪞ ⇒ B ≤ 0 ⇒ Goto　1↰

L4　LbI　1:{Z A}:Goto　0↰

L5　Goto　0

程序中:H——任一测点实测高程;

　　　　Z——后视已知水准点高程;

　　　　A——后视已知水准点上标尺读数;

　　　　B——前视任一测点上标尺读数;

　　　　K——任一测点设计高程;

　　　　V——任一点设计高程 K − 实测高程 H 之差,正为填,负为挖。

92

二、水准前视法测高程序计算应用范围

(1)线路施工中任一点(例如线路中桩及其左、右边桩等),只要是用水准前视法测其高程,都可用此程序快速地、准确地计算出其实地高程。

(2)当计算出线路上任一点实地高程,只要将该点设计高程输入,就可立刻计算出该点的挖、填高度。

(3)当用水准前视法测定地面实测高程或测定点位桩顶实测高程进行点位高程放样时,此程序可快速地、准确地计算出所需要的挖、填高度。

(4)此程序不但计算快速、准确,而且操作很方便。当给"B"输入0或小于0的数,程序自动显示:"Z","A",这种功能,可检查 Z 及 A 是否输入错误;又可在一段线路,用多个测站测完后计算高程一直连算下去,不需重新选择文件名。这是 H 程序的一个特点。

三、水准前视法测高程序计算应用算例

(1)算例起算数据、观测记录、计算结果表4-5。

线路水准前视法测高手簿　　　　　　　　　表 4-5

2003.4.10.上午　　　　　　　　　　　　　　　　　　单位:m

桩　号	后　视	前　视	H_i	H_0	− 挖	+ 填
K12 + 050 左	H_3 : 127.070	1559	126.305	125.983	− 0.322	
中	A : 0794	1403	126.461	126.265	− 0.196	
右		1310	126.554	125.983	− 0.571	
+ 075 左		1560	126.304	126.126		− 0.178
中		1630	126.234	126.408		+ 0.174
右		1774	126.090	126.126	+ 0.036	
⋮						
⋮						
+ 150 左		1261	125.603	126.546	− 0.057	
中		1164	126.700	126.828		+ 0.128
右		1040	126.824	126.546	− 0.278	
+ 175 左	H_4 : 127.986	2395	126.494	126.665		+ 0.171
中	后 : 0.903	2052	126.837	126.947		+ 0.110
右		2126	126.763	126.665	− 0.098	

桩　　号	后　视	前　视	H_i	H_0	－挖	＋填
⋮						
⋮						
＋300 左		1601	127.288	127.030	－0.258	
中		1803	127.086	127.312		＋0.226
右		1928	126.961	127.030		＋0.069

注:此例为 X 施工段上路床(路)基调平施工数据,路宽 14.11m。

(2)操作方法步骤

本例介绍用水准仪前视法测高中的 H 程序——水准仪前视法测高程序的操作方法步骤见表 4-6。

水准仪前视法测高 H 程序计算操作步骤　　　　　　　　表 4-6

顺　　序	前视法测高方法	H 程序计算
1	设站; 记录后视已知水准点 H:127.070;照准后视标尺,读数 0794;记录	开机,选择文件名:Fi H; 按 EXE 键,显示 $Z^?$,输入 127.070; 按 EXE 键,显示 $A^?$,输入 0.794
2	前视 K12＋050 左桩读数:1559; 记录	按 EXE 键,显示 $B^?$,输入 1.559; 按 EXE 键,显示;H＝126.305; 记录(＋050 左桩实测高程)
3	立尺员向 K12＋050 中桩前进中; 走到 050 中桩立尺	计算挖、填高度: 按 EXE 键,显示 $K^?$,输入 ＋050 左桩设计高程:125.983; 按 EXE 键,显示,V＝K－H＝－0.322; 记录(＋050 左侧应下挖 0.322)
4	前视 ＋050 中桩读数:1403; 记录	按 EXE 键,显示:$B^?$,输入 1.403; 按 EXE 键,显示:H＝126.461; 记录(＋050 中桩实测高程)
5	立尺员向 K12＋050 右桩前进中; 走到 050 右桩立尺	按 EXE 键,显示:$K^?$,输入中桩设计高程 126.265; 按 EXE 键,显示:V＝－0.196; 记录
6	前视 ＋050 右桩读数:1310; 记录	按 EXE 键,显示:$B^?$,输入 1.310; 按 EXE 键,显示 H＝126.554; 记录(＋050 右桩实测高程)
7	立尺员向 K12＋075 前进中;走到 ＋075 右桩立尺	若上述计算未完成,则利用此空当时间,继续计算

顺　序	前视法测高方法	H程序计算
8	前视 K12 + 075 右桩读数 1774； 记录	按 EXE 键，显示：B?，输入 1.774； 按 EXE 键，显示 H = 126.090； 记录
9	……重复以上工作	……重复以上操作
10	此站观测结束	关机

(3)H 程序连算功能举例

当用多个测站测完一段线路桩位后再计算实测高程和填、挖高度时，可利用 H 程序连算功能。此时，在第一测站用 H 程序计算完最后一个桩位后，按 EXE 键，显示 B?，只要给 B 输入 0 或小于 0 的数，则计算机又开始显示 Z? 和 A?，这时只要输入第二个测站的后视已知水准点高程和后视标尺读数，就可计算第二个测站所测桩位高程。

例如算例表 4-5 中第一测站(已知水准点 H_3 = 127.070，后视 A = 0.794)，由 K12 + 050 左算至 K12 + 150 右桩位时，接着按 EXE 键，显示：B?，此时输入 B = 0，接着按 EXE 键，显示：Z?，此时重新输入第二测站已知水准点 H_4 高程：127.986；按 EXE 键，显示：A?，重新输入第二测站后视标尺读数：0.903；接着按 EXE 键，显示：B?，由 K12 + 175 左一直算至 K12 + 300 右等桩位。如果还有第三、第四测站，则可按上述方法一直连算下去。中途不需重新选择文件名。

实践证明，H 程序——水准前视法测高计算程序是一个快速、准确、实用的优秀程序。

第六节　水准"视线高法"放样数据计算程序编写及应用

一、水准"视线高法"放样数据计算公式

我们知道，水准"视线高法"放样，关键是计算水准标尺的"前视读数"[详见《公路工程施工测量》(人民交通出版社，2004 年 9 月第 1 版)第五章第三节]。

计算水准标尺前视读数公式是：

$$b_i = H_{已} + a - H_{i设}$$

式中：b_i——水准标尺前视读数，即待放样点的"视线高"；

　$H_已$——后视已知水准点高程；

　a——后视已知水准点上标尺读数，即后视读数；

　$H_设$——待放样点设计高程。

二、将待放样点"视线高"计算公式写成计算机能够输入的公式

$$B = Z + A - H$$

式中：B——待放样点视线高，即待放样点标尺读数；

　Z——后视已知水准点高程；

　A——后视标尺读数；

　H——待放样点设计高程。

三、编写待放样点"视线高"程序

程序清单如下：

Fi　　S-X-G　　（文件名）（30步骤数）

L1　　LbI　0

L2　　Z：A：{ H }

L3　　B = Z + A - H ◢

L4　　Goto　0

式中符号意义同前。

将此程序与 H 程序比较，我们发现，实质上此程序与 H 程序计算基本相同。在实际应用中，如果计算机已编入 H 程序，则不需再给计算机输入此程序。在实际操作时，只要把 H 程序中"B"当作待放样点设计高程"H"输入，则计算结果就是待放样点"视线高"——前视标尺读数。

四、待放样点"视线高"程序应用范围及算例

1. 应用范围

S-X-G 程序——视线高程序计算应用于：

(1)路基"零施工"中待放样点设计高程面放样；

(2)垫层、水稳层、沥青面(或水泥路面)层待放样点设计高程放样；

(3)挖、填方边坡平台面设计高程放样；

(4)排水沟等工程施工中需测设设计高程的点位标高放线等。

2. 算例

用 S-X-G 程序计算待放样点"视线高"必须准备好如下资料：

(1)待放样点的设计高程。例如,路基施工应准备好每隔 25m 的左、中、右桩位设计高程。

(2)施工段的施工水准点高程。

起算数据如表 4-7。

待放样点"视线高法"起算数据   表 4-7

桩 号	$H_{左8.0}$	$H_中$	$H_{右8.0}$	备 注
K251 + 375	180.126	180.286	180.126	K251-3 H = 181.026
+ 400	180.272	180.432	180.272	(K251 + 450 右田坎)
+ 425	180.417	180.577	180.417	
+ 450	180.563	180.723	180.563	K251-4 H = 181.459
+ 475	180.709	180.869	180.709	(K251 + 610 右水沟)
+ 500	180.855	181.015	180.855	
⋮				K251-5 H = 178.626
⋮				(K251 + 780 右水沟)
+ 700	179.156	179.316	179.156	
+ 725	178.506	178.666	178.506	
+ 750	177.856	178.016	177.856	
+ 775	177.206	177.366	177.206	
+ 800	176.556	176.716	176.556	

操作方法步骤:

在 K251 + 440 设站,后视 K251 - 3:$H_3 = 181.026 = Z$,后视 A 读数为:$A = 0.794$,放 K251 + 375 ~ K251 + 525 各桩位设计高程面,在其旁桩位上划线表示。

操作(用 S-X-G 程序计算 K251 + 375 左桩设计高程面视线高):

① 开机 ,选择文件名:Fi   S-X-G。

②按 EXE 键,显示:$Z?$,输入施工水准点 H_3 高程 181.026。

③按 EXE 键,显示:$A?$,输入后视读数 0.794。

④按 EXE 键,显示:$H?$,输入待放样 K251 + 375 左桩设计高程180.126。

⑤按 EXE 键,显示:$B = Z + A - H = 1.694$(此计算结果是待放样(K251 + 375 左桩"视线高",即该点的标尺读数)。

当计算出 K251 + 375 左桩位"视线高",即指挥立尺员在其桩位竹(或木或钢钎)桩侧面上下移动水准尺,当尺上读数为 B = 1.694 时,则尺底部即是

K251＋375 设计高程面,划线表示["一个测站上'视线高法'高程放样的方法步骤"详见《公路工程施工测量》(人民交通出版社,2004 年 9 月第 1 版)第五章第三节]。在放出 K251＋375 左桩位设计高程面后,即计算其中桩设计高程的"视线高"。

⑥按 $\boxed{\text{EXE}}$ 键,显示:$H^?$,输入 K251＋375 中桩设计高程 180.286。

⑦按 $\boxed{\text{EXE}}$ 键,显示:$B = Z + A - H = 1.534$(此计算结果是 K251＋375 中桩设计高程"视线高")。

⑧以下重复计算,略。

第五章

公路工程施工平面位置放样数据
计算程序编写及应用

第一节　极坐标法放样点位平面位置的
计算程序编写及应用

一、极坐标法放样点位平面位置概述

极坐标法放样点位平面位置必须具备两个条件：

(1)必须已知一组起算数据，即已知一条边的方位角和一个已知点的 x、y 坐标值；

(2)必须已知待放样点的坐标 x、y 值。

只有这样，才能计算出极坐标法放样点位平面位置的要素(实际上是两已知点间的坐标反算)：

(1)边长：已知点至待放样点间的平距；

(2)夹角：已知边与待放样边间的夹角，或是待放样边的方位角。

图 5-1 是 323 线国道××标段施工现场用极坐标法放样点位平面位置

极坐标法放样示意图

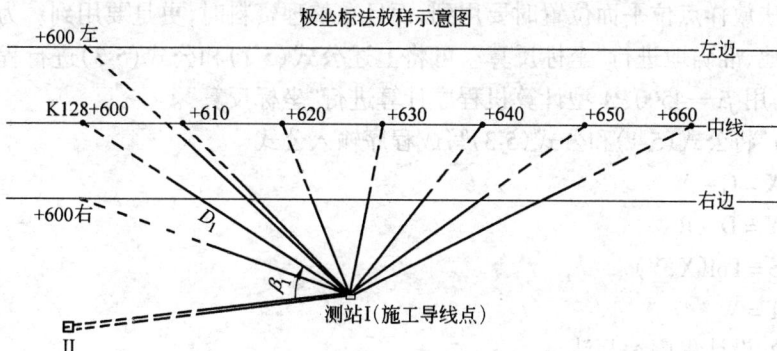

图 5-1　极坐标法放样点的平面位置

示意图。图中，K128 + 600，K128 + 610，K128 + 620，…，K128 + 660 是待放中桩点。I、II 为施工导线点。将仪器架置于 I 点后视导线点 II，拨角 β_1，量距 D_1，就可放出 K128 + 600 中桩，依法可放出其余各点。

由此知，计算夹角 β 和距离 D 是极坐标放样的关键。

二、极坐标法放样常规计算公式

1.夹角 β 的常规计算公式

$$\tan T_{导-放} = \frac{y_放 - y_导}{x_放 - x_导} = \frac{\Delta y_{导-放}}{\Delta x_{导-放}} \tag{5-1}$$

$$\beta_i = T_{导-放} - T_{\text{I-II}} \tag{5-2}$$

当放样时直接用方位角放样方向线，则不需计算 β_i。

2.边长 D 的常规计算公式

$$D = \frac{y_放 - y_导}{\sin T_{导-放}} = \frac{x_放 - x_导}{\cos T_{导-放}} = \sqrt{(\Delta y_{导-放})^2 + (\Delta x_{导-放})^2} \tag{5-3}$$

以上式中：$y_放$，$x_放$——待放样点纵、横坐标值；

$\qquad\qquad$ $y_导$，$x_导$——测站(施工导线点)点纵、横坐标值；

$\Delta y_{导-放}$，$\Delta x_{导-放}$——测站点、待放点间纵、横坐标增量。

三、极坐标法放样要素计算程序编写

极坐标放样要素计算，可用式(5-1)、式(5-2)和式(5-3)按常规方法计算，亦可用 fx—$4500PA$ 型计算机"坐标变换"功能计算[详见《公路工程施工测量》(人民交通出版社，2004 年 9 月第 1 版)第四章第三节"一"]。

然而用上述方法计算，一方面，较麻烦；另一方面，速度慢，难以满足施工现场需求。我们知道，公路施工过程中，"坐标反算"量很大，它不但在极坐标法放样点位平面位置时要用到，而且在整理资料时，更是要用到。为了快速地、准确地进行"坐标反算"，可将上述公式(5-1)和公式(5-3)进行程序编写，用 fx—$4500PA$ 型计算机程序计算进行"坐标反算"。

1.将公式(5-1)和公式(5-3)写成程序输入公式

X = C - A

Y = D - B

S = Pol(X, Y)

T = W

2.设计程序编写清单

Fi　　JZBF　　（文件名）（79 步骤数）

100

L1   LbI   0

L2   A:B:{C,D}   (常量、变量)

L3 $X = C - A$ (Δx 计算)

L4 $Y = D - B$ (Δy 计算)

L5 $S = \text{PoI}(X, Y)$ ▲   (边长计算结果)

L6 $T = W$ (方位角计算)

L7 $T < 0 \Rightarrow$ Goto 1   (条件转移)

L8 $T = W$ ▲   (I,II 象限方位角计算结果)

L9   Goto   0

L10   LbI   1

L11 $T''T'' = 360 + T$ ▲   (III,IV 象限方位角计算结果)

L12   Goto   0

程序中:A,B——测站点(施工导线点)x, y 坐标值;

        C,D——待放样点 x, y 坐标值;

        S——测站点至待放样点平距,m;

        T——测站点至待放样点边之方位角。

3.向计算机输入程序

上述程序共12行。其中只介绍第5行和第11行的输入方法,其余各行输入方法前已述及,此节略。

第5行输入操作方法:

操作:按 ALPHA 1 2ndF (−) SHIFT + ALPHA O 键,

显示: S   =   PoI(X ;

操作:按 , ALPHA ·) 2ndF ⇧ 键,

显示: ,   Y   )   ▲ ;

操作:按 EXE 键,

显示:$S = \text{PoI}(X, Y)$ ▲。

第11行输入方法:

操作:按 ALPHA 2 ALPHA ENG ALPHA 2 键,

显示: T   ''   T ;

操作:按 ALPHA ENG 2ndF (−) 3 6 0 + 键,

显示: ''   =   360   + ;

操作:按 ALPHA 2 2ndF ⇧ EXE 键,

显示: T   ▲ $T''T'' = 360 + T$ ▲。

4.极坐标法放样点位平面位置程序计算应用范围及注意事项

(1)用极坐标法放样点位平面位置时,可用此程序计算极坐标法放样要素:边长和夹角。

实际上,JZBF 程序计算的是方位角,如果要计算夹角,则只要在第 8 行加:

$$K = T - M \blacktriangle$$

式中:M——已知导线边方位角。

在第 11 行加:

$$K = T''T'' - M \ \blacktriangle$$

就可以计算出待放样边与已知导线点边之间夹角 K。

式中,M 意义同上。

只是在施工现场放样时,一般常采用方位角直接标向,所以不需计算夹角。

(2)在整理资料、填报上报表格时,可用此程序进行"坐标反算"。

只要是两个已知 x, y 值的点,都可用此程序进行"坐标反算"。

只是在进行"坐标反算"时,每次都要重新输入新点 A, B 的值(x, y),这样在用 JZBF 程序时,每次都要重新选择出该程序文件名,给操作带来不便。为了方便操作,我们可将该程序作如下追加修订:

L2 A:B:M:{C,D}:C≤0 ⟹ Goto 2 ⌐

这样经过追加修订后的程序清单如下:

Fi   JZBF   (文件名)（115 步骤数）

L1   LbI   0

L2   A:B:M:{C,D}:C≤0 ⟹ Goto 2 ⌐

L3   X = C − A

L4   Y = D − B

L5   S = Pol(X, Y) ▲

L6   T = W

L7   T < 0 ⟹ Goto 1 ⌐

L8   T = W ▲ K = T − M ▲

L9   Goto 0

L10   LbI   1

L11   T''T'' = 360 + T ▲ K = T''T'' − M ▲

L12   Goto 0

L13   LbI   2

102

L14   {A B M}

L15   Goto   0

四、极坐标法放样要素程序计算算例及操作方法步骤

极坐标法放样要素程序计算算例数据及计算结果详见表 5-1。

实际作业中,为了方便放样,避免用错数据,放错点位,极坐标法放样要素程序计算工作应在表 5-1 中进行。

放样点边长,角度计算表(采用 JZBF 程序计算)　　　表 5-1

放样段起点桩号:K128+600
放样段终点桩号:K129+100
放样段长:500(米)

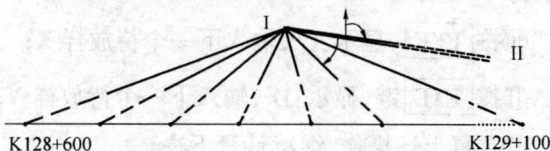

K128+600　　　　　　　　　　　　　K129+100

测站点	后视点	放样点桩号	中桩坐标		边长 (m)	方位角 (° ′ ″)	夹角 (° ′ ″)
			x(m)	y(m)			
K128+850I			31 363.567	69 814.454	218.895	78 45 11	
	K129+080II		31 406.260	70 029.145			
		K128+600	31 354.618	69 553.341	261.266	268 02 14	189 17 03
		+625	31 351.890	69 578.192	236.550	267 10 14	188 25 03
		+650	31 349.288	69 603.056	211.880	266 08 09	187 22 58
		+675	31 346.809	69 627.932	187.273	264 51 58	186 06 47
		+700	31 344.455	69 652.821	162.759	263 15 23	184 30 12
		+725	31 342.226	69 677.721	138.388	261 07 44	182 22 33
		+750	31 340.121	69 702.633	114.253	258 09 29	179 24 18
		+755	31 338.140	69 727.554	90.544	253 41 26	174 56 15
		⋮					
		K129+100	31 323.066	70 052.163	241.135	99 40 09	20 54 58

注:施工放样时,若直接用方位角定向,则不需计算夹角。

操作方法步骤:

①开机,选择文件名:Fi　JZBF;

②按 EXE ,显示:A?,输入测站点 X=363.567;

③按 EXE ,显示:B?,输入测站点 Y=814.454;

④按 $\boxed{\text{EXE}}$,显示:M?,输入已知导线边方位角 78°45′11″;

⑤按 $\boxed{\text{EXE}}$,显示:C?,输入 K128 + 600 中桩 X = 354.618;

⑥按 $\boxed{\text{EXE}}$,显示:D?,输入 K128 + 600 中桩 Y = 553.341;

⑦按 $\boxed{\text{EXE}}$,显示:S = PoI(X,Y) = 261.266;

⑧按 $\boxed{\text{EXE}}$,显示:T = 268.037;接着按 $\boxed{\text{SHIFT}}$ $\boxed{° , ″}$ 键,显示 268°02′14″;

⑨按 $\boxed{\text{EXE}}$,显示:K = T″T″ – M = 189.284;接着按 $\boxed{\text{SHIFT}}$ $\boxed{° , ″}$ 键,显示:189°17′03″;

⑩按 $\boxed{\text{EXE}}$,显示:C?,输入下一个待放样 X;

⑪按 $\boxed{\text{EXE}}$ 键,显示:D?,输入下一个待放样 Y;

⑫重复上述操作,继续计算下去。

若要计算另一个测站的放样要素,则需给 C? 输入 0,就可重新输入起算数据 A,B,M,非常方便。

施工放样时,若用方位角定向,则不需计算夹角 β,此时需给 M? 输入 0。

第二节 偏角法测设圆曲线程序编写及应用

一、偏角法测设圆曲线放样数据常规计算公式

$$\delta = \frac{l}{R} \times 28.6479 = \frac{\varphi}{2}$$

式中:δ——偏角,即弦线和切线的夹角;

l——弧长,即弦长;由于圆曲线半径一般都比较大,相对来说,弧长比较小,故认为弦长与弧长相等;

R——圆曲线半径;

28.6479——28.6479 = 180/2π;

φ——圆心角:$\varphi = \frac{l}{R} \cdot \frac{180}{\pi} = 57.2958 \frac{l}{R}$。

二、将偏角法常规计算公式写成程序输入公式

$$I = L/R \times 28.6479 \quad （式中:I 为偏角）$$

令:K = 28.6479/R

L = Abs(A – B)▲ （曲线长度计算,式中 A 为 ZY 点或 YZ 点的桩

104

号,B 为曲线上任一点的桩号)

则:

$$I = KL \blacktriangle \quad (偏角计算)$$

以上式中:I——偏角;

        R——圆曲线半径;

        L——曲线上任一点桩号:B 至曲线起点(ZY)A 或曲线终点(YZ)A
            之间的距离(曲线长度)。

三、偏角法放样圆曲线程序清单

Fi   P-J   (文件名)（77 步骤数）

L1   LbI 0

L2   A:R:{B}:B≤0 ⇒ Goto 1

L3   K = 28.6479/R

L4   L = Abs(A − B) ▲

L5   I = KL ▲   I″I″ = 360 − I ▲ （或不显示,用:)(反拨显示 ▲,正拨
不显示:)

L6   Goto 0

L7   LbI 1

L8   {A R}

L9   Goto 0

注:圆曲线在切线的右侧,为正拨;圆曲线在切线的左侧,为反拨,此时,"I" = 360 − I。

程序中:A——直圆(ZY)点或圆直(YZ)点的里程桩号,当由 ZY 点计算至 QZ
            点,用 ZY 点的里程桩号;当由 YZ 点计算至 QZ 点,用 YZ 点
            的里程桩号;

        R——圆曲线半径;

        B——ZY 点至 QZ 点段任一点里程桩号,或 YZ 点至 QZ 点段任一点
            里程桩号;

        L——B 点至 A 点间弧长,即弦长;

        I——偏角,放样时正拨用此值;

        "I"——偏角反拨时的偏角值,放样时,反拨用此值。

四、偏角法放样圆曲线程序计算应用范围

直圆(ZY)点至圆直(YZ)点曲线上任意一点的偏角都可计算。

计算时,可将曲线分成两部分来计算,即由直圆(ZY)点计算至曲中

(QZ)点,又由圆直(YZ)点计算至曲中(QZ)点。

计算时,应注意偏角的正拨与反拨;正拨时,可用不显示符号":"或将"◢"去掉。或正拨时,不取用 I″I″ = 360 − I 的计算结果。

当 ZY 点至 QZ 点计算完成,给"B"输入 0,则计算机自动转到 YZ 点至 QZ 点的计算,此时需输入"A",即 YZ 点桩号。

五、偏角法放样圆曲线程序计算算例

算例数据见表 5-2。表中:第 1 栏为 ZY 点、QZ 点、YZ 点桩号及曲线上任一点里程桩号,第 2 栏为程序计算之 L 值,第 3 栏为程序计算之偏角值,第 4、5 栏为放样时偏角读数,第 6 栏为圆曲线要素、偏角计算公式、圆曲线略图、检核等。

偏角法放样数据计算表　　　　表 5-2

桩　号	中桩至 ZY 点或 YZ 点距离(m)	偏角 I (° ′ ″)	左拨 360 − I (° ′ ″)	右拨 (° ′ ″)	备　注
ZYK254 + 600.53	0				交点:JD$_{10}$
+ 620	19.47	0 41 50	359 18 10		桩号:K254 + 708.84
+ 640	39.47	1 24 48	358 35 12		$\Delta_左$ = 15°25′16″
+ 660	59.47	2 07 47	357 52 13		R = 800(m)
+ 680	79.47	2 50 45	357 09 15		T = 108.31(m)
+ 700	99.47	3 33 43	356 26 17		l = 215.32(m)
QZ　+ 708.19	107.66	3 51 19	356 08 41		ZY:K254 + 600.53
					QZ:K254 + 708.19
QZ　+ 708.19	107.66	3 51 19		3 51 19	YZ:K254 + 815.85
+ 720	95.85	3 25 57		3 25 57	计算公式:I = 28.6479L/R
+ 740	75.85	2 42 58		2 42 58	
+ 760	55.85	2 00 00		2 00 00	
+ 780	35.85	1 17 02		1 17 02	
+ 800	15.85	0 34 03		0 34 03	
YZ　+ 815.85	0				检核:

备注栏图示与检核:

ZY — QZ — YZ 曲线略图,JD$_{10}$ Δ

检核:
3°51′19″ × 2 = 7°42′38″
Δ/2 = 7°42′38″

程序操作方法步骤(以 YZ 点计算至 QZ 点为例):

①按　AC　键,开机;

②按　FILE　键,选择文件名:Fi P-J;

106

③按 EXE 键,显示:A?,输入 YZ 点里程桩号 815.85(m);

④按 EXE 键,显示:R?,输入圆曲线半径·800(m);

⑤按 EXE 键,显示:B?,输入所求点里程桩号 720(m);

⑥按 EXE 键,显示:L = 95.85(+ 720 桩至 YZ 点桩间距离);

⑦按 EXE 键,显示:I = 3.4324,接着按 SHIFT °'" 键,显示:I = 3°25′57″(正拨);

⑧按 EXE 键,显示:I = 356.5676(此例左偏,从 YZ 点至 QZ 点为正拨,356.5676 为反拨角,不取用);

⑨按 EXE 键,显示:B?,输入另一所求点桩号;

以下重复操作,略。

第三节　切线支距法测设圆曲线程序编写及应用

一、切线支距法测设圆曲线放样数据常规计算公式

$$x_i = R \cdot \sin\alpha_i$$
$$y_i = R(1 - \cos\alpha_i)$$

式中:x,y——圆曲线上任一点 i 的切线支距坐标值;

R——圆曲线半径;

α——曲线上任一点 i 到 ZY(或 YZ)点的曲线长度 l 所对的圆心角,其值为

$$\alpha = l \cdot \frac{180}{\pi} \cdot \frac{1}{R} = 57.2958 \frac{l}{R}$$

曲线上不同的 l(曲线长度)就有不同的圆心角 α,同样也就有相应的 x,y 值。

二、将切线支距法常规计算公式写成程序输入公式

$$X = R\sin I \blacktriangleleft$$
$$Y = R(1 - \cos I) \blacktriangleleft$$
放样要素计算

令:　　　　$L = Abs(A - B) \blacktriangleleft$ (曲线长度计算)

$$I = 57.2958 \frac{L}{R} \blacktriangleleft (圆心角计算)$$

107

式中:L——圆曲线上任意一点桩号至圆曲线起点(ZY)或曲线终点(YZ)之间的距离(曲线长度);

　　A——圆曲线起点(ZY)桩号或终点(YZ)桩号;

　　B——圆曲线上任一点桩号;

　　R——圆曲线半径;

57.2958——57.2958 = 180/π。

三、切线支距法放样圆曲线程序清单

| Fi | Z-XY | (文件名) | (81 步骤数) |

L1　LbI　0

L2　A:R:{B}:B≤0 ⇒ Goto 1

L3　L = Abs(A − B) ◢

L4　I = 57.2958L/R ◢

L5　X = RsinI ◢

L6　Y = R(1 − cosI) ◢

L7　Goto　0

L8　LbI 1

L9　{A R}

L10　Goto　0

程序中:A——圆曲线起点直圆(ZY)点的里程桩号或终点圆直(YZ)点的里程桩号;当由 ZY 点计算至 QZ 点,输入 ZY 点的里程桩号;当由 YZ 点计算至 QZ 点,输入 YZ 点的里程桩号;

　　R——圆曲线半径;

　　B——圆曲线上任一点的里程桩号,一般情况下,按整桩号测设桩点;

　　L——圆曲线上任一点至圆曲线起点(ZY)或终点(YZ)间弧长;

　　I——L 所对应圆心角;

X,Y——圆曲线上任一点的切线支距法坐标值。

四、切线支距法放样圆曲线程序计算应用范围

直圆(ZY)点至圆直(YZ)点曲线上任意一点的切线支距要素 x 与 y 都可计算。

计算时,可将圆曲线分成两部分来计算:即由 ZY 点计算至 QZ 点,又由 YZ 点计算至 QZ 点。

当由 ZY 点计算至 QZ 点时,给"B"输入 0,则计算机自动转到 YZ 点至 QZ 点计算,此时需输入 YZ 点桩号(A)。

108

五、切线支距法放样圆曲线程序计算算例

算例起算数据及计算结果见表5-3。

切线支距法放样数据计算表   表5-3

桩 号	L=|A-B| (m)	圆心角 I (° ′ ″)	X (m)	Y (m)	备 注
ZYK254+600.53	0.	0 00 00	0.	0.	交点:JD$_{10}$ K254+708.84
+620	19.47	1 23 40	19.47	0.24	Δ$_左$=15°25′16″
+640	39.47	2 49 36	39.45	0.97	R=800(m)
+660	59.47	4 15 33	59.42	2.21	T=108.31(m)
+680	79.47	5 41 30	79.34	3.94	l=215.32(m)
+700	99.47	7 07 26	99.21	6.18	ZY:K254+600.53
QZ +708.19	107.66	7 42 38	107.34	7.23	QZ:K254+708.19
QZ +708.19	107.66	7 42 38	107.34	7.23	YZ:K254+815.85
+720	95.85	6 51 53	95.62	5.74	计算公式:X=RsinI
+740	75.85	5 25 56	75.74	3.59	Y=R(1-cosI)
+760	55.85	4 00 00	55.80	1.95	I=57.2958L/R
+780	35.85	2 34 03	35.84	0.80	
+800	15.85	1 08 07	15.85	0.16	
YZ +815.85	0	0 00 00	0	0	

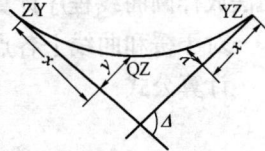

程序操作方法步骤(以后半曲线 YZ 点至 QZ 点段为例):

① 按 [AC] 键,开机;

② 按 [FILE] 键,选择文件名:Fi Z-XY;

③ 按 [EXE] 键,显示:A$^?$,输入 YZ 点里程桩号 A=815.85(m);

④ 按 [EXE] 键,显示:R$^?$,输入圆曲线半径 R=800(m);

⑤ 按 [EXE] 键,显示:B$^?$,输入所求点里程桩号:B=720(m);

⑥ 按 [EXE] 键,显示:L=Abs(A-B)=95.85(所求点 B 至 YZ 点间弧长);

⑦ 按 [EXE] 键,显示:I=57.2958L/R=6.8648,接着按 [SHIFT] [°,″] 键,显示 I=6°51′53″(L 所对应圆心角);

⑧ 按 [EXE] 键,显示:X=95.62(所求点 K254+720 的切线支距法坐标 x

值);

⑨按 $\boxed{\text{EXE}}$ 键,显示:Y = 5.74(所求点 K254 + 720 的切线支距法坐标 y 值);

⑩按 $\boxed{\text{EXE}}$ 键,显示:B$^?$,输入另一所求点里程桩号;

以下重复计算,略。

当 YZ 点至 QZ 点计算完毕,给 B$^?$ 输入 0,计算机自动要求输入 A$^?$,R$^?$,B$^?$,即可开始另半曲线 ZY 点至 QZ 点的计算。

第四节　偏角法测设有缓和曲线的圆曲线偏角值计算程序编写及应用

一、缓和曲线上的偏角值常规计算公式

当圆曲线设有缓和曲线时,用偏角法测设的偏角值计算可分为缓和曲线上的偏角与圆曲线的偏角两部分,分别进行计算。

对于有缓和曲线的圆曲线上各点的偏角值计算,可采用前述第二节"偏角法放样圆曲线程序计算"。

对于缓和曲线上各点的偏角值计算,则按下述方法进行计算:

计算公式:

$$i_K = \frac{l_K^2}{6Rl_0} \cdot \frac{180}{\pi} \tag{5-4}$$

式中:i_K——缓和曲线上任意一点的偏角值;

l_K——缓和曲线上任意一点 K 至直缓(ZH)点或缓直(HZ)点的长度;

R——圆曲线半径;

l_0——缓和曲线长度。

当 l_K 为 ZH 点至 HY 点,或 HZ 点至 YH 点的长度时,用公式(5-4)算得 $i_K = i_0$。

$$i_0 = \frac{l_0}{6R} \cdot \frac{180}{\pi} = \frac{1}{3}\beta_0 \cdot \frac{180}{\pi} \tag{5-5}$$

式中:

$$\beta_0 = \frac{l_0}{2R} \cdot \frac{180}{\pi}$$

用公式(5-5)可验算当 $l_K = l_0$ 时的偏角值计算是否正确。

二、将缓和曲线上的偏角值计算公式写成计算机输入公式

令 I"IK" = i_K,N = l_0,M = l_K,则将公式(5-4)写成计算机认可的公式:

110

$$I\text{"IK"} = \frac{M^2}{6RN} \cdot \frac{180}{\pi} = K \cdot L \cdot \frac{180}{\pi} = KLP$$

式中:M——缓和曲线上任一点 B 至缓和曲线起点 ZH(A)点或缓和曲线终
点 HZ(A)点之间的距离:M = Abs(A − B);

    R——圆曲线半径;

    N——缓和曲线长度;

    IK——偏角值;

    K——$\frac{1}{6RN}$;

    P——$\frac{180}{\pi}$;

    L——M^2。

三、偏角法放样缓和曲线程序清单

Fi	H-P-J	（文件名）
L1	LbI 0	
L2	A:R:N:{B}:B≤0⟹ Goto 1	
L3	K = 1/(6RN)	
L4	P = 180/π	
L5	M = Abs(A − B) ◢	
L6	L = M^2	
L7	I"IK" = KLP ◢ I = 360 − I"IK" ◢	
L8	Goto 0	
L9	LbI 1	
L10	{A R N}	
L11	Goto 0	

四、偏角法放样缓和曲线程序计算应用范围

直缓(ZH)点至缓圆(HY)点与缓直(HZ)点至圆缓(YH)点上任意一点的
偏角都可计算。一般情况下是计算整桩号的偏角算值。

计算时,可由 ZH 点算至 HY 点,又由 HZ 点计算至 YH 点。

当前半缓和曲线计算完毕,只要给"B"输入 0,即可重新开始输入 A,R,
N,计算后半缓和曲线。

五、偏角法放样缓和曲线程序计算算例

算例起算数据及计算结果见表5-4。

缓和曲线上各点偏角位计算表（采用 fx—$4500PA$ 程序计算）　表 5-4

点号	桩号	桩距	偏角 (° ′ ″)	拨角 (° ′ ″)	备注	缓和曲线要素
ZH	K249 + 459.31				测站	
JD$_{16}$					后视点	JD$_{16}$
1	+ 460	0.69	0 00 00	360 00 00		$\Delta = -44°22'57''$
2	+ 480	20.69	0 06 22	359 53 38		$R = 550\mathrm{m}$
3	+ 500	40.69	0 24 39	359 35 21		$l_0 = 70\mathrm{m}$
4	+ 520	60.69	0 54 49	359 05 11		
HY	+ 529.31	70.0	1 12 56	358 47 04		计算公式
						$i_\mathrm{K} = \dfrac{l_\mathrm{K}}{6Rl_0} \cdot \dfrac{180}{\pi}$
YH	+ 885.36	70.0	1 12 56	1 12 56		$i_0 = \dfrac{l_0}{6R} \cdot \dfrac{180}{\pi}$
4	+ 890	65.36	1 03 34	1 03 34		
3	+ 900	55.36	0 45 37	0 45 37		
2	+ 920	35.36	0 18 37	0 18 37		
1	+ 940	15.36	0 03 31	0 03 31		
HZ	+ 955.36	0.0	0		测站	
JD$_{16}$					后视点	

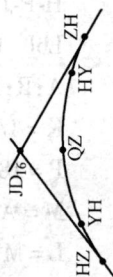

程序执行操作方法步骤（以 HZ 点计算至 YH 点为例）：

① 按 AC 键，开机；

② 按 FILE 键，选择文件名：Fi　H-P-J；

③ 按 EXE 键，显示：A$^?$，输入 HZ 点的里程桩号：A = 955.36(m)；

④ 按 EXE 键，显示：R$^?$，输入圆曲线半径 R = 550(m)；

⑤ 按 EXE 键，显示：N$^?$，输入缓和曲线长 N = 70(m)；

⑥ 按 EXE 键，显示：B$^?$，输入所求点桩号 B = 900(m)；

⑦ 按 EXE 键，显示：M = 55.36(所求点 B 至 HZ 点间桩距，即弧长)；

⑧ 按 EXE 键，显示：IK = 0.760，接着按 SHIFT °′″ 键，显示：IK = 0°45′37″(所求点 B 的偏角值，左偏角，HZ 点设站为正拨)；

⑨ 按 EXE 键，显示：I = 359.240(所求点 B 反拨数据，不用)；

112

⑩按 EXE 键,显示:B?,输入另一所求点桩号;

以下程序重复操作 B,M,IK,I,当计算至 YH 点,给 B? 输入 0,重新开始输入 A?,R?,N?,B?,计算前缓和曲线段 ZH 点至 HY 点上任一点的偏角值。此时 A? 应输入 ZH 点的里程桩号。

第五节 "坐标法"放样点位平面位置数据计算的程序编写及应用

一、"坐标法"放样点位平面位置数据计算概述

"坐标法"放样是我们对"全站仪坐标放样测量"工作的习惯叫法。它是利用先进的"全站仪"在施工现场设定出其坐标值为已知的待放样点。请注意,这里的关键词是:"坐标值为已知的点"。

在一个测站上,采用"坐标法"放样点位平面位置时:

(1)可事先把计算好的待放样点的坐标值逐个输入仪器储存起来,然后在测站上再逐点放出各个待放样点的实地位置;

(2)也可以在测站上用现算现输入的办法逐点放样。

但是不论采用何法,都必须要计算出待放样点的坐标值。

现代公路设计应用计算机进行辅助计算。由设计单位提供的施工设计图表:直线、曲线及转角表,导线点坐标及逐桩坐标表等均给出了交点的要素、导线点的坐标,直线及曲线还给出每隔一定距离的中线桩位坐标值以及曲线要素。据此,我们可根据施工需要计算出任一加桩及左、右边桩的坐标值。

对于线路直线段上点的坐标计算,简单易算且易掌握。它采用的计算公式是常用公式(符号用计算机输入字符表示):

$$\left. \begin{array}{l} X_i = J + (Q - H)\cos(F + 180) \\ Y_i = K + (Q - H)\sin(F + 180) \end{array} \right\} \tag{5-6}$$

式中:X,Y——线路直线段上任一点的坐标值;

J,K——交点 x,y 坐标值;

Q——交点里程桩号;

H——所求点(待放样点)的里程桩号;

(Q-H)——交点至所求点间距离;

F——直线段方位角,若要计算边桩坐标,则要(F+180)±90,并要

113

知道中桩至边桩距离 S。

若已知交点桩号 Q、交点坐标 J 和 K、线路直线段方位角 F,以及待放样点 i 的桩号 H,则,用计算机"坐标变换"功能计算待放样点坐标:

$$\left.\begin{array}{l} \text{Rec}(Q - H, F + 180) \\ X = J + V \\ Y = K + W \end{array}\right\} \tag{5-7}$$

式中:V, W——计算机算出的纵、横坐标增量。

例如计算直缓(ZH)点坐标:

$$\left.\begin{array}{l} \text{Rec}(T, F + 180) \\ Z[1] = J + V \\ Z[2] = K + W \end{array}\right\} \tag{5-8}$$

式中: T——有缓和曲线的圆曲线切线长;
$Z[1]$, $Z[2]$——直缓(ZH)点坐标值。

又例如计算缓直(HZ)点坐标:

$$\left.\begin{array}{l} \text{Rec}(T, F + GN) \\ Z[3] = J + V \\ Z[4] = K + W \end{array}\right\} \tag{5-9}$$

式中: N——转向角;
$Z[3]$, $Z[4]$——缓直(HZ)点坐标值;
G——控制转向角的条件,左转角用"$-$"号,右转角用"$+$"号。

直缓(ZH)点坐标:$Z[1]$, $Z[2]$ 是第一缓和曲线上任一点切线支距法坐标转换的起点。

缓直(HZ)点坐标:$Z[3]$, $Z[4]$ 是第二缓和曲线上任一点切线支距法坐标转换的起点。

线路曲线上点的坐标计算则较复杂。缓和曲线、有缓和曲线的圆曲线上任一点的坐标计算,一般按两步进行:

第一步,先计算出曲线上点的切线支距法坐标;

第二步,将其转换成线路施测中统一采用的坐标。

例如:第一缓和曲线上任一点的坐标计算:

第一步,用公式:

$$\left.\begin{array}{l} X = Z - Z^5/(40R^2 l^2) + Z^9/(3456R^4 l^4) \\ Z = Z^3/(6Rl) - Z^7/(336R^3 l^3) + Z^{11}/(42240R^5 l^5) \end{array}\right\} \tag{5-10}$$

计算曲线上任一点的支距法坐标。

第二步,将第一步支距法坐标转换成线路统一采用的坐标。

坐标转换常用公式是:

114

$$x = x_{ZH} + x\cos F - Z\sin F \Big\}$$
$$y = y_{ZH} + x\sin F + Z\cos F \Big\} \tag{5-11}$$

以上式中:Z——$Z = H - A$,即第一缓和曲线上所求点 H 桩号 – ZH

点桩号;

R——曲线半径;

F——第一直线段正方位角;

I——缓和曲线长度;

X,Z——曲线上所求点支距法坐标;

x_{ZH}, y_{ZH}——第一缓和曲线起点坐标,$x_{ZH} = Z[1], y_{ZH} = Z[2]$;

x, y——支距法坐标转换成统一采用坐标。

将公式(5-11)用计算机"坐标变换"功能计算,编入程序则为:

Rec(X, F) (X 为支距法坐标:x)

$X = Z[1] + V:Y = Z[2] + W$

Rec(Z, F + 90G) (Z 为支距法坐标:z)

$X = X + V:Y = Y + W$

第二缓和曲线上任一点坐标计算:

第一步计算公式同第一缓和曲线,只是 Z 要用到 HZ 点的长度,另外在第二步计算坐标转换时要注意方位角,并用 HZ 点坐标 Z[3],Z[4]:

$$X = Z - Z^5/(40R^2 I^2) + Z^9/(3456R^4 I^4) \Big\}$$
$$Z = Z^3/(6RI) - Z^7/(336R^3 I^3) + Z^{11}/(42240R^5 I^5) \Big\} \tag{5-12}$$

Rec(X, F + GN + 180)

$X = Z[3] + V:Y = Z[4] + W$

Rec(Z, F + GN + 180 - 90G)

$X = X + V:Y = Y + W$

对于有缓和曲线的圆曲线上任一点坐标之计算,第一步要用下式计算圆曲线上点的支距法坐标:

$$X = Z - Z^3/(6R^2) + Z^5/(120R^4) + M \Big\}$$
$$Z = Z^2/(2R) - Z^4/(24R^3) + Z^6/(720R^5) + P \Big\} \tag{5-13}$$

式中:X, Z——圆曲线上所求点支距法坐标;

Z——圆曲线上任一点桩号 – ZH 点桩号 – 缓和曲线长度/2,即 Z

$= H - A - I/2 =$ 缓圆点长度;

M——加设缓和曲线后使切线增长的距离:$M = I/2 - I^3/(240R^2)$;

当 $I = 0$ 时,则 $M = 0$,为没有缓和曲线的圆曲线;

P——加设缓和曲线后,圆曲线相对于切线的内移量:$P = I^2/$

115

$(24R) - I^4/(2688R^3)$；当 $I = 0$ 时，则 $P = 0$，为没有缓和曲线的圆曲线；

　　R——圆曲线半径。

　　第二步坐标转换计算同第一缓和曲线上点的坐标转换。

　　概言之，公路线路直线、曲线(含圆曲线、缓和曲线、有缓和曲线的圆曲线)上任一点坐标计算，除直线段可用常用坐标计算公式计算外，其余曲线上的点坐标计算，应先算出其切线支距法的坐标，然后将其转换成线路施测中统一采用的坐标。由于线路桩位数量较多，计算过程又较繁杂，这一计算工作若用手算来完成，那是很难满足施工现场放样的需要的。只有将其计算公式设计成程序，利用先进的可编程序的计算机来计算，才能满足施工现场放样的需求。

二、线路点位坐标计算程序清单编写及说明

　　下面介绍两种施工测量实践中，现场计算线路直线、曲线上任一点位中桩及边桩坐标的程序计算方法。

　　1.程序清单一及说明

Fi	XY－1	（文件名）	（997 步骤数）

L1	Q:J:K:R:F:N:I:G	（起算要素）
L2	Defm　4	（扩大内存）
L3	$M = I/2 - I^3/(240R^2)$	（M 为加设缓和曲线后使切线增长的距离）
L4	$P = I^2/(24R) - I^4/(2688R^3)$	（P 为加设缓和曲线后，圆曲线相对于切线的内移量）
L5	$L = \pi RN/180 + I$	（有缓和曲线的圆曲线的曲线长，含缓和段）
L6	$T = M + (R + P)\tan(N/2)$	（有缓和曲线的圆曲线的切线长）
L7	$A = Q - T : B = A + I : D = A + L : C = D - I$	（ZH:HY:HZ:YH 的里程桩号）
L8	Rec(T, F + 180)	（ZH 点坐标增量计算）
L9	$Z[1] = J + V : Z[2] = K + W$	（ZH 点坐标；V, W: 坐标增量, 计算机内部运算）
L10	Rec(T, F + GN)	（HZ 点坐标增量计算）
L11	$Z[3] = J + V : Z[4] = K + W$	（HZ 点坐标）
L12	LbI　0	
L13	{H S E}	（待求点要素）

116

L14	$U = S/Abs(S + 10E - 19) : S = AbsS$	（左右条件判别）
L15	$H < A \Rightarrow Goto\ 1$	（计算第一段直线内各点坐标）
L16	$\rightleftharpoons \Rightarrow H < B \Rightarrow Goto\ 2$	（计算第一段缓和曲线内各点坐标）
L17	$\rightleftharpoons \Rightarrow H < C \Rightarrow Goto\ 3$	（计算圆曲线内各点坐标）
L18	$\rightleftharpoons \Rightarrow H < D \Rightarrow Goto\ 4$	（计算第二段缓和曲线内各点坐标）
L19	$\rightleftharpoons \Rightarrow Goto\ 5$ △△△△△	（计算第二段直线内各点坐标）
L20	LbI 1	（第一段直线计算开始）
L21	$Rec(Q - H, F + 180)$	（第一段直线上任一点中桩坐标增量计算）
L22	$X = J + V : Y = K + W$	（第一段直线上任一点中桩坐标）
L23	$Rec(S, F + 180 - (180 - E)U)$	（第一段直线上与中桩同一横断面的左、右边坐标增量计算）
L24	$X = X + V$ ◢	（第一段直线内任一点坐标计算结果）
L25	$Y = Y + W$ ◢	
L26	$S = SU$	（边长条件）
L27	Goto 0	
L28	LbI 2	（第一段缓和曲线计算开始）
L29	$Z = H - A$	（第一段缓和曲线上任一所求点到 ZH 点距离）
L30	$O = 90Z^2/(\pi RI)$	（所求点方位角所对应圆心角）
L31	$X = Z - Z^5/(40R^2I^2) + Z^9/$ $(3456R^4I^4)$	（第一缓和曲线上任一点切线支距法坐标计算）
L32	$Z = Z^3/(6RI) - Z^7/(336R^3$ $I^3) + Z^{11}/(42240R^5I^5)$	
L33	LbI 6	（第一缓和曲线、圆曲线坐标转换计算）
L34	$Rec(X, F)$	（坐标转换计算,支距法坐标转换为线路施工中统一采用的坐标计算）
L35	$X = Z[1] + V : Y = Z[2] + W$	
L36	$Rec(Z, F + 90G)$	
L37	$X = X + V : Y = Y + W$	
L38	$Rec(S, F + OG + EU)$	（第一缓和圆曲线边桩计算）
L39	$X = X + V$ ◢	（第一缓和圆曲线坐标计算结果）
L40	$Y = Y + W$ ◢	
L41	$S = SU$	（边长条件）

L42	Goto 0	
L43	LbI 3	(圆曲线上任一点切线支距法坐标计算)
L44	$Z = H - A - I/2$	(圆曲线上任一点到 HY 点长度)
L45	$O = 180Z/(R\pi)$	(所求点方位角即 Z 所对应圆心角)
L46	$X = Z - Z^3/(6R^2) + Z^5/(120R^4) + M$	
L47	$Z = Z^2/(2R) - Z^4/(24R^3) + Z^6/(720R^5) + P$	(有缓和曲线的圆曲线上任一点切线支距法坐标计算)
L48	Goto 6	
L49	LbI 4	(第二段缓和曲线计算开始)
L50	$Z = D - H$	(第二段缓和曲线上任一点到 HZ 点长度)
L51	$O = 90Z^2/(RI\pi)$	(坐标方位角即 Z 所对应圆心角)
L52	$X = Z - Z^5/(40R^2I^2) + Z^9/(3456R^4I^4)$	
L53	$Z = Z^3/(6RI) - Z^7/(336R^3I^3) + Z^{11}/(42240R^5I^5)$	(第二缓和曲线上任一点切线支距法坐标)
L54	$Rec(X, F + GN + 180)$	
L55	$X = Z[3] + V : Y = Z[4] + W$	(坐标转换计算;支距法坐标转换为线路施工中统一采用的坐标)
L56	$Rec(Z, F + GN + 180 - 90G)$	
L57	$X = X + V : Y = Y + W$	
L58	$Rec(S, F + GN + 180 - OG - (180 - E)U)$	(第二缓和曲线边桩坐标计算)
L59	$X = X + V$	(第二缓和曲线上任一点坐标计算结果)
L60	$Y = Y + W$	
L61	$S = SU$	(边长条件)
L62	Goto 0	
L63	LbI 5	(第二段直线计算开始)
L64	$Rec(H - D + T, F + GN)$	(第二段直线上任一点坐标增量计算)
L65	$X = J + V : Y = K + W$	(第二段直线上任一点坐标计算)
L66	$Rec(S, F + GN + EU)$	(第二段直线上任一点与中桩同一横断面的边桩计算)

118

L67 X = X + V ⎫
L68 Y = Y + W ⎬ (第一段直线上任一点坐标计算结果)
L69 S = SU （边长条件）
L70 Goto 0ˊ

2. 向计算机输入程序

操作方法步骤同上，只将前述各节没有用过的字符输入方法介绍如下：

(1)L2 Defm 4

操作：按 $\boxed{MODE}$ $\boxed{Ans}$ $\boxed{4}$ 键，

显示：Defm 4。

(2)L3 及其以后各行中的 I^2,I^3,I^4,I^5 等，$Z^2,Z^3,Z^4,Z^5,Z^6,Z^7,Z^8,Z^9,Z^{11}$ 等，R^2,R^3,R^4,R^5 等的输入方法

以 I^3 为例，其余类似。I^3 可以写成 Ix^y3；输入时，

操作：按 $\boxed{ALPHA}$ $\boxed{,}$ $\boxed{x^y}$ $\boxed{3}$ ，

显示：   I x^y 3。

(3)L8 及其以后各行中 Rec（"，"）输入方法

以 L8 Rec(T, F + 180)为例，其余类似：

操作：按 $\boxed{SHIFT}$ $\boxed{-}$ $\boxed{ALPHA}$ $\boxed{2}$ $\boxed{,}$ 键，

显示：   Rec（ T ，；

操作：按 $\boxed{ALPHA}$ $\boxed{tan}$ $\boxed{+}$ $\boxed{1}$ $\boxed{8}$ $\boxed{0}$ $\boxed{)}$ 键，

显示：   F + 1 8 0 ）；

操作：按 $\boxed{EXE}$ 键，

显示：Rec(T, F + 180)。

(4)L9 Z[1] = J + V：Z[2] = K + W 以及以后各行的 Z[3]，Z[4]等的输入方法

以 Z[1]为例，其余类似：

操作：按 $\boxed{ALPHA}$ $\boxed{EXP}$ $\boxed{ALPHA}$ $\boxed{In}$ $\boxed{1}$ 键，

显示：   Z [1；

操作：按 $\boxed{ALPHA}$ $\boxed{x^y}$ 键，

显示：   ] 。

(5)L14 U = S/Abs(S + 10E – 19)中"E"的输入方法

操作：按 $\boxed{EXP}$ 键，

显示：E。

3.程序中符号说明

Q——交点里程桩号；

J——交点 x 坐标值；

K——交点 y 坐标值；

R——半径；

F——第一直线段正方位角，即后视切线上 ZH 点至交点的正方位角；

N——交点转向角（偏角）：右偏角为正，左偏角为负，输入转向角时，不输入"+"、"-"号；

I——缓和曲线长度（没有缓和曲线的圆曲线 I 输入 0）；

G——控制偏角转向的条件：左偏角输入"-1"，右偏角输入"+1"；

H——所求点里程桩号；

S——边桩与中桩距离（同一横断面左至中或右至中的距离）；计算中桩时，S 为 0；此程序用 S 正、负控制左、右边桩坐标计算：右正左负；

E——夹角（同一横断面边桩和中桩边线与中线之夹角），若用夹角控制左、右边桩坐标计算，则左边桩输入"-90"，右边桩输入"90"；

X——所求点 x 坐标值；

Y——所求点 y 坐标值。

三、线路点位坐标程序计算范围及注意事项

1.起算要素

以图 5-2 为例，假定依本交点 JD_{19} 为起算点，则程序中各要素 Q，J，K，R，F，N，I 应输入交点 JD_{19} 及所在曲线的 JD_{19} 的桩号、坐标、转向角、半径、缓和曲线长度。而 F 则应输入前第一直线段的正方位角。即：F = 166°15′17″；N = 39°16′07″；R = 400；I = 100；Q = 251246.76；J = 4814.878；K = 8720.076。若本交点 JD_{19} 之计算范围所需点的坐标值计算完毕，需要计算下去，则依另一交点 JD_{20} 或 JD_{18} 的各要素为已知起算数据。

2.计算范围（参看图 5-2）

我们设定 JD_{19} 为本交点，JD_{18} 为前交点，JD_{20} 为后交点，则公路线路上点位坐标程序计算范围是：前直线段起点缓直（HZ）点至后直线段终点（ZY）点之间的：

①前直线段 HZ 点至 ZH 点（或圆曲线 YZ 点至 ZY 点）；

②本缓和曲线 ZH 点至 HZ 点（或圆曲线 ZY 点至 YZ 点）；

③后直线段 HZ 点至 ZH 点（或圆曲线 YZ 点至 ZY 点）。

上述三段任意一点的中桩坐标及边桩坐标都可以计算。

120

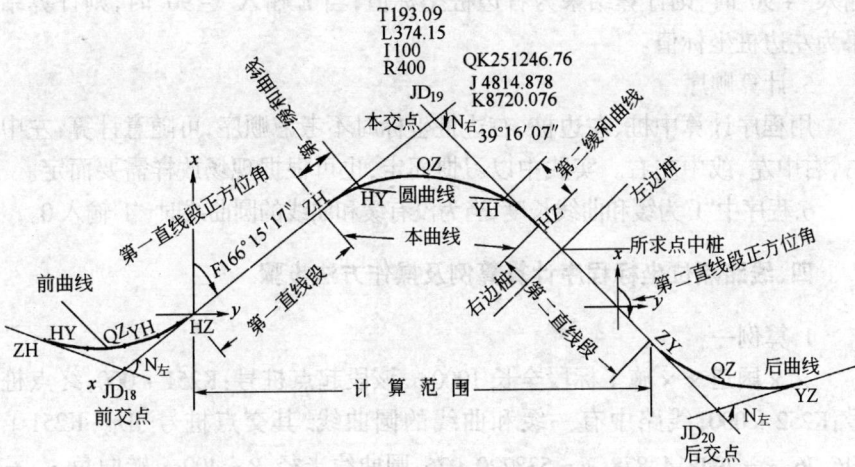

图 5-2 fx—4500PA 型计算机程序计算线路点坐标起算数据及计算范围示意图

3. 计算结果显示

程序中：

L3、L4 行是切线增长值、内移量计算结果；

L5、L6 行是有缓和曲线的圆曲线的要素计算结果；

L7 行是 ZH 点、HY 点、HZ 点、YH 点桩号计算结果；

L9、L11 是 ZH 点、HZ 点坐标计算结果；

L31，L32，L46，L47，L52，L53 是缓和曲线、圆曲上点的切线支距法坐标计算结果。

上述计算结果，程序都未设置显示；若要查询计算结果，可在上述各行方程式后追加一显示符号"◢"；例如，要查询缓和曲线切线长，则可在 L6 最后加"◢"，其形式如下：

$$T = M + (R + P)\tan(N/2) \ ◢$$

上述其余各行，若要查知计算结果均类似。

4. 计算中注意符号正负

程序中有两处要注意符号的正负：

①交点转向角程序中用"N"表示，用"G"控制其正负。当转向角左偏，G 输入"－1"；当转向角右偏，G 输入"＋1"。即左负右正。输入转向角"N"时不考虑符号。

②计算左、右边桩坐标时，程序中用"S"控制左、右方向；当 S 输入正值时，则计算值为右边桩坐标值；当 S 输入负值时，则计算值为左边桩坐标值。

计算左、右边桩坐标时，也可用"E"夹角来控制左、右边桩方向。当 E

输入"+90"时,则计算结果为右边桩坐标值;当 E 输入"-90"时,则计算结果为左边桩坐标值。

5.计算顺序

用程序计算中桩、左边桩、右边桩坐标时不考虑顺序,可随意计算:左中右,右中左,或中左右。实践中以习惯而定,也可根据现场放样需要而定。

6.程序中"I"为缓和曲线长度,当为没有缓和曲线的圆曲线时,"I"输入 0。

四、线路点位坐标程序计算算例及操作方法步骤

1.算例一

××国道××施工标段全长 1000m,该段起点桩号:K251+000,终点桩号:K252+000;线路中有一缓和曲线的圆曲线,其交点桩号 JD_{19}:K251+246.76,$x=794814.878$,$y=538720.076$;圆曲线半径 $R=400m$,转向角 $\alpha_{右}=39°16'07''$;切线长 $T=193.05m$,曲线长 $L=374.15m$,缓和曲线长 $l_0=100m$,后视第一直线段方位角为 $166°15'17''$。根据路基施工需要,要求每隔 25m 标设一个桩位,为此,计算该段待设点坐标,见表5-5。

操作方法步骤(参阅图5-2):

①开机;

②按 $\boxed{\text{FILE}}$ 键,选择文件名:Fi XY-1;

③按 $\boxed{\text{EXE}}$ 键,显示:$Q^?$,输入 JD_{19} 桩号 251246.760;

④按 $\boxed{\text{EXE}}$ 键,显示:$J^?$,输入 JD_{19} $x=4814.878$;

⑤按 $\boxed{\text{EXE}}$ 键,显示:$K^?$,输入 JD_{19} $y=8720.076$;

⑥按 $\boxed{\text{EXE}}$ 键,显示:$R^?$,输入圆曲线半径 400;

⑦按 $\boxed{\text{EXE}}$ 键,显示:$N^?$,输入转向角 $39°16'07''$;

⑧按 $\boxed{\text{EXE}}$ 键,显示:$F^?$,输入前直线段正方位角 $166°15'17''$;

⑨按 $\boxed{\text{EXE}}$ 键,显示:$I^?$,输入缓和曲线长 100.000m;

⑩按 $\boxed{\text{EXE}}$ 键,显示:$G^?$,输入交点偏角符号,此例为右偏角,输+1;

⑪按 $\boxed{\text{EXE}}$ 键,显示:$S^?$,输入:当计算中桩坐标时,输入 0;计算边桩坐标时,输入中—边平距,左"−",右"+";

⑫按 $\boxed{\text{EXE}}$ 键,显示:$H^?$,输入所求点桩号 251000;

⑬按 $\boxed{\text{EXE}}$ 键,显示:$E^?$,当计算中桩坐标时,输入 0,计算边桩坐标时,输入 90;

122

表 5-5

fx—4500PA 型计算机程序计算计算放样点坐标值表（用 XY 程序计算）

已知数据

交点名	桩号	偏角(° ′ ″)	半径(m)	缓和曲线长(m)	切线(m)	曲线长(m)	x(m)	y(m)	方位角(° ′ ″)
JD₁₈	K251+246.76	右 39 16 07	400.0	100.0	193.049	374.147	795 436.063	538 568.127	166 15 17
JD₁₉							794 814.878	538 720.076	

桩号	左边桩 x(m)	左边桩 y(m)	中-边 距离(m)	中桩 x(m)	中桩 y(m)	中-边 距离(m)	右边桩 x(m)	右边桩 y(m)
K251+000	795 056.586	538 669.682	8.48	795 054.571	538 661.444	8.48	795 052.556	538 653.207
⋮			⋮			⋮		
ZH+053.711	795 004.413	538 682.444	8.48	795 002.398	538 674.206	8.48	795 000.383	538 665.969
+075	794 983.678	538 687.474	8.48	794 981.710	538 679.226	8.48	794 979.741	538 670.977
+100	794 959.134	538 693.091	8.48	794 957.340	538 684.803	8.48	794 955.546	538 676.515
⋮			⋮			⋮		
HY+153.711	794 905.397	538 702.311	8.48	794 904.425	538 693.887	8.48	794 903.453	538 685.463
+175	794 883.744	538 704.228	8.48	794 883.221	538 695.764	8.48	794 882.699	538 687.300
+200	794 858.230	538 705.004	8.48	794 858.237	538 696.524	8.48	794 858.244	538 688.044
+225	794 832.717	538 704.186	8.48	794 833.254	538 695.723	8.48	794 833.791	538 687.260
⋮			⋮			⋮		
QZ+240.783	794 816.656	538 702.849	8.48	794 817.526	538 694.414	8.48	794 818.396	538 685.979
+250	794 807.306	538 701.776	8.48	794 808.370	538 693.363	8.48	794 809.434	538 684.950
+275	794 782.094	538 697.783	8.48	794 783.681	538 689.453	8.48	794 785.269	538 681.123
+300	794 757.180	538 692.223	8.48	794 759.285	538 684.008	8.48	794 761.390	538 675.794
⋮			⋮			⋮		
YH+327.858	794 729.891	538 684.208	8.48	794 732.562	538 676.160	8.48	794 735.233	538 668.112
+350	794 708.671	538 676.557	8.48	794 711.735	538 668.649	8.48	794 714.799	538 660.742
+375	794 685.243	538 666.888	8.48	794 688.627	538 659.113	8.48	794 692.012	538 651.337
+400	794 662.267	538 656.505	8.48	794 665.846	538 648.817	8.48	794 669.426	538 641.130
HZ+427.858	794 637.015	538 644.548	8.48	794 640.669	538 636.895	8.48	794 644.322	538 629.243
+450	794 617.034	538 635.007	8.48	794 620.687	538 627.355	8.48	794 624.341	538 619.702
⋮			⋮			⋮		
K252+000	794 120.708	538 398.024	8.48	794 124.362	538 390.371	8.48	794 128.016	538 382.719

⑭按 $\boxed{\text{EXE}}$ 键,显示:X = 5054.571,此计算结果为所求点中桩纵坐标;

⑮按 $\boxed{\text{EXE}}$ 键,显示:Y = 8661.444,此计算结果为所求点横坐标值;

⑯按 $\boxed{\text{EXE}}$ 键,显示:S?,计算左边桩,输入 – 8.48;

⑰按 $\boxed{\text{EXE}}$ 键,显示 H?,输入与边桩同一横断面中桩桩号,此例 H = 251000;

⑱按 $\boxed{\text{EXE}}$ 键,显示 E?,输入夹角 90;

⑲按 $\boxed{\text{EXE}}$ 键,显示:X = 5056.586,此为左边桩纵坐标值;

⑳按 $\boxed{\text{EXE}}$ 键,显示:Y = 8669.682,此为左边桩横坐标值;

㉑按 $\boxed{\text{EXE}}$ 键,显示:S?,计算右边桩,输入 8.48;

㉒按 $\boxed{\text{EXE}}$ 键,显示:H?,输入 251000;

㉓按 $\boxed{\text{EXE}}$ 键,显示:E?,输入 90;

㉔按 $\boxed{\text{EXE}}$ 键,显示:X = 5052.556,此为右边桩纵坐标值;

㉕按 $\boxed{\text{EXE}}$ 键,显示:Y = 8653.207,此为右边桩横坐标值。

至此,K251 + 000 横断面的中桩,左、右边桩坐标都已算出。

重复上述操作,同法算出所有点位的坐标值。

在计算下一点的中桩,左、右边桩时,只要重新输入该点的 S,H,E 就行了。不需重新输入起算数据 Q,J,K 等。这一功能,大大方便了计算工作。

若操作熟练,公路施工测量经验丰富,可在测站上一边计算,一边放样。此时,必须事先编制好"已知交点、曲线要素表"。

请注意,程序在执行过程中,在输入 S 或 E 时,计算机显示会停顿几秒钟,此属正常现象,说明计算机正在内部判断、搜索,并非计算机有故障。fx—4500PA 型计算机有这种现象,fx—4800P 型计算机没有这种现象。

2.算例二

为了证明上述"XY 程序——线路点位坐标计算程序"在公路施工测设点位平面位置工作中计算点位坐标的普遍实用性、准确性和可靠性,下面我们以钟孝顺、聂让主编的高等学校试用教材《测量学》(公路与城市道路、桥梁、隧道工程专业用)(人民交通出版社,1997 年 9 月第 1 版)§10—10"道路中线逐桩坐标计算"的例 7 数据来验算。

算例路线交点 JD$_2$ 的坐标:$x_{JD2} = 2\,588\,711.270$m,$y_{JD2} = 20\,478\,702.880$m;JD$_3$ 的坐标:$x_{JD3} = 2\,591\,069.056$m,$y_{JD3} = 20\,478\,662.850$m;JD$_4$ 的坐标:$x_{JD4} = 2\,594\,145.875$m,$y_{JD4} = 20\,481\,070.750$m。JD$_3$ 的里程桩号为 K6 + 790.306,圆

曲线半径 $R = 2000\text{m}$,缓和曲线长 $l_s = 100\text{m}$。

(1)计算路线转角:略。

转角　　$\alpha_{右} = 39°01'09''$

方位角 $A_{2-3} = 179°01'38.4'' + 180 = 359°01'38.4''$

(2)为了直观,并方便取用数据,我们根据例 7 数据整理成如图 5-3 所示。

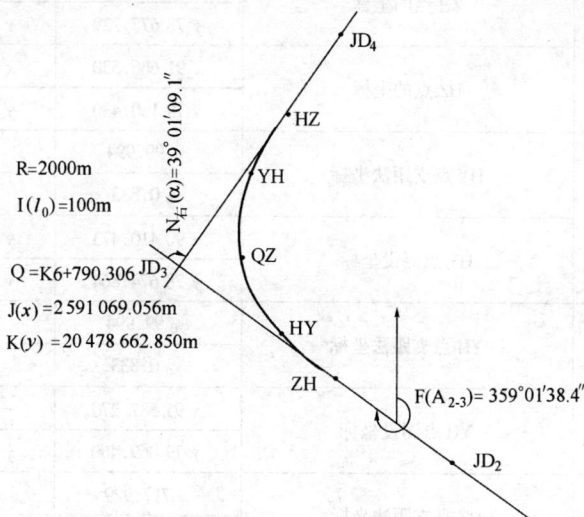

图 5-3　例 7 算例示意图

(3)采用"XY-1 程序"计算曲线测设元素、曲线主点里程、曲线上点的支距法坐标,需对程序中 L3,L4,L5,L6,L7,L9,L11,L31,L32,L46,L47,L52,L53 等行方程最后追加一显示符号:◢。

(4)下面将计算结果对比列于表 5-6。

线路点位坐标计算两种方法计算结果对比表　　　表 5-6

桩　　　号	计 算 项 目	原计算结果	XY 程序计算结果
	曲线测设元素		
	切线增长距离 $q = \text{M}$	49.999	49.999
	内移量 $p = \text{P}$	0.208	0.208
	曲线长 $L_\text{H} = \text{L}$	1 462.027	1 462.027
	切线长 $J_\text{H} = \text{T}$	758.687	758.687
	曲线主点里程		
	ZH	K6 + 031.619	K6 + 031.619
	HY	K6 + 131.619	K6 + 131.619
	YH	K7 + 393.646	K7 + 393.646

桩　　号	计 算 项 目	原计算结果	XY 程序计算结果
	HZ	K7 + 493.646	K7 + 493.646
	曲线主点及其他中桩坐标		
K6 + 031.619	ZH 点的坐标	x 90 310.479	x 90 310.478
		y 78 675.729	y 78 675.729
K7 + 493.646	HZ 点的坐标	x 91 666.530	x 91 666.530
		y 79 130.430	y 79 130.430
K6 + 131.619	HY 点支距法坐标	x_0 99.994	x 99.994
		y_0 0.833	z 0.833
	HY 点测设坐标	x 90 410.473	x 90 410.472
		y 78 674.864	y 78 674.865
K7 + 393.646	YH 点支距法坐标	x_0 99.994	x 99.994
		y_0 0.833	z 0.833
	YH 点测设坐标	x 91 587.270	x 91 587.270
		y 79 069.460	y 79 069.460
K6 + 762.632	QZ 点支距法坐标	x 717.929	x 717.928
		y 115.037	z 115.037
	QZ 点测设坐标	x 91 030.257	x 91 030.256
		y 78 778.562	y 78 778.562
K6 + 100	第一缓和曲线上点的支距法坐标	x 68.380	x 68.380
		y 0.266	z 0.266
	第一缓和曲线上点的测设坐标	x 90 378.854	x 90 378.853
		y 78 674.834	y 78 674.835
	圆曲线部分的中桩坐标		
K6 + 500	支距法坐标	x 465.335	x 465.335
		y 43.809	z 43.810
K6 + 500	测设坐标	x 90 776.491	x 90 776.490
		y 78 711.632	y 78 711.633
	第二缓和曲线上的中桩坐标		
K7 + 450	支距法坐标	x 43.646	x 43.646
		y 0.069	z 0.069
K7 + 450	测设坐标	x 91 632.116	x 91 632.116
		y 79 103.585	y 79 103.585
K7 + 600	直线上中桩坐标	x 91 750.285	x 91 750.285
		y 79 195.976	y 79 195.976

从表 5-6 两种计算方法计算的结果我们可以肯定:"XY-1 程序——线路点位坐标计算程序"是成功的。

实际上,在公路施工实践中,作者都是用此程序在多条线路桩位测设中来协助计算所求点(待放样点)的坐标的。不管是斜交或是正交的盖板涵、圆管涵、桥梁桩位等施工点的放样,该程序都是适用的。

但是在实践作业中,若是遇有下述情况,则 XY – 1 程序应作订正、修改:

①半径小,转弯急;

②线路转角大,接近 180°;

③切线特长,大于 1km,有的甚至数公里。

例如新疆张庆锋工程师提供的一虚交算例数据:JD_3 交点里程桩号:K6 + 220.638,坐标 $x = 6220.638(m)$,$y = 0.000(m)$;圆曲线半径 R = 250(m);缓和曲线长 I = 190(m),转角 N = 左 173°52′28″;前切线正方位角 F = 0°00′00″。

对于上述数据,若用 XY-1 程序计算,由于第 44 行:Z = H – A – I/2,第 45 行:0 = 180Z/(Rπ)存有误差,计算的后半圆曲线 QZ 点至 YH 点段点的 x,y 坐标误差就大。在这种情况下,fx—4500PA 型 XY-1 程序就难以胜任,为了解决这一问题,需对 XY – 1 程序做如下追加和订正:

L43　　LbI　3

L44　　Z = H – A – I

L45　　T = 180I/(2Rπ)

L46　　O = 180Z/(Rπ) + T

L47　　X = Rsin O + M

L48　　Z = R(1 – cosO) + P

L49　　Goto　6

经过订正、追加后,fx—4500PA 型计算机 XY-1 程序应用范围更广,计算精度更高了。

下面将采用订正后的 XY-1 程序计算前述数据结果列述于下:

(1)曲线测设元素

　　　切线增距 M = 94.543(m)

　　　内移距　P = 5.986(m)

　　　曲线长　L = 948.670(m)

　　　切线长　T = 4878.737(m)

(2)曲线主点里程桩号

　　ZH:K1 + 341.901

127

HY:K1 + 531.901

QZ:K1 + 816.236

YH:K2 + 100.571

HZ:K2 + 290.571

(3)曲线主点中桩坐标

ZH:X = 1341.901(m),Y = 0.000;

HY:X = 1529.176(m),Y = − 23.820;

QZ:X = 1686.087(m),Y = − 242.628(m);

YH:X = 1553.419(m),Y = − 476.931(m);

HZ:X = 1369.757(m),Y = − 520.598(m);

上述算例,如果采用 fx—4800P 型计算机 XY-1 程序计算,则要作如下订正:

原程序:$X = Z − Z^3/(6R^2) + Z^5/(120R^4) + M$

$$Z = Z^2/(2R) − Z^4/(24R^3) + Z^6/(720R^5) + P$$

订正后程序:

$$X = R\sin O + M$$

$$Z = R(1 − \cos O) + P$$

或者是按 fx—4500PA 型计算机的 XY-1 程序订正方法处理。

五、线路点位坐标计算程序清单二编写

1.程序清单二及说明

Fi	XY-2 （文件名）	(1071 步骤数)
L1	Q:J:K:R:F:I:N:G	(起算要素)
L2	$M = I/2 − I^3/(240R^2)$	(M 为加设缓和曲线后使切线增长的距离)
L3	$P = I^2/(24R) − I^4/(2688R^3)$	(P 为加设缓和曲线后,圆曲线相对于切线的内移量)
L4	$L = \pi RN/180 + I$	(有缓和曲线的圆曲线的曲线长,含缓和段)
L5	$T = (R + P)\tan(N/2) + M$	(有缓和曲线的圆曲线的切线长)
L6	$A = Q − T:B = A + I:D = A$ $+ L:C = D − I$	(ZH,HY,HZ,YH 点的里程桩号)

128

L7	$Z[1] = J + T\cos(F + 180)$	(ZH 点的 x 坐标)
L8	$Z[2] = K + T\sin(F + 180)$	(ZH 点的 y 坐标)
L9	$Z[3] = J + T\cos(F + GN)$	(HZ 点的 x 坐标)
L10	$Z[4] = K + T\sin(F + GN)$	(HZ 点的 y 坐标)
L11	LbI 0	
L12	{H S E}	(所求点要素)
L13	$H < A \Rightarrow$ Goto 1	(计算前直线段坐标)
L14	$\Rightarrow H < B \Rightarrow$ Goto 2	(计算前缓和曲线段坐标)
L15	$\Rightarrow H < C \Rightarrow$ Goto 3	(计算圆曲线段坐标)
L16	$\Rightarrow H < D \Rightarrow$ Goto 4	(计算后缓和曲线段坐标)
L17	$\Rightarrow$ Goto 5 □□□□□	(计算后直线段坐标)
L18	LbI 1	(前直线段计算开始)
L19	$X''XZ1'' = J + (Q - H)\cos(F + 180)$ ◀	(中桩 x 计算)
L20	$Y''YZ1'' = K + (Q - H)\sin(F + 180)$ ◀	(中桩 y 计算)
L21	$X = X''XZ1'' + S\cos(F + 180 - (180 - E))$ ◀	(边桩 x 计算)
L22	$Y = Y''YZ1'' + S\sin(F + 180 - (180 - E))$ ◀	(边桩 y 计算)
L23	Goto 0	
L24	LbI 2	(前缓和曲线段计算开始)
L25	$Z = H - A$	(前缓和曲线段上任意一点到 ZH 点距离)
L26	$O = 90Z^2/(\pi RI)$	(Z 所对应圆心角)
L27	$X = Z - Z^5/(40R^2I^2) + Z^9/(3456R^4I^4)$	(前缓和曲线段上任意一点的切线支距法坐标计算)
L28	$Z = Z^3/(6RI) - Z^7/(336R^3I^3) + Z^{11}/(42240R^5I^5)$	
L29	Rec(X, F)	(支距法坐标转换成线路施工中统一采用的坐标计算)
L30	$X = Z[1] + V : Y = Z[2] + W$	
L31	Rec $(Z, F + 90G)$	
L32	$X''XF1'' = X + V$ ◀	(前缓和曲线段任一点中桩 x 值)
L33	$Y''YF1'' = Y + W$ ◀	(前缓和曲线段任一点中桩 y 值)
L34	$X = X''XF1'' + S\cos(F + OG + E)$ ◀	(前缓和曲线段任一点边桩 x, y 值)
L35	$Y = Y''YF1'' + S\sin(F + OG + E)$ ◀	
L36	Goto 0	

L37	LbI 3	（圆曲线内任意一点坐标计算开始）
L38	$Z = H - A - I$	（圆曲线内任一点至 ZH 点距离）
L39	$T = 180I/(2R\pi)$	（有缓和曲线的圆曲线上任一点至 ZH 点距离所对应中心角）
L40	$O = 180Z/(R\pi) + T$	
L41	$X = R\ sinO + M$	（有缓和曲线的圆曲线上任一点的切线支距法坐标计算）
L42	$Z = R(1 - \cos O) + P$	
L43	$Rec(X, F)$	（坐标转换计算）
L44	$X = Z[1] + V : Y = Z[2] + W$	
L45	$Rec(Z, F + 90G)$	
L46	$X''XY'' = X + V$ ▲	（圆曲线段上任意一点的中桩 x, y 值）
L47	$Y''YY'' = Y + W$ ▲	
L48	$X = X''XY'' + S\ cos(F + OG + E)$ ▲	（圆曲线段上任意一点的边桩 x, y 值）
L49	$Y = Y''YY'' + S\ sin(F + OG + E)$ ▲	
L50	Goto 0	
L51	LbI 4	（后缓和曲线段计算开始）
L52	$Z = D - H$	（后缓和曲线段上任一点至 HZ 点的距离）
L53	$O = 90Z^2/(\pi RI)$	（Z 所对应圆心角）
L54	$X = Z - Z^5/(40R^2I^2) + Z^9/(3456R^4I^4)$	（后缓和曲线段上任意一点的切线支距法坐标）
L55	$Z = Z^3/(6RI) - Z^7/(336R^3I^3) +$ $Z^{11}/(42240R^5I^5)$	
L56	$Rec(X, F + GN + 180)$	（坐标转换计算）
L57	$X = Z[3] + V : Y = Z[4] + W$	
L58	$Rec(Z, F + GN + 180 - 90G)$	
L59	$X''XF2'' = X + V$ ▲	（后缓和曲线段上任意一点的中桩 x, y 值）
L60	$Y''YF2'' = Y + W$ ▲	
L61	$X = X''XF2'' + S\ cos(F + GN + 180 - OG - E)$ ▲	（边桩 x, y 值）
L62	$Y = Y''YF2'' + S\ sin(F + GN + 180 - OG - E)$ ▲	
L63	Goto 0	
L64	LbI 5	（后直线段计算开始）

130

L65 $X''XZ2'' = Z[3] + (H - D)\cos(F + NG)$ ◢ ⎫ (后直线段上任一点中
L66 $Y''YZ2'' = Z[4] + (H - D)\sin(F + NG)$ ◢ ⎭ 桩的 x, y 值)

L67 $X = X''XZ2'' + S\cos(F + GN + E)$ ◢ ⎫ (后直线段上任意一点
L68 $Y = Y''YZ2'' + S\sin(F + GN + E)$ ◢ ⎭ 的边桩 x, y 值)

L69 Goto 0

程序中:Q——交点里程桩号;

J,K——交点 x, y 坐标;

R——圆曲线半径;

F——前切线正方位角;

I——缓和曲线长;

N——偏角,输入时不考虑符号;

G——偏角控制条件:左偏角输入 -1,右偏角输入 1;

H——所求点里程桩号;

S——同一横断面的中—边桩距离;

E——中—边桩连线与线路中线夹角:计算右边桩,输入 E;计算左
边桩,输入 $-E$。

2.程序清单二——XY-2 程序应用范围及注意事项

(1)程序中,M,P,L,T,A,B,D,C,Z[1],Z[2],Z[3],Z[4]等设计为不显示,若需要显示,则在其后追加一显示符号"◢"。例如 $A = Q - T$ ◢,其余类似。

(2)程序中以拼音字母"Z"表示直线段,"F"表示缓和曲线段,"Y"表示圆曲线段。其符号表示如下:

XZ1,YZ1——前直线段中桩坐标的 x, y 值;

XF1,YF1——前缓和曲线段中桩坐标的 x, y 值;

XY,YY——圆曲线段中桩坐标的 x, y 值;

XF2,YF2——后缓和曲线段中桩坐标的 x, y 值;

XZ2,YZ2——后直线段中桩坐标的 x, y 值;

X,Y——前述各段与中桩同一横断面的左、右边桩坐标值。

(3)本程序起算要素是:交点的里程桩号及 X,Y 坐标;圆曲线半径 R,缓和曲线长 I,偏角 N 和前切线正方位角。应注意的是方位角应输入线路前进方向的正方位角,而不是反方位角。

(4)程序中,偏角 N、夹角 E 符号正负的控制条件与程序一 XY-1 程序一致。

(5)本程序计算顺序是:中—右(或左)边桩,或是中—左(或右)边桩,同一个横断面,中桩重复显示两次。

131

(6)本程序应用于线路桩位放样时计算线路上任意一点的中桩及其边桩的 x,y 坐标值。

计算范围是(参阅图 5-2):

①前直线段(第一直线段)HZ 点至 ZH 点;

②前缓和曲线段(第一缓和曲线段)ZH 点至 HY 点;

③圆曲线段 HY—QZ—YH;

④后缓和曲线段(第二缓和曲线段)YH 点至 HZ 点;

⑤后缓和曲线段(第二直线段)HZ 点至 ZH 点。

(7)本程序可计算圆曲线,此时,只要给缓和曲线 I 输入 0 就可以了。

3.算例及程序执行操作方法步骤

算例:××国道××施工标段测设一带有缓和曲线的圆曲线。路线交点 JD_{10} 的里程桩号为 K239 + 516.55,坐标 $x = 2\ 592.000$,$y = 1\ 558.000$;圆曲线半径 R = 140.000;缓和曲线长 I = 50.000;线路转角 N = 右 41°39′38″;线路前切线正方位角 F = 145°48′00″;曲线需测设的主点里程桩号及加桩桩号见表 5-7。采用 XY - 2 程序计算的各桩的中、左、右桩的坐标见表 5-7。

线路放样 XY 值计算表

(采用 fx—4500PA 型计算机 XY - 2 程序计算)　　　　表 5-7

交点 JD_{10} K239 + 516.55	x(m) 2 592.000	y(m) 1 558.000	半径(m) 140.	缓和曲线长(m) 50.	转角 右 41°39′38″	前切线正方位角 145°48′00″	
桩号	左　边　桩		中—边 距离 (m)	中　桩		中—边 距离 (m)	右　边　桩	
	x(m)	y(m)		x(m)	y(m)		x(m)	y(m)
ZH K239 + 438.03	2 661.709	1 520.879	8.48	2 656.942	1 513.865	8.48	2 652.176	1 506.852
+ 440	2 660.077	1 521.987	8.48	2 655.313	1 514.972	8.48	2 650.548	1 507.957
+ 460	2 643.153	1 533.178	8.48	2 638.632	1 526.004	8.48	2 634.110	1 518.830
+ 480	2 625.145	1 543.521	8.48	2 621.296	1 535.964	8.48	2 617.448	1 528.408
HY K239 + 488.03	2 617.496	1 547.172	8.48	2 614.051	1 539.424	8.48	2 610.606	1 531.675
+ 500	2 605.689	1 551.828	8.48	2 602.919	1 543.813	8.48	2 600.148	1 535.798
QZ K239 + 513.93	2 591.509	1 555.952	8.48	2 589.548	1 547.702	8.48	2 587.588	1 539.452
+ 520	2 585.215	1 557.304	8.48	2 583.614	1 548.977	8.48	2 582.013	1 540.650

桩号	左 边 桩		中一边距离	中 桩		中一边距离	右 边 桩	
	x(m)	y(m)	(m)	x(m)	y(m)	(m)	x(m)	y(m)
YH K239 +539.82	2 564.361	1 559.802	8.48	2 563.951	1 551.331	8.48	2 563.541	1 542.861
+540	2 564.171	1 559.811	8.48	2 563.772	1 551.340	8.48	2 563.372	1 542.869
+560	2 543.219	1 559.510	8.48	2 543.784	1 551.049	8.48	2 544.349	1 542.588
+580	2 522.844	1 557.473	8.48	2 523.887	1 549.058	8.48	2 524.930	1 540.642
HZ K239 +589.82	2 513.046	1 556.213	8.48	2 514.147	1 547.805	8.48	2 515.248	1 539.397

第六节 线路点位坐标分步计算程序

一、线路直线段点位坐标计算程序

所谓线路直线段,我们将其定义为:YZ 点至 ZY 点那一段间的距离或者是 HZ 点至 ZH 点那一段间的距离。

直线段点位坐标计算简单容易,但是手算直线段众多点位的坐标却费时费力。为了减轻工作量,又能够快速地准确地计算出直线段点位坐标,只有依靠可设程式的科学计算机来完成。下面介绍采用 fx—4500PA 型计算机程序计算线路直线段点位坐标的三种方法,供选用。

1.程序计算直线段点位坐标方法一

依据直线段一已知点坐标和直线段正方位角计算线路直线段上任一点位坐标的程序。

(1)线路直线段点位坐标常规计算公式

$$\left.\begin{array}{l} x_{求中} = x_{已知} + D\,\cos T \\ y_{求中} = y_{已知} + D\,\sin T \end{array}\right\}(中桩计算公式)$$

$$\left.\begin{array}{l} x_{边} = x_{求中} + S\,\cos(T+E) \\ y_{边} = y_{求中} + S\,\sin(T+E) \end{array}\right\}(边桩计算公式)$$

式中:$x_{求中}$,$y_{求中}$——所求点中桩坐标值;

$x_{已知}$,$y_{已知}$——直线段上已知点坐标值,已知点可以是 YZ、ZY、HZ、ZH 点或直线段上任一坐标为已知的点;

$x_边, y_边$——与所求点中桩同横断面之边桩的坐标值；

D——直线段上任一点至已知点之距离；

T——直线段边之正方位角；

S——中桩至边桩距离(S 输入 0 计算中桩坐标)；

E——同一横断面边桩和中桩连线与线路中线之夹角。

(2)直线段点位坐标计算程序清单一

Fi	Z - X, Y(1)	(文件名)	(110 步骤数)
L1	LbI 0		
L2	L:A:B:F	(已知点桩号,坐标,方位角)	
L3	{D S E}	(所求点桩号,边桩距离,夹角)	
L4	K = Abs(D - L)	(所求点至已知点距离)	
L5	Rec(K,F)	(所求点中桩坐标增量计算)	
L6	X = A + V:Y = B + W	(所求点中桩坐标计算)	
L7	Rec(S,F + E)	(边桩坐标增量计算)	
L8	X = X + V ◢ Y = Y + W ◢	(中桩或边桩坐标值;当 S 或 E 为 0 时,显示中桩 x, y)	
L9	Goto 0		

程序中:L——直线段已知点桩号:已知点可以是 ZY 点、YZ 点、ZH 点、HZ 点 或是直线段坐标为已知的任一点的桩号(即起算点桩号)；

A,B——上述已知点的坐标(起算点坐标)；

F——直线边正方位角(用此程序计算时,应特别注意 F 的输入,详见下文该程序使用范围及注意事项)；

D——直线段上所求点桩号；

S——中桩至边桩距离；

E——同一横断面边桩和中桩连线与线路中线之夹角。

(3)Z - X, Y(1)程序应用范围及注意事项

①本程序可计算平曲线:前切线 YZ 点至 ZY 点间那一段直线上任一点的中桩及边桩的坐标;后切线 YZ 点至 ZY 点间那一段直线上任一点的中桩及边桩的坐标(见图 5-4)。

②可计算有缓和曲线的圆曲线:前切线 HZ 点至 ZH 点间那一段直线上任一点的中桩及边桩的坐标;后切线 HZ 点至 ZH 点间那一段直线上任一点的中桩及边桩的坐标(见图 5-4)。

③使用该程序时,应特别注意方位角 F 的输入:

当从前切线的 YZ(HZ)点为起算点时,输入:

$$F = F_{1-2} \quad (即 JD_1—JD_2 边的正方位角 F_{1-2})$$

134

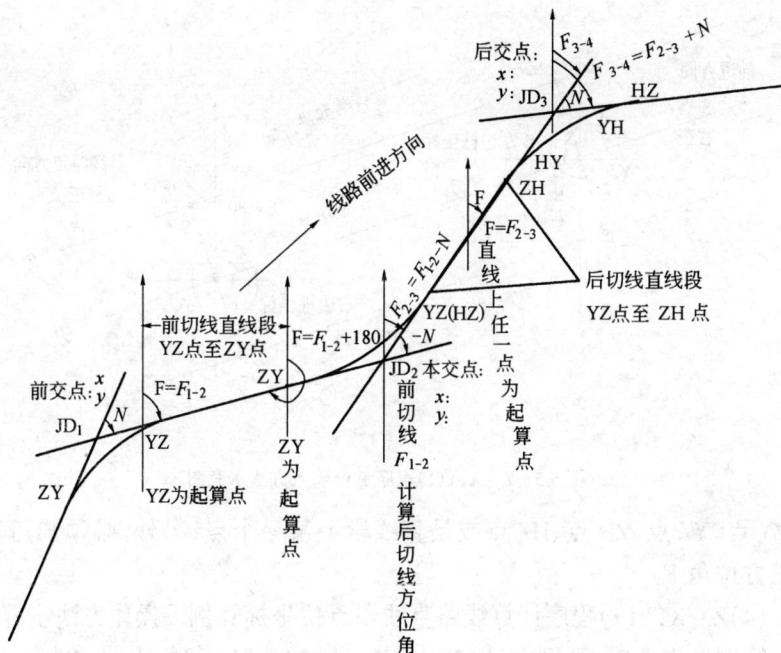

图 5-4 Z－X,Y(1)程序计算范围及方位角 F 输入方法示意图

当从前切线的 ZY(或 ZH)点为起算点时,输入:

$$F = F_{1-2} + 180 \quad (\text{即 } JD_1 — JD_2 \text{ 边的反方位角})$$

当从后切线的 YZ(或 HZ)点为起算点时,输入:

$$F = F_{2-3} \quad (\text{即 } JD_2 — JD_3 \text{ 边的正方位角})$$

当从后切线的 ZY(或 ZH)点为起算点时,输入:

$$F = F_{2-3} + 180 \quad (\text{即 } JD_2 — JD_3 \text{ 边的反方位角})$$

当由前切线正方位角 F 计算后切线方位角 F′时,可用下式:

$$F' = F \pm N$$

式中:N——交点偏角,左偏角用"－",右偏角用"＋"。

上述详见图 5-4 所示。

④边桩坐标计算时,应注意 E 值的正负号输入(详见图 5-5)。

当以 YZ(或 HZ)点为起算点时(即按线路前进方向),输入"－E"计算的是左边桩的坐标值,输入"＋E"计算的是右边桩的坐标值。

当以 ZY(或 ZH)点为起算点时(即按线路反方向),输入"－E"计算的是右边桩的坐标,输入"＋E"计算的是左边桩的坐标。

⑤使用该程序的条件:必须知道直线段一个点的坐标,这个已知点可以

前进方向
左负
右正

F
YZ
S
-E 左边桩坐标
+E
右边桩坐标

左

右

线路前进方向

线路反方向

左边桩坐标 +E
右边桩坐标 -E

F+180
S
ZY

线路反方向
右正
左负

左
右

左

中

右

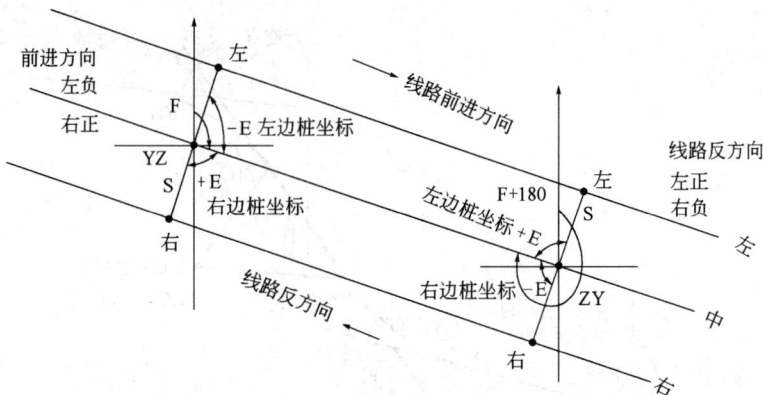

图 5-5　Z－X,Y(1)程序 E 值输入方法示意图

是 ZY 点、YZ 点、ZH 点、HZ 点或是直线段上某一个点;另外,必须知道直线段正方位角 F。

(4)Z－X,Y(1)程序计算线路直线段点位坐标算例及操作方法步骤

算例见表 5-8。算例中,K128 + 075 ~ K128 + 250 起算点是 ZY 点,线路反方向计算, － E 为右边桩坐标, ＋ E 为左边桩坐标,S = 0 为中桩坐标。

线路直线段上点位坐标计算表(用 Z － X,Y(1)程序计算)　　　表 5-8

	交点名	桩号	偏角 (° ′ ″)	半径 (m)	缓和曲 线长(m)	切线 (m)	曲线长 (m)	x(m)	y(m)	方位角 (° ′ ″)
已知数据	JD$_{17}$	K126 + 811.422						31 660.000	67 790.000	100 10 15
	JD$_{18}$	K128 + 645.04	－ 8 32 48	5 000	0.0	373.612	745.837	31 336.000	69 596.000	

ZY 点为起算点,桩号 K128 + 271.428, x = 31 401.974, y = 69 228.259,F = 100°10′15″ + 180°

桩号	左 边 桩		中—边 距离(m)	中 桩		中—边 距离(m)	右 边 桩	
	x(m)	y(m)		x(m)	y(m)		x(m)	y(m)
K128 + 075	31 449.613	69 037.242	13.16	31 436.660	69 034.918	13.16	31 423.707	69 032.594
+ 100	31 445.198	69 061.849	13.16	31 432.245	69 059.525	13.16	31 419.292	69 057.201
+ 125	31 440.784	69 086.456	13.16	31 427.831	69 084.132	13.16	31 414.877	69 081.808
+ 150	31 436.369	69 111.063	13.16	31 423.416	69 108.739	13.16	31 410.463	69 106.415
+ 175	31 431.955	69 135.670	13.16	31 419.001	69 133.346	13.16	31 406.048	69 131.023
+ 200	31 427.540	69 160.277	13.16	31 414.587	69 157.954	13.16	31 401.634	69 155.630

136

桩号	左 边 桩		中—边距离(m)	中 桩		中—边距离(m)	右 边 桩	
	x(m)	y(m)		x(m)	y(m)		x(m)	y(m)
+225	31 423.125	69 184.885	13.16	31 410.172	69 182.561	13.16	31 397.219	69 180.237
+250	31 418.711	69 209.492	13.16	31 405.758	69 207.168	13.16	31 392.804	69 204.844
YZ 点为起算点,桩号 K129 + 017.27,X = 31 325.411,Y = 69 969.466,F = 100°10′15″ − 8°32′48″								
K129 + 025	31 338.346	69 977.566	13.16	31 325.191	69 977.193	13.16	31 312.037	69 976.820
+ 050	31 337.638	70 002.556	13.16	31 324.483	70 002.183	13.16	31 311.328	70 001.810
+ 075	31 336.929	70 027.546	13.16	31 323.774	70 027.173	13.16	31 310.620	70 026.800
+ 100	31 336.220	70 052.536	13.16	31 323.066	70 052.163	14.16	31 308.911	70 051.761
+ 125	31 335.512	70 077.526	13.16	31 322.357	70 077.153	14.16	31 308.203	70 076.751
+ 150	31 334.804	70 102.516	13.16	31 321.649	70 102.143	14.16	31 307.494	70 101.741
+ 175	31 334.095	70 127.506	13.16	31 320.940	70 127.133	14.16	31 306.786	70 126.731
+ 200	31 333.386	70 152.496	13.16	31 320.232	70 152.123	14.16	31 306.078	70 151.721

注:用 Y − Z − X,Y(2)程序计算圆曲线两侧直线段点位坐标起算数据见此表。

K129 + 025 ~ K129 + 200,起算点是 YZ 点,线路前进方向计算,后切线方位角由前切线方位角 ± 偏角(N)计算,例中 $F_{前}$ = 100°10′15″,N = − 8°32′48″,所以 $F_{后}$ = 100°10′15″ − 8°32′48″ = 91°37′27″。

左、右边桩坐标: + E 为右边桩坐标, − E 为左边桩坐标。

操作方法步骤:

①开机,选择文件名:F Z − X,Y(1);

②按 EXE 键,显示:L?,输入 ZY 点起算点桩号 128271.428;

③按 EXE 键,显示:A?,输入 ZY 点的 x 坐标 401.974;

④按 EXE 键,显示:B?,输入 ZY 点的 y 坐标 228.259;

⑤按 EXE 键,显示:F?,输入 100°10′15″ + 180°;

⑥按 EXE 键,显示:D?,输入所求点桩号 128075;

⑦按 EXE 键,显示:S?,输入中—边距离 13.16;

⑧按 EXE 键,显示:E?,输入 E = + 90°;

⑨按 EXE 键,显示:X = X + V = 449.613 (左边桩 x 坐标计算结果);

⑩按 EXE 键,显示:Y = Y + W = 037.242 (左边桩 y 坐标计算结果);

137

⑪按 $\boxed{\text{EXE}}$ 键,显示:D?(若是计算 128075 中桩或右边桩坐标则用原桩号);

⑫按 $\boxed{\text{EXE}}$ 键,显示:S?(若是计算中桩则输入 0;若是计算右边桩,则按中—右距离输入);

⑬按 $\boxed{\text{EXE}}$ 键,显示:E?(若是计算中桩可输入 0,也可用原 E 值;若是计算右边桩,则输入 E = -90);

⑭以下重复计算,略。计算后切线直线段点位坐标,以 K129 + 017.27 为起算点。

2.程序计算直线段点位坐标方法二

圆曲线两侧直线段点位坐标计算程序:依据交点桩号、坐标及前切线正方位角计算曲线两侧直线段点位坐标程序。

线路直线段点位坐标常规计算公式与前述方法一相同,只是此处已知点必须是交点的桩号和坐标,以及前切线的正方位角(参阅图5-4)。

(1)直线段点位坐标计算程序清单二

F　　Y - Z - X,Y(2)　　(文件名)　　(232 步骤数)

L1　　Q:J:K:R:F:N:U

L2　　$T = R\tan(N/2)$　　(切线长)

L3　　$L = RN\pi/180$　　(曲线长)

L4　　$A = Q - T:C = A + L$　　(ZY 点、YZ 点桩号)

L5　　LbI　0:{H S E}　　(H 为所求点桩号,S 为边桩距离,E 为夹角)

L6　　$H < A \Rightarrow$ Goto　1　　(条件转移)

L7　　$\Leftarrow \Rightarrow H > C \Rightarrow$ Goto　2 △△　　(条件转移)

L8　　LbI　1

L9　　Rec(Q - H, F + 180)　　⎫ 前切线直线段上任一点

L10　　X = J + V:Y = K + W　　⎬ 中桩坐标计算

L11　　Rec(S, F + 180 - (180 - E))　　(边桩坐标增量计算)

L12　　X = X + V ◢　　Y = Y + W ◢　　(中桩、边桩坐标计算结果)

L13　　Goto　0

L14　　LbI　2

L15　　Rec(H - C + T, F + NU)　　⎫ 后切线直线段上任一点

L16　　X = J + V:Y = K + W　　⎬ 中桩坐标计算

L17　　Rec(S, F + NU + E)　　(边桩坐标增量计算)

L18　　X = X + V ◢　　Y = Y + W ◢　　(中桩、边桩坐标计算结果)

L19　Goto　0

程序中:Q——交点桩号;

　　J,K——交点坐标;

　　R——半径;

　　F——前切线正方位角;

　　N——偏角(输入时不考虑符号);

　　U——控制偏角条件:左偏输入"-1",右偏输入"1";

　　H——直线段上任一点桩号;

　　S——中桩至边桩距离(S输入0计算中桩坐标);

　　E——夹角,即同一横断面边桩和中桩连线与线路中线之夹角
　　　　("-E"计算左边桩坐标,"E"计算右边桩坐标)。

(2)算例及操作方法步骤

算例起算数据及左、中、右边桩坐标计算结果见表5-8。

例中起算数据是交点 JD_{18},桩号:K128+645.04, x = 31 336.000m, y = 69 596.000m;R = 5 000m;偏角 -8°32′48″前切线正方位角 F = 100°10′15″。

操作方法步骤同上,略。

从表5-8知,直线段点位坐标计算方法一与方法二计算同一点的 x , y 值是相等的,可见两种方法可以相互验算。

(3)Y-Z-X,Y(2)程序应用范围及注意事项

①使用本程序的起算数据必须是交点的桩号、交点的坐标、圆曲线的半径、偏角,以及前切线的正方位角。

②本程序使用的范围

对于圆曲线:前切线可计算 YZ 点至 ZY 点间直线段上任一点中、边桩坐标;后切线可计算 YZ 至 ZY 点间直线段上任一点中、边桩坐标(参阅图5-4)。

对于有缓和曲线的圆曲线两侧的直线段上点位坐标则不能计算。

③本程序可计算圆曲线要素:切线长、曲线长及外距 E 。此时应对程序作如下追加修改:

a.在 L2 和 L3 最后加上显示符号"◢";

b.在 L3 和 L4 间加一行: $D = R((1/\cos(\alpha/2))-1)$ ◢(式中 D 表示外距)。

④本程序可计算圆曲线主点桩号里程:ZY 点、YZ 点和 QZ 点的桩号里程。此时 L4 修改为:

$$A = Q - T ◢ \quad C = A + L ◢$$

另外在 L4 和 L5 间加一行: $B = A + (L/2)$ ◢(B 表示 QZ 点的里程桩号)。

139

3.程序计算直线段点位坐标方法三

设有缓和曲线的圆曲线两侧直线段上点位坐标计算程序:依据交点桩号、坐标及前切线正方位角,以及缓和曲线要素计算缓和曲线两侧直线段点位坐标程序。

将方法三与方法二比较,可以看出,两者相同的是:已知起算数据都是交点的桩号、坐标及前切线正方位角。不同的是:方法三因设有缓和曲线,因此已知起算数据多了个缓和曲线。

依据缓和曲线长、半径、偏角,可以计算出曲线要素:

①缓和曲线全长 I 所对的中心角(缓和曲线角或叫切线角):

$$\beta_0 = I/(2R)$$

以角度表示:

$$\beta_0 = I/(2R) \cdot 180/\pi = 90I/(R\pi)$$

②切线增长的距离:

$$M = I/2 - I^3/240R^2$$

③圆曲线相对于切线的内移量:

$$P = I^2/24R - I^4/(2688R^3)$$

④切线长:

$$T = (R + P)\tan(N/2) + M$$

⑤曲线长:

$$L = RN\pi/180 + I$$

依据切线长、曲线长,从而界定缓和曲线两侧直线段。

实质上,当缓和曲线长 $I = 0$ 时,则成了不设缓和曲线的圆曲线,因此,依据前述已知数据编写的程序三,既适用于圆曲线两侧直线段点位坐标计算,又适用于设有缓和曲线的圆曲线两侧直线段点位坐标计算。

(1)直线段点位坐标计算程序清单三

Fi	F-Z-X,Y(3)	(文件名) (287 步骤数)
L1	Q:J:K:R:F:N:I:U	
L2	$P = I^2/(24R) - I^4/(2688R^3)$	(内移量)
L3	$M = I/2 - I^3/(240R^2)$	(切线增值)
L4	$T = (R + P)\tan(N/2) + M$	(切线长)
L5	$L = RN\pi/180 + I$	(曲线长)
L6	$A = Q - T:D = A + L$	(ZH 点、HZ 点桩号)
L7	LbI　0	
L8	{H S E}	(所求点桩号,边桩距离,夹角)
L9	$H < A \Rightarrow$ Goto　1	(条件转移)

140

L10	$\Rightarrow H > D \Rightarrow$ Goto 2 △△	（条件转移）
L11	LbI 1	
L12	Rec(Q − H, F + 180)	（前切线直线段点位坐标增量计算）
L13	X = J + V : Y = K + W	（点位中桩坐标）
L14	Rec(S, F + 180 − (180 − E))	（边桩坐标增量计算）
L15	X = X + V △	⎱（中桩或边桩坐标值,当 S 或
L16	Y = Y + W △	⎰ E 为 0,则显示中桩坐标值）
L17	Goto 0	
L18	LbI 2	
L19	Rec(H − D + T, F + NU)	（后切线直线段点位中桩坐标增量计算）
L20	X = J + V : Y = K + W	（中桩坐标值）
L21	Rec(S, F + NU + E)	（边桩坐标增量计算）
L22	X = X + V △	⎱（中桩或边标坐标值
		显示:当 S 或 E 为 0 时,
L23	Y = Y + W △	⎰ 显示中桩坐标 X、Y）
L24	Goto 0	

程序中:Q——交点桩号;

    J,K——交点坐标值;

    R——半径;

    F——前切线正方位角;

    N——偏角(输入时不考虑符号);

    I——缓和切线长度;

    U——偏角控制条件:左偏角输入" − 1",右偏角输入"1";

    H——直线段上任一点桩号;

    S——中一边桩距离;

    E——夹角,即同一横断面边桩和中桩连线与线路中线之夹角(" − E"计算左边桩坐标,"E"计算右边桩坐标)。

(2)F-Z-X,Y(3)程序算例及操作方法步骤

算例中,起算数据是交点 JD_{19},其桩号里程:Q = 251246.76;坐标:$x = J = 794\,814.878m$;$y = K = 538\,720.076m$;圆曲线半径 R = 400m;缓和曲线长 I = 100m;偏角 N = 39°16′07″(右偏:U = 1);前切线正方位角 F = 166°15′17″(见表 5-9)。

有缓和曲线的圆曲线两侧直线段点位坐标计算

（用 F-Z-X,Y(3)程序计算）   表 5-9

	交点名	桩号	偏角 (° ′ ″)	半径 (m)	缓和曲 线长(m)	切线 (m)	曲线长 (m)	x(m)	y(m)	方位角 (° ′ ″)
已知数据	JD$_{18}$							795 436.063	538 568.127	166 15 17
	JD$_{19}$	K251 + 246.76	右 39 16 07	400.0	100.0	193.049	374.147	794 814.878	538 720.076	

桩号	左 边 桩		中—边 距离(m)	中 桩		中—边 距离(m)	右 边 桩	
	x(m)	y(m)		x(m)	y(m)		x(m)	y(m)
K250 + 800	795 250.858	538 622.160	8.48	795 248.844	538 613.923	8.48	795 246.829	538 605.686
+ 820	795 231.431	538 626.912	8.48	795 229.416	538 618.675	8.48	795 227.401	538 610.438
⋮			⋮			⋮		
K251 + 025	795 032.302	538 675.622	8.48	795 030.287	538 667.385	8.48	795 028.272	538 659.147
+ 050	795 008.018	538 681.562	8.48	795 006.003	538 673.325	8.48	795 003.988	538 665.088
ZH K251 + 053.71	795 004.414	538 682.443	8.48	795 002.399	538 674.206	8.48	795 000.384	538 665.969
HZ K251 + 427.858	794 637.014	538 644.547	8.48	794 640.668	538 636.895	8.48	794 644.322	538 629.243
+ 450	794 617.033	538 635.007	8.48	794 620.687	538 627.355	8.48	794 624.341	538 619.702
+ 475	794 594.473	538 624.235	8.48	794 598.127	538 616.583	8.48	794 601.781	538 608.930
⋮			⋮			⋮		
+ 600	794 481.672	538 570.375	8.48	794 485.326	538 562.723	8.48	794 488.979	538 555.070
+ 625	794 459.111	538 559.603	8.48	794 462.765	538 551.951	8.48	794 466.419	538 544.298

计算范围是：JD$_{19}$前切线直缓(ZH)点桩号 K251 + 053.711 前各点的坐标，后切线缓直(HZ)点桩号 K251 + 427.858 后各点的坐标。

操作方法步骤：

①开机，选择文件名：F-Z-X,Y(3)；

②按 EXE 键，显示：Q?，输入交点 JD$_{19}$桩号 251246.760；

③按 EXE 键，显示：J?，输入交点：x = 4814.878；

④按 EXE 键,显示:K?,输入交点:$y = 8720.076$;

⑤按 EXE 键,显示:R?,输入半径:$R = 400$;

⑥按 EXE 键,显示:F?,输入前切线正方位角:$F = 166°15'17''$;

⑦按 EXE 键,显示:N?,输入偏角:$N = 39°16'07''$;

⑧按 EXE 键,显示:I?,输入缓和曲线长:$I = 100$;

⑨按 EXE 键,显示:U?,输入1;

⑩按 EXE 键,显示:H?,输入所求点桩号250800;

⑪按 EXE 键,显示:S?,输入中桩至边桩距离:$S = 8.48$;

⑫按 EXE 键,显示:E?,输入$E = -90$(从左向中向右顺序算);

⑬按 EXE 键,显示:$X = X + V = 5250.858$　(左边桩 x 坐标计算结果);

⑭按 EXE 键,显示:$Y = Y + W = 8622.160$　(左边桩 y 坐标计算结果);

⑮按 EXE 键,显示:H?(若计算中桩,用原桩号250 800);

⑯按 EXE 键,显示:S?(计算中桩坐标,S输入0:$S = 0$);

⑰按 EXE 键,显示:E?(计算中桩坐标,因$S = 0$,此处 E 值可不输入);

⑱按 EXE 键,显示:$X = 5248.844$(中桩 x 计算结果);

⑲按 EXE 键,显示:$Y = 8613.923$(中桩 y 计算结果);

⑳按 EXE 键,显示:H?(若计算右桩,用原桩号250 800);

㉑按 EXE 键,显示:S?,输入中—边距离:$S = 8.48$;

㉒按 EXE 键,显示:E?,输入 $E = 90$;

㉓按 EXE 键,显示:$X = 5246.829$(右边桩 x 计算结果);

㉔按 EXE 键,显示:$Y = 8605.686$(右边桩 y 计算结果);

㉕按 EXE 键,显示:H?,输入另一所求点桩号;

以下重复计算,略。

(3)F-Z-X,Y(3)程序应用范围及注意事项

①使用本程序的起算数据必须是交点的桩号、交点的坐标、圆曲线的半径、偏角、前切线的正方位角,以及缓和曲线的长度。

②本程序使用的范围

对于有缓和曲线的圆曲线:前切线可计算 HZ 点至 ZH 点间直线段上任一点的中、边桩坐标,后切线可计算 HZ 点至 ZH 点间直线段上任一点的中、边桩坐标。

对于圆曲线两侧直线段上任一点坐标的计算,本程序亦可完成。此时在计算操作中只要给缓和曲线长 I 输入 0 就可以了(读者可用表 5-7 的起算数据自行演算)。

③本程序可计算有缓和曲线的圆曲线要素:切线长,曲线长,外距,此时应对程序作如下追加修改:

a.在 L4 和 L5 最后加上显示符号"◢";

b.在 L5 和 L6 间加一行:

$$Z = (R + P)(1/\cos(N/2)) - R \blacktriangleleft$$

式中:Z——外距。

④本程序可计算有缓和曲线的圆曲线主点里程桩号:ZH 点、HY 点、HZ 点、YH 点和 QZ 点的里程桩号,L6 修改为:

L6　A = Q – T:B = A + I:D = A + L:C = D – I:O = D – L/2

式中:A——ZH 点桩号;

　　B——HY 点桩号;

　　D——HZ 点桩号;

　　C——YH 点桩号;

　　O——QZ 点桩号。

二、圆曲线上任一点坐标计算程序

所谓线路圆曲线段,我们将其定义为:由 ZY 点始经由 YZ 点至 QZ 点间那一段曲线部分。

圆曲线上点位坐标计算较复杂。本程序计算圆曲线上点位坐标是基于下述思路来考虑的:

(1)以 ZY 点为坐标原点,并以 ZY 点为两种坐标计算的起算点(两种坐标计算指线路统一采用的坐标和切线支距法坐标);

(2)ZY 点的坐标应是线路统一采用的坐标系统;

(3)第一步,先计算出曲线上点的切线支距法坐标;

(4)第二步,将其转换成线路施测中统一采用的坐标。

圆曲线上点位切线支距法坐标计算采用下式:

$$\left.\begin{array}{l} x = R\sin O \\ z = R(1 - \cos O) \end{array}\right\} \tag{5-14}$$

式中:R——圆曲线半径;

144

O——方位角:$O = 180Z/R\pi$(z 为圆曲线上任一点至 ZY 点的距离,O 实质上是 z 所对的圆心角)。

将公式(5-14)计算的 x,z 转换成线路统一采用的坐标:

$$\left.\begin{array}{l} x = x_{zy} + x_{切} \cos F - z_{切} \sin F \\ y = y_{zy} + x_{切} \sin F + z_{切} \cos F \end{array}\right\} \qquad (5\text{-}15)$$

式中:x,y——线路统一采用的坐标;

x_{zy},y_{zy}——ZY 点的坐标值;

$x_{切}$,$z_{切}$——公式(5-14)计算的支距法坐标;

F——线路坐标系统圆曲线的前切线的正方位角。

程序中,公式(5-15)是用 fx—4500PA 型计算机"坐标转换功能"编写的。

1.圆曲线上任一点坐标计算程序清单

Fi	ZY-YZ-X,Y （文件名）	（245 步骤数）
L1	Q:J:K:R:F:N:U	
L2	T = R tan(N/2)	（切线长）
L3	L = RNπ/180	（曲线长）
L4	A = Q − T:B = A + L/2:C = A + L	(ZY,QZ,YZ)
L5	Rec(T,F + 180)	（ZY 点坐标增量计算）
L6	Z[1] = J + V:Z[2] = K + W	（ZY 点坐标）
L7	LbI 0:{H S E}	（H 为所求点桩号,S 为中—边桩距离,E 为夹角）
L8	Z = Abs(H − A)	（曲线上任一点至 ZY 点间距）
L9	O = 180 Z/(Rπ)	（Z 所对中心角）
L10	X = R sin O	（曲线上点的切线支距法坐标）
L11	Z = R(1 − cos O)	
L12	Rec(X,F)	
L13	X = Z[1] + V:Y = Z[2] + W	转换成统一采用的坐标
L14	Rec(Z,F + 90U)	
L15	X = X + V:Y = Y + W	
L16	Rec(S,F + OU + E)	（边桩坐标增量计算）
L17	X = X + V ◢	（中桩、边桩计算结果,当 E 或 S 等于 0 时,显示的是中桩坐标值）
L18	Y = Y + W ◢	
L19	Goto 0	

程序中:Q——交点桩号里程;

J,K——交点 x, y 坐标值；

R——半径；

F——前切线正方位角；

N——偏角，输入时不考虑符号；

U——控制偏角条件：左偏输入"-1"，右偏输入"1"；

H——圆曲线上任一点里程桩号；

S——中桩至边桩距离；

E——夹角，同一横断面中—边桩连线与线路中心线之夹角（左边桩，输入"-90"，右边桩输入"90"）。

2.算例及操作方法步骤

算例中起算数据是交点 JD_{18}，其桩号 Q = K128 + 645.04，J = x = 31 336.000m，K = y = 69 596.000m，R = 5000m，偏角 N = -8°32′48″，正方位角 F = 100°10′15″。

圆曲线上点的中桩坐标、边桩坐标计算结果见表5-10。

圆曲线上点位坐标计算（用 ZY-YZ-X,Y 程序计算）　表5-10

	交点名	桩号	偏角 (° ′ ″)	半径 (m)	缓和曲线长(m)	切线长 (m)	曲线长 (m)	x(m)	y(m)	方位角 (° ′ ″)
已知数据	JD_{17}	K126 + 811.422						31 660.000	67 790.000	
	JD_{18}	K128 + 645.04	-8 32 48	5000.0	0.0	373.612	745.837	31 336.000	69 596.000	100 10 15

桩号	左 边 桩		中—边距离(m)	中 桩		中—边距离(m)	右 边 桩	
	x(m)	y(m)		x(m)	y(m)		x(m)	y(m)
ZY K128 + 271.428	31 414.927	69 230.583	13.16	31 401.974	69 228.260	13.16	31 389.020	69 225.936
+ 275	31 414.299	69 234.090	13.16	31 401.344	69 231.775	13.16	31 388.389	69 229.461
+ 300	31 409.975	69 258.646	13.16	31 397.009	69 256.396	13.16	31 384.043	69 254.147
⋮								
+ 600	31 367.695	69 554.809	13.16	31 354.618	69 553.341	13.16	31 341.540	69 551.873
+ 625	31 364.975	69 579.594	13.16	31 351.890	69 578.192	13.16	31 338.805	69 576.789
QZ K128 + 644.347	31 362.956	69 598.784	13.16	31 349.865	69 597.432	13.16	31 336.775	69 596.080
+ 650	31 363.374	69 604.495	14.16	31 349.288	69 603.056	13.16	31 336.196	69 601.718
+ 675	31 360.903	69 629.301	14.16	31 346.809	69 627.932	13.16	31 333.711	69 626.661

146

桩号	左 边 桩		中—边距离(m)	中 桩		中—边距离(m)	右 边 桩	
	x(m)	y(m)		x(m)	y(m)		x(m)	y(m)
⋮				⋮			⋮	
K128 + 975	31 340.938	69 927.739	14.16	31 326.787	69 927.218	14.16 (填)	31 312.637	69 926.698
K129 + 000	31 339.083	69 952.622	13.16	31 325.930	69 952.204	13.16	31 312.776	69 951.785
YZ K129 + 017.27	31 338.565	69 969.839	13.16	31 325.411	69 969.466	13.16 (挖)	31 312.256	69 969.093

操作方法步骤:

①按 AC 键,开机;

②按 FILE 键,选择文件名:ZY – YZ – X,Y;

③按 EXE 键,显示:Q?,输入交点桩号:Q = 645.040(m);

④按 EXE 键,显示:J?,输入交点 x 坐标:J = 336.000(m);

⑤按 EXE 键,显示:K?,输入交点 y 坐标:K = 596.00(m);

⑥按 EXE 键,显示:R?,输入圆曲线半径:R = 5000(m);

⑦按 EXE 键,显示:F?,输入前切线正方位角:F = 100°10′15″;

⑧按 EXE 键,显示:N?,输入线路转角:N = 8°32′48″;

⑨按 EXE 键,显示:U?,输入转角控制条件:U = – 1;

⑩按 EXE 键,显示:H?,输入圆曲线上任意一点的桩号,例如 K128 + 644.347;

⑪按 EXE 键,显示:S?,输入 + 644.347 中桩至左边桩路宽:S = 13.16 (m);

⑫按 EXE 键,显示:E?,输入 + 644.347 断面与中线夹角 – 90(计算左边桩);

⑬按 EXE 键,显示:X = 362.956(+ 644.347 左边桩 x 值);

⑭按 EXE 键,显示:Y = 598.784(+ 644.347 左边桩 y 值);

⑮按 EXE 键,显示 H?,计算 + 644.347 中桩,仍输入 + 644.347;

⑯按 EXE 键,显示 S?,计算中桩 S = 0;

⑰按 EXE 键,显示 E?,计算中桩 E = 0,或保持原数不变;

⑱按 EXE 键,显示:X = 349.865(+ 644.347 中桩 x 坐标值);

⑲按 EXE 键,显示:Y = 597.432(+ 644.347 中桩 y 坐标值);

⑳按 EXE 键,显示:H?,计算 + 644.347 右边桩,仍输入 644.347;

㉑按 EXE 键,显示:S?,输入 + 644.347 中桩至右边桩距离;S = 13.16;

㉒按 EXE 键,显示:E?,计算右边桩,输入 E = 90;

㉓按 EXE 键,显示:X = 336.775(+ 644.347 右边桩的 x 值);

㉔按 EXE 键,显示:Y = 596.080(+ 644.347 右边桩的 y 值)。

此至 K128 + 644.347 断面,左、中、右桩位的 x,y 坐标都已算出,以下各桩位计算只是重复 H?,S?,E? 操作。只要给 H,S,E 输入任意一点(所求点)的桩号、中桩至边桩距离、夹角就可计算出圆曲线上任意一点的 x,y 坐标。

3.ZY-YZ-X,Y 程序使用范围及注意事项

(1)使用本程序的起算数据必须是圆曲线交点桩号里程,该交点的坐标、圆曲线的半径、偏角,以及前切线的正方位角;

(2)坐标转换的起点坐标必须是 ZY 点的坐标;

(3)本程序使用的范围是:由 ZY 点始经由 QZ 点至 YZ 点间那一段曲线上任一点的中桩和边桩坐标的计算。

三、有缓和曲线的圆曲线上点位坐标计算程序

所谓有缓和曲线的圆曲线段,我们将其定义为:由 HY 点始经由 QZ 点至 YH 点间那一段曲线部分。

编辑设计该曲线段点位坐标计算程序,应从下述几点来考虑:

(1)以 ZH 点为切线支距法的坐标原点,以切线为 x 轴,过原点的半径为 y 轴,计算曲线上点的切线支距法坐标。

(2)以 ZH 点为两种坐标计算的起算点。两种坐标计算指线路施测中采用的统一坐标和切线支距法坐标。ZH 点坐标应是线路施测统一采用的坐标系统。

(3)第一步,采用常规计算坐标方法,先计算 ZH 点的线路统一的坐标:

$$\left. \begin{array}{l} x_{ZH} = x_{JD} + T \cos(F + 180) \\ y_{ZH} = y_{JD} + T \sin(F + 180) \end{array} \right\} \tag{5-16}$$

式中:x_{JD}, y_{JD}——交点坐标;

148

T——切线长；

F——前切线正方位角；

x_{ZH}, y_{ZH}——ZH 点的线路统一采用的坐标。

将其用"坐标变换功能"计算，并写成计算机认可的方程式（见前述公式(5-8)）：

$$\left.\begin{array}{l} \text{Rec}(T, F + 180) \\ Z[1] = J + V : Z[2] = K + W \end{array}\right\}$$

式中：$Z[1]$, $Z[2]$——表示 ZH 点坐标；

$\quad$ J, K——交点的坐标；

$\quad$ V, W——计算机内部计算的坐标增量。

(4)第二步,计算曲线上点的切线支距法坐标(用计算机认可的字符写出)X, Z：

$$\left.\begin{array}{l} X_\text{支} = R\sin O + M \\ Z_\text{支} = R(1 - \cos O) + P \end{array}\right\} \tag{5-17}$$

式中：R——圆曲线半径；

$\quad$ O——曲线上任一点至 ZH 点间距离所对圆心角：

$$O = 180Z/(R\pi) + G$$

$$Z = \text{Abs}(H - B)$$

$$G = 90I/(R\pi)$$

其中 H——曲线上任一点桩号里程,

$\quad$ B——HY 点桩号里程,

$\quad$ I——缓和曲线长,

$\quad$ G——缓和曲线角；

$\quad$ M——意义同前述；

$\quad$ P——意义同前述。

(5)第三步,将切线支距法坐标转换成线路统一采用的坐标：

$$\left.\begin{array}{l} X = Z[1] + X\cos F - Z\sin F \\ Y = Z[2] + X\sin F + Z\cos F \end{array}\right\} \tag{5-18}$$

式中：X, Y——曲线上点的切线支距法坐标换算成线路统一采用的坐标；

$Z[1]$, $Z[2]$——ZH 点的坐标；

$\quad$ X, Z——曲线上点的切线支距法坐标；

$\quad$ F——前切线正方位角。

将 X, Y 计算改用计算机"坐标变换功能"计算,并写成计算机认可的方程式：

$$\text{Rec}(X, F)$$
$$X = Z[1] + V : Y = Z[2] + W$$
$$\text{Rec}(Z, F + 90U)$$
$$X = X + V : Y = Y + W$$

式中,符号意义同前述。

综上所述,将上述各步归纳即为有缓和曲线的圆曲线上点位坐标计算程序。

1.程序清单一

Fi	$F - Y - X, Y$ （文件名）	（318 步骤数）
L1	$Q : J : K : R : F : N : I : U$	
L2	$G = 90I/(R\pi)$	（切线角,即缓和曲线角计算）
L3	$P = I^2/(24R) - I^4/(2688R^3)$	（内移距）
L4	$M = I/2 - I^3/(240R^2)$	（切线增值）
L5	$T = (R + P)\tan(N/2) + M$	（切线长）
L6	$L = \pi RN/180 + I$	（曲线长,可删除）
L7	$A = Q - T : B = A + I : D = A + L : C = D - I$	（ZH,HY,HZ,YH,若不计算桩号里程,则将 $D = A + L, C = D - I$ 删除）
L8	$\text{Rec}(T, F + 180)$	（ZH 点坐标增量计算）
L9	$Z[1] = J + V : Z[2] = K + W$	（ZH 点坐标）
L10	$\text{LbI} \quad 0 : \{H \ S \ E\}$	（H 为圆曲线上任一点桩号,S 为中边桩距离,E 为夹角）
L11	$Z = H - A - I$	（曲线上任一点至 HY 点距离）
L12	$O = 180 Z/(R\pi) + G$	（曲线上任一点至 ZH 点间距所对圆心角）
L13	$X = R \sin O + M$	⎫（圆曲线上任一点切线
L14	$Z = R(1 - \cos O) + P$	⎭支距法坐标）
L15	$\text{Rec}(X, F)$	⎫
L16	$X = Z[1] + V : Y = Z[2] + W$	（坐标换算计算）
L17	$\text{Rec}(Z, F + 90U)$	⎬
L18	$X = X + V : Y = Y + W$	（中桩坐标）
L19	$\text{Rec}(S, F + OU + E)$	（边桩坐标增量计算）

150

L20　　　X = X + V ▲

L21　　　Y = Y + W ▲

$\left.\begin{array}{l}\text{(中桩、边桩计算结果,}\\\text{当 E 或 S 等于 0 时,}\\\text{显示的是中桩坐标值)}\end{array}\right.$

L22　　　Goto　　0

程序中:Q——交点桩号里程;

　　　J,K——交点坐标;

　　　R——圆曲线半径;

　　　F——前切线正方位角;

　　　N——偏角,输入时不考虑符号;

　　　I——缓和曲线长;

　　　U——控制偏角条件:左偏角输入"-1",右偏角输入"1";

　　　H——有缓和曲线的圆曲线上任一点的桩号里程;

　　　S——中桩至边桩距离;

　　　E——夹角,同一横断面之中桩和边桩连线与线路中心线之夹角
　　　　　(左负右正)。

2.算例及操作方法步骤

　　采用 F-Y-X,Y 程序计算有缓和曲线的圆曲线上任一点中桩、边桩坐标
算例见表 5-11。算例中起算数据是交点 JD_{19},桩号 Q = K251 + 246.76;坐标:
X = J = 794 814.878m,Y = K = 538 720.076m;R = 400m;偏角:右 39°16′07″;缓
和曲线长 I = 100m;前切线正方位角 F = 166°15′17″。

有缓和曲线的圆曲线上点位坐标计算

（用 F-Y-X,Y 程序计算）　　　　　　　表 5-11

	交点名	桩号	偏角 (° ′ ″)	半径 (m)	缓和曲 线长(m)	切线 (m)	曲线长 (m)	x(m)	y(m)	方位角 (° ′ ″)
已知数据	JD_{18}							795 436.063	538 568.127	
										166 15 17
	JD_{19}	K251 + 246.76	右 39 16 07	400.0	100.0	193.049	374.147	794 814.878	538 720.076	

桩号	左 边 桩		中—边 距离(m)	中 桩		中—边 距离(m)	右 边 桩	
	x(m)	y(m)		x(m)	y(m)		x(m)	y(m)
HY K251 + 153.711	794 905.397	538 702.311	8.48	794 904.425	538 693.887	8.48	794 903.453	538 685.462
+ 175	794 883.744	538 704.227	8.48	794 883.221	538 695.763	8.48	794 882.699	538 687.300

桩号	左 边 桩		中—边 距离(m)	中 桩		中—边 距离(m)	右 边 桩	
	x(m)	y(m)		x(m)	y(m)		x(m)	y(m)
+200	794 858.230	538 705.004	8.48	794 858.237	538 696.524	8.48	794 858.244	538 688.044
+225	794 832.717	538 704.185	8.48	794 833.254	538 695.722	8.48	794 833.790	538 687.259
QZ +240.783	794 816.656	538 702.848	8.48	794 817.526	538 694.413	8.48	794 818.396	538 685.978
+250	794 807.305	538 701.775	8.48	794 808.370	538 693.362	8.48	794 809.434	538 684.949
+275	794 782.094	538 697.782	8.48	794 783.681	538 689.452	8.48	794 785.269	538 681.122
+300	794 757.181	538 692.222	8.48	794 759.286	538 684.007	8.48	794 761.390	538 675.793
+325	794 732.664	538 685.117	8.48	794 735.277	538 677.050	8.48	794 737.891	538 668.983
YH +327.858	794 729.891	538 684.208	8.48	794 732.562	538 676.159	8.48	794 735.233	538 668.111

注:本算例数据取用于表5-5,用F-Y-X,Y程序计算,其结果与前述XY程序计算相等。作业中,
可用此两种程序计算相互验算。

HY点桩号是K251+153.711,QZ点桩号是K251+240.783,YH点桩号是K251+327.858;其间每隔25m桩位的中、边桩坐标计算值见表5-11:左边桩栏、中桩、右边桩栏。

操作方法步骤:

①按 AC 键,开机;

②按 EILE 键,选择文件名:F-Y-X,Y;

③按 EXE 键,显示:Q?,输入交点里程桩号:Q = 246.760(m);

④按 EXE 键,显示:J?,输入交点的 x:J = 4814.878(m);

⑤按 EXE 键,显示:K?,输入交点的 y:K = 8720.076(m);

⑥按 EXE 键,显示:R?,输入圆曲线半径:R = 400(m);

⑦按 EXE 键,显示:F?,输入前切线正方位角:F = 166°15′17″;

⑧按 EXE 键,显示:N?,输入线路转角:N = 39°16′07″;

⑨按 EXE 键,显示:I?,输入缓和曲线长:I = 100(m);

⑩按 EXE 键,显示:U?,输入转角控制条件:U = 1;

152

⑪按 EXE 键,显示:H?,输入所求点桩号:H = 240.783(m);

⑫按 EXE 键,显示:S?,输入中桩至边桩距离:S = 8.48(m);

⑬按 EXE 键,显示:E?,计算左桩,输入 E = − 90;

⑭按 EXE 键,显示:X = 4816.656 (左桩 x 值);

⑮按 EXE 键,显示:Y = 8702.849 (左桩 y 值);

⑯按 EXE 键,显示:H?,计算中桩,仍输入 + 240.783(m);

⑰按 EXE 键,显示:S?,计算中桩,S = 0;

⑱按 EXE 键,显示:E?,计算中桩,E 可等于 0 或保留原值;

⑲按 EXE 键,显示:X = 4817.526 (中桩 x 值);

⑳按 EXE 键,显示:Y = 8694.414 (中桩 y 值);

㉑按 EXE 键,显示:H?,计算右桩,仍输入 + 240.783(m);

㉒按 EXE 键,显示:S?,输入中桩至右桩距离:S = 8.48(m);

㉓按 EXE 键,显示:E?,计算右桩 E = 90;

㉔按 EXE 键,显示:X = 4818.396 (右桩 x 值);

㉕按 EXE 键,显示:Y = 8685.979 (右桩 y 值)。

至此,K251 + 240.783 断面的左、中、右桩坐标都已算出。其余各桩位的坐标,只是重复操作 H?,S? 和 E?。只要给 H,S 和 E 输入圆曲线 HY-QZ-YH 上任意点的里程桩号、中桩至边桩距离及其夹角,就可计算出有缓和曲线的圆曲线上任意一点的 x,y 坐标。

3.F-Y-X,Y 程序使用范围及注意事项

(1)本程序使用的范围

由 HY 点始经由 QZ 点至 YH 点间那一段圆曲线上任一点中桩和边桩坐标的计算。

当缓和曲线长 I = 0 时,本程序还可以计算由 ZY 点始经由 QZ 点至 YZ 点间那一段圆曲线上任一点中桩和边桩的坐标,这是本程序的一个优点。读者可用本程序对本节"二"表 5-10 中数据进行演算。

(2)使用本程序的起算数据

对于有缓和曲线的圆曲线,其起算数据必须是该曲线处的交点桩号里程、该交点的坐标、圆曲线半径、偏角、前切线正方位角以及缓和曲线长。

对于不设缓和曲线的圆曲线,使用本程序时,必须令 I = 0,此时的起算数据必须是圆曲线处的交点里程桩号、该交点的坐标、圆曲线半径、偏角,以及前切线正方位角。

(3)本程序坐标换算的起点,必须是 HY 点的坐标。

当使用本程序计算不设缓和曲线的圆曲线上点的坐标时,其坐标换算的起点是 ZY(直圆)点的 x, y 坐标值。

4.程序清单二——以 ZH(直缓)点坐标为起算数据,计算 HY(缓圆)点至 YH(圆缓)点间任意一点中、边桩坐标的程序清单

F	HY-QZ-YH	(文件名)(264 步骤数)
L1	LbI 0	
L2	R:I:A:P:Q:F:G:{B S E}:B≤0⇒Goto 1	
L3	$T = 90I/(R\pi)$	
L4	$D = I^2/(24R) - I^4/(2688R^3)$	
L5	$L = I/2 - I^3/(240R^2)$	
L6	$K = Abs(B - A)$	
L7	$O = 180K/(R\pi) + T$	
L8	$Z = R \sin O + L$	
L9	$U = R(1 - \cos O) + D$	
L10	$Rec(Z, F)$	
L11	$X = P + V:Y = Q + W$	
L12	$Rec(U, F + 90G)$	
L13	$X = X + V \blacktriangle Y = Y + W \blacktriangle$	
L14	$M = X + S\cos(F + OG + E) \blacktriangle$	
L15	$N = Y + S\sin(F + OG + E) \blacktriangle$	
L16	Goto 0	
L17	LbI 1	
L18	{R I A P Q F G}	
L19	Goto 0	

程序中:R——圆曲线半径;

  I——前缓和曲线长度,当计算没有设缓和曲线的圆曲线时,I = 0;

  A——HY(缓圆)点桩号,当计算没有设缓和曲线的圆曲线时,A 为 ZY(直圆)点桩号;

 P,Q——ZH(直缓)点 x, y 坐标值,当计算没有设缓和曲线的圆曲线时,P,Q 为 ZY(直圆)点 x, y 坐标值;

  F——前切线正方位角;

154

G——控制偏角条件,左偏角 G 输 – 1,右偏角 G 输入 1;

B——HY 点至 YH 点间任意一点桩号,当计算没有设缓和曲线的圆
曲线时,B 为 ZY 点至 YZ 点间任意一点桩号;

S——中桩至边桩距离;

E——夹角,中一边桩连线与中线之夹角;

X,Y——中桩坐标值;

M,N——边桩坐标值:“ + E”为右边桩坐标值,“ – E”为左边桩坐标值。

5. HY-QZ-YH 程序应用范围及注意事项

(1)HY-QZ-YH 程序可计算 HY 至 YH 曲线间任一点的中桩及边桩坐标。

(2)亦可计算 ZY 点至 YZ 点间任一点的中桩及边桩的坐标,只是此时:
缓和曲线长 I 应输入 0,A 应输入 ZY 点的里程桩号,P 和 Q 应输入 ZY 点的
x,y 坐标值。

(3)在计算 HY 点至 YH 点间任一点的坐标时,其 A 点的桩号应输入
HY 点的里程桩号,P,Q 应输入 ZH(直缓)点的 x,y 坐标值。

(4)当给 B 输入 0 或小于 0 的数,程序自动重头开始执行。大大方便操
作,这是本程序的一个特点。

6. 算例及操作方法步骤

算例:××线路一设有缓和曲线的圆曲线,其起算数据及用 HY-QZ-YH
程序计算的结果见表 5-11(该曲线 ZH 点的桩号是 K251 + 053.711;x_{ZH} =
5 002.398,y_{ZH} = 8 674.206;详见表 5-5)。

操作方法步骤:

①按 AC 键,开机;

②按 FILE 键,查寻文件名:HY-QZ-YH;

③按 EXE 键,显示:R?,输入半径:R = 400m;

④按 EXE 键,显示:I?,输入:I = 100m;

⑤按 EXE 键,显示:A?,输入 HY 桩号 153.711;

⑥按 EXE 键,显示:P?,输入 ZH 点坐标 x = 5 002.398;

⑦按 EXE 键,显示:Q?,输入 ZH 点坐标 y = 8674.206;

⑧按 EXE 键,显示:F?,输入前切线方位角:F = 166°15′17″;

⑨按 EXE 键,显示:G?,此例为右偏角,输入 1;

⑩按 EXE 键,显示:B?,输入所求点桩号,例如 QZ 240.783;

⑪按 $\boxed{\text{EXE}}$ 键,显示:X = 4817.526(QZ 点的 x 值);

⑫按 $\boxed{\text{EXE}}$ 键,显示:Y = 8694.413(QZ 点的 y 值);

⑬按 $\boxed{\text{EXE}}$ 键,显示:S?,输入中—边桩距离 8.48;

⑭按 $\boxed{\text{EXE}}$ 键,显示:E?,输入 90;

⑮按 $\boxed{\text{EXE}}$ 键,显示:M = 4818.396(QZ 右边桩 x 值);

⑯按 $\boxed{\text{EXE}}$ 键,显示:N = 8685.977(QZ 右边桩 y 值);

以下重复计算,操作步骤,略。

7.程序清单三——用 HZ(缓直)点坐标为起算数据,计算 YH 点至 HY 点间任意一点中、边桩坐标的程序清单

F	YH – QZ – HY	（文件名） （264 步骤数）
L1	LbI	0

L2　　R:I:A:P:Q:F:G:{B S E}:B≤0 ⇒ Goto 1 ⌐

L3　　$T = 90I/(R\pi)$

L4　　$D = I^2/(24R) - I^4/(2688R^3)$

L5　　$L = I/2 - I^3/(240R^2)$

L6　　$K = Abs(B - A)$

L7　　$O = 180K/(R\pi) + T$

L8　　$Z = R\sin O + L$

L9　　$U = R(1 - \cos O) + D$

L10　　Rec(Z, F)

L11　　$X = P + V : Y = Q + W$

L12　　Rec(U, F – 90G)

L13　　$X = X + V$ ◢ $Y = Y + W$ ◢

L14　　$M = X + S\cos(F - OG - E)$ ◢

L15　　$N = Y + S\sin(F - OG - E)$ ◢

L16　　Goto　　0

L17　　LbI　　1

L18　　{R I A P Q F G}

L19　　Goto　　0

程序中:R——圆曲线半径;

　　　　I——后缓和曲线长度,当计算没有设缓和曲线的圆曲线时,I = 0;

　　　　A——YH(圆缓)点桩号,当计算没有设缓和曲线的圆曲线时,A 为
　　　　　　　YZ(圆直)点的桩号;

P,Q——HZ(缓直)点的 x,y 坐标值,当计算没有缓和曲线的圆曲线时,P,Q 为 YZ 点的 x,y 坐标值;

　　F——后切线的反方位角,当用前切线正方位角计算时:F = $F_正$ + 右偏角 + 180,或 F = $F_正$ - 左偏角 + 180;

　　G——控制偏角条件:左偏角为 - G,右偏角为 G,输入 1;

　　B——YH 点至 HY 点间任意一点的桩号,当计算没有缓和曲线的圆曲线时,B 为 YZ 点至 ZY 点间任意一点的桩号;

　　S——中桩至边桩的距离;

　　E——夹角,中—边桩连线与中线之夹角;

X,Y——中桩坐标值;

M,N——边桩坐标值:" + E"为右边桩坐标值," - E"为左边桩坐标值。

8.YH-QZ-HY 程序应用范围及注意事项

(1)本程序可计算 YH 点至 HY 点间任一点的中、边桩坐标值。

(2)亦可计算 YZ 点至 ZY 点间任一点的中、边桩的坐标,只是此时:I 应输入 0,A 应输入 YZ 点的桩号,P 和 Q 应输入 YZ 点的 x,y 坐标值。

(3)在计算 YH 点至 HY 点间任一点的坐标时,其 A 的桩号应输入 YH 点的里程桩号,P,Q 应输入 HZ 点的 x,y 坐标值。

(4)当给 B 输入 0 或小于 0 的数,程序自动重头开始执行。大大方便操作,这是本程序的一个特点。

需要说明的是:前述三个程序清单,程序清单一适用于对称曲线计算点的坐标,程序清单二和程序清单三可计算非对称曲线。

9.算例及操作步骤

程序清单三 YH-QZ-HY 程序算例详见表5-11,其起算数据 HZ 点的桩号 K251 + 427.858,$x = 4\ 640.669$,$y = 8\ 636.895$,见表5-5。在计算时,F 方位角应输入前切线方位角 166°15′17″ + 右偏角 39°16′07″ + 180°,A 应输入 YH 点桩号 327.858。这两点应特别注意。

程序执行的操作方法步骤同上,略。读者可自行用表5-11数据演习。

值得提醒的是,在使用程序清单三——YH-QZ-HY 程序计算圆曲线上任一点坐标时,输入方位角 F 时,一定要输入后切线的反方位角(参原图5-2)。

后切线反方位角 F 可用下述三种方法求得:

(1)如果后切线两个交点的 x,y 坐标已知,则可用"坐标反算"程序反算出 F;

(2)如果后直线段(第二直线段)上有两个里程桩的 x,y 坐标已知,则可用"坐标反算"程序反算出 F;

(3)如果前切线正方位角已知,则可用前述介绍的方法计算出 F。即:

F = F$_正$ + 右偏角 + 180

F = F$_正$ − 左偏角 + 180

如果嫌手算麻烦,并减少出错,可将前述 YH-QZ-HY 程序修改订正如下:

第二行 L2 修订如下:

L2   R:I:A:P:Q:F:C:G:{B S E}:B≤0 ⟹ Goto 1◣

第十行 L10 修订如下:

L10   Rec(Z,F + CG + 180)

第十二行 L12 修订如下:

L12   Rec(U,(F + CG + 180) − 90G)

第十四、十五行 L12,L15 修订如下:

L14   M = X + Scos((F + CG + 180) − OG − E)◣

L15   N = Y + Ssin((F + CD + 180) − OG − E)◣

第十八行 L18 修订如下:

L18   {R I A P Q F C G}

修订后的程序中:C——线路偏角(转角),输入时不考虑符号;

F——线路前切线正方位角值。

四、缓和曲线段上点位坐标计算程序

所谓缓和曲线段,我们将其定义为:交点两侧前缓和曲线段 ZH 点至 HY 点那一段距离,后缓和曲线段 YH 点至 HZ 点那一段距离。

编辑设计缓和曲线段上点位坐标计算程序,应从下述几点来考虑:

(1)以 ZH 点或 HZ 点为切线支距法的坐标原点,以切线为 x 轴,过原点的半径为 y 轴,计算缓和曲线上的切线支距法坐标。

缓和曲线上点的切线支距法坐标计算公式是:

$$X_切 = Z − Z^5/(40R^2I^2) + Z^9/(3456R^4I^4)$$

$$Y_切 = Z^3/(6RI) − Z^7/(336R^3I^3) + Z^{11}/(42240R^5I^5)$$

式中:Z——缓和曲线上所求点(H)至 ZH 点间距离:Z = H − A;或 H 至 HZ 点间距离:Z = Abs(H − D)(A 为 ZH 点里程桩号,D 为 HZ 点里程桩号,H 为缓和曲线上任一点的里程桩号);

其他符号意义同前。

(2)前缓和曲线以 ZH 点为两种坐标计算的起算点,后缓和曲线以 HZ 点为两种坐标计算的起算点。两种坐标计算指线路施测中采用的统一坐标和切线支距法坐标。

158

ZH 点和 HZ 点坐标应是线路施测统一采用的坐标系统：

用交点坐标计算 ZH 点坐标的公式是：

$$X_{ZH} = X_{JD} + Tcos(F + 180)$$

$$Y_{ZH} = Y_{JD} + Tsin(F + 180)$$

用交点坐标计算 HZ 点坐标的公式是：

$$X_{HZ} = X_{JD} + Tcos(F + NU)$$

$$Y_{HZ} = Y_{JD} + Tsin(F + NU)$$

式中：U——偏角控制条件：右偏角 U = 1，左偏角 U = − 1；

其他符号意义同前。

(3)将缓和曲线段上任一点的切线支距法坐标换算成线路统一采用的坐标

前缓和曲线段上点的切线支距法坐标换算成线路统一采用的坐标计算公式是：

$$X_{所} = X_{ZH} + X_{切} \ cosF - Y_{切} \ sinF$$

$$Y_{所} = X_{ZH} + X_{切} \ sinF + Y_{切} \ cosF$$

后缓和曲线段上点的切线支距法坐标换算成线路统一采用的坐标计算公式是：

$$X_{所} = X_{HZ} + X_{切} \ cos(F + NU + 180) - Y_{切} \ sin(F + NU + 180)$$

$$Y_{所} = Y_{HZ} + X_{切} \ sin(F + NU + 180) + Y_{切} \ cos(F + NU + 180)$$

上式中，符号意义同前述。

(4)将上述各计算方程式改用计算机"坐标变换功能"计算，并写成计算机认可的方程式，见程序清单，此处不再介绍。读者若有兴趣，可参照上述各节，自己编写演算。

1.缓和曲线段上点的坐标计算程序清单一

F_i　　F-X，Y　　（文件名）（615 步骤数）

L1　　Q：J：K：R：F：N：I：U

L2　　M = I/2 − I^3/(240R^2)　（切线增值）

L3　　P = I^2/(24R) − I^4/(2688R^3)　（内移距）

L4　　L = πRN/180 + I　（曲线长）

L5　　T = M + (R + P)tan(N/2)　（切线长）

L6　　A = Q − T：B = A + I：D = A + L：C = D − I(ZH：HY：HZ：YH)

L7　　Rec(T，F + 180)(ZH 点坐标增量计算)

L8　　Z[1] = J + V ◢ Z[2] = K + W ◢　（ZH 点坐标）

L9　　Rec(T，F + NU)(HZ 点坐标增量计算)

L10 $Z[3] = J + V$ ◢ $Z[4] = K + W$ ◢   （HZ 点坐标）

L11   LbI   0

L12   {H S E}   （H 为所求点桩号，S 为中—边桩距离，E 为夹角）

L13 $H < B \Rightarrow$ Goto   1   ⎫ （条件转移：计算前缓和曲线段，

L14 $\div \Rightarrow H < D \Rightarrow$ Goto 2 ◺ ⎭ 计算后缓和曲线段）

L15   LbI   1   （前缓和曲线段计算开始）

L16 $Z = Abs(H - A)$ （前缓和曲线段任一点到 ZH 点间距离）

L17 $O = 90Z^2/(\pi RI)$（Z 所对圆心角）

L18 $X = Z - Z^5/(40R^2I^2) + Z^9/(3456R^4I^4)$ ⎫（前缓和曲线段

L19 $Z = Z^3/(6RI) - Z^7/(336R^3I^3) + Z^{11}/(42240R^5I^5)$ ⎬上任一点支距法

    坐标）

L20 $Rec(X, F)$ ⎫

L21 $X = Z[1] + V : Y = Z[2] + W$ ⎪（前缓和曲线段上任一点支

L22 $Rec(Z, F + 90U)$ ⎬距法坐标换算或统一采用

L23 $X = X + V : Y = Y + W$ ⎭的坐标）

L24 $Rec(S, F + OU + E)$ （边桩坐标增量计算）

L25 $X = X + V$ ◢ $Y = Y + W$ ◢   （中桩、边桩计算结果，当 S = 0 或 E = 0 时，显示的是中桩坐标值）

L26   Goto   0

L27   LbI   2

L28 $Z = D - H$ （后缓和曲线段上任一点至 HZ 点间距离）

L29 $O = 90Z^2/(\pi RI)$（Z 所对圆心角）

L30 $X = Z - Z^5/(40R^2I^2) + Z^9/(3456R^4I^4)$ ⎫（后缓和曲线

L31 $Z = Z^3/(6RI) - Z^7/(336R^3I^3) + Z^{11}/(42240R^5I^5)$ ⎬段上任一点

    支距法坐标）

L32 $Rec(X, F + NU + 180)$ ⎫

L33 $X = Z[3] + V : Y = Z[4] + W$ ⎪（后缓和曲线段上任一点

L34 $Rec(Z, F + NU + 180 - 90U)$ ⎬支距法坐标换算成线路统

L35 $X = X + V : Y = Y + W$ ⎭一采用的坐标）

L36 $Rec(S, F + NU + 180 - OU - (180 - E))$ （边桩坐标增量计算）

L37 $X = X + V$ ◢ $Y = Y + W$ ◢（中桩、边桩计算结果，当 S = 0 或 E = 0 时，显示的是中桩坐标值）

L38   Goto   0

程序中：   Q——交点里程桩号；

        J，K——交点坐标；

160

R——圆曲线半径；

F——前直线段正方位角；

N——偏角，输入时不考虑符号；

I——缓和曲线长度；

U——控制偏角条件：左偏 U = - 1，右偏 U = 1；

Z[1]，Z[2]——直缓点坐标；

Z[3]，Z[4]——缓直点坐标；

H——缓和曲线段上任一点的里程桩号；

S——中桩至边桩距离；

E——夹角，同一横断面之中桩和边桩连线与线路中心线之夹角，左夹角 E 为负值，右夹角 E 为正值。

2.算例及操作方法步骤

采用 F-X，Y 程序计算缓和曲线段上任一点中桩、边桩坐标算例见表5-12。

交点两侧缓和曲线段上点位坐标计算　　　　表 5-12

（用 F-X，Y 程序计算）

	交点名	桩号(m)	偏角(°′″)	半径(m)	缓和曲线长(m)	切线(m)	曲线长(m)	x(m)	y(m)	方位角(°′″)
已知数据	JD₁₈							795 436.063	538 568.127	166 15 17
	JD₁₉	K251 + 246.76	右 3916 07	400.0	100.0	193.049	374.147	794 814.878	538 720.076	

桩号	左边桩		中一边距离(m)	中桩		中一边距离(m)	右边桩	
	x(m)	y(m)		x(m)	y(m)		x(m)	y(m)
ZH K251 + 053.711	795 004.413	538 682.444	8.48	795 002.398	538 674.207	8.48	795 000.383	538 665.969
+ 075	794 983.678	538 687.474	8.48	794 981.710	538 679.226	8.48	794 979.741	538 670.977
+ 100	794 959.134	538 693.091	8.48	794 957.340	538 684.803	8.48	794 955.546	538 676.515
+ 125	794 934.308	538 698.021	8.48	794 932.820	538 689.672	8.48	794 931.332	538 681.324
+ 150	794 909.158	538 701.860	8.48	794 908.110	538 693.445	8.48	794 907.061	538 685.030
HY + 153.711	794 905.397	538 702.311	8.48	794 904.425	538 693.887	8.48	794 903.452	538 685.463
YH + 327.858	794 729.890	538 684.208	8.48	794 732.562	538 676.160	8.48	794 735.233	538 668.112

161

桩号	左边桩		中—边距离 (m)	中桩		中—边距离 (m)	右边桩	
	x(m)	y(m)		x(m)	y(m)		x(m)	y(m)
+350	794 708.671	538 676.556	8.48	794 711.735	538 668.649	8.48	794 714.799	538 660.742
+375	794 685.243	538 666.888	8.48	794 688.627	538 659.112	8.48	794 692.011	538 651.337
+400	794 662.267	538 656.505	8.48	794 665.846	538 648.817	8.48	794 669.426	538 641.130
+425	794 639.594	538 645.779	8.48	794 643.247	538 638.126	8.48	794 646.900	538 630.474
HZ+427.858	794 637.015	538 644.547	8.48	794 640.669	538 636.895	8.48	794 644.323	538 629.243

算例中起算数据是 JD_{19}，其桩号里程：$Q = K251 + 246.76$，坐标：$x = J = 794\,814.878$，$y = K = 538\,720.076$；半径 $R = 400$；偏角 $N_右 = 39°16'07''$；缓和曲线长 $I = 100$；前切线正方位角 $F = 166°15'17''$。

计算范围是前缓和曲线段（ZH 点至 HY 点）：$K251 + 053.711 \sim K251 + 153.711$ 间每隔 25m 的中桩、边桩坐标；

后缓和曲线段（YH 点至 HZ 点）：$K251 + 327.858 \sim K251 + 427.858$ 间每隔 25m 的中桩、边桩坐标。

计算结果见表 5-12 左边桩栏、中桩栏和右边桩栏。

操作方法步骤同上。（略）

3. F-X, Y 程序使用范围及注意事项

(1)本程序使用的范围是：交点两侧缓和曲线段上任一点的中桩和边桩坐标的计算。

前缓和曲线段是指：直缓（ZH）点至缓圆（HY）点间那一段距离。

后缓和曲线段是指：圆缓（YH）点至缓直（HZ）点间那一段距离。

(2)使用本程序计算交点两侧缓和曲线段上点位坐标时，应注意：

①前缓和曲线段能计算 HY 点的坐标；

②后缓和曲线段不能计算 HZ 点的坐标。

(3)使用本程序的起算数据

交点的里程桩号、交点的坐标、圆曲线半径、偏角、前切线正方位角以及缓和曲线长。

(4)本程序坐标换算的起点

前缓和曲线段是直缓（ZH）点；后缓和曲线段是缓直（HZ）点。

(5)L8，只能计算 ZH 点中桩坐标；L10，只能计算 HZ 点中桩坐标；

计算中，若不需显示 ZH 点、HZ 点中桩坐标，则可去掉"◢"，换成"："。

(6)若需计算缓和曲线要素：M，P，L 和 T，则要在 L2，L3，L4 和 L5 最后加上显示符合"◢"。

4.程序清单二——非对称缓和曲线段点位坐标计算程序

程序清单一，是利用交点坐标为已知起算数据来计算对称曲线两侧的对称缓和曲线上任一点的中桩、边桩坐标，不能计算非对称缓和曲线段上点位的坐标。为了计算非对称缓和曲线段上点位的坐标，我们将交点两侧缓和曲线——前缓和曲线段和后缓和曲线段分别编程计算其间的点位坐标。

前缓和曲线段程序——ZH-HY 程序，计算 ZH(直缓)点至 HY(缓圆)点间任意一点的中、边桩坐标。

后缓和曲线段程序——HZ-YH 程序，计算 HZ(缓直)点至 YH(圆缓)点间任意一点的中、边桩坐标。

下面直接写出程序清单：

(1)ZH-HY 程序清单——前缓和曲线段程序

F ZH-HY （文件名）（265 步骤数）

L1 LbI 0

L2 $R:I:A:P:Q:F:G:\{B\ S\ E\}:B \leq 0 \Rightarrow Goto\ 1◣$

L3 $K = Abs(B - A)$

L4 $Z = K - K^5/(40R^2I^2) + K^9/(3456R^4I^4)$

L5 $U = K^3/(6RI) - K^7/(336R^3I^3) + K^{11}/(42240R^5I^5)$

L6 $Rec(Z, F)$

L7 $X = P + V:Y = Q + W$

L8 $Rec(U, F + 90G)$

L9 $X = X + V ◢ Y = Y + W ◢$

L10 $O = 90K^2/(R\pi I)$

L11 $M = X + Scos(F + OG + E) ◢$

L12 $N = Y + Ssin(F + OG + E) ◢$

L13 Goto 0

L14 LbI 1

L15 $\{R\ I\ A\ P\ Q\ F\ G\}$

L16 Goto 0

程序中：R——圆曲线半径；

   I——前缓和曲线长度；

   A——ZH(直缓)点里程桩号；

  P，Q——ZH 点 x，y 坐标值；

   F——前切线正方位角；

G——控制偏角条件:右偏角输入 + 1,左偏角输入 – 1;

B——ZH 点至 HY 点间任意一点的里程桩号;

S——中桩至边桩距离;

E——夹角,中—边桩连线与线路中线之夹角:" + E"计算右桩," – E"计算左桩;

X,Y——中桩坐标;

M,N——边桩坐标。

ZH-HY 程序应用范围及注意事项:

①本程序只可计算前缓和曲线段:ZH(直缓)点至 HY(缓圆)点间任意一点的中桩及边桩坐标。计算方向是从 ZH 点到 HY 点。

②本程序的起算数据是 ZH(直缓)点的桩号及 x, y 坐标值,圆曲线半径,前切线正方位角以及前缓和曲线长度。

③本程序坐标换算的起点是 ZH(直缓)点。

算例及操作方法步骤:

算例详见表 5-12 的上部分。

操作方法步骤:

①按 AC 键,开机;

②按 FILE 键,搜寻文件名:ZH-HY;

③按 EXE 键,显示:R?,输入半径 R = 400m;

④按 EXE 键,显示:I?,输入前缓和曲线长 I = 100m;

⑤按 EXE 键,显示:A?,输入 ZH 点桩号 A = 53.711m;

⑥按 EXE 键,显示:P?,输入 A 的 x 坐标:P = 5002.398m;

⑦键 EXE 键,显示:Q?,输入 A 的 y 坐标:Q = 8674.206m;

⑧按 EXE 键,显示:F?,输入前切线正方位角:F = 166°15′17″;

⑨按 EXE 键,显示:G?,输入右偏角条件:1;

⑩按 EXE 键,显示:B?,输入 ZH 点至 HY 点间任一点桩号:100m;

⑪按 EXE 键,显示:X = 4957.340(任一点的中桩 x 值);

⑫按 EXE 键,显示:Y = 8684.802(任一点的中桩 y 值);

⑬按 EXE 键,显示:S?,输入半幅路宽:S = 8.48m;

⑭按 EXE 键,显示:E?,输入 90;

164

⑮按 EXE 键,显示:M = 4955.546(右边桩的 x 坐标值);

⑯按 EXE 键,显示:N = 8676.514(右边桩的 y 坐标值);

⑰按 EXE 键,显示:B?,输入任一点的桩号,因要计算左边桩,仍输入 B = 100m;

⑱按 EXE 键,显示:X = 4957.340(中桩 x 值);

⑲按 EXE 键,显示:Y = 8684.802(中桩 y 值);

⑳按 EXE 键,显示:S?,输入中桩至左边桩距离:S = 8.48m;

㉑按 EXE 键,显示:E?,输入 E = – 90;

㉒按 EXE 键,显示:M = 4959.133(左边桩的 x 坐标值);

㉓按 EXE 键,显示:N = 8693.091(左边桩的 y 坐标值);

㉔按 EXE 键,显示:B?,输入另一任意点桩号;

以下重复操作,略。

程序执行中,若需要从头输入数据,只要给 B? 输入 0 或小于 0 的数,则计算机重新显示:R?,I?,A?,…,B?,重头又开始执行。这是本程序的一个特点。

(2)HZ-YH 程序清单——后缓和曲线段程序

F   HZ-YH   (文件名)（265 步骤数）

L1   LbI 0

L2   R:I:A:P:Q:F:G:{B S E}:B≤0 ⇒ Goto 1◹

L3   K = Abs(B – A)

L4 $Z = K – K^5/(40R^2I^2) + K^9/(3456R^4I^4)$

L5 $U = K^3/(6RI) – K^7/(336R^3I^3) + K^{11}/(42240R^5I^5)$

L6   Rec(Z,F)

L7   X = P + V:Y = Q + W

L8   Rec(U,F – 90G)

L9   X = X + V ◢ Y = Y + W ◢

L10 $O = 90K^2/(R\pi I)$

L11   M = X + Scos(F – OG – E) ◢

L12   N = Y + Ssin(F – OG – E) ◢

L13   Goto 0

L14   LbI 1

L15　{R I A P Q F G}

L16　Goto　0

程序中:R——圆曲线半径;

　　　 I——后缓和曲线长度;

　　　 A——HZ(缓直)点里程桩号;

　 P,Q——HZ 点的 x,y 坐标值;

　　　 F——后切线反方位角:F = 前切线方位角 + 右偏角 + 180°,或 F = 前切线方位角 – 左偏角 + 180°(这一点应特别注意);

　　　 G——控制偏角条件:右偏角输入 1,左偏角输入 – 1;

　　　 B——HZ 点至 YH 点间任意一点的里程桩号;

　　　 S——中桩至边桩距离;

　　　 E——夹角,中—边桩连线与线路中线之夹角,"+ E"计算右边桩,"– E"计算左边桩;

　 X,Y——中桩坐标;

　 M,N——边桩坐标。

HZ-YH 程序应用范围及注意事项:

①本程序只可计算后缓和曲线段:HZ(缓直)点至 YH(圆缓)点间任意一点的中桩及边桩坐标。计算方向是从 HZ 点到 YH 点。

②本程序的起算数据是 HZ(缓直)点的桩号及 x,y 坐标值,圆曲线半径,后切线反方位角以及后缓和曲线长度。

③本程序坐标换算的起点是 HZ(缓直)点。

④程序执行中,只要给 B$^?$ 输入 0 或小于 0 的数,则计算机自动重头显示 R,I,A,P,Q,F,G,重新开始执行运算。

算例及操作方法步骤:

算例详见表 5-12 的下部分。

操作方法步骤同上,略。

程序在执行运算中,应提醒的是:在输入数据时,应按本程序的字符意义输入,特别是要注意方位角 F 的输入。

采用前缓和曲线段程序——ZH-HY 程序和后缓和曲线段程序——HZ-YH 程序时,必须知道 ZH 点的 x,y 坐标和 HZ 点的 x,y 坐标。

ZH 点及 HZ 点的 x,y 坐标可从业主提供的设计资料"直线曲线及转角表"中查取。如果需要计算 ZH 点及 HZ 点的 x,y 坐标,可用下述程序来计算:

F　　ZH-HZ-X-Y　　(文件名)　(176 步骤数)

L1　　LbI　　0

166

L2 {R I N G J K F}

L3 $M = I/2 - I^3/(240R^2)$

L4 $P = I^2/(24R) - I^4/(2688R^3)$

L5 $T = (R + P)\tan(N/2) + M$

L6 $X = J + T\cos(F + 180)$ ▲ $\left.\right\}$（ZH 点坐标）

L7 $Y = K + T\sin(F + 180)$ ▲

L8 $Z = J + T\cos(F + GN)$ ▲ $\left.\right\}$（HZ 点坐标）

L9 $L = K + T\sin(F + GN)$ ▲

L10 Goto 0

程序中：R——圆曲线半径；

　　　　I——缓和曲线长度,当计算不设缓和曲线的圆曲线起点 ZY 点和
终点 YZ 点坐标时,I 输入 0;

　　　　N——偏角,输入 N 时不考虑符号;

　　　　G——控制偏角条件:左偏角 G 输入 – 1,右偏角 G 输入 1;

　　J,K——交点的 x,y 坐标值;

　　　　F——前切线的正方位角。

ZH-HZ-X-Y 程序应用范围：

本程序可计算缓和曲线起点 ZH 点的 x,y 坐标,亦可计算缓和曲线终
点 HZ 点的 x,y 坐标。当令 I = 0 时,可计算圆曲线的起点 ZY 点和终点 YZ
点的 x,y 坐标。

算例及操作方法步骤：

算例详见上篇第五章第五节表 5-5。

算例中起算数据是 JD$_{19}$,其坐标 $x = 794\,814.878$,$y = 538\,720.076$;缓和
曲线 I = 100m;圆曲线半径 R = 400m;偏角:N$_右$ = 39°16′07″;前切线正方位角
F = 166°15′17″。

采用 ZH-HZ-X-Y 程序计算 ZH 点及 HZ 点坐标如下：

$x_{ZH} = 795\,002.398$(m)　　$y_{ZH} = 538\,674.206$(m)

$x_{HZ} = 794\,640.669$(m)　　$y_{HZ} = 538\,636.895$(m)

操作方法步骤：

①按 AC 键,开机;

②按 FILE 键,选择文件名:ZH-HZ-X-Y;

③按 EXE 键,显示:I?,输入缓和曲线长度:I = 100(m);

④按 EXE 键,显示:R?,输入半径:R = 400(m);

⑤按 EXE 键,显示:N?,输入偏角:N = 39°16′07″;

⑥按 EXE 键,显示:J?,输入交点:x = 4814.878(m);

⑦按 EXE 键,显示:F?,输入前切线正方位角:F = 166°15′17″;

⑧按 EXE 键,显示:X = 5002.398(ZH 点 x 值);

⑨按 EXE 键,显示:K?,输入交点:y = 8720.076(m);

⑩按 EXE 键,显示:Y = 8674.206(ZH 点 y 值);

⑪按 EXE 键,显示:G?,此例右偏角,G 输入 1;

⑫按 EXE 键,显示:Z = 4640.669(HZ 点 x 值);

⑬按 EXE 键,显示:L = 8636.895(HZ 点 y 值);

⑭按 EXE 键,以下重复计算,略。

五、非对称曲线上点位坐标计算程序

前述二、三、四各节讲述的是对称曲线上点位中桩、边桩坐标计算程序、算例及程序执行的操作方法步骤。

本节讲述的是非对称曲线上点位的坐标计算程序、算例及程序执行的操作方法步骤。

所谓非对称曲线,我们定义为 $I_{前} \neq I_{后}$、$T_{前} \neq T_{后}$,即前缓和曲线长不等于后缓和曲线长,前切线长不等于后切线长的曲线结构。

对于这种非对称曲线上点位中桩、边桩坐标用程序计算,我们是分段编程进行计算的。依据这种非对称曲线线型组成形式,我们将其分成如下几段:

(1)前缓和曲线段上点位坐标计算,即 ZH 点至 HY 点间任一点的坐标计算;

(2)后缓和曲线段上点位坐标计算,即 HZ 点至 YH 点间任一点的坐标计算;

(3)圆曲线上点位坐标计算,即 HY 点经 QZ 点至 YH 点间任一点的坐标计算,或 YH 点经 QZ 点至 HY 点间任一点的坐标计算。

这样分段分步计算,清楚明白,程序简易,容易输入,操作方便,不易出错,且计算精度较高。很适用于现场施工放样坐标计算。

非对称缓和曲线、圆曲线上点位坐标分段分步计算采用的程序见表5-13。

计 算 范 围	采用程序文件名
ZH 点至 HY 点间任一点中桩、边桩坐标计算	ZH-HY
HZ 点至 YH 点间任一点中桩、边桩坐标计算	HZ-YH
HY 点至 YH 点间任一点中桩、边桩坐标计算	HY-QZ-YH
YH 点至 HY 点间任一点中桩、边桩坐标计算	YH-QZ-HY

表 5-13 中:ZH-HY 程序清单,见前述四的程序清单(1);

HZ-YH 程序清单,见前述四的程序清单(2);

HY-QZ-YH 程序清单,见前述三的程序清单二;

YH-QZ-HY 程序清单,见前述三的程序清单三。

程序执行中应注意:

(1)采用 ZH-HY 程序计算前缓和曲线段(ZH 点至 HY 点间)上任一点的坐标时,起算点应是 ZH 点的里程桩号 A,ZH 点的坐标 P,Q;起算方位角应是前切线正方位角 F;缓和曲线长应是前缓和曲线长度 I。

(2)采用 HZ-YH 程序计算后缓和曲线段(HZ 点至 YH 点间)上任一点的坐标时,起算点应是 HZ 点的里程桩号 A, HZ 点的坐标 P,Q;起算方位角应是后切线反方位角 F;缓和曲线长应是后缓和曲线长度 I。

(3)采用 HY-QZ-YH 程序计算圆曲线段(HY 点至 YH 点间)上任一点的坐标时,起算里程桩号应是 HY(缓圆)点的桩号 A;起算坐标应是 ZH(直缓)点的坐标 P,Q;起算方位角应是前切线正方位角 F;缓和曲线长应是前缓和曲线长度 I。

(4)采用 YH-QZ-HY 程序计算圆曲线段(YH 点至 HY 点间)上任一点的坐标时,起算里程桩号应是 YH(圆缓)点的桩号 A;起算坐标应是 HZ(缓直)点的坐标 P,Q;起算方位角应是后切线反方位角 F;缓和曲线长应是后缓和曲线长度 I。

(5)程序中 R 应是圆曲线半径,其他字符含意见前述三、四的叙述。

(6)上述四个程序中,起算坐标都是 ZH(直缓)点或 HZ(缓直)点的坐标。这就是说,计算非对称缓和曲线、圆曲线上任一点的坐标,必须要知道 ZH 点和 HZ 点的 x,y 坐标值。

施工实践中,一般情况下,ZH 点和 HZ 点的 x,y 坐标值,设计资料(直线、曲线及转角表,逐桩坐标表)中都会提供。在采用上述程序计算非对称曲线上任一点坐标时,直接从设计资料中取用即可。如果设计资料中没有提供 ZH 点及 HZ 点的 x,y 坐标,需要计算时,可依据交点要素,用下述程序计算 ZH 点及 HZ 点的 x,y 坐标值。

Fi	ZH-HZ-X-Y-2
L1	J:K:F
L2	$Z = 0 \Rightarrow$ Goto 1:$\div \Rightarrow$ Goto 2◣
L3	LbI 1
L4	{T}
L5	X"ZHX" = J + Tcos(F + 180) ◢
L6	Y"ZHY" = K + Tsin(F + 180) ◢
L7	Goto 2
L8	LbI 2
L9	N:G:{P}
L10	X"HZX" = J + Pcos(F + GN) ◢
L11	Y"HZY" = K + Psin(F + GN) ◢
L12	Goto 1

程序中:J,K——交点的 x,y 坐标值;

　　　　F——前切线正方位角;

　　　　Z——条件控制:Z 输入 0,则计算直缓(ZH)点的 x,y 坐标值;Z 输入不等于 0 的数,例如 Z 输入 1,则计算缓直(HZ)点的 x,y 坐标值;

　　　　T——前切线长度;

　ZHX,ZHY——前缓和曲线起点 x,y 值;

　　　　N——线路转角,输入时不考虑符号;

　　　　G——转角控制条件:G = -1 是左转角,G = 1 是右转角;

　　　　P——后切线长度;

　HZX,HZY——后缓和曲线终点 x,y 值。

　　ZH-HZ-X-Y-2 程序执行方法:

　　选择文件名,给 Z 输入 0,先计算前缓和曲线起点 x,y 坐标值,后计算 HZ 点 x,y 值;

　　重新选择文件名,给 Z 输入 1,先计算后缓和曲线终点 x,y 坐标值,后计算 ZH 点 x,y 值。

　　此程序适用于计算前切线长 T 不等于后切线长 P 的 ZH 点和 HZ 点的坐标。

　　例如:××线路交点 JD_{286},$x = 560.593m$,$y = 1959.1823m$;前切线正方

170

位角 F = 251°22′14.1″;前切线长 T = 107.125(m);后切线长 P = 124.863(m);线路转角 $N_右$ = 85°06′55.7″。

采用 ZH-HZ-X-Y-2 程序计算得:

前缓和曲线起点 ZH 点:

$x = 594.814$m

$y = 2 060.6944$m

后缓和曲线终点 HZ:

$x = 675.088$m

$y = 1 909.3654$m

这两个点(ZH 点及 HZ 点)设计资料上提供的数据是:

ZH:$x_设 = 594.815$m

$y_设 = 2 060.6982$m

HZ:$x_设 = 675.086$m

$y_设 = 1 909.3661$m

计算值等于设计值,说明计算正确,程序计算可靠,可应用于实践。

这个算例程序执行操作方法步骤,略。读者可自行演算。

下面详细介绍程序计算非对称曲线上任一点坐标的算例及程序执行操作方法步骤。

算例:本算例数据来自生产一线施工现场××省道二级公路设计资料:直线、曲线及转角表,由中国云南公路桥梁工程总公司隧道二分公司高明杰工程师提供。

已知数据:交点 JD_{286},桩号:K65 + 718.319,坐标:$x = 560.593$m,$y = 1 959.182 3$m;转角值:右 85°06′55.7″;半径:$R = 95$m;前缓和曲线长 35m,后缓和曲线长 75m;前切线长 107.125m,后切线长 124.863m;前缓和曲线起点 ZH 点桩号:K65 + 611.190(m),坐标:$x = 594.815$m,$y = 2 060.698 2$m;后缓和曲线 HZ 点桩号:K65 + 807.320(m),坐标:$x = 675.086$m,$y = 1 909.366 1$m;前切线正方位角 251°22′14.1″。

计算前后缓和曲线、圆曲线上任一桩号中桩、边桩坐标值。

计算采用:

(1)ZH-HY 程序计算前缓和曲线段;

(2)HZ-YH 程序计算后缓和曲线段;

(3)HY-QZ-YH 程序计算圆曲线段,用 YH-QZ-HY 程序检核计算圆曲线段。

计算结果见表 5-14。

表 5-14

非对称曲线上点位坐标计算

已知数据	交点		交点坐标		偏角	半径 (m)	缓和曲线长		切线长		方位角
	点号	桩号	x(m)	y(m)			前	后	前	后	
	JD₂₈₅	K65 + 466.656									251°22′14.1″
	JD₂₈₆	K65 + 718.319	560.593	1 959.182 3	右 85°06′55.7	95.0	35.000	75.000	107.125	124.863	

桩号	左边桩		中一边距离 (m)	中桩		中一边距离 (m)	右边桩	
	x(m)	y(m)		x(m)	y(m)		x(m)	y(m)
ZH K65 + 611.190	590.788	2 062.055 8	4.25	594.815	2 060.698 2	4.25	598.842	2 059.340 6
+ 630	585.030	2 043.913 8	4.25	589.124	2 042.772 3	4.25	593.218	2 041.630 7
HY + 646.190	581.496	2 027.556 5	4.25	585.704	2 026.959 5	4.25	589.912	2 026.362 6
+ 660	580.513	2 013.175 0	4.25	584.763	2 013.193 8	4.25	589.013	2 013.212 7
+ 670	581.109	2 002.749 4	4.25	585.333	2 003.214 7	4.25	589.557	2 003.680 0
QZ + 689.260	585.317	1 983.108 0	4.25	589.361	1 984.414 4	4.25	593.405	1 985.720 7
+ 700	589.361	1 972.648 2	4.25	593.232	1974.402 5	4.25	597.103	1 976.156 7
+ 720	599.918	1 954.661 3	4.25	603.337	1 957.185 8	4.25	606.756	1 959.710 2
YH + 732.320	608.213	1 944.830 9	4.25	611.277	1 947.776 3	4.25	614.340	1 950.721 7
+ 740	613.975	1 939.280 0	4.25	616.804	1 942.451 5	4.25	619.634	1 945.622 9
+ 760	630.509	1 926.883 9	4.25	632.790	1 930.467 6	4.25	635.074	1 934.051 4
+ 780	648.334	1 916.897 3	4.25	650.232	1 920.700 3	4.25	652.129	1 924.503 3
+ 800	666.667	1 908.404 3	4.25	668.378	1 912.295 0	4.25	670.088	1 916.185 7
HZ K65 + 807.320	673.390	1 905.469 0	4.25	675.086	1 909.366 1	4.25	676.782	1 913.263 2

程序执行操作方法步骤,只介绍 HY-QZ-YH 程序计算圆曲线 QZ 点桩号中桩、边桩坐标,其余各桩号仿此进行。读者可自行演算。

程序执行操作方法步骤:

① 按 AC 键,开机;

② 按 FILE 键,选择文件名:HY-QZ-YH;

③ 按 EXE 键,显示:R?,输入半径:R = 95.000(m);

④按 EXE 键,显示:I?,输入前缓和曲线长度:I = 35.00(m);

⑤按 EXE 键,显示:A?,输入缓圆(HY)点桩号:A = 646.1900(m);

⑥按 EXE 键,显示:P?,输入直缓(ZH)点 x 坐标:P = 594.815;

⑦按 EXE 键,显示:Q?,输入直缓(ZH)点 y 坐标:Q = 2060.6982;

⑧按 EXE 键,显示:F?,输入前切线正方位角:F = 251°22′14.1″;

⑨按 EXE 键,显示:G?,输入转角控制条件,此例右转角 G 输入 1;

⑩按 EXE 键,显示:B?,输入圆曲线上任一点桩号,此例计算曲中(QZ)点,输入 B = 689.20;

⑪按 EXE 键,显示:X = 589.361[曲中(QZ)点的 x 坐标值];

⑫按 EXE 键,显示:Y = 1984.4144[曲中(QZ)点的 y 坐标值];

⑬按 EXE 键,显示:S?,输入中—边桩距离,此例假定 S = 4.25(m);

⑭按 EXE 键,显示:E?,输入夹角,计算左边桩,输入 – 90;

⑮按 EXE 键,显示:M = 585.317(K65 + 689.260 断面左边桩 x 值);

⑯按 EXE 键,显示:N = 1983.1080(K65 + 689.260 断面左边桩 y 值);

⑰按 EXE 键,显示:B?,计算 K65 + 689.260 断面右边桩,仍输入 689.260(m);

⑱按 EXE 键,显示:X = 589.361(重复计算中桩 x 值);

⑲按 EXE 键,显示:Y = 1984.4144(重复计算中桩 y 值);

⑳按 EXE 键,显示:S?,输入中—边桩距离,此例假定 S = 4.25(m);

㉑按 EXE 键,显示:E?,输入右夹角:E = 90;

㉒按 EXE 键,显示:M = 593.405(K65 + 689.260 曲中的右边桩 x 值);

㉓按 EXE 键,显示:N = 1985.7207(K65 + 689.260 曲中的右边桩 y 值);

至此,曲中(K65 + 689.260)点左边桩、中桩、右边桩的坐标 x,y 值均已算出;

㉔按 EXE 键,显示:B?,输入圆曲线上、下一任意点的桩号。

以下操作同上,重复显示 B?,S?,E?,只要输入相应桩号、中—边距离、夹角,就可算出左边桩、中桩、右边桩的坐标。

第七节　经纬仪视距法放样平距及高程计算
程序编写及应用

一、经纬仪视距法平距及高程计算常规公式

采用经纬仪视距法放样点位平面位置时,应快速地、准确地计算出测站至标尺间的平距,以指挥标尺前后移动位置,其计算公式是:

$$D = KL\cos^2\alpha = 100\text{Abs}(A - B)\cos^2\alpha \tag{5-19}$$

式中:D——测站至标尺间的水平距离;

K——仪器乘常数,光学经纬仪:$K = 100$;

L——经纬仪望远镜上下丝(也叫视距丝)在标尺上所截取的分划数值;作业中,可直读标尺上、下丝分划值,用公式:$L = \text{Abs}(A - B)$计算上下丝间所截取之分划,用公式:$L = 100\text{Abs}(A - S)$计算测站至标尺间斜距(Abs 为绝对值符号);

α——竖直角(垂直角);在读取 L 时,仪器望远镜中丝位置竖盘(垂直度盘)的垂直角,其功用是将标尺斜距换算为平距,同时,可计算出待放样点(测点或立标尺处)的高程。

经纬仪视距法计算高差公式是:

$$(1) \qquad h_1 = \frac{1}{2}KL\sin 2\alpha + I - t$$
$$= \frac{1}{2}100\text{Abs}(A - B)\sin 2\alpha + I - t \tag{5-20}$$

$$(2) \qquad h_2 = D\tan\alpha + I - t$$
$$h_1 = h_2 \tag{5-21}$$

以上式中:h_1——用斜距计算之高差;

h_2——用公式(5-19)平距计算之高差;

α——符号意义同(5-19)公式的 α;

I——测站仪器高,简称仪高;

t——砚标高(简称砚高);在读取 L 时,中丝分划读数就是砚高。

$$(3) \qquad H_待 = H_测 + h_1 = H_测 + h_2$$

式中:$H_待$——待放样点高程;

$H_测$——测站点已知高程;

h_1,h_2——用公式(5-20)或公式(5-21)计算之高差。

174

二、将经纬仪视距法平距及高程计算公式写成编程公式

1.经纬仪视距法平距程序方程式

$$D = 100Abs(A - B)(\cos E)^2 ◢$$

2.经纬仪视距法高程程序方程式

$$M = H + D\tan E + I - T ◢$$

3.经纬仪视距法平距、高程计算程序清单

Fi JSF　　（文件名）（101 步骤数）

L1 LbI 0

L2 H:I:{A B T E C F}

L3 $D = 100Abs(A - B)(\cos E)^2$ ◢

L4 $V = D - C$ ◢（或不用）（当用经纬仪视距法放样时,此方程式用显示符号:◢;当用经纬仪视距法测设导线边长时,或测任一点平距时,不用"◢"符号）

L5 $M = H + D\tan E + I - T$ ◢

L6 $U = M - F$ ◢（或不用）（当用经纬仪视距法放样点位高程时,用"◢";当用经纬仪视距法测设导线点高程时,或测设任一点高程时,不用"◢"）

L7 Goto 0

程序中:H——测站点高程;

　　　I——测站点仪器高度,小钢尺量至 mm;

　A,B——标尺上丝、下丝读数;估读至 mm（实践作业中,习惯上常将下丝照准标尺上一整分划,例如 1.000,1.500,2.000 等）;

　　　T——标尺中丝读数,估读至 mm（砚高）;

　　　E——中丝位置仪器竖盘所测垂直角;

　　　D——测站点至标尺立点处之平距,即实测距离;

　　　M——标尺立点处高程,即实测高程;

　　　C——测站点至放样点间设计的平距;

　　　F——放样点设计之高程;

　　　V——V = D - C = 实测距离 - 放样设计距离;V 若为负值,说明放样距离短了,应向后移 V 值,才是设计距离;V 若为正值,说明放的长了,应向前移 V 值,才是设计距离;

　　　U——U = M - F = 实测高程 - 放样点设计高程;U 若为负值,说明低了,需填 U 值,才可达到设计高程;U 若为正值,说明立尺处高了,需下挖 U 值,才可达到设计高程。

175

三、经纬仪视距法平距及高程放样程序计算操作方法及算例

1.算例

××线路×段路堤在施工初期,在 K128 + 850I(施工导线点)设站,用经纬仪视距法放样线路中桩平面位置及高程,在放样 K128 + 750 中桩时,测得如下数据:上丝读数 2.352,下丝读数 1.210,中丝读数 1.781,中丝垂直角 – 0°30′54″;仪高:1.407;已知测站点高程 H = 117.00,K128 + 750 至测站设计平距 C = 114.253,K128 + 750 中桩设计高 F = 116.59。为了及时指挥扶尺员前后移动标尺,放出 K128 + 750 中桩实地位置,采用 JSF 程序——经纬仪视距法平距及高程计算程序计算测站至立尺点的平距 D,以及标尺前后移动量 V。

2.操作方法步骤

① 按 $\boxed{AC}$ 键,开机;

② 按 $\boxed{FILE}$ 键,选择文件名:Fi   JSF;

③ 按 $\boxed{EXE}$ 键,显示:$H^?$,输入测站点高程 117.000;

④ 按 $\boxed{EXE}$ 键,显示:$I^?$,输入测站仪高 1.407;

⑤ 按 $\boxed{EXE}$ 键,显示:$A^?$,输入上丝读数 2.352;

⑥ 按 $\boxed{EXE}$ 键,显示:$B^?$,输入下丝读数 1.210;

⑦ 按 $\boxed{EXE}$ 键,显示:$E^?$,输入中丝位置测得的垂直角 – 0°30′54″;

⑧ 按 $\boxed{EXE}$ 键,显示:$D = 100 Abs(A – B)(\cos E)^2 = 114.191$ (测站中心至标尺间之平距);

⑨ 按 $\boxed{EXE}$ 键,显示:$C^?$,输入测站至放样点间之设计平距 114.253;

⑩ 按 $\boxed{EXE}$ 键,显示:$V = D – C = – 0.062$ (V 为负值,指挥标尺后移 62mm);

注:至第⑩步,已计算出标尺前后移动量 V;指挥标尺向后退 62mm(面对测站点来说,扶尺员是向后退),重立标尺,重新读 A,B,T,E,重新计算 V,当 V = 0 时,标尺立点处就是 K128 + 750 中桩设计的实地位置;若要同时计算出挖或填高度,则在第⑩步后继续操作下去。但当 V≠0 时,说明还不到位,则不需往下计算。为了说明计算方法,此例继续往下算。

⑪ 按 $\boxed{EXE}$ 键,显示:$T^?$,输入标尺处砚高(中丝读数)1.781;

⑫ 按 $\boxed{EXE}$ 键,显示:$M = H + D\tan E + I – T$

176

= 115.600 （立尺处的实地高程）；

⑬按 $\boxed{\text{EXE}}$ 键,显示:F?（输入立尺处的设计高程,例中立尺点距设计点短了 6cm,又是施工初期,按 K128 + 750 处设计高程输入 116.59）；

⑭按 $\boxed{\text{EXE}}$ 键,显示:U = M − F = − 0.990 （V 为负,说明该处低了,指挥上填 0.99m）；

⑮按 $\boxed{\text{EXE}}$ 键,显示:A?,输入标尺移动后重测的上丝读数；

以下重复连续计算,略。

四、经纬仪视距法平距及高程程序计算应用范围

1.当用经纬仪视距法进行极坐标法放样线路各桩位时,可用此程序计算：

(1)测站点至放样点间的平距及移动量；

(2)放样点位的实地高程及挖、填高度。

2.当用光学大平板仪进行地形图测量时,可用此程序计算：

(1)测站点至地形点间的平距,以利图上刺点；

(2)地形点的实地高程,以利刺点旁注记高程。

此时,可将程序修改如下：

Fi　DXZL − DH　　（文件名）（49 步骤数）

L1　LbI　0

L2　H:I:T:{S E}

L3　$D = S(\cos E)^2$ ◢

L4　$M = H + D\tan E + I − T$ ◢

L5　Goto　0

程序中:H——测站点高程；

　　　　I——测站点仪高；

　　　　T——砚高;地形测量时,为了方便计算,常将 T 设为仪高 I,即 T = I,操作时,将望远镜中丝照准标尺 I 读数即可；

　　　　S——测站至标尺间直读的距离,操作时,将望远镜下丝照准标尺整分划,例如 1.000,可很方便地读出 S；

　　　　E——望远镜中丝位置的垂直角;估读至"分";操作时,在读出 S 后,即将中丝调到 I 读数处,再读垂直角;如果在读出 S 后,不将中丝调到 I 处,则应读出中丝读数,即是砚高 T。

注:此程序可快速地、准确地计算出地形点的平距和高程,不需翻查"视距表",非常方便实用。

177

3.当用经纬仪视距法测设低等级的导线时,可用 JSF 程序计算:

(1)导线点间之平距;

(2)导线点的高程。

此时,可将程序中:

(1)第 2 行变量 C,F 删除;

(2)第 4 行、第 6 行删除。

4.当用经纬仪视距法测设低等级公路交点时,可用 JSF 程序计算:

(1)交点间平距;

(2)交点的高程。

此时,可将程序中:

(1)第 2 行变量 C,F 删除;

(2)第 4 行、第 6 行删除。

另外,JSF 程序还可应用于低等级公路(例如山区乡村公路):

(1)利用交点复放线路中桩,替代皮尺拉距;

(2)交点被毁复桩时计算桩位平距及前后移动量。

第六章

线路施测中其他有关计算程序编写及应用

第一节　圆曲线要素及其主点里程桩号计算程序

一、圆曲线要素计算公式

圆曲线要素是:圆曲线半径 R、线路转向角(习惯叫偏角)N、切线长 T、曲线长 L、外距 E 及切曲差 P。

这些要素中,R 和 N 是已知数据。R 是在设计中按线路等级及地形条件等因素选定的,N 是线路选线时测出的,其余要素是按下述公式计算出来的:

切线长:$T = R \cdot \tan(N/2)$

曲线长:$L = \pi/180 \cdot N \cdot R$

外距:$E = R \cdot (\sec(N/2) - 1) = R(1/\cos(N/2) - 1)$

切曲差:$S = 2T - L$

二、圆曲线主点里程桩号计算公式

圆曲线的主要点是:圆曲线的起点直圆(ZY)点、圆曲线的中点曲中(QZ)点和圆曲线的终点圆直(YZ)点。

根据交点的里程桩号和圆曲线要素,可按下述公式计算出圆曲线主点的里程桩号:

直圆(ZY)点的里程桩号 = JD 点的里程桩号 – T

曲中(QZ)点的里程桩号 = ZY 点的里程桩号 + $L/2$

圆直(YZ)点的里程桩号 = QZ 点的里程桩号 + $L/2$

校核:

$$YZ \text{ 点的里程桩号} = JD \text{ 点的里程桩号} + T - S$$

三、圆曲线要素及圆曲线主点里程桩号计算程序编写

根据交点里程桩号 Q、圆曲线半径 R 和偏角 N，依据圆曲线要素计算公式、圆曲线主点桩号计算公式，我们将其编辑设计成计算程序，其程序清单如下：

Fi ZY-QZ-YZ   （文件名）（120 步骤数）

L1   LbI 0

L2   {Q R N}

L3   T = Rtan(N/2)▲   （切线长）

L4   L = RNπ/180 ▲   （曲线长）

L5   E = R(1/cos(N/2) − 1)▲   （外距）

L6   S = 2T − L ▲   （切曲差）

L7   A″ZY″ = Q − T ▲   （ZY 点桩号）

L8   B″QZ″ = A + L/2 ▲   （QZ 点桩号）

L9   C″YZ″ = B + L/2 ▲   （YZ 点桩号）

L10   C″YZ2″ = Q + T − S ▲   （检核计算，若″YZ″ =″YZ2″，说明计算结果正确）

L11   Goto 0

程序中：Q——交点里程桩号；

　　　　R——圆曲线半径；

　　　　N——偏角（输入时不带符号）。

四、算例及操作方法步骤

采用 ZY-QZ-YZ 程序计算圆曲线要素及圆曲线主点里程桩号算例见表 6-1。算例中交点是 JD_{18}，其里程桩号 $Q = K128 + 645.04$；交点处圆曲线半径 $R = 5000m$；线路偏角（左）$N = −8°32′48″$。

圆曲线要素及主点桩号计算（采用 ZY-QZ-YZ 程序计算）　表 6-1

交点名	桩号	偏角 (° ′ ″)	半径 R (m)	切线 T (m)	曲线长 L (m)	外距 E (m)	切曲差 S (m)
JD_{18}	K128 + 645.04	− 8 32 48	5 000	373.612	745.837	13.939	1.386

点名	JD	ZY	QZ	YZ
桩号	K128 + 645.04	K128 + 271.428	K128 + 644.347	K129 + 017.266

程序执行操作方法步骤：略。

180

五、ZY-QZ-YZ 程序应用范围及注意事项

(1)使用本程序的起算数据:交点的里程桩号、交点处圆曲线的半径和线路的偏角。

(2)本程序可计算:

圆曲线的要素:T, L, E, S;

圆曲线主点的里程桩号:ZY 点、QZ 点、YZ 点的里程桩号。

第二节　有缓和曲线的圆曲线要素和主点里程桩号计算程序

一、有缓和曲线的圆曲线要素计算公式

有缓和曲线的圆曲线要素是:圆曲线半径 R、线路偏角 N、缓和曲线长 I,以及切线长 T、曲线长 L、外距 E、切曲差 S。

当圆曲线半径 R、线路转角 N 和缓和曲线长 I 为已知时,其余曲线要素可按下述公式计算:

切线长:$T = M + (R + P)\tan(N/2)$

曲线长:$L = RN\pi/180 + I$

外距:$E = (R + P)/\cos(N/2) - R$

切曲差:$S = 2T - L$

式中:N——偏角;

　　　R——圆曲线半径;

　　　I——缓和曲线长;

　　　M——加设缓和曲线后使切线增长的距离,简称切线增值,按下式计算:

$$M = I/2 - I^3/(240R^2)$$

　　　P——加设缓和曲线后,圆曲线相对于切线的内移量,简称内移距,按下式计算:

$$P = I^2/(24R) - I^4/(2688R^3)$$

二、有缓和曲线的圆曲线主点里程桩号计算公式

具有缓和曲线的圆曲线,其主要点是:

直缓(ZH)点:线路由直线转为缓和曲线的连接点;

缓圆(HY)点:线路由缓和曲线转为圆曲线的连接点;

曲中(QZ)点:圆曲线的中点;

圆缓(YH)点:线路由圆曲线转为缓和曲线的连接点;

缓直(HZ)点:线路由缓和曲线转为直线的连接点。

根据交点的里程桩号和上式计算的曲线要素,可按下式计算出具有缓和曲线的圆曲线的主要点里程:

直缓(ZH)点的里程桩号 = JD 点的里程桩号 – T

缓圆(HY)点的里程桩号 = ZH 点的里程桩号 + I

曲中(QZ)点的里程桩号 = ZH 点的里程桩号 + $L/2$

缓直(HZ)点的里程桩号 = QZ 点的里程桩号 + $L/2$

圆缓(YH)点的里程桩号 = HZ 点的里程桩号 – I

检核:

缓直(HZ)点的里程桩号 = JD 点的里程桩号 + $T – S$

三、有缓和曲线的圆曲线要素及主点里程桩号计算程序编写

根据交点里程桩号 Q、圆曲线半径 R、偏角 N 和缓和曲线长 I,依据具有缓和曲线的圆曲线要素计算公式、主点桩号计算公式,将其编辑设计成计算程序,其程序清单如下:

Fi ZH-HY-YH-HZ   (文件名)(198 步骤数)

L1　LbI　0

L2　{Q R N I}

L3　$P = I^2/(24R) – I^4/(2688R^3)$　(内移距)

L4　$M = I/2 – I^3/(240R^2)$　(切线增值)

L5　$T = (R + P)\tan(N/2) + M$ ◣　(切线长)

L6　$L = RN\pi/180 + I$ ◣　(曲线长)

L7　$E = (R + P)/\cos(N/2) – R$ ◣　(外距)

L8　$S = 2T – L$ ◣　(切曲差)

L9　$A''ZH'' = Q – T$ ◣　(ZH 点桩号)

L10　$B''HY'' = A + I$ ◣　(HY 点桩号)

L11　$C''QZ'' = A + L/2$ ◣　(QZ 点桩号)

L12　$D''HZ'' = C + L/2$ ◣　(HZ 点桩号)

L13　$F''YH'' = D – I$ ◣　(YH 点桩号)

L14　$D''HZ2'' = Q + T – S$ ◣　(检查计算:当"HZ" = "HZ2",说明计算正确)

L15　Goto　0

程序中:Q——交点里程桩号;

R——圆曲线半径；

N——偏角；

I——缓和曲线长度。

四、算例及操作方法步骤

采用 ZH-HY-YH-HZ 程序计算有缓和曲线的圆曲线要素及主点里程桩号算例见表 6-2。算例中交点是 JD_{19}，其里程桩号 Q = K251 + 246.76；交点处圆曲线半径 R = 400m；线路偏角(右) N = 39°16′07″，缓和曲线长 I = 100。

有缓和曲线的圆曲线要素及主点桩号计算

(采用 ZH-HY-YH-HZ 程序计算) 表 6-2

交点名	桩号	偏角 N (° ′ ″)	半径 R (m)	缓和曲线长 I(m)	切线长 T (m)	曲线长 L (m)	外距 E (m)	切曲差 P (m)
JD_{19}	K251 + 246.76	右 39 16 07	400	100	193.049	374.147	25.799	11.952

点名	JD_{19}	ZH	HY	QZ	YH	HZ
桩号	K251 + 246.76	K251 + 053.711	K251 + 153.711	K251 + 240.784	K251 + 327.858	K251 + 427.858

程序执行操作方法步骤：略。

五、ZH-HY-YH-HZ 程序应用范围及注意事项

(1)使用本程序的起算数据：交点的里程桩号、交点处圆曲线的半径、线路的偏角和缓和曲线长度。

(2)本程序可计算：

具有缓和曲线的圆曲线要素：T, L, E, S；

具有缓和曲线的圆曲线主要点位的里程桩号：ZH 点、HY 点、YH 点和 HZ 点的里程桩号。

当缓和曲线 I 为 0 时，本程序可计算不设缓和曲线的圆曲线要素及主点里程桩号。此时程序中：

ZH 点的里程桩号 = HY 点的里程桩号 = ZY 点的里程桩号

QZ 点的里程桩号 = QZ 点的里程桩号

HZ 点的里程桩号 = YH 点的里程桩号 = YZ 点的里程桩号

第三节　低等级公路改建线路中线测设计算程序

一、依据外距 E 和偏角 N 计算圆曲线其他要素及圆曲线主点里程桩号程序

1.概述

低等级公路改造工程,在进行线路中线测量时,一般是按下述步骤进行作业的:

(1)在线路弯道实地确定原线路曲中(QZ)点;

(2)根据弯道处实地地形,目估外距 E 方向线,并在过曲中(QZ)点的外距 E 方向上,定出交点实地位置;

(3)用皮尺量出外距 E 值;

(4)在交点设站测出线路偏角 N;

(5)查"公路测设曲线表"求出半径 R;

(6)计算曲线其他要素 T 和 L;

(7)计算曲线主点里程桩号。

这种又翻表又手算的方法比较繁琐,且速度慢,又易出错,如果我们将其计算公式编写成程序计算,则能快捷准确地计算出所需各种数据。

2.由外距 E、偏角 N 计算圆曲线半径 R、切线长 T 和曲线长 L 的公式

半径 R: $\qquad R = E/(1/\cos(N/2) - 1)$

切线长 T: $\qquad T = R\tan(N/2)$

曲线长 L: $\qquad L = RN\pi/180$

切曲差 P: $\qquad P = 2T - L$

式中: E——实地量取的外距;

$\quad N$——实地测量的偏角。

3.由外距 E、偏角 N 计算圆曲线要素 R, T, L 和圆曲线主点 ZY 点、QZ 点、YZ 点的桩号程序清单

Fi　EN－RTLP　　（文件名）（122 步骤数）

L1　LbI　0

L2　{E N Q}　（偏角 N 输入时不考虑符号）

L3　R = E/(1/cos(N/2) - 1)◢　（半径计算）

L4　T = Rtan(N/2)◢　（切线长计算）

L5　L = RNπ/180◢　（曲线长计算）

L6　P = 2T - L◢　（切曲差计算）

L7　A″ZY″ = Q - T◢　（ZY 点桩号计算）

L8　B″QZ″ = A + L/2◢　（QZ 点桩号计算）

L9　C″YZ″ = B + L/2◢　（YZ 点桩号计算）

L10　C″YZ2″ = Q + T - P◢　（检核计算）

L11　Goto　0

程序中: E——低等级公路改造工程线路中线测量时实地量取弯道的外距值;

$\quad$ N——低等级公路改造工程线路中线测量时实地选定交点处测量

184

的线路偏转角值;

Q——实地选定的交点的里程桩号,由上一交点里程与选测中线时的距离计算求得。

4.算例及操作方法步骤

(1)算例

××县××乡公路改造工程线路中线测量时,在JD_{69}弯道处,选测外距 $E = 2.65m$,偏角 $N(右) = 57°18'$,JD_{69}桩号 $Q = K15 + 008.31$,据此,我们采用 EN-RTLP 程序计算该弯道曲线要素 R,T,L 以及该曲线主点桩号,结果见表 6-3。

由外距 E、偏角 N 计算曲线要素及主点桩号

(采用 EN-RTLP 程序计算)   表 6-3

选线实测数据			计算的曲线要素			
交点名	外距 E (m)	偏角 N	半径 R (m)	切线长 T (m)	曲线长 L (m)	切曲差 P (m)
JD_{69}	2.65	右 57°18′	18.99	10.38	19.0	1.759

点名	JD_{69}	ZY	QZ	YZ
桩号	K15 + 008.31	K14 + 997.93	K15 + 007.43	K15 + 016.93

(2)程序执行操作方法步骤:略。

5.EN-RTLP 程序应用范围及注意事项

(1)本程序适用于低等级公路选线中进行线路中线测量时,依据实测外距和偏角,计算半径 R、切线长 T、曲线长 L 等曲线要素;

(2)依据交点里程桩号和计算的曲线要素 T, L 和 P,计算圆曲线主点 ZY 点、QZ 点和 YZ 点里程桩号。

二、依据弦长 C 和中央纵距 y 计算弯道圆曲线要素和主点里程桩号程序

山区乡村公路改建线路采用弦长、中央纵距法测设线路中线时,实地量出了弦长 C 和中央纵距y,据此,我们可采用下式计算出弯道处圆曲线的半径 R:

$$R = C^2/(8y)$$

知道了弦长 C、半径 R,可用下式计算出圆心角,即转角 N:

$$N = 2\sin C/(2R)$$

185

知道了 N 和 R,则可计算出外距 E、切线长 T、曲线长 L 和切曲差 P:

$$E = R(1/\cos(N/2) - 1)$$

$$T = R\tan(N/2)$$

$$L = RN\pi/180$$

$$P = 2T - L$$

然后根据交点的桩号,计算圆曲线主点里程桩号:

ZY 点的里程桩号 $= Q - T$

QZ 点的里程桩号 $=$ ZY 点的里程桩号 $+ L/2$

YZ 点的里程桩号 $=$ QZ 点的里程桩号 $+ L/2$

将上述公式编写入 fx—4500PA 计算机,则其程序清单如下:

Fi　CY-RNETLP　　（文件名）（148 步骤数）

L1　LbI　0

L2　{C Y Q}

L3　$R = C^2/(8Y)$ ◣

L4　$N = C/(2R) : N = 2\sin^{-1}N$ ◣ 接着按 $\boxed{\text{SHIFT}}$ $\boxed{\text{°，”}}$ 键

L5　$E = R(1/\cos(N/2) - 1)$ ◣

L6　$T = R\tan(N/2)$ ◣

L7　$L = RN\pi/180$ ◣

L8　$P = 2T - L$ ◣

L9　$A''ZY'' = Q - T$ ◣

L10　$B''QZ'' = A + L/2$ ◣

L11　$C''YZ'' = B + L/2$ ◣

L12　$C''YZ2'' = Q + T - P$ ◣　（检查计算 YZ2 = YZ）

L13　Goto　0

程序中:C——弯道处圆曲线实地 ZY 点和 YZ 点间距离即弦长;

　　　　Y——中央纵距,即实地 ZY 点和 YZ 点两点弦线中点至实地 QZ 点的距离;

　　　　Q——交点里程桩号。

算例及操作方法步骤。

(1)算例

××县××乡公路改建工程线路中线测量时,在 JD$_{30}$ 弯道处,选测弦长 $C = 18.25\text{m}$,中央纵距 $y = 1.60\text{m}$,JD$_{30}$ 里程桩号是 K13 + 346.55,据此实测数据,采用 CY – RNETLP 程序计算该弯道处圆曲线要素及主点里程桩号,结果见表 6-4。

由弦长 C、中央纵距 y 计算圆曲线要素及主点桩号

（采用 CY-RNETLP 程序计算）

表 6-4

选线实测数据			计算的圆曲线要素					
交点名	弦长 C(m)	中央纵距 y(m)	半径 R(m)	偏角 N	外距 E(m)	切线长 T(m)	曲线长 L(m)	切曲差 P(m)
JD_{30}	18.25	1.60	26.02	41°04′	1.77	9.74	18.65	0.84

点名	JD_{30}	ZY	QZ	YZ
桩号	K13+346.55	K13+336.81	K13+346.13	K13+355.45

（2）操作方法步骤

① 按 AC 键，开机；

② 按 FILE 键，选择文件名：CY – RNETLP；

③ 按 EXE 键，显示：$C^?$，输入弦长 18.25(m)；

④ 按 EXE 键，显示：$Y^?$，输入中央纵距 1.60(m)；

⑤ 按 EXE 键，显示：R = 26.02（圆曲线半径）；

⑥ 按 EXE 键，显示：N = 41.058，接着按 SHIFT °,″ 键，显示 40°03′30″；

⑦ 按 EXE 键，显示：E = 1.77（外距）；

⑧ 按 EXE 键，显示：T = 9.74（切线长）；

⑨ 按 EXE 键，显示：L = 18.65（曲线长）；

⑩ 按 EXE 键，显示：P = 0.84（切曲差）；

⑪ 按 EXE 键，显示：$Q^?$，输入交点桩号 346.55(m)；

⑫ 按 EXE 键，显示：ZY = 336.81（直圆点桩号）；

⑬ 按 EXE 键，显示：QZ = 346.13（曲中点桩号）；

⑭ 按 EXE 键，显示：YZ = 355.45（圆直点桩号）；

⑮ 按 EXE 键，显示：YZ2 = 355.45（检查计算）；

⑯ 按 EXE 键，显示：$C^?$，输入另一弦长；

以下重复计算，略。

CY-RNETLP 程序应用范围及注意事项：

（1）本程序适用于山区乡村公路选线中进行中线测量时，依据实测的弦长 C 和中央纵距 y 计算圆曲线半径 R、转角 N、切线长 T、曲线长 L 和切曲

差 P 等曲线要素。

(2)依据交点里程桩号和计算的曲线要素 T, L 和 P,计算圆曲线点 ZY 点、QZ 点和 YZ 点里程桩号。

第四节　线路填、挖方工程量计算程序

一、线路填、挖方量计算公式

公路施工实践中,计算土石方体积,最常用的方法是根据线路横断面面积计算每段工程量。

常用计算土石方体积公式是:

$$V = \frac{A_1 + A_2}{2} \cdot L$$

式中:V——相邻两横断面间的填(或挖)方土(石)方体积,即方量,m^3;

A_1, A_2——相邻两横断面的挖(或)填方面积,m^2;

L——相邻两横断面的间距,m。

二、线路填、挖方横断面面积计算公式

关于线路填、挖方横断面面积计算,有关公路施工书籍都有介绍;作者在实践中常用的横断面面积计算公式在《公路工程施工测量》书中作了详尽介绍,请参阅《公路工程施工测量》(人民交通出版社,2004 年 9 月第 1 版)第八章第一节,本书只将该公式列述如下,供读者使用,其名称作者定为:线路结构层横断面面积计算公式(见线路横断面结构图 6-1):

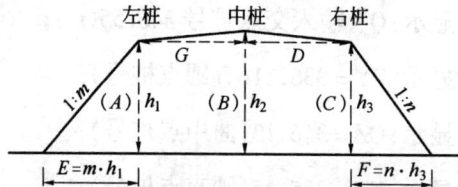

图 6-1　线路结构层横断面几何图形

$$A = 0.5[(h_1 + h_2)G + (h_2 + h_3)D + mh_1^2 + nh_3^2]$$

式中:h_1, h_2, h_3——线路横断面左、中、右桩位实测地面高程与其设计高程
之差;

G, D——线路左、右半幅路宽,一般情况下 $G = D$,但为了公式通
用(例如半填半挖 $G \neq D$),则分开使用;

188

m, n——边坡坡度。

三、线路方量计算程序编写

线路工程量计算分两步进行,第一步计算横断面面积,第二步计算方量。因此计算程序要分别编写。

(1)计算横断面面积程序清单

Fi WTMJ (文件名) (52 步骤数)

L1 LbI 0

L2 {A B C G D M N}

L3 $S = 0.5((A + B)G + (B + C)D + MA^2 + NC^2)$ ◢

L4 Goto 0

程序中:A,B,C——线路横断面左、中、右桩位实测高程与其设计高程之差;

G,D——线路横断面左、右半幅路宽;

M,N——边坡坡度。

(2)计算方量程序

根据横断面面积计算每段方量的程序清单:

Fi FL (文件名) (33 步骤数)

L1 LbI 0

L2 {A B S}

L3 $K = (A + B)/2$ ◢ (平均面积计算)

L4 $V = KS$ ◢ (方量计算)

L5 Goto 0

程序中:A,B——两相邻横断面的面积;

S——两相邻横断面间距;

K——两相邻横断面的平均面积;

V——两相邻横断面间挖(填)方量。

四、算例及操作方法步骤

(1)线路横断面面积计算算例

××高速公路××施工段,甲施工队因工作需要,将正在填土的 K129 + 325 ~ K129 + 500 段路基移交给乙施工队继续上填。为此,两施工队会同监理人员对此段实地恢复桩位和测高工作,并以实地测高结果为据,计算此段剩余工程量。

方法:

根据实测高程计算应填高度及横断面面积。

表 6-5 是 K129 + 325 ~ K129 + 500 段实测记录、设计标高及应填高度。

K129 + 325 ~ K129 + 500 段实测高程及应填高度计算 表 6-5

桩号	后视读数	前视读数	实测高程(m)	设计高程(m)	(+)填(-)挖
K129 + 325 左	$H_后$:112.333	4 461	109.011	114.661	+5.65(A)
中	a:1 139	4 131	109.341	114.944	+5.60(B)
右		4 023	109.449	114.661	+5.21(C)
+350 左		3 271	110.201	114.801	+4.60
中		3 117	110.355	115.084	+4.73
右		3 091	110.381	114.801	+4.42
+375 左		2 179	111.293	114.973	+3.68
中		2 000	111.472	115.256	+3.78
右		2 021	111.451	114.973	+3.52
+400 左		1 182	112.290	115.176	+2.89
中		1 070	112.402	115.459	+3.06
右		1 273	112.199	115.176	+2.98
+425 左		0 436	113.036	115.410	+2.37
中		0 310	113.162	115.694	+2.53
右		0 497	112.975	115.410	+2.44
+450 左	$H_后$:112.333	3 348	113.887	115.676	+1.79
中	a:4 902	2 150	115.085	115.959	+0.87
右		1 448	115.787	115.676	-0.111
+475 左		1 919	115.316	115.973	+0.66
中		0 981	116.254	116.256	0
右		(堆料)		115.973	0
+500 左		1 036	116.199	116.301	+0.10
中		0 744	116.491	116.584	+0.09
右		(堆料)		116.301	0

根据应填高度、路宽及边坡比,采用 WTMJ 程序计算的 K129 + 325 ~ K129 + 500 段每一横断面的面积见表 6-6 第 2 栏(从有关资料获知填方半幅路基宽是 14.16m,两侧边坡比是 1:1.5)。

(2)线路填方段工程量计算算例

根据表 6-6 中第 2 栏每一横断面面积和两相邻横断面间距离,采用 FL

190

程序计算的 K129 + 325 ~ K129 + 500 段应填的剩余方量见表 6-6 中第 5 栏。

工程量计算表（K129 + 325 ~ K129 + 500 段填方）

（采用 WTMJ、FL 程序计算）　　　　表 6-6

桩　号	横断面积 （m²）	平均面积 （m²）	间距 （m）	工程量 （m³）	备　注
K129 + 325	200.49				
		180.925	25.00	4 523.13	
+ 350	161.36				
		142.655	25.00	3 566.38	
+ 375	123.95				
		110.880	25.00	2 772.00	
+ 400	97.81				
		88.89	25.00	2 222.25	
+ 425	79.97				
		50.605	25.00	1 265.13	
+ 450	21.24				
		13.12	25.00	328.00	
+ 475	5.00				
		3.175	25.00	79.38	
+ 500	1.35				
小计			175.00	14 756.3	

上述两程序执行过程中的操作方法步骤同前(略)。

五、WTMJ 程序、FL 程序计算范围及注意事项

WTMJ 程序的功能是计算线路横断面面积,适用于线路横断面挖方面积和填方面积计算。

应用此程序必须已知线路中桩,左、右边桩应填(或挖)的高度。此高度可以实测线路中桩,左、右边桩实地高程,通过与相对应之设计高程计算求得。

如果是计算横断面设计图之方量,则此高度可从横断面上按比例尺量取。

另外应用此程序还必须已知路宽和填(或挖)方两侧之边坡比。

FL 程序的功能是根据线路相邻横断面面积和相邻两横断面的间距计算线路填(或挖)方工程量。

第五节　根据实量边坡斜距计算修坡工程量程序

路基挖方段施工过程中,发现路堑边坡不稳固,易滑落或塌方,经会同驻地监理实地勘察,并经业主驻地办同意。将已挖好的边坡改缓,此时修坡的工程量,可根据实量改后边坡的斜距计算出每一横断面的面积,然后用前述 FL 程序计算修坡工程量[详见作者著《公路工程施工测量》(人民交通出版社,2004年9月第1版)第八章第五节"边坡因故改坡度修挖工程量计算"]。

由图6-2知,AE是改后边坡,其边坡坡度实测为$1:n=1:1.5$;AJ是改前边坡,其边坡坡度为:$1:m=1:1.25$,改后坡角$\alpha=33°41'$。

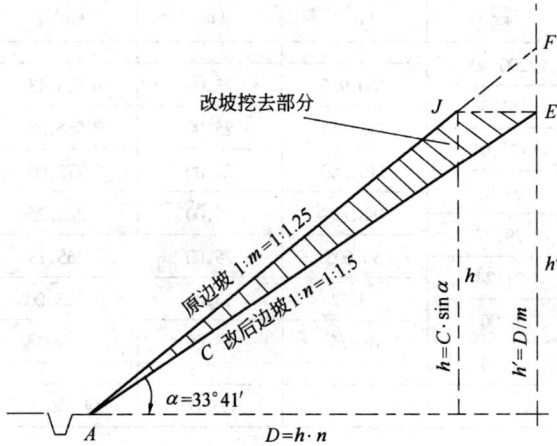

图 6-2　改坡挖修方量示意图

我们只要用皮尺在实地量出改后边坡坡面斜距AE,则可用下式计算因改坡而挖去的面积:

$$A = \frac{1}{2} \cdot C^2 \sin^2 \alpha (n - m)$$

式中:A——因改坡而挖去部分的截面积;

C——改后边坡坡面斜距,可用皮尺直接量取;

α——改后坡面与水平面夹角,即坡角,边坡坡度不同,坡角不同,坡角可根据边坡坡度求得,为了方便计算,下面将"边坡坡度及坡角表"列出,供查用,见表6-7;

n——改后边坡坡度;

m——改前边坡坡度。

边坡坡度及坡角表 表6-7

坡 度 比	坡角 α	备 注	坡 度 比	坡角 α	备 注
1:0.75	53°07′48″		1:1.50	33°41′24″	
1:1.0	45°00′00″	$\alpha = \arctan(1/m)$	1:1.75	29°44′42″	$\alpha = \arctan(1/m)$
1:1.25	38°39′35″		1:2.0	26°33′54″	

192

依据上式,我们可将其编写成程序计算,其程序清单如下:

Fi　GP－WMJ　　（文件名）（45 步骤数）

L1　LbI　0

L2　I:N:M

L3　{C}

L4　A = 0.5(C^2(sinI)^2(N－M))　◢

L5　Goto　0

程序中:I——改后边坡坡角;

　　　　N——改后边坡坡度;

　　　　M——改前边坡坡度;

　　　　C——改后边坡斜距。

用 GP-WMJ 程序计算出各横断面因改坡而挖去的面积后,再用 FL 程序计算出因改坡而挖修的工程量。

算例:××高速公路××施工段 K128 + 985 ~ K129 + 075 段左侧路堑边坡,因放炮震动坡面,有下滑趋势。为了消除隐患,经业主驻地办、监理、施工队三方现场勘察,决定将原边坡 1:1.25 改为 1:1.5。按照这一决定,施工队重新挖修了这段边坡。为了计量,需计算改坡挖修的工程量。为此,现场用皮尺丈量了改后的各横断面的坡脚至堑顶的斜距,见表6-8 第 2 栏。

改坡修挖面积计算表(采用 GP-WMJ 程序计算)　　　　表6-8

桩　号	斜距 C (m)	改前坡度 M	改后坡度 N	改后坡角 I	面积 A (m^2)	略图及计算公式
K128 + 985	6.40	1:1.25	1:1.50	33°41′	1.58	
K129 + 000	9.80	1:1.25	1:1.50	33°41′	3.69	
+ 025	18.00	1:1.25	1:1.50	33°41′	12.46	
+ 050	16.40	1:1.25	1:1.50	33°41′	10.34	
+ 075	+ 7.30	1:1.25	1:1.50	33°41′	2.05	$A = 1/2 \cdot C^2 \sin^2 I(N－M)$

根据各断面实地斜距、改前及改后边坡坡度、改后的坡角,用 GP-WMJ 程序计算的改坡段各横断面挖去的面积见表6-8 第 3 ~ 6 栏。

因改坡而挖修的工程量计算方法同第四节,此处不再计算。

GP-WMJ 程序使用范围及注意事项:

GP-WMJ 程序可计算挖方边坡(路堑)、因改坡而挖去部分的截面积。但要求改前边坡和改后边坡的坡脚应是同一位置。

第六节 曲线段皮(钢)尺交会法加放边桩放样数据计算程序

公路施工桩位放样时,在曲线段若实地只放出中桩桩位,则可用皮(钢)尺用交会法加放出左或右边桩。

此种情况下,第一步先用公式(6-1)计算出中央纵距 y,第二步用公式(6-2)计算边桩放样数据 AN 或 AP(见图6-3)。

中央纵距 y 的计算公式:

$$y = R - \sqrt{(R + C/2)(R - C/2)} \tag{6-1}$$

边桩放样数据计算公式:

外圆:$\quad\quad\quad$ $AN = \sqrt{(C/2)^2 + (y + B/2)^2}$ $\quad\quad$

$\left.\begin{array}{l} \\ \\ \end{array}\right\}$ $\tag{6-2}$

内圆:$\quad\quad\quad$ $AP = \sqrt{(C/2)^2 + (B/2 - y)^2}$

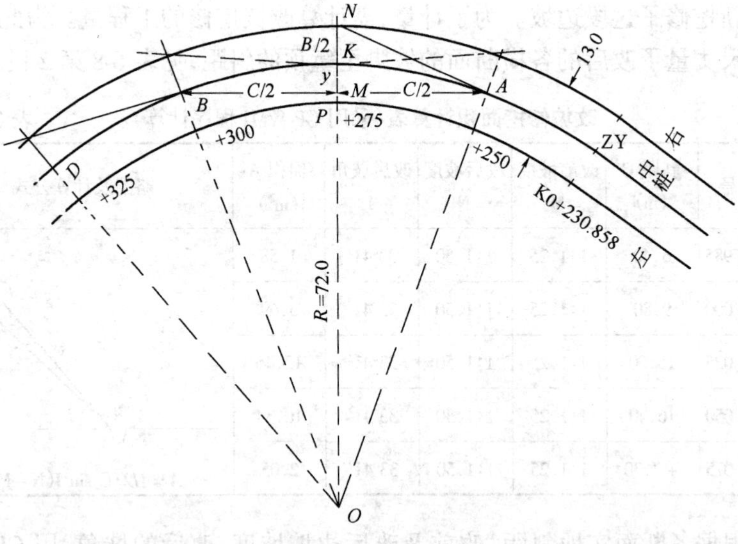

图6-3 线路曲线段交会法边桩放样示意图

详见作者著《公路工程施工测量》(人民交通出版社,2004年9月第1版)第七章第七节及第八章第五节。

为了方便运算,我们将公式(6-1)及公式(6-2)编写为程序。其程序清单如下:

194

外圆程序清单：

F WY-BZ （文件名）（68 步骤数）

L1 LbI 0

L2 {R C B}

L3 $Y = R - \sqrt{(R + C/2)(R - C/2)}$ ▲

L4 $S''AN'' = \sqrt{(C/2)^2 + (Y + B/2)^2}$ ▲

L5 Goto 0

内圆程序清单：

F LY-BZ （文件名）（68 步骤数）

L1 LbI 0

L2 {R C B}

L3 $Y = R - \sqrt{(R + C/2)(R - C/2)}$ ▲

L4 $S''AP'' = \sqrt{(C/2)^2 + (B/2 - Y)^2}$ ▲

L5 Goto 0

程序中：　　　　　　R——曲线半径；

　　　　　　　　　　C——中桩 AB 间平距，C/2 即中桩相邻两点间距离；

　　　　　　　　　　B——路面宽度；

AN(或 BN)，AP(或 BP)——边桩放样数据。

　　算例：在图 6-3 中，K0 + 250(A)，K0 + 275(K)，K0 + 300(B)为实地中桩，其 AB 间距为 50m；曲线半径 $R = 72m$，路宽 $B = 13.0m$；为了施工方便，需加放左(或右)边桩，其放样数据 AN = BN，采用 WY – BZ 程序计算：

$$AN = BN = 27.30(m)$$

　　知道了 AN，BN 距离，则可用皮(钢)尺在实地交会出右边桩 N[曲线左、右边桩放样方法详见作者著《公路工程施工测量》(人民交通出版社，2004 年 9 月第 1 版)第七章第七节]。

　　WY-BZ 程序、LY-BZ 程序应用范围：

　　当线路只放出中桩点位，需要加放左、右边桩时，可用 WY-BZ 程序计算出外圆放样数据，或用 LY-BZ 程序计算出内圆放样数据。

　　程序执行操作方法步骤(用 WY-BZ 程序)：

①按 AC 键，开机；

②按 FILE 键，将光标移至 WY-BZ 文件名旁；

③按 EXE 键，显示 R?，输入半径 72(m)；

④按 $\boxed{\text{EXE}}$ 键,显示 C? 输入桩距 50(m);

⑤按 $\boxed{\text{EXE}}$ 键,显示 Y = 4.48(中央纵距。作业中,可不显示,将"▲"删除);

⑥按 $\boxed{\text{EXE}}$ 键,显示 B?,输入路宽 13.00(m);

⑦按 $\boxed{\text{EXE}}$ 键,显示 AN = 27.30(外圆放样数据);

⑧按 $\boxed{\text{SHIFT}}$ $\boxed{\text{AC}}$ 键,关机。

第七节　灌砂法压实度计算程序

灌砂法压实度计算在设计好的表格中进行,其计算方法在步骤表中以序号写明,此节不再讲述。

表6-9"灌砂法压实度检测记录表"是灌砂法检测压实度外业操作记录及计算压实度的一种样表,当然,还有其他样式表格。读者可从表中了解灌砂法检测压实度外业操作步骤及计算压实度的公式和计算方法,以及计算的顺序步骤。

灌砂法压实度检测记录表 表6-9

项 目 名 称			施 工 单 位		合 同 段		
监 理 单 位			单项工程名称		范 围		
层 次		路 基	锥体内砂重 m_2(g)	730	标准砂密度 ρ_s(g/m³)		1.426
最大干密度(g/m³)		2.320	最佳含水量(%)	5.4	要求压实度(%)		97

序号	试验项目计算公式	试 验 位 置 （桩号）							
		K2 + 620	K2 + 700						
1	灌砂前筒 + 砂重(g)	9 000	9 000						
2	灌砂后筒 + 砂重(g)	4 295	4 905						
3	灌入试坑砂重(g) (1) - (2) - m_2	3 975	3 365						
4	试坑体积(cm³) (3)/(ρ_s)	2 788	2 360						
5	湿试样重(g)	6 705	5 580						
6	湿密度(g/cm³) (5)/(4)	2.405	2.365						
7	盒号	1	2	1	2				
8	盒重(g)	65	70	65	70				
9	盒 + 湿土重(g)	565	570	570	574				
10	盒 + 干土重(g)	541	547	547	552				
11	干土重(g) (10) - (8)	476	477	482	482				
12	水重(g) (9) - (10)	24	23	23	22				

196

序号	试验项目计算公式	试验位置 (桩号)									
		K2 + 620		K2 + 700							
13	含水量(%) (12)/(11)	5.0	4.8	4.8	4.6						
14	平均含水量 w(%)	4.9		4.7							
15	干密度(g/cm³) (6)/(1+0.01w)	2.293		2.259							
16	最大干密度(g/cm³)	2.320		2.320							
17	压实度(%) (15)/(16)	98.8		97.4							
18	压实层厚度(cm)	17.0		16.00							

为了快捷而准确地计算压实度,可将表中计算公式编辑设计成程序,其程序清单如下:

Fi　GS-(1)　　（文件名）（96 步骤数）

L1　LbI　0

L2　A:C:P:N

L3　{B F M}

L4　D″3″ = A − B − C　　◢（试坑砂重）

L5　V″4″ = D/P　　◢（试坑体积）

L6　G″6″ = F/V　　◢（湿密度）

L7　W″15″ = G/(1 + M/100)　　◢（干密度）

L8　I″17″ = (W/N) × 100　　◢（压实度）

L9　Goto　0

程序中:A——灌砂前筒 + 砂重,g(表中以序号 1 表示);

　　　　C——锥体内砂重,g(表中以 m_2 表示);

　　　　P——标准砂密度,g/cm³[表中以 ρ_s(g/cm³)表示];

　　　　N——最大干密度,g/cm³;

　　　　B——灌砂后筒 + 砂重,g(表中以序号 2 表示);

　　　　F——湿试样重,g(表中以序号 5 表示);

　　　　M——平均含水量,%(表中以序号 14 表示);

　　D″3″——灌入试坑砂重,g(表中以序号 3 表示);

　　V″4″——试坑体积,cm³(表中以序号 4 表示);

　　G″6″——湿密度,g/cm³(表中以序号 6 表示);

　W″15″——干密度,g/cm³(表中以序号 15 表示);

　　I″17″——压实度,%(表中以序号 17 表示)。

表中含水量计算较简单,可在表中单项手算。若用程序计算,则其程序清单为:

Fi GS-M   （文件名）（55 步骤数）

L1 LbI 0

L2 {K E Z}

L3 $X''11'' = Z - K$ ◢ （干土重计算）

L4 $Y''12'' = E - Z$ ◢ （水重计算）

L5 $Q''13'' = Y/X \times 100$ ◢ （含水量计算）

L6 Goto 0

程序中：K——盒重，g（表中以序号 8 表示）；

　　　　 E——盒 + 湿土重，g（表中以序号 9 表示）；

　　　　 Z——盒 + 干土重，g（表中以序号 10 表示）；

$X''11''$——干土重，g；

$Y''12''$——水重，g；

$Q''13''$——含水量计算，%。

算例：见表6-9。

程序执行操作方法步骤：

①按 AC 键，开机；

②按 FILE 键，选择文件名：GS-(1)；

③按 EXE 键，显示 $A^?$，输入 9000(g)；

④按 EXE 键，显示 $C^?$，输入 730(g)；

⑤按 EXE 键，显示 $P^?$，输入 $1.426(g/m^3)$；

⑥按 EXE 键，显示 $N^?$，输入 $2.320(g/m^3)$；

⑦按 EXE 键，显示 $B^?$，输入 4295(g)；

⑧按 EXE 键，显示 3 = 3975（灌入试坑砂重）；

⑨按 EXE 键，显示 4 = 2788（试坑体积，cm^3）；

⑩按 EXE 键，显示 $F^?$，输入 6705(g)；

⑪按 EXE 键，显示 6 = 2.405（湿密度 g/cm^3）；

⑫按 EXE 键，显示 $M^?$，输入 4.9；

⑬按 EXE 键，显示 15 = 2.293（干密度，g/cm^3）；

⑭按 EXE 键，显示 17 = 98.8（压实度，%）；

以下重复显示 $B^?$,$F^?$,$M^?$,输入相应数据后,即可计算出另一测点的压实度。

灌砂法压实度计算程序适用范围及注意事项:

灌砂法压实度计算程序只适用于采用灌砂法检测路基、底基层、基层、路面压实度计算压实度。

程序中,A,C,P,N 是常量。即在一个测段计算每一测点的压实度,A,C,P,N 都是同一数值(不变量),因此,在计算下一个测点的压实度,只要输入本测点测定的 $B^?$,$F^?$,$M^?$ 就可计算出该测点的 D,V,G 和 I。

在应用 GS-(1)计算压实度前,先要用 GS-(2)程序计算出平均含水量 M。

本程序计算结果以数字号码显示,其数字号码与表 6-9 序号相对应,即显示"3 = 3975",就是说灌入试坑砂重计算结果等于 3975g,其余仿此。

第八节　弯沉检验现场随机取样测点计算程序

路基路面压实完成后应进行弯沉检验。

弯沉检验现场测点的位置不应带有任何倾向性,应根据随机数来确定具体的位置。关于公路路基路面现场测试随机选点方法,详见作者著《公路工程施工测量》(人民交通出版社,2004 年 9 月第 1 版)第八章第三节。

本节重点介绍采用 fx—$4500PA$ 型计算机程序计算随机取样点的位置。弯沉检验随机取样点由该点的纵向里程桩号及相应于桩号处的横向距离确定。

计算取样点的位置必须依据"一般取样的随机数表"。"一般取样的随机数表"详见作者著《公路工程施工测量》(人民交通出版社,2004 年 9 月第 1 版)第八章第三节。

弯沉检测点的纵向距离(里程桩号)计算公式是:

B 子栏系数 × 检测段长度 + 该段起点桩号

弯沉检测点的横向距离计算公式是:

C 子栏系数 × 每一车道路宽 + 1/2 每一车道路宽

检测点纵向里程桩号及横向距离计算在表 6-10 中进行。此计算虽然简单易算,但是检测段多而且线路长,计算起来量大而繁。为了方便计算并提高工效。将其计算编入 fx—$4500PA$ 型程序功能计算。其程序清单如下:

Fi　WC　　(文件名)　(39 步骤数)

L1　LbI　0

L2　S:D:M

L3　{B C}

L4　E = BS + D　◣　　(纵向距离计算)

L5　F = CM − M/2　◢　（横向距离计算,若为"＋",在车道中线右侧,若为"−",在车道中线左侧）

L6　Goto　0

程序中:S——检测段总长,m;

　　　　D——检测段起点里程桩号,m;

　　　　M——检测段每一车道路宽,m,一般为路面宽的 1/2,即半幅路宽;

　　　　E——检测点的纵向里程桩号;

　　　　F——检测点的横向距离,m;

　　　　B——同一栏号下 A 子栏中相对应的 B 子栏数值;

　　　　C——同一栏号下 A 子栏中相对应的 C 子栏数值。

算例:详见表 6-10。

弯沉检测随机取样测点位置计算表（采用 WC 程序计算）　　表 6-10

栏　号	检 测 路 段		总长(m)	检测点数计算		每一车道宽:7.5m
6	K2 + 240 ~ K2 + 700		460	0.46 × 45 = 21(个)		1/2 车道宽:3.75m
测点号	A 子栏	B 子栏	纵向里程桩号(m)	C 子栏	横向距车道中线距离	备　注
1	21	0.096	K2 + 284.2	0.198	− 2.265	
2	10	0.100	+ 286	0.161	− 2.543	
3	20	0.168	+ 317.3	0.564	0.480	
4	14	0.259	+ 359.1	0.217	− 2.123	
5	01	0.275	+ 366.5	0.195	− 2.288	
6	06	0.277	+ 367.4	0.475	− 0.188	
7	02	0.296	+ 376.2	0.497	− 0.023	
8	05	0.351	+ 401.5	0.141	− 2.693	
9	17	0.370	+ 410.2	0.811	2.333	横向距离:
10	09	0.388	+ 418.5	0.484	− 0.120	为正(＋),右侧;
11	04	0.410	+ 428.6	0.073	− 3.203	为负(−),左侧。
12	13	0.486	+ 463.6	0.779	2.093	检测段起点:
13	15	0.515	+ 476.9	0.867	2.753	K2 + 240
14	11	0.618	+ 524.3	0.502	0.015	
15	16	0.711	+ 567.1	0.508	0.060	
16	19	0.778	+ 597.9	0.812	2.340	
17	07	0.804	+ 609.8	0.675	1.313	
18	08	0.806	+ 610.8	0.952	3.390	
19	18	0.841	+ 626.9	0.414	− 0.645	
20	12	0.918	+ 662.3	0.114	− 2.895	
21	03	0.992	+ 696.3	0.399	− 0.758	

程序执行操作方法步骤：

①按 AC 键，开机；

②按 FILE 键，选择文件名：WC；

③按 EXE 键，显示 S?，输入检测段线路总长：S = 460(m)；

④按 EXE 键，显示 D?，输入检测段起点桩号：D = K2 + 240；

⑤按 EXE 键，显示 M?，输入检测段车道路宽：M = 7.5(m)；

⑥按 EXE 键，显示 B?，输入 B 子栏系数：B = 0.096；

⑦按 EXE 键，显示 E = 284.16(测点 1 的纵向里程桩号)；

⑧按 EXE 键，显示 C?，输入 C 子栏系数：C = 0.198；

⑨按 EXE 键，显示 F = − 2.265(测点 1 的横向距离，即在测点 1 的 K2 + 284.16里程处由车道中线向左量2.27m即是测点 1，用石灰(或其他标志)划一小圈标记)；

⑩按 EXE 键，显示 B?，输入测点 2 的 A 子栏"10"的 B 子栏系数0.100；

⑪按 EXE 键，显示 E = 286(测点 2 的纵向里程桩号)；

⑫按 EXE 键，显示 C?，输入测点 2 的 A 子栏"10"的 C 子栏系数0.161；

⑬按 EXE 键，显示 F = − 2.543(测点 2 的横向距离)。

以下各测点，仿⑩⑪⑫⑬步骤计算。

第九节　经纬仪视距法测设堑顶放样数据计算程序编写及应用

作者在《公路工程施工测量》一书中，详细介绍了用经纬仪视距法测设路堑平台的放样数据计算公式及方法。实践中，在施工初期亦可用此法测设路堑堑顶。

用经纬仪视距法测设路堑堑顶的放样数据的计算公式及方法，与经纬仪视距法测设路堑平台相同，其公式如下：

(1)计算倾角公式

$$\tan\alpha = h/D \tag{6-3}$$

式中：α——经纬仪视线与水平面之夹角，即垂直角；

h——$h = H_\text{堑} - H_\text{中}$，即堑顶设计标高与线路中桩设计标高之差，$H_\text{堑}$、

$H_中$ 可从线路路堑横断面图上取用;

D——堑顶至路中桩间平距,可从线路路堑横断面图上取用。

(2)计算斜距公式

$$S_{中-堑} = h/\sin\alpha \tag{6-4}$$

(3)将斜距换算成视距标尺读数计算公式

$$L = S_{中-堑}/\cos\alpha = D/\cos^2\alpha \tag{6-5}$$

(4)斜距检核计算

$$S_{中-堑} = \sqrt{h^2 + D^2} \tag{6-6}$$

将上述公式(6-3)~(6-6)编辑设计成程序公式:

Fi   JSCZ   (文件名)   (84 步骤数)

L1   LbI   0

L2   {A B D}

L3   H = A − B   (堑顶与中桩之高差计算)

L4   T = H/D   } (倾角计算;显示 F 后,接着按 SHIFT ｜°,"

L5   F = tan⁻¹ T   键,则显示 ××°××′××″)

L6   S = H/sinF   ◢   (斜距计算)

L7   S″S″ = $\sqrt{(H^2 + D^2)}$ ◢   (斜距检查计算:S = H/sinF = S″S″)

L8   L = S/cos F   ◢

     K = D/(cos F)²   ◢   (用斜距、平距计算视距标尺读数)

L9   V = L − K   ◢   (检核计算:V = 0)

L10   Goto   0

程序中:A——堑顶设计标高,可从线路横断面图取用;

　　　B——与堑顶同一横断面的中桩设计标高,可从线路横断面图取用;

　　　D——堑顶至路中桩平距,可从线路横断面图上量取。

算例:××高速公路××段 K128 + 520 横断面堑顶设计标高 $H_堑$,从横面图上量取值为:$H_堑$ = 124.78m, $H_中$ = 120.61m,其间平距 D = 25.00m,用 JSCZ 程序计算其放样数据如下:

倾角:F = 9°28′11″

斜距:S = H/sin F = 25.35

S = 25.35   (检核值)

视距标尺读数:

　　L = S/cos F = 25.70

$$K = D/(\cos F)^2 = 25.70$$

检核计算:

$$V = L - K = 0$$

程序执行操作方法步骤:略。

第十节　坐标反算计算程序编写及应用

公路工程施工测量中,经常要进行坐标反算,以求得已知坐标两点间的距离和方位角。

坐标反算常规计算公式:

(1)坐标方位角计算公式:

$$\tan T_{A-B} = \frac{y_B - y_A}{x_B - x_A} = \frac{\Delta y_{A-B}}{\Delta x_{A-B}} \tag{6-7}$$

(2)距离计算公式:

$$D = \frac{y_B - y_A}{\sin T_{A-B}} = \frac{x_B - x_A}{\cos T_{A-B}} = \sqrt{\Delta y^2 + \Delta x^2} \tag{6-8}$$

以上式中:x_A, y_A, x_B, y_B——两个点的坐标值。

将公式(6-7)和公式(6-8)写成程序输入公式:

$$\left. \begin{array}{l} X = C - A \\ Y = D - B \\ S = \text{PoI}(X, Y) \\ T = W \end{array} \right\} \tag{6-9}$$

式中:A,B——甲点 x, y 坐标值;

　　C,D——乙点 x, y 坐标值;

　　X,Y——甲、乙两点间坐标增量;

　　S——甲、乙两点间平距;

　　T——甲、乙边的方位角。

根据式(6-9)进行程序编辑设计,其程序清单如下:

F　ZF　　(文件名)　(94 步骤数)

L1　LbI　　　0

L2　A:B:{C D}:C≤0 ⇒ Goto　2

L3　X = C - A

L4　Y = D − B

L5　S = Pol(X,Y)　◣

L6　T = W

L7　T < 0 ⟹ Goto　1　◹

L8　T = W　◣

L9　Goto　0

L10　LbI　1

L11　T″T″ = 360 + T　◣

L12　Goto　0

L13　LbI　2

L14　{A B}

L15　Goto　0

程序中符号意义同公式(6-9)。

算例及操作方法步骤：

(1)算例见表 6-11。

坐 标 反 算 计 算　　　　　　　　　　　　表 6-11

放样段起点桩号：K128 + 600

放样段终点桩号：K129 + 100

放样段总长：500m

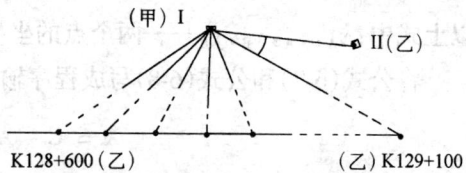

测站点名	后视点名	放样点里程桩号	中桩坐标		方位角 (° ′ ″)	边长 (m)
			x(m)	y(m)		
K128 + 850I			363.567	814.454	78 45 11	218.895
	K129 + 100II		406.260	1 029.145		
		K128 + 600	354.618	553.341	268 02 14	261.266
		+ 625	351.890	578.192	267 10 14	236.550
		+ 650	349.288	603.056	266 08 09	211.880
		+ 675	346.809	627.932	264 51 58	187.273
		+ 700	344.455	652.821	263 15 23	162.759
		+ 725	342.226	677.721	261 07 44	138.388
		⋮				
		K129 + 100	323.066	1 052.163	99 40 09	241.135

(2)操作方法步骤：

①按 AC 键，开机；

②按 FILE 键，将光标移至文件名 ZF 旁；

③按 EXE 键，显示 A?，输入测站 X = 363.567；

④按 EXE 键，显示 B?，输入测站 Y = 814.454；

⑤按 EXE 键，显示 C?，输入放样点 K128 + 600x = 354.618；

⑥按 EXE 键，显示 D?，输入放样点 K128 + 600y = 553.341；

⑦按 EXE 键，显示 S = 261.266(测站至放样点间平距)；

⑧按 EXE 键，显示 T = 268.037，接着按 SHIFT °,″ 键，显示 T = 268°02′14″(测站—放样点边的方位角)；

⑨按 EXE 键，显示 C?，输入另一放样点 x 值；

⑩以下重复计算，操作方法略。

注：当 K128 + 850I 测站放样点反算结束，要计算另一测站时，只要给 C? 输入零或小于零的数，计算机则重新开始运算，这一功能，免去搜寻文件名这一步骤，方便操作，这是 ZF 程序的一个优点。

第十一节　竖曲线要素及竖曲线起终点里程桩号计算程序编写及应用

竖曲线概念详见第四章第二节一。

竖曲线要素是：竖曲线半径 R、竖曲线切线长度 T、竖曲线长度 L 和竖曲线外矢距 E。

依据竖曲线半径 R 以及两相邻纵坡的坡度可计算竖曲线切线长度 T、竖曲线长度 L 和竖曲线外矢距 E。

国家交通部制定的《公路工程技术标准》依不同等级公路及地形条件规定了竖曲线半径极限最小值和一般最小值。

竖曲线变坡点两侧相邻纵坡的坡度值依据线路地形条件、公路等级由设计部门设计。

竖曲线要素及竖曲线起终点里程桩号计算工作简单，但却量大而繁，尤其是山区乡村低等级公路设计中，竖曲线要素计算工作量很大。

为了快捷而准确地计算竖曲线要素及竖曲线起终点里程桩号，我们将其常规计算公式编辑成程序来计算。

一、竖曲线要素常规计算公式

1.竖曲线切线长度 T 的计算公式

$$T = \frac{1}{2} R \cdot (i_{前} - i_{后})$$
$$= \frac{1}{2} R \cdot \Delta i$$

式中：R——竖曲线半径；

$i_{前}$——变坡点前纵坡坡度（见图 4-2）；

$i_{后}$——变坡点后纵坡坡度（见图 4-2）。

将上式编辑成计算机能认可的公式：

$$T = \frac{1}{2} R(I - J)$$

式中：$I = i_{前}$，$J = i_{后}$。

2.竖曲线长度 L 的计算公式

$$L = 2T$$

式中：T——竖曲线切线长度。

3.竖曲线外矢距 E 的计算公式

$$E = T^2/2R$$

式中，T 和 R 意义同上。

二、竖曲线起终点里程桩号计算公式

竖曲线起点：$\qquad A = Q - T$

竖曲线终点：$\qquad B = Q + T$

式中：Q——变坡点里程桩号；

T——竖曲线切线长度。

三、竖曲线要素及竖曲线起终点里程桩号计算程序编写

依据前述公式，竖曲线要素及竖曲线起终点里程桩号计算程序编写如下：

程序清单：

F   F-TLE   （文件名）（68 步骤数）

L1   LbI   1

L2   {I J R Q}

L3 $C = Abs(I - J)$

L4 $T = CR/2$ ◢

L5 $L = 2T$ ◢

L6 $E = T^2/(2R)$ ◢

L7 $A = Q - T$ ◢

L8 $B = Q + T$ ◢

L9 Goto 1

程序中:I——变坡点前纵坡坡度,输入时带符号;

   J——变坡点后纵坡坡度,输入时带符号;

   R——竖曲线半径;

   Q——变坡点里程桩号;

   T——竖曲线切线长度;

   L——竖曲线曲线长度;

   E——竖曲线外矢距;

   A——竖曲线起点里程桩号;

   B——竖曲线终点里程桩号。

四、算例及操作方法步骤

算例数据取用李青岳主编的高等学校试用教材《工程测量学》(测绘出版社,1984 年 6 月第 1 版,1986 年 6 月第 2 次印刷)第八章 ξ8-3"竖曲线例题验算":

××铁路为 I 级线路,某处相邻坡段的坡度分别为 + 4‰及 − 6‰,变坡点的里程为 DK217 + 240,试计算竖曲线要素和竖曲线起终点的里程桩号(其中 $R = 10\ 000$m)。

用 F-TLE 程序计算,其程序执行操作方法步骤如下:

①按 AC 键,开机;

②按 FILE 键,将光标移至文件名 F-TLE 旁;

③按 EXE 键,显示 I?,输入前纵坡坡度:I = 0.004;

④按 EXE 键,显示 J?,输入后纵坡坡度:J = − 0.006;

⑤按 EXE 键,显示 R?,输入竖曲线半径:R = 10000(m);

⑥按 EXE 键,显示 T = 50(竖曲线切线长度值);

⑦按 EXE 键,显示 L = 100(竖曲线长度值);

207

⑧按 EXE 键,显示 E = 0.125(竖曲线外矢距);

⑨按 EXE 键,显示 Q⁷,输入竖曲线处变坡点里程桩号:217240(m);

⑩按 EXE 键,显示 A = 217190(竖曲线起点桩号);

⑪按 EXE 键,显示 B = 217290(竖曲线终点桩号);

⑫按 SHIFT AC 键,关机。

计算的结果与书本算例相等。

第十二节 缓和曲线、圆曲线弦长计算程序编写及应用

用偏角法测设缓和曲线与圆曲线,是以待放点的偏角方向线与长度交会的方法来确定其点位的。一般来说,待放点的距离,是以相邻桩位间的弧长来取代其弦长的。由于作业中相邻桩距一般取用的是 20m、25m;而圆曲线的半径 R 一般都较大,相对来说,相邻桩距 20m 比较短小,故认为其弧长与弦长近似相等。因而在作业中,弦长一般以弧长代替。但是作业中,若是从 ZH(HZ)点或 HY(YH)点设站点直接用距离(长度)与偏角方向线交会,则随着桩距的增长,其弦长与弧长相差也随之增大,此种情况下,则要将弧长(曲线长)改算为弦长。在这种情况下,可用下述公式来计算弧长的弦长。

一、圆曲线的弦长计算公式

$$C = 2R\sin(\frac{\alpha}{2})$$

式中:R——圆曲线半径;

α——圆心角,即圆曲线上曲线长所对的圆心角,其计算公式是

$$\alpha = \frac{l}{R} \cdot \frac{180}{\pi} = 57.29578\frac{l}{R}$$

其中 l——弧长(曲线长)。

将上述公式写成计算机认可的公式:

$$N = 57.29578(K/R)$$
$$C = 2R \sin(N/2)$$

式中:N——圆心角;

K——弧长,即曲线长,相邻两桩位里程桩之差;

C——弦长,即 K 对应之弦长。

二、缓和曲线的弦长计算公式

$$C = l - \frac{l^5}{90R^2 l_0^2}$$

式中：l——缓和曲线上的曲线长，即弧长；

R——圆曲线半径；

l_0——缓和曲线长度。

将上式写成计算机认可的公式：

$$F = K - K^5/(90R^2 l^2)$$

式中：F——缓和曲线的弦长；

K——缓和曲线的弧长；

R——圆曲线半径；

I——缓和曲线长。

三、圆曲线、缓和曲线弦长计算程序编写

1.程序清单 I

F1　XZJS-1　　（文件名）（106 步骤数）

L1　LbI　1

L2　R:I:A:{B}:B≤0 ⟹ Goto　2

L3　K = Abs(A − B)　▲

L4　D″F″ = K − K^5/(90R^2 I^2)　▲

L5　N = 57.29578(K/R)

L6　C″Y″ = 2Rsin(N/2)　▲

L7　Goto　1

L8　LbI　2

L9　{R I A}

L10　Goto　1

程序中：A——ZH 点、HY 点、YH 点、HZ 点里程桩号；

B——圆曲线、缓和曲线上任一点里程桩号；

R——圆曲线半径；

I——缓和曲线长；

K——曲线长（弧长），计算圆曲线弦长时，K 为圆曲线上弧长；计算缓和曲线弦长时，K 为缓和曲线上弧长；

N——K 所对圆心角；

C″Y″——圆曲线上弦长，Y 代表圆曲线；

D″F″——缓和曲线上弦长，F 代表缓和曲线。

XZJS-1 程序执行方法：

①当计算圆曲线的弦长 C 时，可令 D 不显示，此时 L4 行末尾将"◢"（显示符号）删除。

②当计算缓和曲线的弦长 D 时，可令 C 不显示，此时 L6 行末尾将"◢"删除。

如果程序操作熟练，计算 C 和 D 心中有数，则"◢"符号不可删除。

③显示"Y"表示圆曲线上的弦长；显示"F"表示缓和曲线上的弦长。

④计算前缓和曲线上弦长时，A 输入 ZH 点的里程桩号。

⑤计算圆曲线上弦长时，A 输入 HY(YH) 点的里程桩号，当圆曲线从 HY 点向曲线中点 QZ 点测设曲线时，A 输入 HY 点的里程桩号；当圆曲线从 YH 点向曲线中点 QZ 点测设曲线时，A 输入 YH 点的里程桩号。

⑥计算后缓和曲线上弦长时，A 输入 HZ 点的里程桩号。

⑦用本程序计算不设缓和曲线的圆曲线上弦长时，须将程序中 L4，L2 行"I"删除。

当从 ZY 点向 QZ 点测设曲线时，A 输入 ZY 点的里程桩号；

当从 YZ 点向 QZ 点测设曲线时，A 输入 YZ 点的里程桩号。

⑧当计算完前缓和曲线，须计算圆曲线或后缓和曲线时，只要给"B?"输入 0 或小于 0 的数，则计算机自动从头开始执行。

算例及操作方法步骤：

算例见表 6-12，程序执行操作方法步骤略。

2.程序清单 II

用程序 I 计算圆曲线、缓和曲线弦长时，因 C"Y"，D"F"都会显示，若不小心，就会搞错，为了避免出错，可将程序 I 修改订正追加如下：

程序清单 II：

F2　XZJS-2　（文件名）（155 步骤数）

L1　R:I

L2　Z = 0 ⟹ Goto　1:╪⟹ Goto　2　◢

L3　LbI　1

L4　E:{F}:F ≤ 0 ⟹ Goto　3　◢

L5　K = Abs(E − F)　◢

L6　N = 57.29578(K/R)

L7　C"Y" = 2Rsin(N/2)　◢

L8　Goto　1

L9　LbI　2

L10　A:{B}:B ≤ 0 ⟹ Goto　4　◢

210

L11   K = Abs(A − B)   ▲

L12   D″F″ = K − K⁵/(90R²I²)   ▲

L13   Goto 2

L14   Lbl 3

L15   {E}

L16   Goto 1

L17   Lbl 4

L18   {A}

L19   Goto 2

程序中:R——圆曲线半径;

　　　　I——缓和曲线长度;

　　　　Z——程序执行条件控制,当 Z 输入 0,程序执行计算圆曲线部分的弦长"Y";当 Z 输入不等于 0 的数,例如输入 1,则程序执行计算缓和曲线部分的弦长"F";

　　　　E——HY(或 YH)点的里程桩号:当圆曲线从 HY 点向 QZ 点测设曲线时,E 输入 HY 点的里程桩号;当圆曲线从 YH 点向 QZ 点测设曲线时,E 输入 YH 点的里程桩号,这一转变,只要给"F"输入 0 就可完成;

　　　　F——圆曲线上任意一点的里程桩号,当给"F"输入 0 或小于 0 的数,圆曲线弦长计算,程序要求重新输入 E 和 F;

　　　　A——ZH(或 HZ)点的里程桩号:当缓和曲线从 ZH 点向 HY 点测设时,A 输入 ZH 点的里程桩号;当缓和曲线从 HZ 点向 YH 点测设时,A 输入 HZ 点的里程桩号,这一转变,只要给"B"输入 0 就可完成;

　　　　B——缓和曲线上任意一点的里程桩号,当给"B"输入 0 或小于 0 的数,缓和曲线弦长计算,程序要求重新输入 A 和 B。

XZJS-2 程序执行方法:

①给"Z"输入 0,程序执行圆曲线弦长计算,给"Z"输入 1,程序执行缓和曲线弦长计算。

②显示"Y"表示圆曲线上的弦长;显示"F"表示缓和曲线上的弦长。

③当圆曲线上弦长计算完成,要计算缓和曲线上弦长时,必须重新按 FILE 键,选择文件名 XZJS-2,给"Z"输入 1。

同样,当缓和曲线上弦长计算完成,要计算圆曲线上弦长时,必须重新按 FILE 键,选择文件名 XZJS-2,给"Z"输入 0。

算例及操作方法步骤：

算例见表 6-12。

程序执行操作方法步骤：略。

3.程序清单 Ⅲ

F3　XZJS-3　　（文件名）（181 步骤数）

L1　LbI　1

L2　R:I:A:E:G:M:{B F H N}

L3　K = Abs(A − B)　◤

L4　Z″ZH″ = K − K^5/(90R^2I^2)　◤　}（ZH 点至 HY 点间弦长计算）

L5　L = Abs(E − F)　◤

L6　V = 57.29578(L/R)　}（HY 点至 QZ 点间弦长计算）

L7　Y″HY″ = 2Rsin(V/2)　◤

L8　U = Abs(G − H)　◤

L9　Q = 57.29578(U/R)　}（YH 点至 QZ 点间弦长计算）

L10　Y″YH″ = 2Rsin(Q/2)　◤

L11　P = Abs(M − N)　◤

L12　H″HZ″ = P − P^5/(90R^2I^2)　◤　}（HZ 点至 YH 点间弦长计算）

L13　Goto　1

程序中:R——圆曲线半径；

　　　 I——缓和曲线长度；

　　　A——ZH 点的里程桩号；

　　　B——前缓和曲线上任一点的里程桩号；

　　　K——B 至 A 间曲线长,即弧长；

Z″ZH″——前缓和曲线上 B 至 A 弧长的弦长；

　　　E——HY 点的里程桩号；

　　　F——HY 点至 QZ 点间任一点的里程桩号,如果从 HY 点计算至
　　　　　YH 点,则是 HY 点至 YH 点间任一点的里程桩号；

　　　L——F 至 E 间曲线长,即弧长；

　　　V——L 所对圆心角；

Y″HY″——前半圆曲线 F 至 E 弧长的弦长；

　　　G——YH 点的里程桩号；

　　　H——YH 点至 QZ 点间任一点的里程桩号；

　　　U——H 点至 G 点间曲线长,即弧长；

　　　Q——U 所对圆心角；

212

Y″YH″——后半圆曲线 H 至 G 弧长的弦长；

　　M——HZ 点的里程桩号；

　　N——HZ 点至 YH 点间即后缓和曲线段上任一点的里程桩号；

　　P——N 至 M 间曲线长，即弧长；

H″HZ″——后缓和曲线 N 至 M 曲线长的弦长。

XZJS-3 程序执行方法：

①本程序同时计算：

　a.前缓和曲线段(ZH 点至 HY 点)间的弦长，屏幕符号显示为："ZH"，里程桩号为：A 和 B。

　b.前半圆曲线段(HY 点至 QZ 点)间的弦长，屏幕符号显示为："HY"，里程桩号为：E 和 F。

　c.后半圆曲线段(YH 点至 QZ 点)间的弦长，屏幕符号显示为："YH"，里程桩号为：G 和 H。

　d.后缓和曲线段(HZ 点至 YH 点)间的弦长，屏幕符号显示为："HZ"，里程桩号为：M 和 N。

②当单独计算某一段的弦长时，可令其他各段的里程桩号等于 0，或是将其尾部显示符号"▲"删除。

　例如：单独计算前半圆曲线段(HY 点至 QZ 点间)弦长，则只输入 E 和 F 的里程桩号，其余 A 和 B、G 和 H、M 和 N 都输入 0。或者将 L3,L4,L8,L10,L11,L12 行尾部显示符号"▲"删除。

四、算例及操作方法步骤

　算例用陶启嶙编著的《公路测设实用程序》(华南理工大学出版社，2003 年 6 月第 1 版第 2 次印刷)第二部分"公路测设计算程序：4.偏角及弦长计算"例 4-1 数据验算。

　《公路测设实用程序》例 4-1 中已知某单曲线的设计资料整理见表 6-12 (只列举桩号、曲线长及弦长部分)。

弦 长 计 算 表 表 6-12

$R(m)$	400	$I(m)$	100
桩　　号	桩点至 ZH 点、HY 点、YH 点的曲线长(m)		桩点至 ZH 点、HY 点、YH 点的弦长(m)
ZH　K20 + 740.52	0.00		0.00
+ 780	39.48		39.48
+ 800	59.48		59.475

桩 号	桩点至 ZH 点、HY 点、YH 点的曲线长(m)		桩点至 ZH 点、HY 点、YH 点的弦长(m)	
HY　K20 + 840.52	100.00	0.00	99.93	0.00
+ 880		39.48		39.46
+ 900		59.48		59.43
+ 930		89.48		89.29
QZ　K20 + 968.485		127.965		127.42
K21 + 000		159.48		158.43
+ 040		199.48		197.42
+ 065		224.48		221.55
+ 084.82		244.30		240.52
YH　K21 + 096.45	100.00	255.93	99.93	251.59
+ 100	96.45		96.39	
+ 130	66.45		66.44	
+ 157	39.45		39.45	
+ 174.8	21.65		21.65	
+ 186.45	10.000		10.00	
HZ　K21 + 196.45	0.000		0.00	

注:原例圆曲线段由 HY 点直接计算至 YH 点。

依据《公路测设实用程序》中例 4-1 数据,采用 XZJS-3 程序计算的结果与书本计算结果相等。读者如有兴趣,可自己用 XZJS-3 程序或前述程序 I 或 II 验算。

采用 XZJS-3 程序计算的方法步骤介绍如下:

① 按 AC 键,开机;

② 按 FILE 键,选择文件名:F3　XZJS-3;

③ 按 EXE 键,显示 R?,输入圆曲线半径:R = 400(m);

④ 按 EXE 键,显示 I?,输入缓和曲线长:I = 100(m);

⑤ 按 EXE 键,显示 A?,输入 ZH 点里程桩号:A = 20740.52;

⑥ 按 EXE 键,显示 E?,输入 HY 点里程桩号:E = 20840.52;

⑦ 按 EXE 键,显示 G?,输入 YH 点里程桩号:G = 0(本例圆曲线由 HY 点计算至 YH 点,所以 YH 点输入 0);

⑧ 按 EXE 键,显示 M?,输入 HZ 点里程桩号:HZ = 21196.45(m);

214

⑨按 $\boxed{\text{EXE}}$ 键,显示 $\text{B}^?$,输入前缓和曲线任一点里程桩号,例如输入 $\text{B} = 20800(\text{m})$;

⑩按 $\boxed{\text{EXE}}$ 键,显示 $\text{K} = 59.480$(桩点至 ZH 点的曲线长);

⑪按 $\boxed{\text{EXE}}$ 键,显示 $\text{ZH} = 59.475$(桩点至 ZH 点的弦长);

⑫按 $\boxed{\text{EXE}}$ 键,显示 $\text{F}^?$,输入圆曲线任一点里程桩号,例如输入 $\text{F} = 1084.82(\text{m})$;

⑬按 $\boxed{\text{EXE}}$ 键,显示 $\text{L} = 244.30$(桩点至 HY 点的曲线长);

⑭按 $\boxed{\text{EXE}}$ 键,显示 $\text{HY} = 240.52$(桩点至 HY 点的弦长);

⑮按 $\boxed{\text{EXE}}$ 键,显示 $\text{H}^?$,输入 0(本例不计算 YH 点至 QZ 点段);

⑯按 $\boxed{\text{EXE}}$ 键,显示 $\text{U} = 0.000$
⑰按 $\boxed{\text{EXE}}$ 键,显示 $\text{YH} = 0.000$ $\Big\}$ (本例不计算 YH 点至 QZ 点段弦长);

⑱按 $\boxed{\text{EXE}}$ 键,显示 $\text{N}^?$,输入后缓和曲线段任一点的里程桩号,例如 $\text{N} = 21100(\text{m})$;

⑲按 $\boxed{\text{EXE}}$ 键,显示 $\text{P} = 96.45$(桩点至 HZ 点的曲线长);

⑳按 $\boxed{\text{EXE}}$ 键,显示 $\text{HZ} = 96.392$(桩点至 HZ 点的弦长);

㉑按 $\boxed{\text{EXE}}$ 键,显示 $\text{B}^?$,输入前缓和曲线另一桩点的里程桩号,例如 $20840.52(\text{m})$;

以下重复显示:$\text{F}^?$,$\text{H}^?$,$\text{N}^?$,只要输入相应的里程桩号,就可计算出曲线长及弦长。程序操作重复 9~20 步,此处不再叙述。

第十三节　非对称曲线要素及主点里程计算程序编写及应用

一、非对称曲线要素计算公式

非对称曲线的要素是:圆曲线半径 R;线路转角 N;前缓和曲线长 I,后缓和曲线长 J,且 $\text{I} \neq \text{J}$;前切线长 T,后切线长 S,且 $\text{T} \neq \text{S}$;曲线长 L;外距 G;切曲差(校正值) D。

当非对称曲线半径 R、线路转角 N 和前缓和曲线长 I、后缓和曲线长 J 为已知时,其余曲线要素按下述公式计算:

前切线长 T：

$$T = (R + P)\tan(N/2) + M - (P - E)/\sin N$$

后切线长 S：

$$S = (R + E)\tan(N/2) + F + (P - E)/\sin N$$

曲线长 L：

$$L = N\pi R/180 + (I + J)/2$$

外距 G：

$$G = [R + (P + E)/2]/\cos(N/2) - R$$

切曲差(校正值) D：

$$D = (T + S) - L$$

以上式中：R——圆曲线半径；

$\qquad N$——线路转角；

$\qquad I$——前缓和曲线长度；

$\qquad J$——后缓和曲线长度；

$\qquad P$——加前缓和曲线后，圆曲线相对于切线的内移量：

$$P = I^2/(24R) - I^4/(2688R^3)$$

$\qquad M$——加前缓和曲线后使切线增长的距离：

$$M = I/2 - I^3/(240R^2)$$

$\qquad E$——加后缓和曲线后，圆曲线相对于切线的内移量：

$$E = J^2/(24R) - J^4/(2688R^3)$$

$\qquad F$——加后缓和曲线后使切线增长的距离：

$$F = J/2 - J^3/(240R^2)$$

$\qquad \pi$——圆周率，$\pi = 3.14159$。

二、非对称曲线主点里程桩号计算公式

根据交点的里程桩号和上式计算的曲线要素，可按下式计算非对称曲线的主点里程桩号：

直缓(ZH)点里程：$\qquad$ ZH = $Q - T$

缓圆(HY)点里程：$\qquad$ HY = ZH + I

缓直(HZ)点里程：$\qquad$ HZ = $Q + S - D$

圆缓(YH)点里程：$\qquad$ YH = HZ $- J$

曲中(QZ)点里程：$\qquad$ QZ = (HY + YH)/2

以上式中：Q——交点里程桩号；

$\qquad T$——前切线长度；

$\qquad S$——后切线长度；

I——前缓和曲线长度；

J——后缓和曲线长度。

三、非对称曲线要素及主点里程桩号计算程序编写

根据圆曲线半径 R、线路转角 N、前缓和曲线长度 I、后缓和曲线长度 J 以及交点的里程桩号，并依据非对称曲线要素计算公式、主点里程桩号计算公式，我们将其编辑设计成计算程序，其程序清单如下：

Fi   FDZYS

L1   LbI   0

L2   {R N I J Q}

L3 $P = I^2/(24R) - I^4/(2688R^3)$

L4 $M = I/2 - I^3/(240R^2)$

L5 $E = J^2/(24R) - J^4/(2688R^3)$

L6 $F = J/2 - J^3/(240R^2)$

L7 $T = (R + P)\tan(N/2) + M - (P - E)/\sin N$ ◢

L8 $S = (R + E)\tan(N/2) + F + (P - E)/\sin N$ ◢

L9 $L = N\pi R/180 + (I + J)/2$ ◢

L10 $G = (R + (P + E)/2)/\cos(N/2) - R$ ◢

L11 $D = (T + S) - L$ ◢

L12 $Z''ZH'' = Q - T$ ◢

L13 $Y''HY'' = Z + I$ ◢

L14 $H''HZ'' = Q + S - D$ ◢

L15 $K''YH'' = H - J$ ◢

L16 $Y''QZ'' = (Y + K)/2$ ◢

L17   Goto   0

程序中：R——圆曲线半径；

      I——前缓和曲线长度；

      J——后缓和曲线长度；

     N——线路转角；

     Q——交点里程桩号；

     T——前切线长度；

     S——后切线长度；

     L——曲线长度；

G——外距；

D——切曲差(校正值)；

ZH——直缓点里程桩号；

HY——缓圆点里程桩号；

HZ——缓直点里程桩号；

YH——圆缓点里程桩号；

QZ——曲中点里程桩号。

四、FDZYS 程序应用范围及注意事项

(1)使用本程序的起算数据，必须已知：非对称曲线的前缓和曲线长度、后缓和曲线长度、交点处圆曲线的半径、线路的转角以及交点的里程桩号。

(2)本程序可计算：非对称曲线的前切线长度、后切线长度、曲线长度、外距、切曲差以及非对称曲线主点：ZH、HY、QZ、YH、HZ 点的里程桩号。

当用本程序计算对称曲线要素及主点里程桩号时，I = J，只要给前、后缓和曲线长度 I,J 输入等值即可。

五、算例及操作方法步骤

本算例数据取自××省道××级二级公路××标段施工现场"直线、曲线及转角表"，由中国云南公路桥梁工程总公司隧道二分公司高明杰工程师提供。

算例已知数据是：JD 里程桩号 K0 + 976.672m，半径 $R = 190$m，前缓和曲线长度 $I = 35.000$m，后缓和曲线长度 $J = 70.000$m，线路转角 $N_左 = 28°53'19.8''$。

据此数据用 FDZYS 程序计算该非对称曲线要素及主点里程桩号，见表6-13。程序操作方法步骤：略。

非对称曲线要素及主点里程桩号计算　　　　　　表6-13

交点里程	半径(m)	转角值	前缓和曲线长(m)	后缓和曲线长(m)
K0 + 976.672	190	左 28°53'19.8''	35.000	70.000
前切线长(m)	后切线长(m)	曲线长(m)	外距(m)	切曲差(m)
68.171	82.512	148.299	6.895	2.384

点名	JD₂₉₅	ZH	HY	QZ	YH	HZ
桩号	K0 + 976.672	K0 + 908.501	K0 + 943.501	K0 + 965.151	K0 + 986.800	K1 + 056.800

218

下 篇

Xia pian ▶▶ ▷

第七章

CASIO $fx-4800P$ 型计算机程序编写基本操作技术

第一节　$fx-4800P$ 型计算机正面键位图

全面熟悉 $fx-4800P$ 型计算机正面各键的位置、键符号的位置和颜色，以及各键符号的意义和功能，将很方便我们使用该机，加快操作速度和方便编写程序。

图 7-1 是 $fx-4800P$ 型计算机键盘正面图。

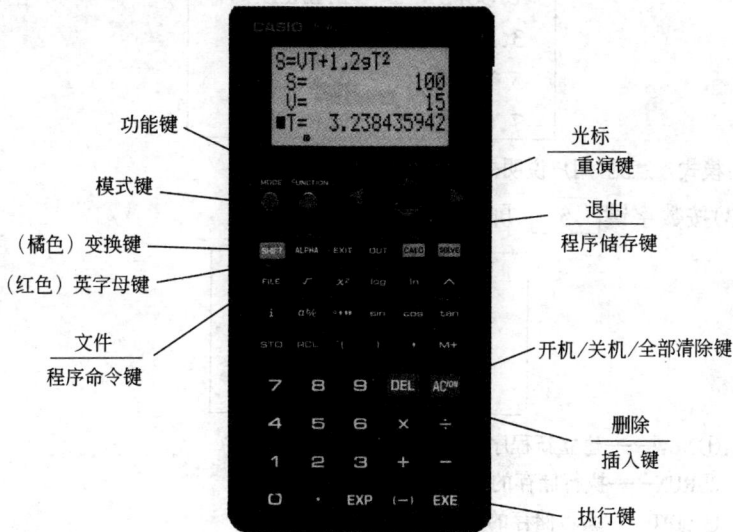

功能键
模式键
（橘色）变换键
（红色）英字母键
文件
程序命令键

光标
重演键
退出
程序储存键
开机/关机/全部清除键
删除
插入键
执行键

图 7-1　$fx-4800P$ 型计算机键盘正面图

关于 $fx-4800P$ 型计算机各键符号名称、含意、操作详见"$fx-4800P$ 型计算机用户说明书"，并参阅本书上篇第一章第一节"CASIO $fx-4500PA$ 型计算机程序计算功能简介"。

这里必须说明的是:fx—4800P型计算机没有绿色 2ndF 键,该键的功能在 fx—4800P型计算机是用"功能键" FUNCTION 来实现的。关于 FUNCTION 的操作详见本章第三节。

另外,fx—4800P型计算机的开机、关机是同一键 AC 。开机按 AC 键,关机则要先按 SHIFT 键,再接着按 AC 键。

只有熟练地掌握键盘各键钮的位置、含意和操作方法,才能快速而准确地编写程序,为此必须多练习,多操作,多按键。

第二节 fx—4800P型计算机程序编写基本操作技术

只有熟练地掌握 fx—4800P型计算机程序编写的基本操作技术,才能快捷准确地编写程序。

(1)按 AC 键,开机。

(2)按 MODE 键,屏幕显示:

1. COMP	2. BASE—N
3. SD	4. LR
5. PROG	6. an
7. CONT	8. RESET

注:模式含意见"用户说明书"。

(3)按数字键 5 ,屏幕显示:

Program menu	
1. NEW	2. RUN
3. EDIT	4. DELETE
(步骤数)Bytes Free	

注:①NEW——建立新程序;
②RUN——执行储存的程序;
③EDIT——编辑储存的程序;
④DELETE——删除储存的程序。

如果程序区域内无存储内容,则在进入 PROG 模式时,显示屏上将出现信息"No file"。

(4)按数字键 1 ,屏幕显示:

```
        Filename?

        [ ─ ─ ]
            ↑
         闪烁光标
```

此时,屏幕上光标闪烁,进入程序文件名登记。

(5)输入文件名,假如文件名为:H,则按 ALPHA H 键,输入 H,接着按 EXE 键确认,此时屏幕显示:

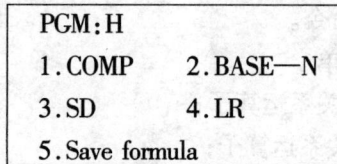

```
  PGM:H
  1. COMP      2. BASE—N
  3. SD        4. LR
  5. Save formula
```

(6)按数字键 1 ,屏幕显示:

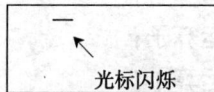

```
        ─
         ↖
       光标闪烁
```

此时,屏幕上光标闪烁,等待输入程序内容。

如何输入程序内容,详见本章第三节。

(7)当程序内容输入完毕,按 EXIT 键以储存程序。

第三节 fx—4800P 型计算机程序内容
输入的操作方法步骤

fx—$4800P$ 型计算机程序内容的输入方法较 fx—$4500PA$ 型计算机麻烦、费事 fx—$4500PA$ 型计算机程序内容输入直观、便捷、容易操作。而 fx—$4800P$ 型计算机程序输入则要用 FUNCTION 键来搜寻众多的特殊编程命令菜单,这就使该机程序编写显得困难些。但是熟能生巧,只要多编、多练、多操作,就能方便、快捷、准确地运用该机编写程序。

一、fx—$4800P$ 型计算机的特殊编程命令

第一个程序命令选单:
①⇒——条件转移成立码;
②↚⇒——条件转移失败码;
③◹——条件转移结束码;

④Goto——无条件转移命令；

⑤LbI——标识符命令；

⑥Dsz——减量命令；

⑦Isz——增量命令。

第二个程序命令选单：

①Pause——暂停命令；

②Fixm——变量锁定命令；

③⌐——变量输入命令；

④⌐——变量输入命令。

第三个程序命令选单

①=——条件转移关系运算子；

②≠——条件转移关系运算子；

③>——条件转移关系运算子；

④<——条件转移关系运算子；

⑤≥——条件转移关系运算子；

⑥≤——条件转移关系运算子。

这些特殊编程命令的符号含意,在程序编写中如何运用,详见上篇第一章第三节。

在 fx—4500PA 型计算机中,上述特殊编程命令是用绿色第2移位键 2ndF 直接在键盘上选用的,非常灵活方便。而在 fx—4800P 型计算机中,这些特殊编程命令是用功能键 FUNCTION 搜寻出特殊编程命令选单,然后在这个"选单"中再调出需要的特殊编程命令符号。

二、fx—4800P 型计算机特殊编程命令调出的方法步骤

从程序命令选单可调取程序内容输入中所需要的特殊编程命令。其操作方法步骤如下：

(1)按 FUNCTION 键,屏幕显示：

1. MATH	2. COMPLX
3. PROG	4. CONST
5. DRG	6. DSP/CLR

(2)按数字 3 键,屏幕显示第一个程序命令选单：

224

$$
\begin{array}{ll}
1. \Rightarrow & 2. \Rightarrow \\
3. \triangle & 4. \text{Goto} \\
5. \text{LbI} & 6. \text{Dsz} \\
7. \text{Isz} &
\end{array}
$$

注:在此选单中选用程序内容中所需符号,例如需用 LbI,则按数字键 ⬚5 即可。

如选单中没有程序内容中所需符号,则选用第二个程序命令选单。

(3)按 ⬚▼ 键进入第二个程序命令选单,屏幕显示:

$$
\begin{array}{ll}
1. \text{Pause} & 2. \text{Fixm} \\
3. \{ & 4. \}
\end{array}
$$

注:在此选单中选用程序内容中所需符号,例如需用变量符号 ¦,则按数字键 ⬚3 即可。

如此选单中没有程序内容中所需符号,则选用第三个程序命令选单。

(4)按 ⬚▼ 键进入第三个程序命令选单,屏幕显示:

$$
\begin{array}{ll}
1. = & 2. \ne \\
3. > & 4. < \\
5. \geq & 6. \leq
\end{array}
$$

注:在此选单中选用程序内容中所需符号,例如需要 < 号,则按数字键 ⬚4 即可。

注意:上述操作中,如果不小心按过了头,则可按 ⬚▲ 键,返回所需程序命令选单。

三、fx—$4800P$ 型计算机的多重语句命令

fx—$4800P$ 型计算机将单独语句连接起来形成多重语句的方法有以下两种:

(1):——冒号,多重语句命令

以冒号所连接的语句从左至右执行,中间无停顿。将其放在程序方程式后面,则计算结果不显示。其作用是将程序中单独语句连接起来形成重复语句。

(2)◢——结果显示指令

程序编写时,加在需要计算结果的方程式后面,当该语句执行时,显示计算结果,执行会停止,按 EXE 键即恢复执行。

在 fx—$4800P$ 型计算机输入程序内容时,选用:和◢的操作方法如下;

按 SHIFT x^2 键,显示:◢。

225

按 SHIFT √ 键,显示::。

四、fx—4800P 型计算机输入程序内容中常用几种符号的选用方法

(1)"——引号

其作用参见上篇第一章第三节。

选用方法:按红色 ALPHA √ 键,显示:"。

(2)〔——中括号

选用方法:按红色 ALPHA ln 键,显示:〔。

(3)〕——中括号

选用方法:按红色 ALPHA ^ 键,显示:〕。

(4) = ——等号

选用方法:按红色 ALPHA STO 键,显示:=。

(5)A ~ Z——英文字母

选用方法:按红色 ALPHA 键显示以红色标于键盘上的英文字母。

(6) + — × ÷ ——算术运算符号;

0 ~ 9 ——数字符号;

, ——逗号符号;

· ——小数点;

sin cos tan ——三角函数符号;

√ ——平方根符号;

x^2 ——平方符号;

^ ——乘方符号。

这些符号在"XY程序"(坐标法放样点位平面位置数据计算程序)中多次使用。例如程序中输入 Z^5,操作方法:

按 ALPHA Z ^ 5 键,显示:Z^5。

° ,″ ——10↔60进位符号。按此键可输入六十进制的数值,例如水平角的输入。其操作方法详见上篇第一章第三节。

( ) ——圆括号键。

(−) ——负号键。

上述符号,在输入程序中按本色键即可显示。

226

(7) | Abs | ——绝对值符号

程序编写中,经常要用。

选用方法:按 | FUNCTION | 和数字键 | 1 | ,接着按 | ▼ | ,屏幕显示:

1. Abs	2. Int
3. Frac	4. Intg
5. PoI(	6. Rec(

此时,按数字 | 1 | 键,即可输入绝对值符号 | Abs | 。

(8) | PoI(| ——直角坐标—极坐标变换符号

选用方法:按 | FUNCTION | | 1 | | ▼ | | 5 | 键,即可输入"PoI"。

(9) | Rec(| ——极坐标—直角坐标变换符号

选用方法:按 | FUNCTION | | 1 | | ▼ | | 6 | 键,即可输入"Rec"。

(10) | DEL | ——删除、插入键

删除:程序输入过程中输错字符,按此键可删除光标所在位置上的字符,随后输入正确字符。

插入:程序输入过程中或程序输完后,若需修改程序内容,或插入字符,按 | SHIFT | | DEL |(上标 INS)键,则在修改或插入字符处显示一闪烁空格[],接着输入所需字符。若想放弃修改、插入,则可按 | ◀ | | ▶ | 键移动光标,或按 | EXE | 键确认修改或插入的字符。

前述各节所有字符,在程序编辑、程序输入中都要经常用到,读者必须熟记于心,才能熟练地进行程序编制。

五、fx—$4800P$ 型计算机程序内容输入的操作方法步骤

1. 编辑程序清单

程序内容输入前必须事先编辑设计好程序清单。

fx—$4800P$ 型计算机使用的程序清单的编辑方法可参阅上篇第一章第四节"fx—$4500PA$ 型计算机程序编写操作步骤"。

fx—$4800P$ 型计算机程序编写与 fx—$4500PA$ 型计算机程序编写不同点是:

①fx—$4800P$ 型计算机换行用的符号是"↵"。其操作方法是:当程序输入一行语句后需换行时,按 | EXE | 键即显示:↵。

而 fx—$4500PA$ 型计算机换行用的符号是"L",当第 L1 行语句输入完后

227

按 ⬇ 键,即要求输入 L2 行。

②fx—4800P 型计算机在条件转移中不能含有任何换行符号"←"。如果在条件转移中有换行符号:"←",则在执行此程序时将出现错误信息"Syn ERROR"。这一点应特别引起注意。

而 fx—4500PA 型计算机在条件转移中可有换行符号"L"。

③fx—4800P 型计算机在程序输入结束后是按 EXIT 确认储存程序,解除编程状态。

而 fx—4500PA 型计算机在程序输入结束后,按 EXE 键以储存程序,接着按 MODE EXP 键解除编程状态。

2.fx—4800P 型计算机程序清单范例

程序清单题例:直竖联算程序清单

文件名:$F-Z-Y-H$

LbI   0 ←

H:B:R:I:J ←

{L} ←

$T = R \ Abs(J - I) \div 2$ ←

$C = B - L$ ←

$F = 1$ ←

$I > J \Rightarrow F = -1$ △ ←

$L \leq 0 \Rightarrow$ {H B R I J} : Goto 0 ←

⊨⇒ $L < B - T \Rightarrow Z = 0 : P = I :$

⊨⇒ $L < B \Rightarrow Z = 1 : P = I :$

⊨⇒ $L < B + T \Rightarrow Z = 1 : P = J :$

⊨⇒ $Z = 0 : P = J$ △△△ ←

$G = H - CP + ZF(T - AbsC)^2 \div (2R)$ ▲ ←

Goto   0

程序中:H——变坡点高程;

        B——变坡点里程桩号;

        R——竖曲线半径;

        I——前纵坡坡度,输入时带符号;

        J——后纵坡坡度,输入时带符号;

       M——中桩至边桩宽度;

       E——路拱,即横坡度;

       L——所求点里程桩号;

       G——中桩设计高程;

      U——左或右边桩设计高程(不含超高边桩)。

228

3.向 fx—4800P 型计算机输入程序内容

程序内容的输入方法步骤如下:

①按 AC 键,开机。

②按 MODE 5 1 键,屏幕显示:

```
┌─────────────────────────┐
│      Filename?           │
│  [      —                ]│
│         │ 光标闪烁          │
└─────────────────────────┘
```

进入新程序文件名登记,操作方法如下:

操作:按 ALPHA tan – ALPHA EXP – ALPHA · ,

显示:　　　　　　　F 　–(减号)　　　Z 　–(减号) Y。

按键: – ALPHA) EXE 1 ,

显示: –(减号)　　　　H 　　–(光标闪烁)。

文件名输入完毕,进入程序内容输入,在光标闪烁处开始输入程序内容:

按键: FUNCTION 3 5 0 EXE ,

显示:　　　　　　　LbI 0 　↵;

按键: ALPHA) SHIFT √ ALPHA a b/c SHIFT √ ,

显示:　　　H 　:　　　　　B 　:　;

按键: ALPHA ÷ SHIFT √ ALPHA , SHIFT √ ,

显示:　　　R 　:　　　　　I 　:　;

按键: ALPHA M+ EXE ,

显示:　　　J 　↵;

按键: FUNCTION 3 ▼ 3 ALPHA 8 FUNCTION 3 ▼ 4 ,

显示:　　　{ 　　　　　　　　　L 　　};

按键: EXE ,

显示:↵ ;

按键 ALPHA 2 ALPHA STO ALPHA ÷ FUNCTION 1 ▼ 1 ,

显示:　　　T 　　　=　　　　R 　　Abs;

按键: (ALPHA M+ – ALPHA ,) ÷ 2 ,

显示:　(　　　　　J 　–　I 　　　) 　÷ 2;

229

按键: EXE ,

显示: ↵ ;

按键: ALPHA ｜ ° ' " ｜ ALPHA ｜ STO ｜ ALPHA ｜ a b/c ｜ − ,

显示: C   =   B   − ;

按键: ALPHA ｜ 8 ｜ EXE ,

显示: L ↵ ;

按键: ALPHA ｜ tan ｜ ALPHA ｜ STO ｜ 1 ｜ EXE ,

显示: F   =   1   ↵ ;

按键: ALPHA ｜ , ｜ FUNCTION ｜ 3 ｜ ▼ ｜ ▼ ｜ 3 ｜ ALPHA

M + ,

显示: I   >   J ;

按键: FUNCTION ｜ 3 ｜ 1 ｜ ALPHA ｜ tan ｜ ALPHA ｜ STO

(−) ｜ 1 ,

显示: ⇒   F   =   − 1 ;

按键: FUNCTION ｜ 3 ｜ 3 ｜ EXE ,

显示: △   ↵ ;

按键: ALPHA ｜ 8 ｜ FUNCTION ｜ 3 ｜ ▼ ｜ ▼ ｜ 6 ｜ 0 ,

显示: L   ≤   0 ;

按键: FUNCTION ｜ 3 ｜ 1 ｜ FUNCTION ｜ 3 ｜ ▼ ｜ 3 ,

显示: ⇒   { ;

按键: SHIFT ｜ ALPHA ｜) ｜ a b/c ｜ ÷ ｜ , ｜ M +

FUNCTION ｜ 3 ｜ ▼ ｜ 4 ,

显示: H   B   R   I   J } ;

按键: SHIFT ｜ √ ｜ FUNCTION ｜ 3 ｜ 4 ｜ 0 ｜ EXE ,

显示: :   Goto 0 ↵ 。

以下各行:

⇐ ⇒ L < B − T ⇒ Z = 0 : P = I :

⇐ ⇒ L < B ⇒ Z = 1 : P = I :

⇐ ⇒ L < B + T ⇒ Z = 1 : P = J :

⇐ ⇒ Z = 0 : P = J △ △ △ ↵

$G = H − CP + ZF(T − AbsC)^2 ÷ (2R)$ ◢ ↵

程序内容输入方法:操作步骤仿上,不再赘述。

230

最后一行输入方法:

按键: | FUNCTION | | 3 | | 4 | | 0 | | EXIT |,

显示: Goto 0 | ■F-Z-Y-H |。

至此,程序内容输入完毕,且已储存登记。

六、程序编辑中常遇到的几个问题

(1)如何更改程序名

例如将文件名:F-Z-Y-H 改为 F-Z-Y-H-2,即直竖联算程序的第 2 个程序
操作方法步骤如下:

①按 | MODE | | 5 | | 3 | 键,显示程序文件名选单。

②按 | ▼ | 键,将光标移至要修改的文件名旁。

③按 | FUNCTION | | 2 | 键,显示要修改的文件名,即由光标闪烁处
开始修改。此例前几个字符不改,只要在最后加"–"、"2",为此需按 | ▶ |
键,将光标移至最后,按 | ALPHA | | – | | 2 | 键即修改完毕。

④修改完毕后按 | EXE | 键,显示修改后的文件名。

(2)如何修改程序内容

在下列情况下要对程序内容修改:

①程序中某一行需补充追加新的内容。

②程序执行中,运算不通,屏幕显示错误信息(fx—4800P 计算机的错
误信息详见用户说明书。参阅上篇第一章第七节"fx—4500PA 型计算机错
误标示一览表")。

修改程序内容操作方法步骤如下:

例如对前例:F-Z-Y-H 程序中:

$$G = H - CP + ZF(T - AbsC)^2 \div (2R) \blacktriangle \hookleftarrow$$

此方程式只能计算线路中桩设计高程,不能同时计算出左、右边桩高
程。如果将其修改为:

$$G = H - CP + ZF(T - AbsC)^2 \div (2R) \blacktriangle U = G + ME \blacktriangle$$

则可同时计算出中桩、左边桩和右边桩的高程。为此,还应将:H:B:R:
I:J ↩ 修改为 H: B: R: I: J: M: E ↩ ;{H B R I J M E}:修改为
{H B R I J M E}。

其中:M——中桩至边桩的距离;

E——路拱,即路面横坡度;

U——边桩高程。

为此,需按下述方法操作:

①按 $\boxed{\text{MODE}}$ $\boxed{5}$ $\boxed{3}$ 键,显示程序文件名选单。

②按 $\boxed{\blacktriangledown}$ 键,将光标移至要修改的文件名旁。

③按 $\boxed{\text{EXE}}$ 键,显示程序内容,光标闪烁。

④按 $\boxed{\blacktriangledown}$ 键,将光标移至要修改的那一行。此例中:先移到第2行 H:B:R:I:J↵前头。

⑤按 $\boxed{\blacktriangleright}$ 键,将光标移至↵。

⑥按 $\boxed{\text{SHIFT}}$ $\boxed{\text{DEL}}$ 键,在光标处出现▯空格闪烁,此时输入:M:E↵。

⑦按 $\boxed{\blacktriangledown}$ 键,光标移至第8行前,按 $\boxed{\blacktriangleright}$ 键,将光标移至}处,即 L≤0⟹{H B R I J}:Goto 0↵。

⑧按 $\boxed{\text{SHIFT}}$ $\boxed{\text{DEL}}$ 键,空格▯在}处闪烁,输入 M E。

⑨按 $\boxed{\blacktriangledown}$ 键,光标移至第13行前头,即 $G = H - CP + ZF(T - AbsC)^2 \div (2R)$▲↵前,接着按 $\boxed{\blacktriangleright}$ 键,光标移至↵处闪烁。

⑩按 $\boxed{\text{SHIFT}}$ $\boxed{\text{DEL}}$ 键,空格▯在↵处闪烁,输入 U = G + ME ▲↵。

⑪按 $\boxed{\text{EXIT}}$ 键确认储存修改之程序内容。

上述光标移动是按一下 $\boxed{\blacktriangledown}$ 或 $\boxed{\blacktriangle}$ 键,就移动一步,移动较慢,为了使光标迅速方便地在程序中移动,可按下述方法操作:

a.按 $\boxed{\text{SHIFT}}$ $\boxed{\blacktriangledown}$ 键,可使光标跳至程序的结尾处。

b.按 $\boxed{\text{SHIFT}}$ $\boxed{\blacktriangle}$ 键,可使光标跳至程序的开头处。

(3)文件名重复了,如何处理

当输入的新文件名与已储存的文件名相同,即新文件名与已存在的文件名重复了,此时,计算机屏幕显示

```
Filename?
〔F-Z-Y-H〕
Already exists
```
已存在

这种情况下,计算机自动中止运作。这时可按 $\boxed{\blacktriangleleft}$ 或 $\boxed{\blacktriangleright}$ 键以使新

文件名光标闪烁,然后按 AC 键清除此文件名,并重新输入一个文件名。

(4)如何检查可供使用的存储器的容量

$fx-4800P$ 型计算机的存储器最多能储存 4500 字节的数据。通常,程序中的一个函数占用一个字节,但有些函数需占用两个字节。

①1 字节函数

$\sin,\cos,\tan,(,),A,B,1,2$ 等。

②2 字节函数

LbI 1, Goto 1,等。

在程序中按 ◀ 或 ▶ 键可计算字节数。每按一次键,光标跳过一个字节。为了了解可供使用的容量字节数还剩多少,步骤数可以使用,以便输入下一个程序,应随时检查存储器的剩余容量,其操作方法如下:

按 SHIFT · (Defm) EXE 键,屏幕显示:

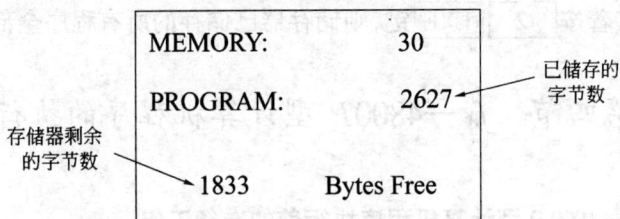

```
MEMORY:          30

PROGRAM:       2627 ←——  已储存的
                         字节数
存储器剩余
的字节数 ——→ 1833    Bytes Free
```

如果检查结果剩余字节数不够下一程序内容使用,则必须删除一些已储存的程序。

(5)如何删除程序

①删除一个指定的程序

删除一个指定的程序,就是删除那个指定文件名的程序。例如,指定要删除文件名为"F-Z-Y-H"的程序。

操作方法步骤如下:

a.按 MODE 5 4 1 键,显示文件名选单。

b.接着按 ▼ 键,将光标"■"移至指名要删除的文件名旁,例如■F-Z-Y-H。

c.按 EXE 键,屏幕显示确认删除信息:

```
        ┌─────────────────────┐
        │  PGM:F-Z-Y-H  ◄──────┼──── 确认指名删除
        │  Delete?            │      的文件名
是删除 ──┼──► YES:[EXE]        │
        │                     │──── 是否删除?
放弃删除 ─┼──► NO:[EXIT]        │
        └─────────────────────┘
```

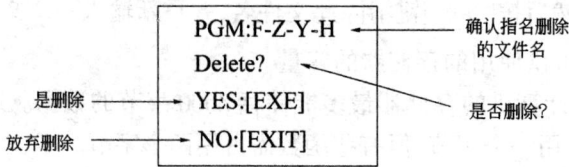

d.按 $\boxed{\text{EXE}}$ 键删除 F-Z-Y-H 程序,此时"■"光标上移一行。

若想放弃删除,则第④步按 $\boxed{\text{EXIT}}$ 键,则放弃删除操作,重新显示文件名选单。

②删除所有程序

操作方法步骤:

a.按 $\boxed{\text{MODE}}$ $\boxed{5}$ $\boxed{4}$ 键;

b.紧接着按 $\boxed{2}$ $\boxed{\text{EXE}}$ 键,则储存器已储存的所有程序全部删除。

第四节　fx—4800P 型计算机程序的执行

一、fx—4800P 型计算机程序执行前的准备工作

1.编写程序文件名目录

为了快速准确地调用程序,建议您准备一份程序文件名目录,它必是您操作程序的好助手,大大方便您程序执行中的操作。

fx—4800P 型程序文件名目录,主要内容有:

①文件名。方便查寻程序。

②文件名程序中各符号的含意。方便输入相关数据。

文件名样式见表 7-1。

fx—4800P 型计算机程序目录

表 7-1

序号	文件名	程序中符号含义
1	附合导线观测角平差程序 D-101-1	A:导线起始边方位角;B:终止边方位角;C,D,E,H,I,J,L,M:观测角;N:观测角个数
	……	
	附(闭)合水准线路高程 计算程序 H001	C,D,E,F,G,I,J,M:实测高差;B:终点已知高程;A:起点已知高程;S,T,U,V,W,O,X,Y:测站数

序号	文件名	程序中符号含义
	······	
	直竖联算程序 F-Z-Y-H	H:变坡点高程;B:变坡点里程桩号;R:竖曲线半径; I:前纵坡坡度;J:后纵坡坡度;N:路面至各层厚度;M: 路层中—边宽度;E:路拱坡度;L:所求点里程桩号
	······	

2.指定小数点以下的数位

程序计算中,数值的小数数位指定,依据计算项目的精度要求设置。一般来说,三级以上公路水准高程要求计算至毫米,即小数点以下取3位;四级公里及乡村公路,水准高程要求计算至厘米,即小数点以下取2位。平面坐标计算高速公路、一级及一级以下至三级公路坐标取位要求小数点以下3位;四级公路以及乡村公路,坐标取位要求小数点以下2位。

根据各级公路施工中对数据取位的要求,程序计算前应设置小数点以下数位。fx—4800P型计算机指定小数位数(FIX)操作方法步骤是:

按 | FUNCTION | | 6 | | 1 | 键,然后再按一个数字(0~9)(根据计算需要,例如取小数点以下3位,则按"3")来指定数位。

这样,计算结果显示的是被舍入于所指定的小数位上,直至重新指定小数位数为止。例如指定小数以下2位,则按下述操作:

按 | FUNCTION | | 6 | | 1 | | 2 |,计算结果显示的是小数点以下2位。

3.计算结果显示意外数据时

正常情况下,程序计算时,按 | AC | 键开机后,屏幕显示如下:

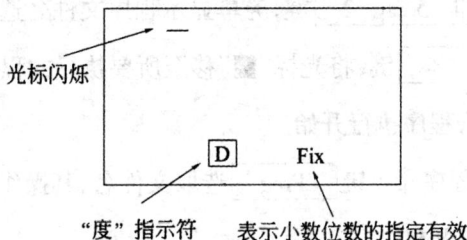

光标闪烁

"度"指示符   表示小数位数的指定有效

但在程序执行运算中,计算结果显示的是意外数据,这很可能是按错了键,或采用的计算模式有误。此时,可按下列步骤操作,使计算机回至标准设定状态:

①按 | MODE | 1 | 键,以进入 COMP 模式。

②按 | FUNCTION | 5 | 1 | 键,以选择"度"。

③按 | FUNCTION | 6 | 1 | 键,以选择 Fix $0 \sim 9$?。

二、$fx—4800P$ 型计算机程序执行的基本操作技术

第一步:开机,选择文件名。

第二步:按 | EXE | 键,执行程序。

第三步:关机。

(1)开机:按 | AC | 键。

(2)选择文件名

采用 $fx—4800P$ 型计算机进行程序计算时,首要是选对文件名。实践经验中,常采用按文件、程序命令键 | FILE | 和 | ▼ | 或 | ▲ | 键选取程序文件名。其操作方法步骤如下:

方法一:①按 | AC | 键,开机。

②按 | FILE | 键,屏幕显示程序文件名选单。

③按 | ▼ | 或 | ▲ | 键,将光标"■"移至所要执行的程序名旁。

④按 | EXE | 键,程序开始执行。

选择文件还有下述两种方法:

方法二:采用"RUN"(执行储存的程序)键选取文件名,其操作方法步骤如下:

①按 | AC | 键,开机。

②按 | MODE | 5 | 2 | 键,屏幕显示程序文件名选单。

③按 | ▼ | 或 | ▲ | 键,将光标"■"移至所要执行的程序名旁。

④按 | EXE | 键,程序执行开始。

方法三:采用程序命令键 | Prog | 选取文件名,其操作方法步骤如下:

①按 | AC | 键,开机。

②按 SHIFT Prog 键,屏幕显示:

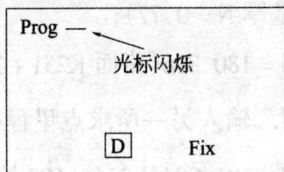

Prog —
光标闪烁

D Fix

③按 SHIFT ALPHA " 文件名 " 。

④按 EXE 键,以执行程序。

(3)执行程序

当按上述方法选出所要执行的程序文件名后,接着按 EXE 键,程序计算即开始,只要根据计算机显示的符号? 输入相应的数据,就可获取计算结果。具体操作方法步骤,以前例题直竖联算程序:F-Z-Y-H 程序计算过程说明。

算例中已知数据(详见上篇第四章表4-3备注栏):

$H = 182.426(\text{m})$,

$B = K251 + 610(\text{m})$,

$R = 5\ 000(\text{m})$,

前纵坡 $I = 0.005\ 83$,

后纵坡 $J = -0.026$。

操作:

①按 AC 键,开机;

②按 FILE ▼ 键,选用文件名:F-Z-Y-H;

③按 EXE 键,显示:$H^?$,输入 182.426;

④按 EXE 键,显示:$B^?$,输入 610;

⑤按 EXE 键,显示:$R^?$,输入 5000;

⑥按 EXE 键,显示:$I^?$,输入 0.00583;

⑦按 EXE 键,显示:$J^?$,输入 -0.026;

⑧按 EXE 键,显示:$M^?$,输入 8.0;

⑨按 EXE 键,显示:$E^?$,输入 -0.02;

⑩按 EXE 键,显示:$L^?$,输入所求点里程桩号 K251 + 375 桩,输入 375;

⑪按 EXE 键,显示 G = 181.056(此为路面设计高,上篇表 4-3 计算的是路基设计高,路面至路基厚 N = 0.77);

⑫按 EXE 键,显示 U = 180.896(路面 K251 + 375 桩边桩设计高程);

⑬按 EXE 键,显示:L?,输入另一所求点里程桩号,例如 600;

⑭按 EXE 键,显示 G = 181.884(K251 + 600 桩路面中桩设计高程);

⑮按 EXE 键,显示 U = 181.724(K251 + 600 桩路面边桩设计高程);

⑯按 EXE 键,显示:L?。

以下重复⑩⑪⑫步骤数,只要每输入一个所求点桩号,就可很方便地计算其中桩及边桩设计高程。当然必须是计算范围内的任一所求点的桩号。详见上篇第四章第三节。

第五节 fx—4800P 型计算机程序编写及操作实例
——施工支导线点的测设及程序编写计算方法

公路工程线路构造物施工中,为了方便放样,常采用支导线法(或叫引点法)测设施工导线点(或叫引点,也叫测站点)。

支导线法测设施工导线点的概念详见图 7-2。

图中,A、B 是已知控制点,P 是施工支导线点,即未知点,也叫所求点。

为了求得未知点 P 的坐标,必须知道:

(1)已知数据:

①A、B 点的坐标 x、y 值;

②AB 边的方位角 T_{A-B}。如果 T_{A-B} 未知,则用 A、B 坐标反算求得。

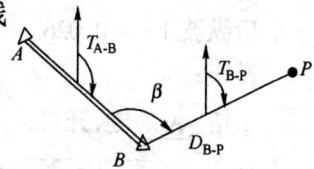

图 7-2 支导线法概念图

(2)观测数据:

①B 点(即设站点,下同)处的水平角 β;

②B 点(即设站点,下同)至 P 点的平距 D_{B-P}。

由此可知,支导线法的外业工作就是:

(1)测角,即测 β 角。

(2)测距,即测 D_{B-P}。

测角可采用经纬仪,也可利用全站仪测水平角功能。

测距可采用测距仪,也可利用全站仪测距功能。要求测平距。若测斜距,则要测取垂直角,改算成平距。

238

对于没有测距仪或全站仪的施工单位,可用钢卷尺量取平距。

外业测角、测距、设站及施测方法、步骤详见普通测量书籍。这里不做介绍。

本节重点讲述 CASIO fx—$4800P$ 计算机程序计算支导线点的坐标方法及步骤。

一、支导线点坐标计算常规公式

1. 方位角计算公式

$$T_{B-P} = T_{A-B} + \beta - 180° \tag{7-1}$$

式中:T_{A-B}——已知控制边 AB 的方位角;

β——已知边与未知边之夹角,一般情况下,测左角。

2. P 点坐标计算公式

$$X_P = X_B + D_{B-P} \cdot \cos T_{B-P}$$
$$Y_P = Y_B + D_{B-P} \cdot \sin T_{B-P} \tag{7-2}$$

式中:X_B、Y_B——已知控制点 B 的 x、y 坐标值;

D_{B-P}——已知点 B 至未知点 P 间的平距;

T_{B-P}——BP 边的方位角,即公式(7-1)的计算值。

计算 P 点坐标时,第一步依据公式(7-1)计算方位角 T_{B-P};第二步依据公式(7-2)计算 P 点的 X_P、Y_P 坐标值。

二、支导线点坐标计算程序的编辑

前述用公式(7-1)及(7-2)手算施工导线点 X、Y 坐标值的方法,速度慢、效率低,又易出错;在现场实际施工中需要一边加密施工导线点,一边立即放样,这种手算就更是难以满足现代化施工的要求。为了解决这一难题,我们可利用可编程式科学计算机的"程序计算"功能,将支导线点坐标的计算编成程序,这样在测站上就可快速、准确地计算出施工导线点的坐标,以满足现场放样需要。

下面详细讲述 CASIO fx—$4800P$ 计算机程序计算支导线点坐标的程序编辑方法、步骤。

第一步:把支导线点坐标计算常规公式改写成计算机认可的公式。

(1)改写方位角计算公式

常规公式为式(7-1):

$$T_{B-P} = T_{A-B} + \beta - 180°$$

计算机认可公式：

$$T = F + B - 180° \qquad (7-1)'$$

式中：F——已知边的方位角；

　　B——已知边与未知边之夹角（左夹角），即在已知点 B 设站所观测的
　　　　水平角；

　　T——所求边的方位角。

(2)改写 P 点坐标计算公式

常规公式为式(7-2)：

$$X_P = X_B + D_{B-P} \cdot \cos T_{B-P}$$
$$Y_P = Y_B + D_{B-P} \cdot \sin T_{B-P}$$

计算机认可公式：

$$X = W + D\cos T$$
$$Y = K + D\sin T \qquad (7-2)'$$

式中：　　X、Y——支导线点（所求点）的坐标值；

　　　　W、K——已知控制点（即设站点，下同）的 X、Y 值；

　　　　T——改后方位角，即公式(7-1)′计算的未知边的方位角。

$D\cos T$、$D\sin T$——已知点 B 与所求点 P 间纵、横坐标增量。

程序中，纵横坐标增量可用公式 $D\cos T$、$D\sin T$ 计算，亦可用计算机"坐标变换"功能计算。

对于由 fx—$4500P$ 型计算机"坐标变换"功能计算的坐标增量，用英文字母 V、W 表示。

对于由 fx—$4800P$ 型计算机"坐标变换"功能计算的坐标增量，用英文字母 I、J 表示。

利用计算机"坐标变换"功能计算坐标增量的公式是

$$Rec(D, T)$$

式中：D——是已知点与所求点间平距；

　　T——该两点所构成边的方位角。

程序中，若用"坐标变换"功能计算坐标增量，则所求点 P 的坐标计算公式可写成

$$Rec(D, T)$$
$$X = W + I$$
$$Y = K + J \qquad (7-3)$$

式中:D、T、W、K——意义同前。

I、J——fx—4800P 型计算机计算的坐标增量。此值在计算机内部运算。

第二步:编辑程序清单。

依据计算机认可公式(7-1)′、(7-2)′及(7-3),编辑支导线点坐标计算程序清单如下。

文件名: ZDX

LbI　0↵

W:K:F↵　　　　　　　　　　　　测站点

{B　D}↵

B + F > 180 ⇒ Goto　1:

⇒ B + F < 180 ⇒ Goto　2△△↵

LbI　1↵

T = F + B − 180↵

Rec(D,T)↵

X = W + I◢

Y = K + J◢↵

Goto　0↵

LbI　2↵

T = F + B + 180↵

Rec(D,T)↵

X = W + I◢

Y = K + J◢↵

Goto　0

程序中:W、K——已知点(设站点)的 x、y 值;

　　　　F——已知边方位角;

　　　　B——已知边与未知边之夹角;

　　　　D——已知点与所求点间平距;

　　　　T——未知边方位角。程序中不显示,若要显示,则需在最后加显示符合◢;

　　　X、Y——所求点坐标值。

在编辑程序清单时,应注意:

(1)搞清程序公式中的常量(不变量)和变量。本例中,常量是已知边 AB 的方位角 F 和已知点 B 的坐标 W、K;变量是水平角 B 和平距 D。

在一个程序中,常量用冒号":"相连;变量则放入大括号"{ }"中。这

241

样处理后,在程序执行过程中,赋给常量的值固定不变,赋给变量不同的值,则有不同的计算结果。本例中,在已知点 B 可支出若干个所求点 P,每一个所求点都有一组观测元素 B 和 D。在计算所求点 P 的坐标时,只要输入该所求点的 B 和 D,就可算出其对应的 X、Y 值。

(2)正确应用无条件转移命令。程序中无条件转移命令是 Goto n 和 LbI n(n 为 0 至 9 的数字)。一个程序中 LbI n 加在程序的起点,Goto n 加在程序的最后。程序执行中,当执行 Goto n 命令后,程序会立即转移至相应的 LbI n,从而形成重复计算。本例中无条件转移指令 Goto 0、Goto 1、Goto 2 和 LbI 0、LbI 1、LbI 2 表示。Goto 0 和 LbI 0 重复显示 W、K、F、B 和 D。Goto 1 和 LbI 1 重复计算 $T = F + B - 180$ 情况下的 P 点坐标;Goto 2 和 LbI 2 重复计算 $T = F + B + 180$ 情况下的 P 点的坐标。

(3)正确应用条件转移指令。条件转移对两个变量或算式进行比较,并根据比较结果决定程序是转移至紧接于 ⇒ 后的语句,还是转移至紧接于 ⇍⇒ 后的语句。程序中,条件转移是用 ⇒ 和 ⇍⇒ 配合六种关系运算子 = 、⧧、⩾、⩽、>、< 实现的。本例中,$B + F > 180 \Rightarrow$ Goto 1,$B + F < 180 \Rightarrow$ Goto 2 两句的条件是 $B + F$ 大于或小于 180°。大于 180°,则执行 LbI 1 和 Goto 0;小于 180°,则执行 LbI 2 和 Goto 0。在上面二种情况下,都会在转移终止符号 "△" 之后继续实行操作。终止符号 "△" 的个数应与条件语句中的条件数相同,本例中,条件有二个,所以有二个终止符号 "△"。

(4)注意换行符号的应用。编辑程序应本着语句短、易输入、不出错、计算快的原则,这就要求正确应用分行符号。fx—4500P 型计算机的分行符号是 "Lⁿ"(n 是数字 1 ~ n);fx—4800P 型计算机的分行符号是 "↵"。一般来说,只要一个语句成立,就可分一行。但是应注意的是,fx—4800P 型计算机在条件转移中,不能含有任何分行符号。如果在条件转移中有分行符号,则在程序执行时会出现错误信息 "syn ERROR"。本例中条件转移语句是 $B + F > 180 \Rightarrow$ Goto 1 和 ⇍ ⇒ $B + F < 180 \Rightarrow$ Goto 2,若用 fx—4500P 型计算机,可写成下述形式:

L^n $B + F > 180 \Rightarrow$ Goto   1
L^{n+1} ⇍ ⇒ $B + F < 180 \Rightarrow$ Goto   2△△

若用 fx—4800P 型计算机,则要写成下述形式:

$B + F > 180 \Rightarrow$ Goto   1:
⇍⇒ $B + F < 180 \Rightarrow$ Goto   2△△ ↵

两语句之间要用冒号 ":" 连接。这一处理方法,应特别予以注意。

(5)程序清单编辑中,关于其他字、符的应用,详见该机使用说明书。

第三步:向计算机输入程序清单。

依据程序清单对计算机进行输入的方法、步骤如下。

①按 $\boxed{\text{AC}}$ 键,开机;

②按 $\boxed{\text{MODE}}$ $\boxed{5}$ $\boxed{1}$ 键,输入文件名:ZDX;

③按 $\boxed{\text{EXE}}$ 键 $\boxed{1}$ 键,开始输入清单内容;

④输入第 1 行:Lbl 0 ↵

按 $\boxed{\text{FUNCTION}}$ $\boxed{3}$ $\boxed{5}$ 键 $\boxed{0}$ 键,按 $\boxed{\text{EXE}}$ 键。

显示:　　　　　　　　Lbl　　　　0　　　　　　↵

输入第 2 行:W:K:F ↵

按 $\boxed{\text{ALPHA}}$ $\boxed{\text{W}}$ 键,按 $\boxed{\text{SHIFT}}$ $\boxed{\sqrt{}}$ 键,按 $\boxed{\text{ALPHA}}$ $\boxed{\text{K}}$ 键,

显示:　　　　　W　　　　　　　:　　　　　　　　　K

按 $\boxed{\text{SHIFT}}$ $\boxed{\sqrt{}}$ 键,按 $\boxed{\text{ALPHA}}$ $\boxed{\text{F}}$ 键,按 $\boxed{\text{EXE}}$ 键。

显示:　　　　　　　:　　　　　　　F　　　　　　↵

输入第 3 行:{B D}↵

按 $\boxed{\text{FUNCTION}}$ $\boxed{3}$ $\boxed{\blacktriangledown}$ $\boxed{3}$ 键,按 $\boxed{\text{SHIFT}}$ $\boxed{\text{ALPHA}}$ $\boxed{\text{B}}$ $\boxed{\text{D}}$ 键,

显示:　　　　　　　　　{　　　　　　　　B　D

按 $\boxed{\text{FUNCTION}}$ $\boxed{3}$ $\boxed{\blacktriangledown}$ $\boxed{4}$ 键,按 $\boxed{\text{EXE}}$ 键。

显示:　　　　　　　　　}　　　　　↵

输入第 4、5 行:B + F > 180 ⟹ Goto 1:

　　　　　　　　≠ ⟹ B + F < 180 ⟹ Goto 2△△↵

按 $\boxed{\text{ALPHA}}$ $\boxed{\text{B}}$ $\boxed{+}$ 键,按 $\boxed{\text{HLPHA}}$ $\boxed{\text{F}}$ 键,按 $\boxed{\text{FUNCTION}}$ $\boxed{3}$

显示:　　　　　B　　　+　　　　　　　F

$\boxed{\blacktriangledown}$ $\boxed{\blacktriangledown}$ $\boxed{3}$ 键,按 $\boxed{1}$ $\boxed{8}$ $\boxed{0}$ 键,按 $\boxed{\text{FUNCTION}}$ $\boxed{3}$

　　　　　　　　>　　　1　　8　　0

$\boxed{1}$ 键,按 $\boxed{\text{FUNCTION}}$ $\boxed{3}$ $\boxed{4}$ 键,按 $\boxed{1}$ 键,按 $\boxed{\text{SHIFT}}$ $\boxed{\sqrt{}}$ 键,

　　⟹　　　　　　　　　Goto　　　　1　　　　　　:

按 $\boxed{\text{FUNCTION}}$ $\boxed{3}$ $\boxed{2}$ 键,$\boxed{\text{HLPHA}}$ $\boxed{\text{B}}$ 键,按 $\boxed{+}$ 键,按 $\boxed{\text{ALPHA}}$

　　　≠ ⟹　　　　　　B　　　　　+

$\boxed{\text{F}}$ 键,按 $\boxed{\text{FUNCTION}}$ $\boxed{3}$ $\boxed{\blacktriangledown}$ $\boxed{\blacktriangledown}$ $\boxed{4}$ 键,按 $\boxed{1}$ $\boxed{8}$ $\boxed{0}$ 键,

　F　　　　　　　　　　　　　　<　　　1　　8　　0

按 $\boxed{\text{FUNCTION}}$ $\boxed{3}$ $\boxed{1}$ 键,按 $\boxed{\text{FUNCTION}}$ $\boxed{3}$ $\boxed{4}$ 键,按 $\boxed{2}$ 键,

　　　⟹　　　　　　　　　　　　Goto　　2

按 | FUNCT1ON | | 3 | | 3 | 键,按 | FUNCT1ON | | 3 | | 3 | 键,按 | EXE | 键。
↵,

注意,第4、5行是条件转移语句,输入时,第4行与第5行之间不能用换行符号而要用":"连接。

第6行及以下各行的输入方法,仿上进行,此处不再详述。

在向计算机输入程序内容时,如果按错字、符键,可按 | DEL | 键,删除错误字、符,重新输入正确字、符。

在程序输入过程中,如果要更改文件名、修改程序内容,请按该机使用说明书介绍方法进行。

当程序清单内容输入完毕,按退出键 | EXIT | 两次以储存程序。接着按 | EXE | 键执行程序,以检查程序能否正常执行。如果输入有错,则会显示错误信息,此时应对错处修正,直至正常执行。

三、支导线点坐标计算程序执行的操作方法

fx—4800P 型计算机程序的执行,有下述三种方法:

方法1,从程序选单开始;

方法2,按 | FILE | 键;

方法3,按 | SHIFT | | Prog | 键。

实践作业中,通常采用方法2。

用方法2执行程序的方法步骤为:

①在 COMP 模式中按 | FILE | 键,显示文件名清单。

②接着按 | FILE | 键,将光标" ■ "移至文件名旁。

③或者按 | ▼ | 与 | ▲ | 键将光标" ■ "移至文件名旁。

④按 | EXE | 以执行程序。

用方法3执行程序的方法步骤为:

①在 COMP 模式中按 | SHIFT | | Prog | 键。

② | ALPHA | | " | <文件名> | ALPHA | | " | 方法输入所要执行的程序名。

③按 | EXE | 键以执行程序。

四、支导线点坐标计算程序算例及操作方法步骤

算例: ××高速公路在 K12＋009 分离立交桥施工中,为了方便桥基础放样,采用支导线法在施工现场附近加密一施工导线点 I,其施测方案详见图7-3。在图 7-3 中,D_{47}—D_{48} 是一条已知导线边,其方位角 $F =$ 161°51′21″,D_{47} 点坐标为 $X = 533.526$m, $Y =$ 624.215m;D_{48} 点坐标为 $X = 327.782$m, $Y =$ 691.638m。在 D_{48} 设站后视 D_{47} 测得水平角 $B = 91°53′54″$,平距 $D_{48-I} =$ 127.921m。为了及时算出加密点 I 的坐标,在现场(测站上)采用 fx—4800P 型计算机程序进行计算,其操作方法步骤如下:

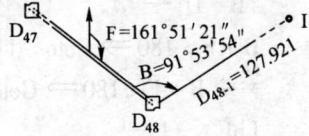

图 7-3 支导线外业草图

①按 AC 键,开机;

②按 FILE 键,将光标移至文件名 ZDX;

③按 EXE 键,显示 W?,输入 W = 327.782m;

④按 EXE 键,显示 K?,输入 K = 691.638m;

⑤按 EXE 键,显示 F?,输入 F = 161°51′21″;

⑥按 EXE 键,显示 B?,输入 B = 91°53′54″;

⑦按 EXE 键,显示 D?,输入 D = 127.921m;

⑧按 EXE 键,显示 I?,(坐标增量计算,计算机内部运算,不输入不删除);

⑨按 EXE 键,显示 X = 363.569(加密点 I 的 x 值);

⑩按 EXE 键,显示 J?,(同 I);

⑪按 EXE 键,显示 Y = 814.451(加密点 I 的 y 值);

⑫按 EXE 键,显示 B?,输入同测站加密的另一个支导线点。

以下重复计算,略。

前述 ZDX 程序在执行计算时,要先计算出已知定向边 AB 的方位角 T_{A-B}(图7-2)。若将该程序作如下修改,则该程序计算将会更显方便。

修改后的程序清单如下:

文件名:ZDX

LbI 0 ↵

M : N : W : K ↵

V = W − M : U = K − N ↵

P01(V, U) : J < 0 ⇒ F = J + 360 : ⁒ ⇒ F = J ◣△ ↵

{ B   D } ↵

B + F > 180 ⇒ Goto   1 :

⁒ ⇒ B + F < 180 ⇒ Goto   2△ △ ↵

Lbl   1 ↵

T = F + B − 180

以下各行同上。

程序中:M、N——后视点的 x、y 值。

其他符合意义同上。

第八章

公路工程施工导线近似平差分步计算程序

第一节　施工导线观测角平差程序清单

本节重点介绍 fx—$4800P$ 型计算机观测角平差程序清单。

施工导线观测角平差常规计算公式,以及依据此常规计算公式进行程序编辑设计的过程,详见上篇第二章一节和二节。

fx—$4800P$ 型计算机观测角平差程序内容输入参阅本篇第七章各节。

fx—$4800P$ 型计算机观测角平差程序应用算例详见上篇第二章表 2-1 和表 2-2。

一、附合导线观测角平差程序清单

文件名:D101-1　　(347 步骤数)

LbI　0　←┘

{A B C D E H I J L M N}←┘

$G = C + D + E + H + I + J + L + M$ ◢←┘

$A > B \Rightarrow$ Goto 1:✳$\Rightarrow A < B \Rightarrow$ Goto 2△△ ←┘

LbI　1　←┘

$Q = A - B$　←┘

$F = Q + G - N \times 180$ ◢←┘

$V = -(F \div N)$ ◢

$U = NV$ ◢←┘

$R = Q + G + NV - N \times 180$ ◢←┘

$K''K1'' = C + V$ ◢

$K''K2'' = D + V$ ◢

$K''K3'' = E + V$ ◢

$K''K4'' = H + V$ ◣

$K''K5'' = I + V$ ◣

$K''K6'' = J + V$ ◣

$K''K7'' = L + V$ ◣

$K''K8'' = M + V$ ◣↵

Goto   0   ↵

LbI   2   ↵

$Q = A + 360 - B$ ↵

$F = Q + G - N \times 180$ ◣↵

$V = -(F \div N)$ ◣

$U = NV$ ◣↵

$R = Q + G + NV - N \times 180$ ◣↵

$K''K1'' = C + V$ ◣

$K''K2'' = D + V$ ◣

$K''K3'' = E + V$ ◣

$K''K4'' = H + V$ ◣

$K''K5'' = I + V$ ◣

$K''K6'' = J + V$ ◣

$K''K7'' = L + V$ ◣

$K''K8'' = M + V$ ◣↵

Goto   0

程序中：C,D,E,H,I,J,L,M——导线左观测角；

　　　　　　　　　　G——观测角总和；

　　　　　　　　　　A——起始边方位角；

　　　　　　　　　　B——终止边方位角；

　　　　　　　　　　N——观测角个数；

　　　　　　　　　　F——角度闭合差；

　　　　　　　　　　V——观测角改正数，与角度闭合差反号；

　　　　　　　　　　U——角改正数和，与角度闭合差反号，值相等；

　　　　　　　　　　R——改正后角闭合差，应等于零；

　　　　　　　K1～K8——改正后角值，即平差角。

fx—$4800P$ 型计算机附合导线角平差程序执行方法步骤，参阅上篇第二章第二节和本篇第七章第四节。

二、闭合导线观测角平差程序清单

文件名：D101-2

248

LbI 0 ↵

{C D E H I J L M N }↵

G = C + D + E + H + I + J + L + M ◢↵

F = G − (N − 2) × 180 ◢↵

V = − (F ÷ N) ◢

U = NV ◢↵

R = G + NV − (N − 2) × 180 ◢↵

K″K1″ = C + V ◢

K″K2″ = D + V ◢

K″K3″ = E + V ◢

K″K4″ = H + V ◢

K″K5″ = I + V ◢

K″K6″ = J + V ◢

K″K7″ = L + V ◢

K″K8″ = M + V ◢↵

Goto 0

程序中:C,D,E,H,I,J,L,M——闭合导线内角观测值,若观测外角,则 $\beta_内$ = 360 − $\beta_外$;

G——内角总和;

N——观测角个数;

F——闭合导线内角角度闭合差;

V——内角角度改正数;

U——内角角度改正数和,其值等于 F,但符号相反;

R——改正后角度闭合差,应等于 0,若 R ≠ 0,应检查输入数据或检查程序内容;

K1 ~ K8——内角平差值。

fx—4800P 型计算机闭合导线观测角平差程序执行方法步骤参阅上篇第二章第二节和本篇第七章第四节。

三、附(闭)合导线观测角平差程序计算算例及操作方法步骤

附合导线观测角平差程序计算及操作方法步骤,详见上篇第二章第二节一。本节重点介绍闭合导线观测角平差程序计算,其算例见上篇第二章第二节表 2-2,其操作方法步骤如下:

①按 AC 键,开机;

②按 FILE 键和 ▼ 键,将■(光标)移至文件名 D101-2 旁;

③按 EXE 键,显示:$C^?$,输入 β_1 观测角:$360° - 286°58'48''$;

④按 EXE 键,显示:$D^?$,输入 β_2 观测角:$360° - 191°28'30''$;

⑤按 EXE 键,显示:$E^?$,输入 β_3 观测角:$360° - 275°48'24''$;

⑥按 EXE 键,显示:$H^?$,输入 β_4 观测角:$360° - 208°35'12''$;

⑦按 EXE 键,显示:$I^?$,输入 β_5 观测角:$360° - 294°48'00''$;

⑧按 EXE 键,显示:$J^?$,输入 β_6 观测角:$360° - 182°21'42''$;

⑨按 EXE 键,显示:$L^?$,输入 $0°$;

⑩按 EXE 键,显示:$M^?$,输入 $0°$;

⑪按 EXE 键,显示:$G = 719.990$,接着按 SHIFT ° ' '' 键,显示 $G = 719°59'24''$;

⑫按 EXE 键,显示:$N^?$,输入观测角个数 6;

⑬按 EXE 键,显示:$F = -0.010$,接着按 SHIFT ° ' '' 键,显示:$F = -0°00'36''$(闭合导线内角闭合差);

⑭按 EXE 键,显示:$V = 0.002$,接着按 SHIFT ° ' '' 键,显示:$V = 0°00'06''$(内角角度改正数);

⑮按 EXE 键,显示:$U = 0.010$,接着按 SHIFT ° ' '' 键,显示:$U = 0°00'36''$(内角角度改正数和);

⑯按 EXE 键,显示:$R = 0$,接着按 SHIFT ° ' '' 键,显示:$R = 0°00'00''$(改正后角度闭合差);

⑰按 EXE 键,显示:$K1 = 73.022$,接着按 SHIFT ° ' '' 键,显示:$K1 = 73°01'18''$(β_1 内角平差值);

⑱按 EXE 键,显示:$K2 = 168.527$,接着按 SHIFT ° ' '' 键,显示:$K2 = 168°31'36''$(β_2 内角平差值);

⑲按 EXE 键,显示:$K3 = 84.195$,接着按 SHIFT ° ' '' 键,显示:$K3 = 84°11'42''$(β_3 内角平差值);

⑳按 EXE 键,显示:$K4 = 151.415$,接着按 SHIFT ° ' '' 键,显示:$K4 = 151°24'54''$(β_4 内角平差值);

㉑按 EXE 键,显示:K5 = 65.202,接着按 SHIFT °′″ 键,显示:K5 = 65°12′06″(β_5 内角平差值);

㉒按 EXE 键,显示:K6 = 177.640,接着按 SHIFT °′″ 键,显示:K6 = 177°38′24″(β_6 内角平差值);

㉓按 EXE 键,显示:K7 = 0.002;
㉔按 EXE 键,显示:K8 = 0.002;} (程序设置角,本例为 6 个观测角,多设置角应为 0)

㉕按 EXE 键,显示:C? (开始重复计算,输入第二条导线观测角,以下重复连续计算,同上操作,略)。

第二节 附(闭)合导线方位角及坐标增量计算程序

本节重点介绍 fx—4800P 型计算机附(闭)合导线方位角及坐标增量计算程序清单。

附(闭)合导线方位角及坐标增量计算常规公式,以及依据此常规计算公式进行程序编辑设计的过程,详见上篇第二章第二节三。

fx—4800P 型计算机方位角及坐标增量计算程序内容的输入参阅第七章各节。

fx—4800P 型计算机方位角及坐标增量计算程序应用算例详见上篇表2-1 和表2-2。

fx—4800P 型计算机方位角及坐标增量计算程序清单:

文件名:D102   (110 步骤数)

LbI   0   ↵

{D M K}   ↵

M + K > 180 ⟹ Goto 1:

⥾⟹ M + K < 180⟹Goto 2 △△↵

LbI   1   ↵

T = M + K – 180 ◢↵

W = D cos T ◢

P = D sin T ◢↵

Goto   0   ↵

LbI   2   ↵

T = M + K + 180 ◢↵

W = D cos T ◢

251

P = D sin T ◢↵

Goto   0

程序中：M——导线后一边的已知方位角；

K——导线平差角；

T——导线前一边的未知方位角；

D——导线边平距，即前一边的平距；

W,P——导线纵、横坐标增量。

算例及操作方法步骤：

上篇第二章第二节附(闭)合导线方位角及坐标增量程序应用算例是计算附合导线的方位角及坐标增量(见表 2-1)，本节算例是计算闭合导线的方位角及坐标增量。算例数据见上篇第二章第二节表 2-2。程序执行操作方法步骤如下：

①按 AC 键，开机；

②按 FILE 键，将光标移至文件名 D102 旁；

③按 EXE 键，显示：M?，输入导线后一边已知方位角 240°32′18″；

④按 EXE 键，显示：K?，输入平差角 97°33′12″；

⑤按 EXE 键，显示：T = 158.092，接着按 SHIFT °′″ 键，显示：T = 158°05′30″；

⑥按 EXE 键，显示：D?，输入导线前一边的平距：D = 135.147(m)；

⑦按 EXE 键，显示：W = − 125.387(坐标增量 Δx)；

⑧按 EXE 键，显示：P = 50.426(坐标增量 Δy)；

至此，导线前一边的方位角、坐标增量计算完毕，接着按 EXE 键计算下一边的方位角及坐标增量；

⑨按 EXE 键，显示：M?，输入 158°05′30″；

⑩按 EXE 键，显示：K?，输入第二个平差角：K = 191°28′24″；

⑪按 EXE 键，显示：T = 169.565，接着按 SHIFT °′″ 键，显示：T = 169°33′54″；

⑫按 EXE 键，显示：D?，输入导线第二条边：D = 86.395(m)；

⑬按 EXE 键，显示：W = − 84.966(坐标增量 Δx 值)；

⑭按 EXE 键，显示：P = 15.648(坐标增量 Δy 值)；

252

⑮以下重复操作，略。

第三节　附(闭)合导线坐标增量闭合差计算程序

本节重点介绍 fx—4800P 型计算机附(闭)合导线坐标增量闭合差计算程序清单。

施工导线坐标增量闭合差计算常规公式，以及依据此公式进行程序编辑设计的过程，详见上篇第二章第二节四。

fx—4800P 型计算机坐标增量闭合差计算程序内容的输入参阅本篇第七章各节。

fx—4800P 型计算机坐标增量闭合差计算程序应用算例详见上篇第二章表 2-1 和表 2-2。

下面列出 fx—4800P 型计算机坐标增量闭合差计算程序清单：

文件名：D103　　　(117 步骤数)

LbI　0　↵

{E F G H K L M N }：{O P Q R S T U V}：

{C D A B}↵

X = E + F + G + H + K + L + M + N ◢↵

Z = C − A ◢↵

Y = O + P + Q + R + S + T + U + V ◢↵

W = D − B ◢↵

I = X − Z ◢↵

J = Y − W ◢↵

Goto　0

程序中：E,F,G,H,K,L,M,N——导线纵坐标增量；

X——纵坐标增量总和；

C,D——导线终点纵、横坐标值；

A,B——导线起点纵、横坐标值；

O,P,Q,R,S,T,U,V——导线横坐标增量；

Y——横坐标增量总和；

Z,W——导线已知纵、横坐标增量总和；

I——纵坐标增量闭合差；

J——横坐标增量闭合差。

算例及操作方法步骤：

上篇第二章第二节附合导线坐标增量计算程序应用算例是计算闭合导

线的坐标增量(见表 2-2),本节算例是应用 D103 程序计算附合导线的坐标增量。算例数据见上篇第二章第二节表 2-1。程序执行操作方法步骤如下:

①按 AC 键,开机;

②按 FILE 键,将光标移至文件名 D103 旁;

③按 EXE 键,显示:$E^?$,输入纵坐标增量:E = 35.786(m);

④按 EXE 键,显示:$F^?$,输入纵坐标增量:F = 42.697(m);

⑤按 EXE 键,显示:$G^?$,输入纵坐标增量:G = − 54.071(m);

⑥按 EXE 键,显示:$H^?$,输入纵坐标增量:H = − 106.367(m);

⑦按 EXE 键,显示:$K^?$,输入 K = 0(程序设置了 8 条边增量,此例 4 条边,因此从第 5 条边以下输入 0);

⑧按 EXE 键,显示:$L^?$,输入 0;

⑨按 EXE 键,显示:$M^?$,输入 0;

⑩按 EXE 键,显示:$N^?$,输入 0;

⑪按 EXE 键,显示:X = − 81.955(纵坐标增量总和);

⑫按 EXE 键,显示:$C^?$,输入导线终点 D49 纵坐标:C = 245.827(m);

⑬按 EXE 键,显示:$A^?$,输入导线起点 D48 纵坐标:A = 327.782(m);

⑭按 EXE 键,显示:Z = − 81.955(导线已知纵坐标增量总和);

⑮按 EXE 键,显示:$O^?$,输入横坐标增量:O = 122.813(m);

⑯按 EXE 键,显示:$P^?$,输入横坐标增量:P = 214.688(m);

⑰按 EXE 键,显示:$Q^?$,输入横坐标增量:Q = 78.843(m);

⑱按 EXE 键,显示:$R^?$,输入横坐标增量:R = 289.386(m);

⑲按 EXE 键,显示:$S^?$,输入 0;

⑳按 EXE 键,显示:$T^?$,输入 0;

㉑按 EXE 键,显示:$U^?$,输入 0;

㉒按 EXE 键,显示:$V^?$,输入 0;

㉓按 EXE 键,显示:Y = 705.730(横坐标增量总和);

㉔按 EXE 键,显示:$D^?$,输入导线终点 D49 横坐标:D = 1397.376(m);

㉕按 EXE 键,显示:B?,输入导线起点 D48 横坐标:B = 691.638(m);

㉖按 EXE 键,显示:W = 705.738(导线已知横坐标增量总和);

㉗按 EXE 键,显示:I = 0.000(导线纵坐标增量闭合差,此例 I = 0);

㉘按 EXE 键,显示:J = − 0.008(导线横坐标增量闭合差);

㉙按 EXE 键,显示:E?,输入第二条导线的纵坐标增量;

以下重复操作,略。

第四节　导线坐标增量改正数计算以及导线精度评定计算程序

本节重点讲述 fx—4800P 型计算机施工导线坐标增量改正数计算以及导线精度评定计算程序清单。

施工导线坐标增量改正数计算及导线精度评定计算常规公式,以及依据此公式进行程序编辑设计的过程详见上篇第二章第二节五。

fx—4800P 型计算机坐标增量改正数计算及导线精度评定计算程序内容的输入参阅本篇第七章各节。

fx—4800P 型计算机坐标增量改正数计算及导线精度评定计算程序应用算例详见上篇第二章表 2-1 和表 2-2。

下面列出 fx—4800P 型计算机坐标增量改正数计算及导线精度评定计算程序清单:

文件名:D104　　(331 步骤数)

LbI　0 ←┘

{I J}:{A B C E F G H K} ←┘

D = A + B + C + E + F + G + H + K ◢ ←┘

V = − (I ÷ D):U = − (J ÷ D) ←┘

R″XV1″ = VA ◢

R″XV2″ = VB ◢

R″XV3″ = VC ◢

R″XV4″ = VE ◢

R″XV5″ = VF ◢

R″XV6″ = VG ◢

R″XV7″ = VH ◢

R″XV8″ = VK ◢ ←┘

$L''YU1'' = UA$ ▲

$L''YU2'' = UB$ ▲

$L''YU3'' = UC$ ▲

$L''YU4'' = UE$ ▲

$L''YU5'' = UF$ ▲

$L''YU6'' = UG$ ▲

$L''YU7'' = UH$ ▲

$L''YU8'' = UK$ ▲↵

$I''IV'' = VA + VB + VC + VE + VF + VG + VH + VK$ ▲↵

$J''JU'' = UA + UB + UC + UE + UF + UG + UH + UK$ ▲↵

$W''FS'' = \sqrt{(I^2 + J^2)}$ ▲↵

$Q''1 \div T'' = D \div W''FS''$ ▲↵

Goto 0

程序中:A,B,C,E,F,G,H,K——导线各边边长;

D——导线边长总和;

I,J——纵、横坐标增量闭合差;

R''XVi''——纵坐标增量改正数;

L''YUi''——横坐标增量改正数;

I''IV''——纵坐标增量改正数之和,其值应等于I,但符号相反,即 I = - IV;

J''JU''——横坐标增量改正数之和,其值应等于J,但符号相反,即 J = - JU;

W''FS''——导线全长绝对闭合差;

Q''1 ÷ T''——导线相对闭合差的分母,分子为1。

算例及操作方法步骤:

算例数据详见上篇第二章第二节表2-1。

程序执行操作方法步骤如下:

①按 AC 键,开机;

②按 FILE 键,将光标移至文件名 D104 旁;

③按 EXE 键,显示:$A^?$,输入导线边长:A = 127.921(m);

④按 EXE 键,显示:$B^?$,输入导线边长:B = 218.893(m);

⑤按 EXE 键,显示:$C^?$,输入导线边长:C = 95.603(m);

⑥按 EXE 键,显示:$E^?$,输入导线边长:E = 308.315(m);

256

⑦按 EXE 键,显示:F?(程序设置了 8 条导线边,此例只有 4 条边,因此从第五条以下均输入 0);

⑧按 EXE 键,显示:G?,输入 0;

⑨按 EXE 键,显示:H?,输入 0;

⑩按 EXE 键,显示:K?,输入 0;

⑪按 EXE 键,显示:D = 750.732(导线边长总和);

⑫按 EXE 键,显示:I?,输入 D103 程序计算的纵坐标增量闭合差 I = 0.000(m);

⑬按 EXE 键,显示:J?,输入 D103 程序计算的横坐标增量闭合差 J = -0.008(m);

⑭按 EXE 键,显示:XV1 = 0.000;

⑮按 EXE 键,显示:XV2 = 0.000;

⋮　　　　　⋮

㉑按 EXE 键,显示:XV8 = 0.000;

㉒按 EXE 键,显示:YU1 = 0.001(调整为 0.002);

㉓按 EXE 键,显示:YU2 = 0.002;

㉔按 EXE 键,显示:YU3 = 0.001;

㉕按 EXE 键,显示:YU4 = 0.003;

㉖按 EXE 键,显示:YU5 = 0.000;

㉗按 EXE 键,显示:YU6 = 0.000;

㉘按 EXE 键,显示:YU7 = 0.000;

㉙按 EXE 键,显示:YU8 = 0.000;

㉚按 EXE 键,显示:IV = 0.000(纵坐标增量改正数之和);

㉛按 EXE 键,显示:JU = 0.008(横坐标增量改正数之和);

㉜按 EXE 键,显示:FS = 0.008(导线全长绝对闭合差);

㉝按 EXE 键,显示:1 ÷ T = 93800(导线相对闭合差分母);

以下重复计算,略。

第五节　施工导线坐标平差值计算程序

本节重点讲述 fx—4800P 型计算机导线坐标平差值计算程序清单。

施工导线坐标平差值计算常规公式,以及依据此公式进行程序编辑设计的过程,详见上篇第二章第二节六。

fx—4800P 型计算机导线坐标平差值计算程序内容的输入参阅本篇第七章各节。

fx—4800P 型计算机导线坐标平差值计算程序应用算例详见上篇第二章表 2-1 和表 2-2。

下面列出 fx—4800P 型计算机导线坐标平差值计算程序清单:

文件名:D　105　　(53 步骤数)

LbI　0　↵

{A B P W R L}↵

X = A + P + (R) ◢↵

Y = B + W + (L) ◢↵

Goto 0

程序中:X, Y——导线点坐标平差值;

　　　A, B——导线后一点已知坐标值;

　　　P, W——导线纵、横坐标增量 Δx, Δy;

(R), (L)——导线纵、横坐标增量改正数,向计算机输入时要带符号。

算例及操作方法步骤:

上篇算例是第二章第二节表 2-2 的数据。本节用上篇第二章第二节表 2-1 数据,介绍 fx—4800P 型计算机 D105 程序执行的操作方法步骤:

①按 AC 键,开机;

②按 FILE 键,将光标移至文件名 D105 旁;

③按 EXE 键,显示:A?,输入导线起点 D48x 值 31327.782(m);

④按 EXE 键,显示:P?,输入导线第一边纵坐标增量 35.786(m);

⑤按 EXE 键,显示:R?,输入导线第一边纵坐标增量改正数:R = 0.000(m);

⑥按 EXE 键,显示:X = 31363.568　　(导线第一点 x 平差值);

⑦按 EXE 键,显示:B?,输入导线起点 D48y 值 69691.638(m);

⑧按 EXE 键,显示:W?,输入导线第一边横坐标增量 122.813(m);

⑨按 $\boxed{EXE}$ 键,显示:$L^?$,输入导线第一边横坐标增量改正数:$L = 0.002(m)$;

⑩按 $\boxed{EXE}$ 键,显示:$Y = 69814.453$(导线第一点 y 平差值)。

计算至此,导线第一点 K128 + 600 的坐标 x, y 平差值已经算出。则此点即成为导线第 2 点 K128 + 820 的起算点。

计算机以下是重复操作,只要把前一导线点作为起算点,即可计算出后一导线点的坐标平差值。

第六节 施工支导线点坐标计算程序

本节重点讲述的是复测支导线坐标计算程序清单和引点坐标计算程序清单。

关于复测支导线的概念、引点的概念,以及复测支导线、引点坐标计算的常规公式,依据常规公式进行程序编辑设计的过程详见上篇第二章第四节。

fx—$4800P$ 型计算机施工支导线点坐标计算程序内容的输入参阅本篇第七章各节。

fx—$4800P$ 型计算机复测支导线坐标计算程序应用算例详见上篇第二章表 2-3 和表 2-4。引点坐标计算程序应用算例详见上篇第二章表 2-5。

一、复测支导线坐标计算程序清单

程序清单一:逐点计算法

文件名:D106-1　　(86 步骤数)

LbI　1　↵

{V U D B G}↵

$G + B > 180 \Rightarrow T = G + B - 180$ ◢

$\rightleftharpoons \Rightarrow T = G + B + 180$ ◢◁ ↵

$Z = D \cos T$ ◢

$W = D \sin T$ ◢↵

$X = V + Z$ ◢

$Y = U + W$ ◢↵

Goto　1

程序中:G——导线后一边方位角,即已知边方位角;

B——导线点观测水平角(左角);

T——导线前一边方位角,即未知边方位角;

　　　　D——导线边长；

　　　　Z,W——导线边坐标增量；

　　　　V,U——导线已知点坐标值，即后一点纵、横坐标值；

　　　　X,Y——待求点(导线前一点)纵、横坐标值。

　　fx—$4800P$ 型计算机施工支导线逐点坐标计算程序的执行方法是：由导线起始点的坐标、起始边的方位角，以及在导线起点的观测角(或叫连接角)，导线起点至支导线 I 点(未知点)的边长计算出导线第 I 支点，然后由 I 点计算 II 点，再由 II 点计算 III 点，逐点计算。具体的操作方法步骤参阅本篇第七章第四节。

　　程序清单二：一次性全部计算

　　文件名：D106-2　　(208 步骤数)

　　LbI　0　↵

　　{M N}：{C D L}：{Z P Q W}↵

　　$Z + P > 180 \Rightarrow E = Z + P - 180$ ◢

　　$\Leftarrow \Rightarrow E = Z + P + 180$ ◢◺ ↵

　　$E + Q > 180 \Rightarrow F = E + Q - 180$ ◢

　　$\Leftarrow \Rightarrow F = E + Q + 180$ ◢◺ ↵

　　$F + W > 180 \Rightarrow T = F + W - 180$ ◢

　　$\Leftarrow \Rightarrow T = F + W + 180$ ◢◺ ↵

　　$I''X1'' = M + C \cdot \cos E$ ◢

　　$J''Y1'' = N + C \sin E$ ◢↵

　　$K''X2'' = I + D \cos F$ ◢

　　$G''Y2'' = J + D \sin F$ ◢↵

　　$X''X3'' = K + L \cos T$ ◢

　　$Y''Y3'' = G + L \sin T$ ◢↵

　　Goto　0

程序中：　　　　M,N——起始点纵、横坐标值；

　　　　　　　　C,D,L——导线边长；

　　　　　　　　Z——起始边方位角；

　　　　　　　P,Q,W——导线观测角(左角)；

　　　　　　　E,F,T——导线各边方位角计算结果；

　　X1,Y1,X2,Y2,X3,Y3——待求点纵、横坐标计算结果。

　　fx—$4800P$ 型计算机施工支导线点坐标计算程序执行方法是由导线起始点的坐标、起始边的方位角，以及导线点的观测角、导线点间边长，一次性将三个支导线点的坐标全部算出。具体的操作方法步骤参阅第七章第四节。

260

算例及操作方法步骤:

1. D106—1 程序——逐点计算法算例

算例数据详见上篇第二章第四节表 2-3,计算结果见表 2-4。

操作方法步骤:

①按 AC 键,开机;

②按 FILE 键,将光标移至 D106-1 文件名旁;

③按 EXE 键,显示 G?,输入支导线起始边方位角:$G_{46-47} = 309°45'36''$;

④按 EXE 键,显示:B?,输入支导线起点水平角(连接角):$B = 62°42'15''$;

⑤按 EXE 键,显示:T = 192.464,接着按 SHIFT °,'' 键,显示 T = 192°27'51'';

⑥按 EXE 键,显示:D?,输入支导线第一边 C 的边长:D = 196.278(m);

⑦按 EXE 键,显示:Z = -191.652(支导线第一边的纵坐标增量);

⑧按 EXE 键,显示:W = -42.362(支导线第一边的横坐标增量);

⑨按 EXE 键,显示:V?,输入支导线起点 D47 的 x 值 590.710(m);

⑩按 EXE 键,显示:X = 399.058(支导线第 1 点 K12 + 600 左的 x 坐标值);

⑪按 EXE 键,显示:U?,输入支导线起点 D47 的 y 值 120.102(m);

⑫按 EXE 键,显示:Y = 77.740(支导线第 1 点 K12 + 600 左的 y 值)。

至此,支导线第 1 点的坐标和导线第 1 边 C 的方位角都已算出。在计算该导线第 2 点 K12 + 800 左时,以第 1 点的坐标和第 1 边的方位角为起算点,即由 1 点算 2 点;算第 3 点时,再由 2 点算出 3 点,逐点计算。

程序往下执行是重复操作,略。

2. D106-2 程序———次性全部计算程序算例

算例数据详见上篇第二章第四节表 2-3,计算结果见表 2-4。

操作方法步骤:

①按 AC 键,开机;

②按 FILE 键,将光标移至文件名 D106-2 旁;

③按 EXE 键,显示:Z?,输入起算边方位角 309°45'36'';

④按 EXE 键,显示:P?,输入连接角 62°42'15'';

⑤按 EXE 键,显示:E = 192.464,接着按 SHIFT °,″ 键,显示:E = 192° 27′51″(导线第 1 边方位角);

⑥按 EXE 键,显示:Q?,输入导线第 1 点水平角 149°33′24″;

⑦按 EXE 键,显示:F = 162.021,接着按 SHIFT °,″ 键,显示:F = 162° 01′15″(导线第 2 边方位角);

⑧按 EXE 键,显示:W?,输入导线第 2 点水平角 155°33′39″;

⑨按 EXE 键,显示:T = 137.582,接着按 SHIFT °,″ 键,显示:T = 137° 34′54″(导线第 3 边方位角);

⑩按 EXE 键,显示:M?,输入起算点 GD47x 值 590.710(m);

⑪按 EXE 键,显示:C?,输边导线 C 边边长 196.278(m);

⑫按 EXE 键,显示:X1 = 399.059(导线第 1 点 x 值);

⑬按 EXE 键,显示:N?,输入起算点 GD47y 值 N = 120.102(m);

⑭按 EXE 键,显示:Y1 = 77.710(导线第一点的 y 值);

⑮按 EXE 键,显示:D?,输入导线第 2 边的边长:D = 201.548(m);

⑯按 EXE 键,显示:X2 = 207.352(导线第 2 点的 x 值);

⑰按 EXE 键,显示:Y2 = 139.952(导线第 2 点的 y 值);

⑱按 EXE 键,显示:L?,输入导线第 3 边 L 的边长:L = 187.508(m);

⑲按 EXE 键,显示:X3 = 68.926(导线第 3 点的 x 值);

⑳按 EXE 键,显示:Y3 = 266.433(导线第 3 点的 y 值)。

至此,支导线三个未知点的坐标、三条边的方位角全部算出。

二、引点坐标计算程序清单

文件名:D106-3　　(88 步骤数)

LbI　2　↵

Z:R:Q:{P S V}↵

Z + P > 180 ⇒ T = Z + P − 180 ◣

⇐⇒ T = Z + P + 180 ◣◺↵

D = S cosV ↵

X = R + D cosT ◣

262

$Y = Q + D \sin T$ ▲ ↵

Goto 2

程序中:Z——起算边方位角;

R,Q——起算点(测站点)的 x,y 坐标值;

P——起算边与各引点边之夹角;

S——起算点(测站点)至各引点间的斜距,当直接测出平距时,S 输入平距;

V——测站点对引点之垂直角,当 S 为平距时,V 输入 0;

D——测站至引点之平距;

X,Y——引点纵、横坐标值。

fx—4800P 型计算机引点坐标计算程序执行是依据一已知起算边的方位角及一个已知起算点的坐标,以及该起算边与引点边之夹角、起算点至引点的平距来计算引点的坐标 x,y。下面以上篇第二章第六节表 2-5 数据来介绍引点坐标计算程序执行的操作方法步骤。

①按 AC 键,开机;

②按 FILE 键,将光标移至文件名 D106-3 旁;

③按 EXE 键,显示:Z$^?$,输入起算边方位角 Z_{16-1}:316°42′00″;

④按 EXE 键,显示:R$^?$,输入起算点 I 的 x 坐标 721.684(m);

⑤按 EXE 键,显示:Q$^?$,输入起算点 I 的 y 坐标 1073.801(m);

⑥按 EXE 键,显示:P$^?$,输入 K_1 点的观测角 29°40′00″;

⑦按 EXE 键,显示:T = 166.367,接着按 SHIFT °′″ 键,显示 T = 166°22′00″(K_1 边方位角);

⑧按 EXE 键,显示:S$^?$,此例测平距,输入 K_1 平距 72.440(m);

⑨按 EXE 键,显示:V$^?$,此例测平距,垂直角 V 输入 0;

⑩按 EXE 键,显示:X = 651.285(K_1 点的 x 值);

⑪按 EXE 键,显示:Y = 1090.876(K_1 点的 y 值);

至此,K_1 点的 x,y 坐标值已算出;

⑫按 EXE 键,显示:P$^?$,输入 K_2 点的观测角:P = 68°28′12″;

⑬按 EXE 键,显示:T = 205.170,接着按 SHIFT °′″ 键,显示 T = 205°10′12″;

⑭按 $\boxed{\text{EXE}}$ 键,显示:$S^?$,输入 K_2 平距 86.798(m);

⑮按 $\boxed{\text{EXE}}$ 键,显示:$V^?$,输入 0°00′00″;

⑯按 $\boxed{\text{EXE}}$ 键,显示:$X = 643.127$(K_2 点的 x 值);

⑰按 $\boxed{\text{EXE}}$ 键,显示:$Y = 1036.885$(K_2 点的 y 值)。

以下各点均仿此操作。只要输入所求点的 P,S,V,就可快捷地算出引点的 x,y 值。从 K_2 点开始,往下均不需重新输入 R,Q 值。因为起算点 I 的 R,Q 值在计算 K_1 点时已给予定义,所以往下各引点均与其发生关系。

第七节　附合导线近似平差一次性计算程序

一、附合导线近似平差一次性计算程序清单

关于公路工程施工导线近似平差程序问题,许多读者来函来电咨询一次性计算程序。下面就将介绍一个作者在实践中应用的程序,这个程序是五邑大学土木建筑系覃辉教授编写的,发表在华南理工大学出版社 2004 年 6 月出版的《CASIS—4800P/4850P 编程函数计算器在土木工程中的应用》一书上。该程序使用起来较为方便,只要输入导线起始边和终止边方位角、导线起点和终点的坐标 x、y 值,以及导线点各观测角和导线各边长,就可一次性计算出导线各未知点坐标 x、y 的平差值。为了方便取用导线各边方位角平差值,计算导线绝对闭合差,作者对原程序作了少许修改。

附合导线近似平差计算程序清单如下。

程序名:DXJS

P:A:B:I:J:K:L:Defm　12 ↵

P = P + 2:N = 0:M = A ↵

W = 60$\sqrt{\text{P}}$ ÷ 3600 ↵

LbI　　0 ↵

N = N + 1 ↵

{C} ↵

Z[2N − 1] = C:M = M + C ↵

M > 180 ⇒ M = M − 180:▚⇒ M = M + 180◹ ↵

N < P ⇒ Goto　0◹ ↵

F = M − B ◢↵

AbsF < W ⇒ F = − F ÷ P:▚⇒ Goto　E◹ ↵

264

N = 0:M = A ←

LbI   1 ←

N = N + 1:M = M + Z[2N − 1] + F ←

M > 180 ⟹ M = M − 180 ▲

⧧⟹ M = M + 180 ▲△ ←

Z[2N − 1] = M ←

N < P ⟹ Goto   1△ ←

N = 0:M = 0:G = 0:H = 0:P = P − 1 ←

LbI   2 ←

N = N + 1 ←

{D}:Z[2N] = D:M = M + D ←

X = D cos Z[2N − 1]:Y = Dsin Z[2N − 1] ←

G = G + X:H = H + Y ←

Z[2N − 1] = X:Z[2N] = Y ←

N < P ⟹ Goto   2△ ←

G = G + I − K ▲   H = H + J − L ▲

$T = \sqrt{(G^2 + H^2)}$ ▲ ←

Q = M ÷ T ▲ ←

Q > 2000 ⟹ G = − G ÷ M:H = − H ÷ M:

⧧⟹ Goto E△ ←

N = 0:X = I:Y = J ←

LbI   3 ←

N = N + 1   ▲ ←

$D = \sqrt{(Z[2N − 1]^2 + Z[2N]^2)}$ ←

V = Z[2N − 1] + DG ▲

U = Z[2N] + DH ▲ ←

X = X + V ▲ Y = Y + U ▲ ←

Z[2N − 1] = X:Z[2N] = Y ←

N < P ⟹ Goto   3△ ←

LbI   E

程序中:P——未知点点数;

A——起始已知边正方位角;

B——终止已知边正方位角;

I、J——起点 x、y 坐标值;

K、L——终点 x、y 坐标值;

265

C——导线点观测角值(左角);

D——导线边边长;

X、Y——未知点 x、y 平差值。

其中:M = M - 180 ▲ M = M + 180 ▲计算的是导线边方位角平差值;G = G + I - K ▲ H = H + J - L ▲计算的是坐标增量闭合差;Q = M ÷ √(G² + H²) ▲计算的是导线相对闭合差分母;V = Z[2N - 1]´ + DG ▲ U = Z[2N] + DH ▲计算的是坐标增量平差值。

二、附合导线近似平差一次性计算程序使用范围及注意事项

(1)本程序可一次性算出导线未知点的坐标平差值。其中可显示:

①角度闭合差 F、限差 W、相对闭合差 Q 的分母(只要在公式尾部加以显示符号"▲"就可以了)。

②导线边方位角平差值 M 及导线点间坐标增量的平差值 G、H。方便坐标反算,可在整理资料时取用。

(2)程序中"Defm 12"是按 4 个未知点设置的,计算时要根据实际的未知导线点个数进行修改。如未知点个数为 n,则应将其修改为数值 2(n + 2)。例如 $n = 3$,则为 Defm 10。

(3)程序中的角度闭合差及导线相对闭合差的限差是按照钢尺量距图根导线设置的。计算前需要按照导线的实际类型和级别修改程序。

(4)导线中的水平角要求为左角;如测右角,则需输入左 = 360 - 右。

为了方便取用各级导线角度闭合差、相对闭合差限差数值,下面将导线测量的技术要求摘录如表 8-1。

导线测量的技术要求　　　　　　　表 8-1

等级	附合导线长度 (km)	平均边长 (km)	边测距中误差 (mm)	测角中误差 (″)	方位角闭合差 (″)	导线全长相对闭合差
一级	10	0.5	17	5″	$\pm 10 \sqrt{n}$	1/15000
二级	6	0.3	30	8″	$\pm 16 \sqrt{n}$	1/10000
三级				20″	$\pm 30 \sqrt{n}$	1/2000

注:n 为测站数。

三、算例及程序执行操作方法步骤

算例数据详见上篇第二章第二节表 2-1。程序执行操作步骤如下。

①按 AC 键,开机;

②按 FILE 键,将光标移至文件名 DXJS 旁;

③按 EXE 键,显示:P?,输入未知点点数 P = 3;

④按 EXE 键,显示:A?,输入起点方位角 A = 161°51′21″;

⑤按 EXE 键,显示:B?,输入终点方位角 B = 306°32′13″;

⑥按 EXE 键,显示:I?,输入起点 X = 31327.782;

⑦按 EXE 键,显示:J?,输入起点 Y = 69691.638;

⑧按 EXE 键,显示:K?,输入终点 X = 31245.827;

⑨按 EXE 键,显示:L?,输入终点 Y = 70397.376;

⑩按 EXE 键,显示:C?,输入导线起点观测角 C = 91°53′54″;

⑪按 EXE 键,显示:C?,输入导线 K128 + 600 点观测角 C = 184°59′48″;

⑫按 EXE 键,显示:C?,输入导线 K128 + 820 点观测角 C = 225°41′24″;

⑬按 EXE 键,显示:C?,输入导线 K128 + 917 点观测角 C = 165°44′18″;

⑭按 EXE 键,显示:C?,输入终点观测角 C = 16°21′18″;

⑮按 EXE 键,显示:F = - 0.003,接着按 SHIFT °′″ 键,显示:F = - 0°00′10″;

⑯按 EXE 键,显示:M = 73.355,接着按 SHIFT °′″ 键,显示:M = 73°45′17″(导线第 1 边方位角平差值);

⑰按 EXE 键,显示:M = 78.752,接着按 SHIFT °′″ 键,显示:M = 78°45′07″(导线第 2 边方位角平差值);

⑱按 EXE 键,显示:M = 124.443,接着按 SHIFT °′″ 键,显示:M = 124°26′33″(导线第 3 边方位角平差值);

⑲按 EXE 键,显示:M = 110.181,接着按 SHIFT °′″ 键,显示:M = 110°10′53″(导线第 4 边方位角平差值);

⑳按 EXE 键,显示:M = 306.537,接着按 SHIFT °′″ 键,显示:M = 306°32′13″(导线终止边方位角);

㉑按 EXE 键,显示:D?,输入导线第 1 边边长 D = 127.921;

㉒按 $\boxed{\text{EXE}}$ 键,显示:$D^?$,输入导线第 2 边边长 D = 218.893;

㉓按 $\boxed{\text{EXE}}$ 键,显示:$D^?$,输入导线第 3 边边长 D = 95.603;

㉔按 $\boxed{\text{EXE}}$ 键,显示:$D^?$,输入导线第 4 边边长 D = 308.315;

㉕按 $\boxed{\text{EXE}}$ 键,显示:G = 0.000(导线 ΔX 闭合差 f_x);

㉖按 $\boxed{\text{EXE}}$ 键,显示:H = -0.007(导线 ΔY 闭合差 f_y);

㉗按 $\boxed{\text{EXE}}$ 键,显示:T = ±0.007(导线绝对误差);

㉘按 $\boxed{\text{EXE}}$ 键,显示:Q = 111196.8(导线相对闭合差分母,分子为1);

㉙按 $\boxed{\text{EXE}}$ 键,显示:N = 1(导线第 1 个未知点 K128 + 600);

㉚按 $\boxed{\text{EXE}}$ 键,显示:V = 35.786(导线第 1 边 ΔX 平差值);

㉛按 $\boxed{\text{EXE}}$ 键,显示:U = 122.815(导线第 1 边 ΔY 平差值);

㉜按 $\boxed{\text{EXE}}$ 键,显示:X = 31363.568(导线第 1 个未知点 X 平差值);

㉝按 $\boxed{\text{EXE}}$ 键,显示:Y = 69814.453(导线第 1 个未知点 Y 平差值);

㉞按 $\boxed{\text{EXE}}$ 键,显示 N = 2(导线第 2 个未知点 K128 + 820);

㉟按 $\boxed{\text{EXE}}$ 键,显示 V = 42.697(导线第 2 边 ΔX 平差值);

㊱按 $\boxed{\text{EXE}}$ 键,显示:U = 214.690(导线第 2 边 ΔY 平差值);

㊲按 $\boxed{\text{EXE}}$ 键,显示:X = 31406.265(导线第 2 个未知点 X 平差值);

㊳按 $\boxed{\text{EXE}}$ 键,显示:Y = 70029.143(导线第 2 个未知点 Y 平差值);

㊴按 $\boxed{\text{EXE}}$ 键,显示:N = 3(导线第 3 个未知点 K128 + 917);

㊵按 $\boxed{\text{EXE}}$ 键,显示:V = -54.071(导线第 3 边 ΔX 平差值);

㊶按 $\boxed{\text{EXE}}$ 键,显示:U = 78.844(导线第 3 边 ΔY 平差值);

㊷按 $\boxed{\text{EXE}}$ 键,显示:X = 31352.194(导线第 3 个未知点 X 平差值);

㊸按 $\boxed{\text{EXE}}$ 键,显示:Y = 70107.987(导线第 3 个未知点 Y 平差值);

㊹按 $\boxed{\text{EXE}}$ 键,显示:显示:N = 4(导线终止点);

㊺按 $\boxed{\text{EXE}}$ 键,显示:V = -106.367(导线第 4 边 ΔX 平差值);

㊻按 $\boxed{\text{EXE}}$ 键,显示:U = 286.389(导线第 4 边 ΔY 平差值);

㊼按 $\boxed{\text{EXE}}$ 键,显示:X = 31245.827(导线终点 X 计算值,应与已知的终

点 X 值相等）；

㊽按 $\boxed{\text{EXE}}$ 键，显示：Y = 70397.376（导线终点 Y 计算值，应与已知的终点 Y 值相等）。

至此，这条导线的平差计算完毕。值得注意的是，在计算下一条导线时，计算前应根据下一条导线的未知点个数，对程序中命令 Defm n 进行修改。

第九章

公路工程施工水准测量近似平差
计算程序

第一节 附(闭)合水准线路近似平差
计算程序清单

本节重点讲述 fx—$4800P$ 型计算机附(闭)合水准线路近似平差计算程序清单。

附(闭)合水准线路近似平差计算常规公式,以及依据此常规计算公式进行程序编辑设计的过程,详见上篇第三章第一节和第二节。

fx—$4800P$ 型计算机施工水准测量近似平差计算程序内容的输入参阅本篇第七章各节。

fx—$4800P$ 型计算机施工水准测量附(闭)合水准线路近似平差程序应用算例详见上篇第三章表 3-1 和 3-2。

下面列出附(闭)合水准线路近似平差程序清单:

文件名:H001　　(318 步骤数)

LbI　0　↵

{C D E F G I J M}:{S T U V W O X Y}:

{A B}:{L}↵

$Q = C + D + E + F + G + I + J + M$ ◢↵

$N = S + T + U + V + W + O + X + Y$ ◢↵

$Z = B - A$ ◢↵

$R = Q - Z$ ◢↵

$L''RF'' = 0.03\sqrt{L}$ ◢↵

$K = -(R \div N)$ ↵

$P = KS + KT + KU + KV + KW + KO + KX + KY$ ◢↵

$H''HC1'' = A + (C + KS)$◢

$H''HD2'' = H''HC1'' + (D + KT)$◢

$H''HE3'' = H''HD2'' + (E + KU)$◢

$H''HF4'' = H''HE3'' + (F + KV)$◢

$H''HG5'' = H''HF4'' + (G + KW)$◢

$H''HI6'' = H''HG5'' + (I + KO)$◢

$H''HJ7'' = H''HI6'' + (M + KX)$◢

$H''HM8'' = H''HJ7'' + (M + KY)$◢↵

Goto   0

程序中：

C,D,E,F,G,I,J,M——	水准线路实测高差；
S,T,U,V,W,O,X,Y——	与实测高差相应水准线路的测站数或距离；
A,B——	水准线路起、终点已知高程；
L——	水准线路总长，以 km 为单位；
Q——	实测高差总和；
N——	测站和；当用距离时，为长度和；
Z——	水准线路已知高差总和；
R——	水准线路高差闭合差；
$L''RF'' = 0.03\sqrt{L}$——	五等水准允许高差闭合差，
K——	高差改正数计算常数；
P——	高差改正数和，应等于 R，但符号相反，以此检查计算正确性；

HC1,HD2,HE3,HF4,HG5,HI6,HJ7,HM8——施工水准点平差后高程。

算例及操作方法步骤：

上篇用 H001 程序计算的是附合线路水准点的平差计算，其数据详见上篇第三章第三节表3-1。本节介绍用 H001 程序计算闭合水准线路水准点的平差值。算例数据详见上篇第三章第三节表3-2。

H001 程序执行操作方法步骤如下：

①按 AC 键，开机；

②按 FILE 键，将光标移至文件名 H001 旁；

③按 EXE 键，显示：C?，输入实测高差：C = − 1.390(m)；

271

④按 EXE 键,显示:D?,输入实测高差:D = - 0.401(m);

⑤按 EXE 键,显示:E?,输入实测高差:E = - 0.139(m);

⑥按 EXE 键,显示:F?,输入实测高差:F = - 0.913(m);

⑦按 EXE 键,显示:G?,输入实测高差:G = - 0.719(m);

⑧按 EXE 键,显示:I?,输入实测高差:I = - 0.544(m);

⑨按 EXE 键,显示:J?,输入实测高差:J = 4.117(m);

⑩按 EXE 键,显示:M?,输入0(本程序设置了8段高差,本例只测7个高差,所以 M = 0);

⑪按 EXE 键,显示:Q = 0.011(实测高差总和);

⑫按 EXE 键,显示:S?,输入第一测段测站数:S = 2;

⑬按 EXE 键,显示:T?,输入测站数:T = 1;

⑭按 EXE 键,显示:U?,输入测站数:U = 1;

⑮按 EXE 键,显示:V?,输入测站数:V = 1;

⑯按 EXE 键,显示:W?,输入测站数:W = 1;

⑰按 EXE 键,显示:O?,输入测站数:O = 1;

⑱按 EXE 键,显示:X?,输入测站数:X = 4;

⑲按 EXE 键,显示:Y?,输入测站数:Y = 0;

⑳按 EXE 键,显示:N = 11,测站和;

㉑按 EXE 键,显示:B?,输入水准线路终点高程:B = 129.919(m);

㉒按 EXE 键,显示:A?,输入水准线路起点高程:A = 129.919(m);

㉓按 EXE 键,显示:Z = 0.000[水准线路已知高差总和,此例闭合线路,所以 Z = 0.000(m)];

㉔按 EXE 键,显示:R = 0.011(水准线路高差闭合差);

㉕按 EXE 键,显示:L?,输入水准线路总长:L = 1.08(km);

㉖按 EXE 键,显示:RF = 0.031(本线路允许高差闭合差);

㉗按 EXE 键,显示:P = - 0.011(高差改正数和);

㉘按 EXE 键,显示:HC1 = 128.527(平差后高程);

㉙按 $\boxed{\text{EXE}}$ 键,显示:HD2 = 128.125(平差后高程);

㉚按 $\boxed{\text{EXE}}$ 键,显示:HE3 = 127.985(平差后高程);

㉛按 $\boxed{\text{EXE}}$ 键,显示:HF4 = 127.071(平差后高程);

㉜按 $\boxed{\text{EXE}}$ 键,显示:HG5 = 126.351(平差后高程);

㉝按 $\boxed{\text{EXE}}$ 键,显示:HI6 = 125.806(平差后高程);

㉞按 $\boxed{\text{EXE}}$ 键,显示:HJ7 = 129.919(终点高程);

㉟按 $\boxed{\text{EXE}}$ 键,显示:HM8 = 129.919(保留终点高程,说明 R = 0,平差至上一点结束);

以下重复连续计算。

第二节 复测支水准线路高程计算程序清单

1.逐点计算水准点高程程序清单

文件名:H002   (43 步骤数)

LbI 0 ↵

{Z K P}↵

H = Z + ((K + P) ÷ 2)◣↵

Goto 0

程序中:Z——后一点已知高程;

K——已知点与未知点间往测高差;程序执行时,高差符号以往测为准;

P——与 K 同测段之返测高差;理论上,$h_{往} = h_{返}$,但实际上 $h_{往} \neq h_{返}$,只要其较差 $h_{往} - h_{返} = \Delta h \leqslant 5mm$ 即可取往返测高差之中数来计算水准点之高程;

H——前一点未知高程,当计算下一点时,H 成为已知高程。

程序执行方法:

由支水准线路的起点高程、起点至第一个水准点间高差,计算出第一个水准点的高程。然后由第 1 点计算第 2 点,再由第 2 点计算第 3 点,逐点计算下去,具体的操作方法步骤参阅本篇第七章第四节。

2.一次性全部计算出水准点高程程序清单

文件名:H003   (175 步骤数)

LbI 0 ↵

$\{Z\}: \{AB, CD, EF, IJ, MN, PR\} \hookleftarrow$

$H''H1'' = Z + ((A + B) \div 2) \blacktriangle$

$H''H2'' = H''H1'' + ((C + D) \div 2) \blacktriangle$

$H''H3'' = H''H2'' + ((E + F) \div 2) \blacktriangle$

$H''H4'' = H''H3'' + ((I + J) \div 2) \blacktriangle$

$H''H5'' = H''H4'' + ((M + N) \div 2) \blacktriangle$

$H''H6'' = H''H5'' + ((P + R) \div 2) \blacktriangle \hookleftarrow$

Goto   0

程序中:　　　　　　　 Z——复测支水准线路起点高程;

 AB,CD,EF,IJ,MN,PR——复测支水准线路各测段往返测高差;

H1,H2,H3,H4,H5,H6——复测支水准线路各加密点高程。

程序执行方法:

由水准线路起点高程,以及各测段往返测高差,一次性全部计算出加密施工水准点的高程。

关于复测支水准线路高程计算常规公式,以及依据此公式进行程序编辑设计的过程详见上篇第三章第四节一和二。

算例及操作方法步骤:

上篇第三章第四节"复测支水准线路高程计算程序编写及应用"算例是采用 H003 程序计算的,本节介绍采用 H002 程序——逐点计算水准点高程程序计算。算例数据详见上篇第三章第四节表 3-3。程序执行操作方法步骤如下:

①按 EXE 键,开机;

②按 FILE 键,将光标移至文件名 H002 旁;

③按 EXE 键,显示:$Z^?$,输入已知点高程:$Z_{BMi} = 841.704 (m)$;

④按 EXE 键,显示:$K^?$,输入 1 点往测高差:$K = 11.75 (m)$;

⑤按 EXE 键,显示:$P^?$,输入 1 点返测高差:$P = 11.754 (m)$,符号以往测为准;

⑥按 EXE 键,显示:$H = 853.456$(1 水准点平差后高程);

至此,1 水准点已由所求点(未知点)变为已知高程的水准点,计算 2 水准点高程时,1 水准点高程成为起算点(以下同理);

⑦按 EXE 键,显示:$Z^?$,输入 1 水准点高程:$Z_1 = 853.456 (m)$;

⑧按 EXE 键,显示:$K^?$,输入 2 点往测高差:$K = 17.775 (m)$;

274

⑨按 $\boxed{\text{EXE}}$ 键,显示:$P^?$,输入 2 点返测高差:P = 17.776(m);

⑩按 $\boxed{\text{EXE}}$ 键,显示:H = 871.232(2 水准点平差后高程)。

至此,2 水准点高程已知,计算 3 水准点高程时,2 水准点高程成为起算点。以下重复操作,由前一点计算后一点,逐点计算下去。

第三节　单一水准线路近似平差程序清单

一、单一水准线路近似平差程序清单

下面直接列出五邑大学土木建筑系覃辉教授编辑的单一水准线路近似平差程序清单,这个程序发表在华南理工大学出版社 2004 年 6 月出版的《CASIO—4800P/4850P 编程函数计算器在土木工程中的应用》一书中。这个程序在生产实践中很实用,可供读者参考使用。

文件名:SZJS

P:D:A:B:Defm　8 ↵

D = D + 1:N = 0:F = 0:M = 0 ↵

LbI　0 ↵

N = N + 1 ↵

{C K} ↵

Z[2N − 1] = C:F = F + C ↵

Z[2N] = K:M = M + K ↵

N < D ⇒ Goto 0 △ ↵

P = 1 ⇒ W = 0.04 $\sqrt{M}$:↔⇒ W = 0.012 $\sqrt{M}$△ ↵

F = F + A − B ▲ ↵

AbsF < W ⇒ F = − F ÷ M:↔ ⇒ Goto 　E △ ↵

N = 0:G = A ↵

LbI　1 ↵

N = N + 1 ▲ ↵

G = G + Z[2N − 1] + FZ[2N] ▲ ↵

N < D ⇒ Goto　1 △ ↵

G − B ↵

LbI　E

程序中:　　A——起始点高程;

　　　　　B——终止点高程;

275

N——测段计数；

C、Z[2N]——观测高差；

K、Z[2N－1]——测段路线长度(km)或测站数；

F——路线闭合差；

G——待求点高程；

P——P＝1代表平坦地区，其余数代表山地；

D——未知水准点的数量；

W——图根水准测量中，路线高程闭合差的容许值：在平坦地区，$f_{n容} = \pm 40 \sqrt{L}(mm)$，$L$ 为路线全长，单位为 km；在山地，每公里水准测量的测站数超过 16 时，$f_{n容} = \pm 12 \sqrt{n}$ (mm)，n 为水准线路的测站数。

SZJS 程序应用范围及注意事项：

(1)程序中命令 Defm 8 是按 3 个未知水准点设置的，计算时要根据实际的未知水准点个数进行修改。如未知水准点个数为 n，则应将其修改为数值 2($n+1$)，例如 $n=5$，则修改为 Defm 12。

(2)本程序可计算单一附合水准路线，也可计算单一闭合水准路线，只是在计算闭合水准线路时，需将路线终点高程输入为起点高程。

(3)P 值为 1 时为平坦地区水准测量，此时 K 的数值为测段路线长；P 值为其余任意数时为山地水准测量，此时 K 的数值为测段的测站数。

(4)程序中水准线路高程闭合差的容许值是按照图根水准测量设置的，计算前需要按照水准线路的实际类型和级别修改程序。

在公路工程施工水准测量中，水准线路高程闭合差的限差为：高速、一级公路为 $\pm 20 \sqrt{L}(mm)$；二级以下公路为 $\pm 30 \sqrt{L}(mm)$，式中 L 为水准路线长度，单位为 km。

二、算例及程序执行操作方法

算例数据详见上篇第三章第三节表 3-2。

此例是××高速公路××施工段加密的一条施工水准线路。此水准线路从已知水准点 BM2 开始，发展了 6 个施工水准点，最后又闭合到已知水准点 BM2，是一条典型的单一闭合水准线路。采用 SZJS 程序计算前，应先将程序作如下修改：

(1)将 Defm 8 修改为 Defm 2(6＋1)，即 Defm 14。

(2)图根水准测量高程限差⇒ W＝0.04 $\sqrt{M}$；⋇ ⇒ W＝0.012 $\sqrt{M}$ 修改为⇒ W＝0.02 $\sqrt{M}$；⋇ ⇒ W＝0.03 $\sqrt{M}$。

(3)此例是用测站数分配高程闭合差的,由于公路施工测量水准高程闭合差限差是用一条水准线路长来计算的,因此程序中:

①{CK}修改为{CKL}。

②$W = 0.04 \sqrt{M}$修改为$W = 0.02 \sqrt{L}$▲,$W = 0.012 \sqrt{M}$修改为$W = 0.03 \sqrt{L}$▲。

(4)此例为闭合水准线路,在输入线路终点高程时应注意将其输入为起点高程。

程序执行操作步骤如下:

①按 AC 键,开机;

②按 FILE 键,将光标移至文件名 SZJS 旁;

③按 EXE 键,显示:$P^?$,输入 1;

④按 EXE 键,显示:$D^?$,输入未知点数 6;

⑤按 EXE 键,显示:$A^?$,输入起点高程 129.919;

⑥按 EXE 键,显示:$B^?$,输入终点高程 129.919;

⑦按 EXE 键,显示:$C^?$,输入测段高差 – 1.390;

⑧按 EXE 键,显示:$K^?$,输入测段测站数 2;

⑨按 EXE 键,显示:$C^?$,输入输入测段高差 – 0.401

⑩按 EXE 键,显示:$K^?$,输入测段测站数 1;

⑪按 EXE 键,显示:$C^?$,输入测段高差 – 0.139;

⑫按 EXE 键,显示:$K^?$,输入测段测站数 1;

⑬按 EXE 键,显示:$C^?$,输入测段高差 – 0.913;

⑭按 EXE 键,显示:$K^?$,输入测段测站数 1;

⑮按 EXE 键,显示:$C^?$,输入测段高差 – 0.719;

⑯按 EXE 键,显示:$K^?$,输入测段测站数 1;

⑰按 EXE 键,显示:$C^?$,输入测段高差 – 0.544;

⑱按 EXE 键,显示:$K^?$,输入测段测站数 1;

⑲按 EXE 键,显示:$C^?$,输入测段高差 4.117;

⑳按 EXE 键,显示:$K^?$,输入测段测站数 4;

㉑按 EXE 键,显示:L',输入线路长度 1.08;

㉒按 EXE 键,显示:W = 0.021(水准线路高程闭合差限差);

㉓按 EXE 键,显示:F = 0.011(水准线路高程闭合差);

㉔按 EXE 键,显示:N = 1(第 1 个未知点);

㉕按 EXE 键,显示:G = 128.527(第 1 个未知点平差值);

㉖按 EXE 键,显示:N = 2(第 2 个未知点);

㉗按 EXE 键,显示:G = 128.125(第 2 个未知点平差值);

㉘按 EXE 键,显示:N = 3(第 3 个未知点);

㉙按 EXE 键,显示:G = 127.985(第 3 个未知点平差值);

㉚按 EXE 键,显示:N = 4(第 4 个未知点);

㉛按 EXE 键,显示:G = 127.071(第 4 个未知点平差值);

㉜按 EXE 键,显示:N = 5(第 5 个未知点);

㉝按 EXE 键,显示:G = 126.351(第 5 个未知点平差值);

㉞按 EXE 键,显示:N = 6(第 6 个未知点);

㉟按 EXE 键,显示:G = 125.806(第 6 个未知点平差值);

㊱按 EXE 键,显示:N = 7(起、终已知点);

㊲按 EXE 键,显示:G = 129.919(起、终已知高程);

㊳按 EXE 键,显示:LbI E 0.000;

㊲按 EXE 键,显示:P'(重复计算开始)。

第十章

公路工程施工高程位置放样数据计算程序

第一节 线路直线段、圆曲线段设计高程计算程序清单

文件名:H-ZY   (58 步骤数)

LbI 0 ↵

H:M:I:B:E:{N}↵

A = H + Abs(M − N)(I)◢   (中桩高程)

C = A + BE ◢↵   (边桩高程)

Goto 0

程序中:H——线路纵坡变坡点高程;

M——变坡点里程桩号;

I——所求点所在纵坡段的设计纵坡度,上坡取正,下坡取负;

B——半幅路宽;

E——路拱,即路面横坡度,取负值;

N——直线段、圆曲线段上任一点的里程桩号,即所求点桩号。

fx—4800P 型计算机线路直线段、圆曲线段设计高程计算程序依据的常规计算公式、编辑设计程序的过程,详见上篇第四章第一节一和二。

算例详见上篇第四章第一节表 4-1。

程序执行操作方法步骤如下:

①按 AC 键,开机;

②按 FILE 键,将光标移至文件名 H − ZY 旁;

③按 EXE 键,显示:H?,输入变坡点高程:H = 182.426(m);

④按 EXE 键,显示:M?,输入变坡点里程桩号:M = 610;

⑤按 EXE 键,显示:I?,输入前纵坡坡度:I = − 0.00583;

⑥按 $\boxed{\text{EXE}}$ 键,显示: $B^?$,输入半幅路宽: $B = 8.0(\text{m})$;

⑦按 $\boxed{\text{EXE}}$ 键,显示: $E^?$,输入路拱 -0.02;

⑧按 $\boxed{\text{EXE}}$ 键,显示: $N^?$,输入所求点里程桩号: $N = 375(\text{m})$;

⑨按 $\boxed{\text{EXE}}$ 键,显示: $A = 181.056$(所求点 K251 + 375 中桩设计高程);

⑩按 $\boxed{\text{EXE}}$ 键,显示: $C = 180.896$(所求点 K251 + 375 左、右边桩设计高程);

⑪按 $\boxed{\text{EXE}}$ 键,显示: $N^?$,输入另一所求点桩号,例如 $N = 400$;

⑫按 $\boxed{\text{EXE}}$ 键,显示: $A = 181.202$(所求点 K251 + 400 中桩设计高程):

⑬按 $\boxed{\text{EXE}}$ 键,显示: $C = 181.042$(所求点 K251 + 400 左、右桩设计高程)。

以下只要给 $N^?$ 输入所求点的里程桩号,即可计算出其中桩及边桩的设计高程。

第二节　竖曲线设计高程计算程序清单

关于竖曲线的概念、竖曲线要素及其计算,竖曲线上各点高程计算的常规公式,以及依据此公式进行程序编辑设计的过程,详见上篇第四章第二节一和二。本节只介绍竖曲线设计高程计算程序清单:

文件名:F-H　　　(114 步骤数)

LbI　0　↵

$H:A:T:R:I:B:E:Q''(=1,)=-1''$↵

$\{P\}:P \leq 0 \Rightarrow$ Goto　1△　↵

$X = \text{Abs}(A - P)$↵

$Z = H + QXI + Q(T - X)^2 \div (2R)$ ▲

$C = Z + BE$ ▲↵

Goto　0　↵

LbI　1　↵

$\{H\ A\ T\ R\ I\ B\ E\}$↵

Goto　0

程序中:　　H——变坡点高程;

A——变坡点里程桩号;

T——竖曲线切线长度,程序执行前,应先计算出竖曲线的起点和终点的里程桩号,以便确定计算范围:

竖曲线起点桩号 = A − T,

280

竖曲线终点桩号 = A + T;

R——竖曲线半径;

I——变坡点两侧纵坡的坡度,上坡取正,下坡取负;

B——半幅路宽;

E——路拱,即路面横坡度;

$Q''(=1,) = -1''$——控制竖曲线凹凸条件,凹取"1",凸取"-1";

P——竖曲线上任一点的里程桩号;

X——变坡点到所求点间距离;

Z——竖曲线上任一点的中桩高程;

C——与 Z 同一横断面的边桩高程。

F-H 程序只能计算竖曲线起点至竖曲线终点之间的竖曲线上任意一点的高程。

F-H 程序应用算例详见上篇第四章第二节二。程序执行操作方法步骤如下:

F-H 程序执行是将一个竖曲线分为前、后两个半竖曲线来计算竖曲线上任意一点的高程。

前半竖曲线计算范围是:竖曲线起点桩号至变坡点桩号;纵坡坡度用前纵坡度,但要反号。

后半竖曲线计算范围是:竖曲线终点桩号至变坡点桩号;纵坡坡度用后纵坡度。

选用 F-H 程序计算完前半竖曲线,只要给 $P^?$ 输入 0,则程序自动重新显示:$H^?,A^?,T^?,R^?,I^?,B^?,E^?$,此时,只要给 $I^?$ 输入后纵坡坡度,即可计算后半竖曲线。

①按 AC 键,开机;

②按 FILE 键,将光标移至文件名 F-H 旁;

③按 EXE 键,显示:$H^?$,输入竖曲线变坡点高程:H = 174.886(m);

④按 EXE 键,显示:$A^?$,输入变坡点里程桩号:A = 900(m);

⑤按 EXE 键,显示:$T^?$,输入竖曲线切线长:T = 82.000(m);

⑥按 EXE 键,显示:$R^?$,输入竖曲线半径:R = 4000(m);

⑦按 EXE 键,显示:$I^?$,输入前纵坡坡度 I = 0.026(注意符号);

⑧按 EXE 键,显示:$B^?$,输入半幅路宽:B = 8.000(m);

⑨按 EXE 键,显示:$E^?$,输入路拱 -0.02;

⑩按 EXE 键,显示:(=1,) = - 1$^?$,凹形竖曲线,输入 1;

⑪按 EXE 键,显示:P$^?$,输入所求点桩号,例如 P = 818(m);

⑫按 EXE 键,显示:Z = 177.018(桩号 K251 + 818 中桩高程);

⑬按 EXE 键,显示:C = 176.858(桩号 K251 + 818 左、右边桩高程);

⑭按 EXE 键,显示:P$^?$,输入另一所求点桩号 820(m);

⑮按 EXE 键,显示:Z = 176.967(桩号 K251 + 820 中桩高程);

⑯按 EXE 键,显示:C = 176.807(桩号 K251 + 820 左、右边桩高程)。

以下只要给 P$^?$ 输入所求点桩号,即可计算出该点中桩、边桩高程。当前半竖曲线计算完了,只要给 P$^?$ 输入 0,程序自动重新显示 H$^?$,A$^?$,T$^?$,R$^?$,I$^?$,B$^?$,E$^?$,即可计算后半竖曲线,非常方便。

第三节 线路直线、平曲线、竖曲线点位 高程联算程序清单

文件名:F - Z - Y - H　　　(179 步骤数)

LbI　0　↵

H:B:R:I:J:N:M:E ↵

{L} ↵

T = RAbs(J - I) ÷ 2 ↵

C = B - L ↵

F = 1 ↵

I > J ⟹ F = - 1 ↵

L≤0 ⟹ {H B R I J N M E }:Goto　0 ↵

⇐⟹ L < B - T ⟹ Z = 0:P = I:

⇐⟹ L < B ⟹ Z = 1:P = I:

⇐⟹ L < B + T ⟹ Z = 1:P = J:

⇐⟹ Z = 0:P = J ↵

G = H - N - CP + ZF(T - AbsC)^2 ÷ (2R) ▲

U = G + ME ▲ ↵

Goto　0

程序中:H——变坡点高程;

282

B——变坡点里程桩号；

R——竖曲线半径；

I——前纵坡坡度，输入时要带符号；

J——后纵坡坡度，输入时要带符号；

N——路面层至施工层(例如路基、水稳层等)的厚度，知道了 N，就
可以由路面层设计高程直接计算出各施工层的设计高程；

M——中桩至边桩宽度；

E——路拱，即路面横坡度；

L——所求点里程桩号，只要在计算范围内，任意一点里程桩号皆可；

C——计算范围内任意一点(所求点)至变坡点间距离；

T——竖曲线切线长度；

G——计算范围内任意一点(所求点)中桩设计高程；

U——与中桩同一横断面左或右边桩设计高程。

fx—4800P 型计算机 F－Z－Y－H 程序的编辑设计过程、程序执行的
方法步骤，详见本篇第七章各节。程序使用说明详见上篇第四章第三节二。

算例及操作方法步骤：

算例一：详见上篇第四章第三节三和表 4-3。

算例二：下面以李青岳主编的《工程测量学》(高等学校试用教材，测绘
出版社，1984 年 6 月第 1 版，1986 年 6 月第 2 次印刷) §8-9 节"竖曲线"的算
例验算 F－Z－Y－H 程序的实用价值，其算例如下：

××铁路为 I 级线路，某处相邻坡段的坡度分别为 ＋4‰ 及 －6‰，变坡
点的里程为 DK217＋240，变坡点的高程为 418.69m，该坡段为凸形竖曲线连
接，并在曲线上每相距 10m 设置一曲线点，试计算其放样要素(其中，
$R = 10\,000$m)。

此例书中计算过程略述，只将计算结果的"表 8-5"抄于下(表 10-1)。

表 10-1

点号	桩号	x	$y = x^2/(2R)$	坡度线高程 H'_i	设计高程 H_i
起点	DK217＋190	0	0.00	418.49	418.49
	＋200	10	0.00	418.53	418.53
	＋210	20	0.02	418.57	418.55
	＋220	30	0.04	418.61	418.57
	＋230	40	0.08	418.65	418.57
	＋240	50	0.12	418.69	418.57
	＋250	40	0.08	418.63	418.55

283

续上表

点号	桩号	x	$y = x^2/(2R)$	坡度线高程 H'_i	设计高程 H_i
	DK217 + 260	30	0.04	418.57	418.53
	+ 270	20	0.02	418.51	418.49
	+ 280	10	0.00	418.45	418.45
	+ 290	0	0.00	418.39	418.39

采用 F－Z－Y－H 程序计算,操作方法步骤如下:

①按 AC 键,开机;

②按 FILE 键,将光标移至文件名 F－Z－Y－H 旁;

③按 EXE 键,显示:H?,输入变坡点高程:H = 418.69(m);

④按 EXE 键,显示:B?,输入变坡点里程:B = 240(m);

⑤按 EXE 键,显示:R?,输入竖曲线半径:R = 10000(m);

⑥按 EXE 键,显示:I?,输入前纵坡坡度:I = 0.004;

⑦按 EXE 键,显示:J?,输入后纵坡坡度:J = － 0.006;

⑧按 EXE 键,显示:N?,输入 N = 0;

⑨按 EXE 键,显示:M?,输入 M = 0;

⑩按 EXE 键,显示:E?,输入 E = 0;

⑪按 EXE 键,显示:L?,输入所求点桩号 190(m);

⑫按 EXE 键,显示:G = 418.490(所求点 DK217 + 190 的设计高程);

⑬按 EXE 键,显示:U =(边桩设计高程,此例不计算);

⑭按 EXE 键,显示:L = ,输入另一所求点桩号,例如 L = 240(m);

⑮按 EXE 键,显示:G = 418.565(所求点 DK217 + 240 的设计高程);

⑯按 EXE 键,显示:U =(此例不计算)。

以下只要给 L? 输入所求点桩号,即可立即计算出其设计高程。表10-2是计算结果,与表 10-1 计算的设计高程比较,完全相等。说明 F-Z-Y-H 程序非常实用。

采用 F-Z-Y-H 程序计算　　　　　　　　　　表 10-2

DK217 + 190	+ 200	+ 210	+ 220	+ 230	+ 240	250	+ 260	+ 270	+ 280	+ 290
418.490	418.525	418.550	418.565	418.570	418.565	418.550	418.525	418.490	418.445	418.390

值得说明的是:当施工实践中,只需要计算中桩设计高程,不需要计算边桩设计高程时,可将 F－Z－Y－H 程序中:

第二行的 M——半幅路宽,E——路面横坡度(路拱)删除;

第八行大括中的 M,E 删除;

第十四行 U＝G＋ME ◢↵全部删除。

这样处理,计算中只显示中桩设计高程计算结果,程序执行操作更加快捷。

另外,本程序执行中,只要给 L 输入 0,则计算机重新显示 H,B,R,I,J,N,M,E 常量,方便检查计算或重新开始计算。这是本程序的一个优点。

第四节　缓和曲线超高段设计高程计算程序清单

1.程序清单一:ZHD-001　程序

文件名:ZHD-001　　(168 步骤数)

LbI　0　↵

E:D:C:A:L↵

{B H}:B＞0 ⇒ Goto　1:

✦⇒ B≤0 ⇒ Goto2◣◣↵

LbI　1↵

I＝Abs(B－A)(E＋D)÷C－E ◢

I≤E ⇒ Goto 3:✦⇒ I≤D ⇒

Goto　4:

✦⇒ Goto　5◣◣↵

LbI　2　↵

{E D C A L}:Goto　0↵

LbI　3↵

M＝H－LE ◢

N＝H＋LI ◢

Goto　0　↵

LbI　4↵

P＝H－LI ◢

S＝H＋LI ◢

Goto　0↵

LbI　5↵

U＝H－LD ◢

$V = H + LD$ ◢

Goto　0

程序中:E——直线段路拱坡度(取正值);

D——全超高段设定的最大超高横坡度(取正值);

C——缓和曲线长度;

A——缓和曲线起点直缓(ZH)点或终点缓直(HZ)点的里程桩号,当计算前缓和曲线超高段 I 时,A 输入 ZH 点的里程桩号;当计算后缓和曲线超高段 I 时,A 输入 HZ 点的里程桩号,此时需重新输入 E,D,C,这一步骤,只要给 B 输入 0 就可以重新开始程序执行;

L——中桩至边桩宽度;

B——缓和曲线超高段内任意一点(所求点)的里程桩号;

I——缓和曲线超高段内任意一点所在横断面的超高横坡度;

H——缓和曲线超高段内任意一点中桩设计高程;

M,N——ZH 点或 HZ 点至 Q($Q = 2E/(E + D) \times C$:临界面)间与中桩同一横断面边桩高程;

P,S——Q 至 HY 点或 YH 点间与中桩同一横断面之边桩高程;

U,V——HY 点至 YH 点间(全超高段)与中桩同一横断面边桩高程。

2.程序清单二

文件名:ZHD-002　　(163 步骤数)

LbI　0　↵

E:D:C:A:L ↵

{BH}:B≤0 ⟹ Goto 2◣ ↵

$Q = 2E \div (E + D) \times C$ ↵

$\mathrm{Abs}(B - A) > Q \Rightarrow$ Goto 1◣ ↵

$I = \mathrm{Abs}(B - A) \times 2E \div Q - E$ ◢↵

$F = H - LE$ ◢

$T = H + LI$ ◢

Goto　0　↵

LbI　1　↵

$I = (\mathrm{Abs}(B - A) - Q)(D - E) \div (C - Q) + E$ ◢↵

$F = H - LI$ ◢

$T = H + LI$ ◢

Goto　0　↵

LbI　2　↵

286

{E D C A L}↵

Goto　0

程序中:Q——临界面,即缓和超高段抬高边 I=0.02,降低边 I=-0.02 处;

　　F,T——边桩高程;

E,D,C,A,L,B,H,I 符号意义同程序清单一。

fx—4800P 型计算机缓和曲线超高横坡度计算程序清单一和程序清单二的编辑设计详见上篇第四章第四节一、二和三。程序使用说明详见上篇第四章第四节四。程序执行方法步骤详见上篇第四章第四节五。算例见上篇第四章表 4-4,并参考同章图 4-5。

上篇第四章第四节缓和曲线超高段设计高程计算,采用 ZHD-002 程序计算,本节采用 ZHD-001 程序验算,其算例数据详见上篇第四章第四节表 4-4,用 ZHD-001 程序计算操作方法步骤如下:

①按 AC ,开机;

②按 FILE 键和 ▼ 键,选择文件名:ZHD-001;

③按 EXE 键,显示:E?,输入路拱 0.02;

④按 EXE 键,显示:D?,输入最大超高横坡度 0.04;

⑤按 EXE 键,显示:C?,输入缓和曲线长度 80.000(m);

⑥按 EXE 键,显示:A?,输入缓和曲线终点桩号:HZ 977.53;

⑦按 EXE 键,显示:L?,输入中桩至边桩距离:7.75(m);

⑧按 EXE 键,显示:B?,输入缓和曲线超高段内任一点桩号,例如 900.00;

⑨按 EXE 键,显示:I=0.03815(K247+900 横断面超高横坡度,抬高边取"+",降低边取"-");

⑩按 EXE 键,显示:H?,输入 K247+900 中桩设计高程 181.045(m);

⑪按 EXE 键,显示:P=180.749(K247+900 横断面降低边边桩高程);

⑫按 EXE 键,显示:S=181.341(K247+900 横断面抬高边边桩高程);

⑬按 EXE 键,显示:B?,输入缓和曲线超高段内另一所求点桩号;

以下重复计算,操作步骤,略。

第五节　水准前视法测高计算程序清单

文件名:H　　(70 步骤数)

LbI　0　↵

Z:A:{B K}↵

$B > 0 \Rightarrow H = Z + A - B$ ◢

$V = K - H$ ◢

$\overline{\times} \Rightarrow B \leq 0 \Rightarrow$ Goto　1△ ↵

LbI　1　↵

{Z A}:Goto　0△ ↵

Goto　0

程序中:Z——后视已知水准点高程;

　　　　A——后视已知水准点上标尺读数,简称后视读数;

　　　　B——前视任一测点上标尺读数,简称前视读数;

　　　　H——任一测点,实测高程;

　　　　K——任一测点设计高程;

　　　　V——任一测点设计高程与实测高程之差,正为填,负为挖。

fx—4800P型计算机水准前视法测高计算程序的编辑设计过程,详见上第一章第四节、第五节和第六节。

H程序应用范围,详见上篇第四章第五节二。程序执行方法步骤及算例详见上篇第四章第五节三和表4-5、表4-6。

第六节　水准"视线高法"放样计算程序清单

文件名:S-X-G

LbI　0　↵

Z:A:{H}↵

$B = Z + A - H$ ◢↵

Goto　0

程序中:Z——后视已知水准点高程;

　　　　A——后视读数;

　　　　H——待放样点设计高程;

　　　　B——待放样点视线高,即待放样标尺读数。

fx—4800P型计算机水准视线高法放样计算程序编辑设计过程,详见上篇第四章第六节一和二。程序应用范围及算例详见上篇第四章第六节四和表4-7。程序执行操作方法步骤详见上篇第四章第六节四。

288

第十一章

公路工程施工平面位置放样数据计算程序

第一节　极坐标法放样数据计算程序清单

文件名:JZBF　　（135 步骤数）

LbI　0　↵

A:B:M:{C D}:C≤0 ⇒ Goto　2△ ↵

X = C – A ↵

Y = D – B ↵

PoI(X,Y) ↵

I″S″ = I ◢ ↵

J″T″ = J ↵

J < 0 ⇒ Goto　1△ ↵

J″T″ = J ◢

K = J – M ◢ ↵

Goto　0 ↵

LbI　1 ↵

J″T″ = 360 + J ◢

K = J″T″ – M ◢ ↵

Goto　0 ↵

LbI　2 ↵

{A B M} ↵

Goto　0

程序中:A,B——测站点(施工导线点)x,y 坐标值;

　　　　C,D——待放样点 x,y 坐标值;

　　　　M——已知导线边方位角;

I″S″ = I——测站至待放样点间平距；

J″T″ = J——测站至待放样点边之方位角；

K——已知导线边与待放样边之夹角。

fx—4800P 型计算机极坐标法放样数据计算常规公式，以及依据此公式进行程序编辑设计的过程，参阅上篇第五章第一节一、二、三。程序内容的输入、程序应用范围详见上篇第五章第一节三。程序执行的方法步骤及算例详见上篇第五章第一节四和表 5-1 及本篇第七章第四节。

为了验证 JZBF 程序的实用性，下面用王君瑞主编的《测量程序集》（教育科学出版社，2002 年 5 月第 1 版）3.9 节"极坐标放线的计算程序"的算例，用 JZBF 程序来计算。

其算例是：现欲测定某线路上中心点 x:3 485.65，y:2 836.42 的位置，已知测站点的 x:3 385.26，y:2 777.58 及定向点的 x:3 565.23，y:2 645.12，试计算极坐标放样的数据。其中已知导线边（定向边）的方位角 M:323°38′47″（根据测站点、定向点（后视已知导线点）的坐标用 JZBF 程序算出）。

书中算例计算的结果是：

待定点的方位角：30.3751 = 30°22′30.6″；

测站至待定点的距离：116.362（m）。

用 JZBF 程序计算的操作方法步骤如下：

①按 AC 键，开机；

②按 FILE 键，将光标移至文件名 JZBF 旁；

③按 EXE 键，显示：A?，输入测站点 x:A = 3385.260（m）；

④按 EXE 键，显示：B?，输入测站点 y:B = 2777.580（m）；

⑤按 EXE 键，显示：M?，输入定向方位角：M = 323°38′47″；

⑥按 EXE 键，显示：C?，输入待定点的 x:C = 3485.65（m）；

⑦按 EXE 键，显示：D?，输入待定点的 y:D = 2836.42（m）；

⑧按 EXE 键，显示：I?（计算机内部计算，不输入亦不删除）；

⑨按 EXE 键，显示：S = 116.363 （测站至待定点的距离）；

⑩按 EXE 键，显示：J?（计算机内部计算，不输入亦不删除）；

⑪按 EXE 键，显示：T = 30.375，接着按 SHIFT °′″ 键，显示：T = 30°22′30.6″（待放样点的方位角）；

⑫按 EXE 键，显示：K = － 293.271，接着按 SHIFT °′″ 键，显示 K = － 293°16′16.3″（定向边与待放样边之夹角，反拨 － 293°16′16.4″，正拨 66°43′43.6″）。

290

计算结果与书中算例相等。

第二节　偏角法测设圆曲线放样数据计算程序清单

文件名:P-J

LbI　0 ↵

A:R:{B}:B≤0 ⇒ Goto　1 　↵

K = 28.6479 ÷ R ↵

L = Abs(A − B) ◢↵

I = KL ◢

I″I″ = 360 − I ◢↵

Goto　0 ↵

LbI　1 ↵

{A R} ↵

Goto　0

程序中:A——圆曲线起点直圆(ZY)点的里程桩号,或圆曲线终点圆直(YZ)
　　　　　点的里程桩号,当计算 ZY 点至 QZ 点曲线上任一点偏角时,A
　　　　　输入 ZY 点的里程桩号;当计算 YZ 点至 QZ 点曲线上任一点
　　　　　的偏角时,A 输入 YZ 点的里程桩号;

　　　　R——圆曲线半径;

　　　　B——圆曲线上任意一点(所求点)的里程桩号;

　　　　K——常量,K = 28.6479 ÷ R,28.6479 = 180 ÷ (2π);

　　　　L——曲线长度,即圆曲线上任一点 B 至 ZY 点或至 YZ 点之间的曲
　　　　　线长;

　　　　I——偏角,弦线和切线的夹角,放样数据;

　　　″I″——偏角反拨时的拨角值,正拨时不用此值,放样时,应分清正拨
　　　　　与反拨。

fx—4800P 型计算机偏角法放样数据计算常规公式,以及依据此常规
公式进行程序编辑设计的过程详见上篇第五章第二节一和二。

　　程序内容输入方法参阅本篇第七章各节。

　　程序计算应用范围详见上篇第五章第二节四。

　　程序应用算例详见上篇第五章第二节表 5-2。

　　程序执行方法步骤如下,以 ZY 点至 QZ 点为例(算例数据见上篇第五
章表 5-2)。

　　①按 AC 键,开机;

②按 $\boxed{\text{FILE}}$ $\boxed{\blacktriangledown}$ 键,将光标移至文件名 P-J 旁;

③按 $\boxed{\text{EXE}}$ 键,显示:A?,输入 ZY 点桩号 600.53;

④按 $\boxed{\text{EXE}}$ 键,显示:R?,输入半径 800;

⑤按 $\boxed{\text{EXE}}$ 键,显示:B?,输入所求点 620;

⑥按 $\boxed{\text{EXE}}$ 键,显示:L = 19.470,曲线上 620 桩至 ZY 点距离,填入表第 2 栏;

⑦按 $\boxed{\text{EXE}}$ 键,显示:I = 0.697,接着按 $\boxed{\text{SHIFT}}$ $\boxed{°\,'\,''}$ 键,显示:0°41′50″,填入表第 3 栏;

⑧按 $\boxed{\text{EXE}}$ 键,显示:I = 359.303,接着按 $\boxed{\text{SHIFT}}$ $\boxed{°\,'\,''}$ 键,显示:359°18′10″,此为反拨,填入表第 4 栏;

⑨按 $\boxed{\text{EXE}}$ 键,显示:B?,输入另一所求点桩号;

以下重复计算,略。

当计算至 QZ 点 708.19 时,给 B? 输入 0,则重新输入 A?,R?,B?,接着计算 YZ 点至 QZ 点各点偏角值。

为了证明 P-J 程序——偏角法测设圆曲线放样数据计算程序,在公路施工测设点位平面位置工作中计算偏角的普遍实用性、准确性和可靠性,下面我们以钟孝顺、聂让主编的高等学校试用教材《测量学》(公路与城市道路、桥梁、隧道工程专业用)(人民交通出版社,1997 年 9 月第 1 版)§ 10-5 "圆曲线的详细测设"三偏角法例 3 数据来验算。

已知交点的里程为 K3 + 182.76,测得转角 $\alpha_{右} = 25°48′$,圆曲线半径 $R = 300\text{m}$,求得的主点里程:ZY = K3 + 114.05,QZ = K3 + 181.60,YZ = K3 + 249.14,采用偏角法按整桩号设桩,计算各桩的偏角。

设曲线由 ZY 点和 YZ 点分别向 QZ 点测设,计算采用偏角法程序,计算结果见表 11-1,与《测量学》例 3 表 10-3 计算结果相等(程序执行方法步骤:略)。

偏角法放样数据表

(采用 fx—4800P 型计算机程序计算)　　　　表 11-1

桩 号	放样点至 ZY 点或 YZ 点的曲线长度	偏角值 I (° ′ ″)	正拨 I (° ′ ″)	反拨 360-I (° ′ ″)
ZY K3 + 114.05	0.00	0 00 00		
+ 120	5.95	0 34 05	0 34 05	
+ 140	25.95	2 28 41	2 28 41	
+ 160	45.95	4 23 16	4 23 16	

桩　号	放样点至 ZY 点或 YZ 点的曲线长度	偏角值 I (° ′ ″)	正拨 I (° ′ ″)	反拨 360-I (° ′ ″)
+ 180	65.95	6 17 52	6 17 52	
QZ K3 + 181.60	67.55	6 27 02		
+ 200	49.14	4 41 33		355 18 27
+ 220	29.14	2 46 58		357 13 02
+ 240	9.14	0 52 22		359 07 38
YZ K3 + 249.14	0	0 00 00		

第三节　切线支距法测设圆曲线放样数据
计算程序清单

文件名:Z-XY

LbI　0↵

A:R:{B}:B≤0 ⟹ Goto　1　◁↵

L = Abs(A − B) ◢↵

I = 57.2958L ÷ R ◢↵

X = RsinI ◢↵

Y = R(1 − cosI) ◢↵

Goto　0 ↵

LbI　1

{A R}↵

Goto　0

程序中:A——圆曲线起点(ZY)里程桩号或终点(YZ)里程桩号;曲线由 ZY
　　　　点向 QZ 点测设,A 输入 ZY 点的桩号;曲线由 YZ 点向 QZ 点
　　　　测设,A 输入 YZ 点的桩号;

　　　R——圆曲线半径;

　　　B——圆曲线上任一点的里程桩号,一般情况下,按整桩号测设桩
　　　　点;

　　　L——曲线长度,即圆曲线上任一点 B 至 ZY 点或 YZ 点之间的曲线
　　　　长;

　　　 I——L 所对圆心角;

X,Y——圆曲线上任一点 i 的切线支距法坐标值。

fx—4800*P* 型计算机切线支距法放样数据常规计算公式,以及依据此

公式进行程序编辑设计的过程详见上篇第五章第三节一和二。

程序内容输入方法参阅本篇第七章各节。

程序计算应用范围详见上篇第五章第三节四。

程序应用算例详见上篇第五章第三节五和表5-3。

程序执行方法步骤如下(以前半曲线 ZY 点至 QZ 点为例):

①按 AC 键,开机;

②按 FILE ▼ 键,将光标移至文件名 Z-XY 旁;

③按 EXE 键,显示:A?,输入 ZY 点桩号 600.53;

④按 EXE 键,显示:R?,输入半径 800;

⑤按 EXE 键,显示:B?,输入所求点桩号 620;

⑥按 EXE 键,显示:L = 19.47 (所求点 B 至 ZY 点弧长);

⑦按 EXE 键,显示:I = 1.394,接着按 SHIFT °’” 键,显示 I = 1°23′40″;

⑧按 EXE 键,显示:X = 19.468 (切线支距法 x 坐标值);

⑨按 EXE 键,显示:Y = 0.237 (切线支距法 y 坐标值);

⑩按 EXE 键,显示:B?,输入另一所求点桩号;

以下重复计算,略。

当计算至 QZ 点时,给 B? 输入 0,则重新输入 A?,R?,B?,接着计算 YZ 点至 QZ 点各整桩号 x,y 值。

为了证明 Z-XY 程序——切线支距法测设圆曲线放样数据计算程序,在公路施工测设点位平面位置工作中计算切线支距法坐标的普遍实用性、准确性和可靠性,下面我们仍以钟孝顺、聂让主编的教材《测量学》中的切线支距法例 2 数据来验算。

已知圆曲线半径 R = 300m,ZY = K3 + 114.05,QZ = K3 + 181.60,YZ = K3 + 249.14,采用切线支距法并按整桩号法设桩,试计算各桩坐标。

根据 R = 300m,ZY = K3 + 114.05,YZ = K3 + 249.14,采用切线支距法测设圆曲线放样数据计算程序——Z-XY 程序计算的切线支距法坐标 x,y 值见表 11-2,与《测量学》中例 2 表 10-2 计算结果相同。

程序执行时,将该圆曲线分成前半曲线 ZY 点至 QZ 点、后半曲线 YZ 点至 QZ 点来计算。

具体执行方法步骤:略。

294

（采用 Z-XY 程序计算）   表 11-2

桩　号	L = |A − B|	圆心角 I (° ′ ″)	X (m)	Y (m)
ZY K3 + 114.05	0.00	0 00 00	0.00	0.00
+ 120	5.95	1 08 11	5.95	0.06
+ 140	25.95	4 57 22	25.92	1.12
+ 160	45.95	8 46 33	45.77	3.51
+ 180	65.95	12 35 44	65.42	7.22
QZ K3 + 181.60				
以上以 ZY 点为原点，以下以 YZ 点为原点				
QZ K3 + 181.60				
+ 200	49.14	9 23 06	48.92	4.02
+ 220	29.14	5 33 55	29.09	1.41
+ 240	+ 9.14	1 44 44	9.14	0.14
YZ K3 + 249.14	0.00	0 00 00	0.00	0.00

注：程序起算数据 ZY = A = 114.05(m)，R = 300(m)；

　　YZ = A = 249.14(m)，R = 300(m)。

第四节　偏角法测设缓和曲线放样数据 计算程序清单

文件名：H-P-J

LbI　0 ↵

A:R:N:{B}:B≤0 ⇒ Goto　1△ ↵

$K = 1 \div (6RN)$ ↵

$P = 180 \div \pi$ ↵

$M = Abs(A − B)$ ◢ ↵

$L = M^2$ ↵

$I''IK'' = KLP$ ◢

$I = 360 − I''IK''$ ◢ ↵

Goto　0 ↵

LbI　1 ↵

{A R N} ↵

Goto　0

295

程序中：A——缓和曲线起点（ZH）的里程桩号，当计算后半缓和曲线时，A
　　　　　是终点（HZ）的里程桩号；

　　　　R——圆曲线半径；

　　　　N——缓和曲线长度；

　　　　B——缓和曲线上任一点的里程桩号，一般情况下，都是取用整桩
　　　　　号；

　　　　M——缓和曲线上任一点 B 至 ZH 点或 HZ 点间的距离；

　　　　IK——偏角值，正拨时取用；

　　　　I——反拨时取用的偏角值。

　　fx—4800P 型计算机偏角法测设缓和曲线放样数据计算常规公式，以及依据此常规计算公式进行程序编辑设计的过程，详见上篇第五章第四节一、二和三。

　　程序计算应用范围详见上篇第五章第四节四。

　　程序计算算例详见上篇第五章第四节五及表 5-4。

　　程序执行方法步骤如下（计算数据见表 11-3）：

　　①开机；

　　②按 FILE　▼ 键，将光标移至文件名 H-P-J 旁；

　　③按 EXE 键，显示：A$^?$，输入 ZH 点桩号 459.31(m)；

　　④按 EXE 键，显示：R$^?$，输入半径 550(m)；

　　⑤按 EXE 键，显示：N$^?$，输入缓和曲线长 70(m)；

　　⑥按 EXE 键，显示：B$^?$，输入所求点 B 桩号 460(m)；

　　⑦按 EXE 键，显示：M = 0.69，填入第 3 栏"桩距"；

　　⑧按 EXE 键，显示：IK = 0.000，接着按 SHIFT ° ′ ″ 键，IK = 0°00′00″；

　　⑨按 EXE 键，显示：I = 360.000，接着按 SHIFT ° ′ ″ 键，I = 360°00′00″；

　　⑩按 EXE 键，显示：B$^?$，输入下一点 B 桩号 480(m)；

　　⑪按 EXE 键，显示：M = 20.690，填入第 3 栏"桩距"；

　　⑫按 EXE 键，显示：IK = 0.106，接着按 SHIFT ° ′ ″ 键，IK = 0°06′22″；

　　⑬按 EXE 键，显示：I = 359.894，接着按 SHIFT ° ′ ″ 键，显示 I = 359°53′38″；

　　以下重复计算，当计算至 HY = 529.31 桩号时，给 B 输入 0，则重新输入

A,R,N,B,计算后半缓和曲线各点偏角值。

为了证明偏角法测设缓和曲线放样数据计算程序，在公路测设点位平面位置工作中计算偏角的实用性、准确性和可靠性，下面我们以陶启嶙编著的《公路测设实用程序》(华南理工大学出版社,2003年6月第1版第2次印刷)中第二部分4"偏角及弦长计算"表4-1数据来验算。

表11-3计算结果与《公路测设实用程序》验算表4-1结果相等。

缓和曲线上各点偏角值计算

(采用 fx—4800P 型 H-P-J 程序计算)　　　　表 11-3

点号	桩号	桩距 (m)	偏角 (° ′ ″)	拨角 (° ′ ″)	备注
ZH	K20 + 740.52	0.0	0 00 00	360 00 00	$R = 400$(m)
1	+ 780	39.48	0 22 20	359 37 40	$L_s = 100$(m)
2	+ 800	59.48	0 50 41	359 09 19	ZH = K20 + 740.52
HY	+ 840.52	100.00	2 23 14	357 36 46	HY = K20 + 840.52
					YH = K21 + 096.45
YH	K21 + 096.45	100.00	2 23 14	2 23 14	HZ = K21 + 196.45
	+ 100	96.45	2 13 15	2 13 15	
	+ 130	66.45	1 03 15	1 03 15	
	+ 157	39.45	0 22 18	0 22 18	
	+ 174.8	21.65	0 06 43	0 06 43	
	+ 186.45	10.00	0 01 26	0 01 26	
HZ	K21 + 196.45	0.0	0 00 00	0 00 00	

值得说明的是,验算表4-1计算的是弦长,作者计算的是弧长,由于圆曲线半径一般都比较大,相对来说,弧长比较小,故认为弦长与弧长相等。

此例程序执行方法步骤:略。读者如有兴趣,可自行演算。

第五节　"坐标法"放样点位 x,y 计算程序清单

一、"坐标法"放样点位 x,y 计算程序清单一

文件名:XY-1

Q:W:K:R:F:N:V:G ↵

Defm　4 ↵

$M = V \div 2 - V^3 \div (240R^2)\hookleftarrow$

$P = V^2 \div (24R) - V^4 \div (2688R^3)\hookleftarrow$

$L = \pi RN \div 180 + V \hookleftarrow$

$T = M + (R + P)\tan(N \div 2)\hookleftarrow$

$A = Q - T : B = A + V : D = A + L : C = D - V \hookleftarrow$

$\text{Rec}(T, F + 180)\hookleftarrow$

$Z[1] = W + I : Z[2] = K + J \hookleftarrow$

$\text{Rec}(T, F + GN)\hookleftarrow$

$Z[3] = W + I : Z[4] = K + J \hookleftarrow$

LbI   0 $\hookleftarrow$

$\{H \ S \ E\}\hookleftarrow$

$U = S \div (\text{Abs}(S + 10_E - 9)) : S = \text{Abs } S \hookleftarrow$

$H < A \Rightarrow \text{Goto} \quad 1 : \rightleftharpoons \Rightarrow H < B \Rightarrow \text{Goto} \quad 2 :$

$\rightleftharpoons \Rightarrow H < C \Rightarrow \text{Goto} \quad 3 :$

$\rightleftharpoons \Rightarrow H < D \Rightarrow \text{Goto} \quad 4 :$

$\rightleftharpoons \Rightarrow \text{Goto} \quad 5 \triangle \triangle \triangle \triangle \triangle \hookleftarrow$

LbI   1 $\hookleftarrow$

$\text{Rec}(Q - H, F + 180)\hookleftarrow$

$X = W + I : Y = K + J \hookleftarrow$

$\text{Rec}(S, F + 180 - (180 - E)U)\hookleftarrow$

$X = X + I \ \blacktriangle\hookleftarrow$

$Y = Y + J \ \blacktriangle\hookleftarrow$

$S = SU \hookleftarrow$

Goto   0 $\hookleftarrow$

LbI   2 $\hookleftarrow$

$Z = H - A \hookleftarrow$

$O = 90Z^2 \div (\pi RV)\hookleftarrow$

$X = Z - Z^5 \div (40R^2V^2) + Z^9 \div (3456R^4V^4)\hookleftarrow$

$Z = Z^3 \div (6RV) - Z^7 \div (336R^3V^3) + Z^{11} \div (42240R^5V^5)\hookleftarrow$

LbI   6 $\hookleftarrow$

$\text{Rec}(X, F)\hookleftarrow$

$X = Z[1] + I : Y = Z[2] + J \hookleftarrow$

$\text{Rec}(Z, F + 90G)\hookleftarrow$

$X = X + I : Y = Y + J \hookleftarrow$

$\text{Rec}(S, F + OG + EU)\hookleftarrow$

298

$X = X + I \ \blacktriangle \hookleftarrow$

$Y = Y + J \ \blacktriangle \hookleftarrow$

$S = SU \hookleftarrow$

Goto $0 \hookleftarrow$

LbI $3 \hookleftarrow$

$Z = H - A - V \div 2 \hookleftarrow$

$O = 180Z \div (R\pi) \hookleftarrow$

$X = R\sin O + M$

$Z = R(1 - \cos O) + P \hookleftarrow$

Goto $6 \hookleftarrow$

LbI $4 \hookleftarrow$

$Z = D - H \hookleftarrow$

$O = 90Z^2 \div (\pi RV) \hookleftarrow$

$X = Z - Z^5 \div (40R^2 V^2) + Z^9 \div (3456R^4 V^4) \hookleftarrow$

$Z = Z^3 \div (6RV) - Z^7 \div (336R^3 V^3) + Z^{11} \div (42240R^5 V^5) \hookleftarrow$

$\text{Rec}(X, F + GN + 180) \hookleftarrow$

$X = Z[3] + I : Y = Z[4] + J \hookleftarrow$

$\text{Rec}(Z, F + GN + 180 - 90G) \hookleftarrow$

$X = X + I : Y = Y + J \hookleftarrow$

$\text{Rec}(S, F + GN + 180 - OG - (180 - E)U) \hookleftarrow$

$X = X + I \ \blacktriangle \hookleftarrow$

$Y = Y + J \ \blacktriangle \hookleftarrow$

$S = SU \hookleftarrow$

Goto $0 \hookleftarrow$

LbI $5 \hookleftarrow$

$\text{Rec}(H - D + T, F + GN) \hookleftarrow$

$X = W + I : Y = K + J \hookleftarrow$

$\text{Rec}(S, F + GN + EU) \hookleftarrow$

$X = X + I \ \blacktriangle \hookleftarrow$

$Y = Y + J \ \blacktriangle \hookleftarrow$

$S = SU \hookleftarrow$

Goto 0

程序中:Q——交点里程桩号;

W——交点 x 坐标值;

K——交点 y 坐标值;

R——圆曲线半径；

F——第一直线段正方位角；

N——交点转向角，右偏角为"正"，左偏角为"负"；输入转向角时，不输入 + 、– 号；

V——缓和曲线长度(没有缓和曲线的圆曲线，V 输入 0)；

G——控制偏角转向的条件：左偏角输入" – 1"，右偏角输入" + 1"；

S——同一横断面左至中桩或右至中桩的距离，计算中桩时，S 为 0；

H——所求点里程桩号；

E——夹角：同一横断面边桩和中桩连线与线路中线之夹角，当用夹角控制左右边桩坐标计算，则左边桩输入" – 90"，右边桩输入"90"；

X = ——所求点 x 坐标值；

Y = ——所求点 y 坐标值。

此程序清单需注意以下问题：

(1)fx—4800P 型计算机 XY-1 计算程序的输入方法步骤详见本篇第七章第三节。

(2)fx—4800P 型计算机 XY-1 计算程序的执行参阅本篇第七章第四节及《公路工程施工测量》(人民交通出版社，2004 年 9 月第 1 版)第四章第三节二(3)。

(3)fx—4800P 型计算机 XY-1 程序计算的算例详见上篇第五章第五节四和《公路工程施工测量》第四章第三节二(3)。

(4)fx—4800P 型计算机 XY-1 程序执行中"起算要素"、"计算范围"、"计算结果显示"、"计算中符号正负的输入"以及"计算顺序"详见上篇第五章第五节三和《公路工程施工测量》第四章第三节二(2)。

(5)当用 fx—4800P 型计算机 XY-1 程序计算没有缓和曲线的圆曲线时，缓和曲线 V 输入 0。

(6)fx—4800P 型计算机 XY-1 程序前 7 步可计算：

①切线增值 M；

②内移量 P；

③曲线长 L；

④切线长 T：

⑤直缓(ZH)点、缓圆(HY)点、缓直(HZ)点、圆缓(YH)点里程桩号。

当 V = 0 时，计算直圆(ZY)点、圆直(YZ)点里程桩号。

此时，需将下述几行最后加上显示符号"◢"：

$M = V \div 2 - V^3 \div (240R^2)$ ◢↵

300

$$P = V^2 \div (24R) - V^4 \div (2688R^3) \; \blacktriangle\hookleftarrow$$

$$L = \pi R N \div 180 + V \; \blacktriangle\hookleftarrow$$

$$T = M + (R + P)\tan(N \div 2) \; \blacktriangle\hookleftarrow$$

$$A = Q - T \; \blacktriangle \quad B = A + V \; \blacktriangle \quad D = A + L \; \blacktriangle \quad C = D - V \; \blacktriangle\hookleftarrow$$

下面以上篇第五章第五节四算例(见表 5-5)详细介绍 fx—4800P 型计算机"坐标法"放样点位 x, y 计算程序执行方法步骤：

①按 AC 键,开机;

②按 FILE ▼ 键,选择文件名 XY-1——将光标移至 XY-1 文件名旁;

③按 EXE 键,显示:$Q^?$,输入 JD_{19} 桩号 246.760;

④按 EXE 键,显示:$W^?$,输入 JD_{19} x 值 4814.878;

⑤按 EXE 键,显示:$K^?$,输入 JD_{19} y 值 8720.076;

⑥按 EXE 键,显示:$R^?$,输入半径 400;

⑦按 EXE 键,显示:$F^?$,输入前直线段正方位角:$F = 166°15'17''$;

⑧按 EXE 键,显示:$N^?$,输入转向角(偏角):$N = 39°16'07''$;

⑨按 EXE 键,显示:$V^?$,输入缓和曲线长 100;

⑩按 EXE 键,显示:$G^?$,输入偏角符号,此例为右偏角,输入 +1;

⑪按 EXE 键,显示:$I^?$;

⑫按 EXE 键,显示:$J^?$; 　(计算机内部运算,不需输入,亦不删除)

⑬按 EXE 键,显示:$S^?$,输入中—边桩距离:$S = 8.48$;

⑭按 EXE 键,显示:$H^?$,输入所求点里程桩号,例如计算 ZH 点左边桩,输入 $H = 53.711$;

⑮按 EXE 键,显示:$E^?$,夹角,此例计算左边桩,输入 $E = -90$;

⑯按 EXE 键,显示:$X = 5004.413$,K251 + 053.71 左边桩 x 计算结果;

⑰按 EXE 键,显示:$Y = 8682.444$,K251 + 053.71 左边桩 y 计算结果;

⑱按 EXE 键,显示:$S^?$,若计算中桩,则输入:$S = 0$;

⑲按 EXE 键,显示:$H^?$,计算同横断面中桩,桩号同左边桩:$H = 53.71$;

⑳按 EXE 键,显示:$E^?$,计算中桩 E,输入 $E = 0$,或保持不变;

㉑按 $\boxed{\text{EXE}}$ 键,显示:X = 5002.398,K251 + 053.71 中桩 x 计算结果;

㉒按 $\boxed{\text{EXE}}$ 键,显示:Y = 8674.206,K251 + 053.71 中桩 y 计算结果;

㉓按 $\boxed{\text{EXE}}$ 键,显示:S?,计算右边桩,输入:S = 8.48;

㉔按 $\boxed{\text{EXE}}$ 键,显示:H?,计算同横断面右桩,桩号同上;

㉕按 $\boxed{\text{EXE}}$ 键,显示:E?,计算右边桩,输入 E = 90°;

㉖按 $\boxed{\text{EXE}}$ 键,显示:X = 5000.383,K251 + 053.71 右边桩 x 计算结果;

㉗按 $\boxed{\text{EXE}}$ 键,显示:Y = 8665.969,K251 + 053.71 右边桩 y 计算结果。

至此,一个横断面(此例为 K251 + 053.71)左、中、右桩位 x,y 计算完毕;以下重复计算,继续按 $\boxed{\text{EXE}}$ 键执行下去。

二、"坐标法"放样点位 x,y 计算程序清单二——线路点位中桩及边桩坐标计算程序

程序清单二:

文件名:XY-2

{R V N G Q W K F}↵

$M = V \div 2 - V^3 \div (240R^2)$↵

$P = V^2 \div (24R) - V^4 \div (2688R^3)$↵

$L = \pi RN \div 180 + V$↵

$T = (R + P)\tan(N \div 2) + M$↵

$A = Q - T : B = A + V : D = A + L : C = D - V$↵

$Z[1] = W + T\cos(F + 180)$↵

$Z[2] = K + T\sin(F + 180)$↵

$Z[3] = W + T\cos(F + GN)$↵

$Z[4] = K + T\sin(F + GN)$↵

LbI 0 ↵

{H S E}↵

$H < A \Rightarrow$ Goto 1:$\Leftarrow \Rightarrow H < B \Rightarrow$ Goto 2:

$\Leftarrow \Rightarrow H < C \Rightarrow$ Goto 3:

$\Leftarrow \Rightarrow H < D \Rightarrow$ Goto 4:

$\Leftarrow \Rightarrow$ Goto 5 △△△△△↵

LbI 1 ↵

$X''XZ1'' = W + (Q - H)\cos(F + 180)$ ◢

$$Y''YZ1'' = K + (Q - H)\sin(F + 180) \ \blacktriangle \hookleftarrow$$

$$X = X''XZ1'' + S \cos(F + 180 - (180 - E)) \ \blacktriangle$$

$$Y = Y''YZ1'' + S \sin(F + 180 - (180 - E)) \ \blacktriangle \hookleftarrow$$

Goto $0 \ \blacktriangle \hookleftarrow$

Lbl $2 \hookleftarrow$

$$Z = H - A \hookleftarrow$$

$$O = 90Z^2 \div (\pi RV) \hookleftarrow$$

$$X = Z - Z^5 \div (40R^2 V^2) + Z^9 \div (3456R^4 V^4) \hookleftarrow$$

$$Z = Z^3 \div (6RV) - Z^7 \div (336R^3 V^3) + Z^{11} \div (42240R^5 V^5) \hookleftarrow$$

$$\text{Rec}(X, F) \hookleftarrow$$

$$X = Z[1] + I : Y = Z[2] + J \hookleftarrow$$

$$\text{Rec}(Z, F + 90G) \hookleftarrow$$

$$X''XF1'' = X + I \ \blacktriangle$$

$$Y''YF1'' = Y + J \ \blacktriangle \hookleftarrow$$

$$X = X''XF1'' + S \cos(F + OG + E) \ \blacktriangle$$

$$Y = Y''YF1'' + S \sin(F + OG + E) \ \blacktriangle \hookleftarrow$$

Goto $0 \hookleftarrow$

Lbl $3 \hookleftarrow$

$$Z = H - A - V \hookleftarrow$$

$$T = 180V \div (2R\pi) \hookleftarrow$$

$$O = 180Z \div (R\pi) + T \hookleftarrow$$

$$X = R \sin O + M \hookleftarrow$$

$$Z = R(1 - \cos O) + P \hookleftarrow$$

$$\text{Rec}(X, F) \hookleftarrow$$

$$X = Z[1] + I : Y = Z[2] + J \hookleftarrow$$

$$\text{Rec}(Z, F + 90G) \hookleftarrow$$

$$X''XY'' = X + I \ \blacktriangle$$

$$Y''YY'' = Y + J \ \blacktriangle \hookleftarrow$$

$$X = X''XY'' + S \cos(F + OG + E) \ \blacktriangle$$

$$Y = Y''YY'' + S \sin(F + OG + E) \ \blacktriangle \hookleftarrow$$

Goto $0 \hookleftarrow$

Lbl $4 \hookleftarrow$

$$Z = D - H \hookleftarrow$$

$$O = 90Z^2 \div (\pi RV) \hookleftarrow$$

$$X = Z - Z^5 \div (40R^2 V^2) + Z^9 \div (3456R^4 V^4) \hookleftarrow$$

$Z = Z^3 \div (6RV) - Z^7 \div (336R^3V^3) + Z^{11} \div (42240R^5V^5)$ ↵

$\text{Rec}(X, F + GN + 180)$

$X = Z[3] + I : Y = Z[4] + J$ ↵

$\text{Rec}(Z, F + GN + 180 - 90G)$ ↵

$X''XF2'' = X + I$ ◢

$Y''YF2'' = Y + J$ ◢ ↵

$X = X''XF2'' + S \cos(F + GN + 180 - OG - E)$

$Y = Y''YF2'' + S \sin(F + GN + 180 - OG - E)$ ◢ ↵

Goto 0 ↵

LbI 5 ↵

$X''XZ2'' = Z[3] + (H - D)\cos(F + NG)$ ◢

$Y''YZ2'' = Z[4] + (H - D)\sin(F + NG)$ ◢ ↵

$X = X''XZ2'' + S \cos(F + NG + E)$ ◢

$Y = Y''YZ2'' + S \sin(F + NG + E)$ ◢ ↵

Goto 0

程序中:R——圆曲线半径;

        V——缓和曲线长度;

        N——线路转角(偏角),输入时不考虑符号;

        G——偏角控制条件,左偏角输入 −1,右偏角输入 1;

        Q——交点里程桩号;

   W,K——交点的 x, y 坐标;

        F——前切线正方位角;

        M——加设缓和曲线后使切线增长的距离;

        P——加设缓和曲线后圆曲线相对于切线的内移量;

        L——有缓和曲线的圆曲线的曲线长(含缓和段);

        T——有缓和曲线的圆曲线的切线长;

        A——直缓(ZH)点的里程桩号;

        B——缓圆(HY)点的里程桩号;

        D——缓直(HZ)点的里程桩号;

        C——圆缓(YH)点的里程桩号;

$Z[1], Z[2]$——ZH 点的 x, y 坐标;

$Z[3], Z[4]$——HZ 点的 x, y 坐标。

    上述 M,P,L,T,A,B,D,C,Z[1],Z[2],Z[3],Z[4]程序设计为不显示,若需要显示,则在其后追加一显示符号"◢"。例如:$M = V \div 2 - V^3 \div (240R^2)$ ◢,其余仿此。

程序以拼音字母表示:"Z"表示直线段,"F"表示缓和曲线段,"Y"表示圆曲线段,下面符号意义如下:

XZ1,YZ1——前直线段中桩坐标的 x,y 值;

XF1,YF1——前缓和曲线段中桩坐标的 x,y 值;

 XY,YY——圆曲线段中桩坐标的 x,y 值;

XF2,YF2——后缓和曲线段中桩坐标的 x,y 值;

XZ2,YZ2——后直线段中桩坐标的 x,y 值;

 X,Y——前述各段与中桩同一横断面的左、右边桩坐标值;

 H——前述各段上任意一点(待求点)的里程桩号;

 S——同一横断面的中—边桩距离;

 E——中—边连线与线路中线夹角,输入" + E",计算结果为右边桩 x,y 结果,输入" – E",计算结果为左边桩 x,y 结果。

XY-2 程序应用范围及注意事项,详见上篇第五章第五节 fx—4500PA 型 XY-2 程序。

三、算例及程序执行操作方法步骤

1.算例

××线路测设一带有缓和曲线的圆曲线,路线交点 JD_8 的里程桩号为 K238 + 983.31m,坐标 $x = 2\,934.00$mm, $y = 1\,177.53$m;圆曲线半径 $R = 200$m;缓和曲线长 $V = 50$m;线路转角 $N_{左} = 29°47'07''$;线路前切线正方位角 $F = 134°03'25''$;曲线需测设的主点里程桩号及加桩桩号见表 11-4。采用 XY-2 程序计算的各桩的中、左、右桩坐标见表 11-4。

fx—4800P 型计算机程序计算放样坐标值计算表　　　　表 11-4

交点 JD₈	x(m)	y(m)	半径(m)	缓和曲线长(m)	转角	前切线正方位角
K238 + 983.31	2 934.00	1 177.53	200.00	50.00	− 29°47′04″	134°03′25″

桩号	左边桩		中一边距离(m)	中桩		中一边距离(m)	右边桩	
	x(m)	y(m)		x(m)	y(m)		x(m)	y(m)
ZH K238 + 904.99	2 994.556	1 127.142	8.48	2 988.462	1 121.245	8.48	2 982.367	1 115.349
+ 920	2 984.225	1 137.899	8.48	2 978.065	1 132.071	8.48	2 971.905	1 126.244
+ 940	2 971.083	1 152.405	8.48	2 964.639	1 146.893	8.48	2 958.196	1 141.380
HY K238 + 954.99	2 962.024	1 163.659	8.48	2 955.242	1 158.568	8.48	2 948.460	1 153.477
+ 960	2 959.192	1 167.532	8.48	2 952.285	1 162.612	8.48	2 945.378	1 157.692

桩号	左边桩		中一边距离(m)	中桩		中一边距离(m)	右边桩	
	x(m)	y(m)		x(m)	y(m)		x(m)	y(m)
+980	2 948.878	1 183.660	8.48	2 941.515	1 179.455	8.48	2 934.151	1 175.249
QZ K238 +981.98	2 947.946	1 185.311	8.48	2 940.541	1 181.179	8.48	2 933.136	1 177.046
K239+000	2 940.226	1 200.738	8.48	2 932.480	1 197.288	8.48	2 924.733	1 193.839
YH K239 +008.97	2 936.909	1 208.660	8.48	2 929.016	1 205.562	8.48	2 921.122	1 202.463
+020	2 933.285	1 218.635	8.48	2 925.249	1 215.927	8.48	2 917.213	1 213.220
+040	2 927.658	1 237.312	8.48	2 919.479	1 235.074	8.48	2 911.300	1 232.836
HZ K239 +058.97	2 922.910	1 255.520	8.48	2 914.692	1 253.430	8.48	2 906.474	1 251.339

2.程序执行操作方法步骤

①按 AC 键,开机;

②按 FILE 键,将光标移至文件名 XY-2 旁;

③按 EXE 键,显示:V?,输入缓和曲线长:V = 50.00(m);

④按 EXE 键,显示:R?,输入圆曲线半径:R = 200.000(m);

⑤按 EXE 键,显示:N?,输入偏角 29°47′04″;

⑥按 EXE 键,显示:Q?,输入交点桩号:Q = 983.31(m);

⑦按 EXE 键,显示:W?,输入交点 x 值:W = 2934.00(m);

⑧按 EXE 键,显示:F?,输入前切线正方位角:F = 134°03′25″;

⑨按 EXE 键,显示:K?,输入交点 y 坐标值:K = 1177.53(m);

⑩按 EXE 键,显示:G?,输入左偏角条件:G = -1;

⑪按 EXE 键,显示:H?,输入所求点里程桩号,例如 K238 + 981.98,输入:H = 981.98(m);

⑫按 EXE 键,显示:I?;
⑬按 EXE 键,显示:J?; }(计算机内部运算,不输入,亦不删除)

306

⑭按 EXE 键,显示:XY = 2940.541(所求点 K238 + 981.98 的中桩 x 坐标值);

⑮按 EXE 键,显示:YY = 1181.179(所求点 K238 + 981.98 的中桩 y 坐标值);

⑯按 EXE 键,显示:S?,输入中—边距离:S = 8.48(m);

⑰按 EXE 键,显示:E?,输入 – 90,计算左边桩;

⑱按 EXE 键,显示:X = 2947.946(所求点 K238 + 981.98 的左边桩 x 坐标值);

⑲按 EXE 键,显示:Y = 1185.311(所求点 K238 + 981.98 的左边桩 y 值);

⑳按 EXE 键,显示:H?,计算 + 981.98 右边桩,仍输入或保留原值;

㉑按 EXE 键,显示:XY = 2940.541; ⎱

㉒按 EXE 键,显示:YY = 1181.179; ⎰ (中桩 x, y 重复计算)

㉓按 EXE 键,显示:S?,输入中至右边桩距离:S = 8.48(m);

㉔按 EXE 键,显示:E?,计算右边桩,输入 E = 90;

㉕按 EXE 键,显示:X = 2933.136(所求点 K238 + 981.98 右边桩 x 值);

㉖按 EXE 键,显示:Y = 1177.046(所求点 K238 + 981.98 右边桩 y 值)。

至此,K238 + 981.98 断面的中桩、左和右边桩的 x, y 坐标均已算出,其余所求点仿此操作。只要输入 H?,S?,E? 就行了。

XY-2 程序计算顺序是中桩—右(或左)边桩,又是中桩—左(或右)边桩,同一个横断面,中桩重复显示两次,这一点应引起注意。

第六节 线路点位坐标分步计算程序

一、线路直线段点位坐标计算程序

fx—4800P 型计算机程序计算线路直线段点位坐标有三种方法。

方法一:程序计算线路直线段点位坐标;

方法二:程序计算线路圆曲线两侧直线段点位坐标;

方法三:程序计算线路缓和曲线两侧直线段点位坐标。

1.线路直线段点位坐标计算程序清单

文件名:Z-X-Y-1　　(85 步骤数)

LbI　0 ↵

L:A:B:F ↵

{D S E} ↵

K = Abs(D – L) ↵

Rec (K,F) ↵

X = A + I:Y = B + J ↵

Rec(S,F + E) ↵

X = X + I ◢

Y = Y + J ◢

Goto　0

程序中:L——直线段已知点里程桩号,已知点可以 ZY 点或 YZ 点,ZH 点或
　　　　HZ 点,或是直线段上坐标为已知的任一点的里程桩号,也可
　　　　以这样说,L 是直线段上起算点的里程桩号;

　　A,B——上述已知点的 x,y 坐标值;

　　　F——直线段正方位角;

　　　D——直线段上所求点里程桩号;

　　I,J——计算机坐标变换功能计算的坐标增量,不输入亦不删除;

　　　S——中桩至边桩距离;

　　　E——夹角:同一横断面边桩和中桩连线与线路中线之夹角;

　　X,Y——直线段上所求点纵、横坐标值。

fx—4800P 型计算机线路直线段点位坐标计算常规计算公式,以及依据
此常规计算公式进行程序编辑设计的过程,详见上篇第五章第六节一的 1。

程序应用范围及注意事项详见上篇第五章第六节一的 1。

算例及操作方法步骤:

上篇第五章第六节一的算例,是由直圆(ZY)点为起算点计算前直线段
各待求点的坐标的。本节以后直线段上任一点的坐标为起算来计算后直线
段 K129 + 025 ~ K129 + 200 间任一点的坐标。

算例中起算点桩号是 K129 + 200,其坐标 x = 31 320.232m, y =
70 152.123m,已知前切线方位角 F = 100°10′15″,线路偏角 N = – 8°32′48″。试
计算 K129 + 025 ~ K129 + 200 间每隔 25m 点的坐标。

采用 Z-X-Y-1 程序计算的结果见上篇第五章第六节一的表 5-8 的下部
分。程序执行操作方法步骤如下(计算方向是 K129 + 200→K129 + 025):

①按 AC 键,开机;

308

②按 FILE 键,将光标移至文件名 Z-X-Y-1 旁;

③按 EXE 键,显示:$L^?$,输入起算点 K129 + 200 桩号:L = 200(m);

④按 EXE 键,显示:$A^?$,输入起算点 + 200 的 x 值 320.232(m);

⑤按 EXE 键,显示:$B^?$,输入起算点 + 200 的 y 值 70152.123(m);

⑥按 EXE 键,显示:$F^?$,输入后直线段方位角:$F_后 = F_前 -$ 左偏角 + 180°
= 100°10′15″ - 8°32′48″ + 180°;

⑦按 EXE 键,显示:$D^?$,输入后直线段上待求点的桩号:D = 175(m);

⑧按 EXE 键,显示:$I^?$(计算机内部计算);

⑨按 EXE 键,显示:$J^?$(计算机内部计算);

⑩按 EXE 键,显示:$S^?$,输入中至右边桩距离:S = 14.16(m);

⑪按 EXE 键,显示:$E^?$,输入夹角 - 90;

⑫按 EXE 键,显示:X = 306.786(K129 + 175 断面右边桩 x 值);

⑬按 EXE 键,显示:Y = 70126.732(K129 + 175 断面右边桩 y 值);

⑭按 EXE 键,显示:$D^?$ 计算 K129 + 175 中桩,仍输入 D = 175(m);

⑮按 EXE 键,显示:$S^?$,计算中桩,S 输入 0;

⑯按 EXE 键,显示:$E^?$,计算中桩,E 可输入 0,或保持不变;

⑰按 EXE 键,显示:X = 320.941(K129 + 175 中桩的 x 值);

⑱按 EXE 键,显示:Y = 70127.133(K129 + 175 中桩的 y 值);

⑲按 EXE 键,显示:$D^?$,计算 K129 + 175 左边桩,仍输入 175(m);

⑳按 EXE 键,显示:$S^?$,输入中至左边桩距离 S = 13.16(m);

㉑按 EXE 键,显示:$E^?$,计算左边桩,E 输入 90;

㉒按 EXE 键,显示:X = 334.095(K129 + 175 左边桩的 x 值);

㉓按 EXE 键,显示:Y = 70127.506(K129 + 175 左边桩的 y 值)。

至此,K129 + 175 断面的右、中、左三个点的坐标都已算出。

以下各桩位的坐标计算,只要给 $D^?$,$S^?$,$E^?$ 输入相应数据,即可算出。程序执行是重复操作 D,S,E。在计算顺序上,当前一断面是左→中→右,则后一断面应是右→中→左,这样操作方便些。

如果上述直线段以圆直(YZ)点为起算点,计算方向是 K129 + 025→K129 + 200,则起算方位角 F 应是:$F_后$ = $F_前$ - 左偏角 = 100°10′15″ - 8°32′48″。

值得提醒的是,在采用 Z-X-Y-1 程序计算直线段上任一点的坐标时,应根据计算方向,正确地选用方位角。

2.线路圆曲线两侧直线段点位坐标计算程序清单

文件名:Y-Z-X-Y-2　　　(203 步骤数)

Q:W:K:R:F:N:U↵

T = Rtan(N ÷ 2)↵

L = RNπ ÷ 180 ↵

A = Q - T:C = A + L↵

LbI　0:{H S E}↵

H < A ⇒ Goto　1:⇐⇒ H > C

⇒ Goto　2△△↵

LbI　1↵

Rec(Q - H,F + 180)↵

X = W + I:Y = K + J↵

Rec(S,F + 180 - (180 - E))↵

X = X + I◢

Y = Y + J◣↵

Goto　0↵

LbI　2↵

Rec(H - C + T,F + NU)↵

X = W + I:Y = K + J↵

Rec(S,F + NU + E)↵

X = X + I◢

Y = Y + J◣↵

Goto　0

程序中:Q——交点桩号;

　　W,K——交点 x,y 坐标值;

　　　R——圆曲线半径;

　　　F——前切线正方位角;

　　　N——偏角,输入时不考虑符号;

　　　U——控制偏角条件:左偏角输入"- 1",右偏角输入"+ 1";

　　　H——直线段上任一点桩号;

　　I,J——计算机坐标变换功能计算的坐标增量,不输入亦不删除;

　　　S——中桩至边桩距离,S 输入 0 时,计算中桩坐标;

310

E——夹角:同一横断面边桩和中桩连线与线路中线之夹角, – E 计算左边桩坐标,E 计算右边桩坐标;

X,Y——直线段上所求点纵、横坐标值。

fx—$4800P$ 型计算机线路圆曲线两侧直线段点位坐标计算程序应用范围及注意事项详见上篇第五章第六节一的 2。

算例及操作方法步骤:

算例数据详见上篇第五章第六节表 5-8。

例中起算数据是交点 JD_{18},桩号:K128 + 645.04, x = 31 336.000m, y = 69 596.000m, R = 5 000m,偏角 N = – 8°32′48″,前切线正方位角 F = 100°10′15″。

本节采用 Y-Z-X-Y-2 程序,计算后直线段 K129 + 025→K129 + 200 段间各断面中桩及左、右边桩高程。方位角 F = $F_{前}$ – 左偏角 = 100°10′15″ – 8°32′48″。

程序执行操作方法步骤如下:

①按 AC 键,开机;

②按 FILE 键,将光标移至文件名 Y-Z-X-Y-2 旁;

③按 EXE 键,显示:Q?,输入交点桩号:Q = 645.04(m);

④按 EXE 键,显示:W?,输入交点的 x:W = 336.000(m);

⑤按 EXE 键,显示:K?,输入交点的 y:K = 596.000(m);

⑥按 EXE 键,显示:R?,输入圆曲线半径:R = 5000(m);

⑦按 EXE 键,显示:F?,输入前切线正方位角:F = 100°10′15″;

⑧按 EXE 键,显示:N?,输入线路偏角:N = 8°32′48″;

⑨按 EXE 键,显示:U?,此例为左偏,输入 U = – 1;

⑩按 EXE 键,显示:H?,输入后直线段上任一所求点桩号,例如:K129 + 175;

⑪按 EXE 键,显示:I?,计算机内部运算;

⑫按 EXE 键,显示:J?,计算机内部运算;

⑬按 EXE 键,显示:S?,输入中至右边桩距离:S = 14.16(m);

⑭按 EXE 键,显示:E?,输入夹角 90;

⑮按 EXE 键,显示:X = 306.786(K129 + 175 的右边桩 x 值);

⑯按 EXE 键,显示:Y = 70126.731(K129 + 175 的右边桩 y 值);

⑰按 EXE 键,显示:H?,计算 K129 + 175 中桩,仍输入 1175(m);

⑱按 EXE 键,显示:S?,计算中桩,S 输入 0;

⑲按 EXE 键,显示:E?,计算中桩,E 可输入 0,或保持原值不变;

⑳按 EXE 键,显示:X = 320.940(K129 + 175 的中桩的 x 值);

㉑按 EXE 键,显示:Y = 70127.133(K129 + 175 中桩的 y 值);

㉒按 EXE 键,显示:H?,计算 + 175 左边桩,仍输入 1175(m);

㉓按 EXE 键,显示:S?,输入中至左边桩距离:S = 13.16(m);

㉔按 EXE 键,显示:E?,计算左边桩,E 输入 – 90;

㉕按 EXE 键,显示:X = 334.095(K129 + 175 左边桩的 x 值);

㉖按 EXE 键,显示:Y = 70127.506(K129 + 175 左边桩的 y 值)。

至此,K129 + 175 断面的右、中、左三个点的 x,y 值都已算出。

接着往下计算各待求点的坐标,只要给 H?,S?,E? 输入相应数据,即可算出。程序执行重复操作 H,S,E。

此例计算的 K129 + 175 左、中、右三点的坐标值,与 Z-X-Y-1 程序计算的 K129 + 175 左、中、右三点坐标值,完全相等,证明计算正确。

3.线路缓和曲线两侧直线段点位坐标计算程序清单

文件名:F-Z-X-Y-3 　　(243 步骤数)

Q:W:K:R:F:N:V:U ←

$P = V^2 \div (24R)$ ←

$M = V \div 2 - V^3 \div (240R^2)$ ←

$T = (R + P)\tan(N \div 2) + M$ ←

$L = RN\pi \div 180 + V$ ←

$A = Q - T:D = A + L$ ←

LbI　0 ←

{H S E} ←

$H < A \Rightarrow$ Goto　1:←⇒ H > D

$\Rightarrow$ Goto　2△△ ←

LbI　1 ←

Rec(Q – H,F + 180) ←

$X = W + I:Y = K + J$ ←

Rec(S,F + 180 – (180 – E)) ←

312

$X = X + I$ ◢

$Y = Y + J$ ◢◄┘

Goto　0 ◄┘

LbI　2 ◄┘

$Rec(H - D + T, F + NU)$◄┘

$X = W + I : Y = K + J$ ◄┘

$Rec(S, F + NU + E)$◄┘

$X = X + I$ ◢

$Y = Y + J$ ◢◄┘

Goto　0

程序中:Q——交点桩号;

　　W,K——交点 x, y 值;

　　　　R——圆曲线半径;

　　　　F——前切线正方位角;

　　　　N——偏角,输入时不考虑符号;

　　　　V——缓和曲线长度;当计算圆曲线两侧直线段时,V = 0;

　　　　U——偏角控制条件,左偏角输入" - 1",右偏角输入"1";

　　　　H——直线段上任一点桩号;

　　I,J——计算机坐标变换功能计算的坐标增量,不输入亦不删除;

　　　　S——中桩至边桩距离;

　　　　E——夹角:同一横断面中—边桩连线与线路中线之夹角," - E"计
　　　　　　算左边桩坐标,"E"计算右边桩坐标;

　　X,Y——线路直线段任一点坐标值。

　　fx—4800P 型计算机缓和曲线两侧直线段上点位坐标计算应用范围及注意
事项、程序执行算例及操作方法步骤,详见上篇第五章第六节一中3及表5-9。

　　上篇第五章第六节一中3的算例是采用 F-Z-X-Y-3 程序计算有缓和曲
线的圆曲线两侧直线段上任一点的坐标。本节算例介绍采用 F-Z-X-Y-3 程
序计算圆曲线两侧直线段上任一点的坐标。此时,在程序执行操作中,只要
给缓和曲线长度 V 输入 0 就可以了。

　　算例数据详见上篇第五章第六节一中2的表5-8。

　　算例中起算数据是交点 JD_{18},其桩号:K128 + 645.04m, $x = 31\ 336.000$m, y
$= 69\ 596.000$m,圆曲线半径 $R = 5\ 000$m,线路偏角 $N = -8°32'48''$,缓和曲线长
$V = 0$m;前切线正方位角 $F = 100°10'15''$。

　　采用缓和曲线两侧直线段点位坐标计算程序——F-Z-X-Y-3 程序,计算
圆曲线两侧直线段上点位坐标的程序执行操作方法步骤如下(本例以 ZY

点前直线段上点位坐标计算说明,计算结果详见上篇第五章第六节一表5-8上部分)(计算方向是 K128 + 250→K128 + 075):

①按 AC 键,开机;

②按 FILE 键,将光标移至文件名:F-Z-X-Y-3 旁;

③按 EXE 键,显示:Q,输入 Q = 645.04(m);

④按 EXE 键,显示:W?,输入交点 JD_{18} 的 x 值 336.000(m);

⑤按 EXE 键,显示:K?,输入交点 JD_{18} 的 y 值 596.000(m);

⑥按 EXE 键,显示:R?,输入圆曲线半径:R = 5000(m);

⑦按 EXE 键,显示:F?,输入前切线正方位角:F = 100°10′15″;

⑧按 EXE 键,显示:N?,输入线路偏角:N = 8°32′48″;

⑨按 EXE 键,显示:V?,缓和曲线长度输入0;

⑩按 EXE 键,显示:U?,输入 – 1;

⑪按 EXE 键,显示:H?,输入待求点桩号,例如计算 K128 + 250,输入 H = 250(m);

⑫按 EXE 键,显示:I?,计算机内部运算;

⑬按 EXE 键,显示:J?,计算机内部运算;

⑭按 EXE 键,显示:S?,输入中至左边桩距离:S = 13.16(m);

⑮按 EXE 键,显示:E?,输入 – 90;

⑯按 EXE 键,显示:X = 418.711(K128 + 250 左边桩的 x 值);

⑰按 EXE 键,显示:Y = 209.492(K128 + 250 左边桩的 y 值);

⑱按 EXE 键,显示:H?,计算中桩,仍输入 250(m);

⑲按 EXE 键,显示:S?,计算中桩,输入 0;

⑳按 EXE 键,显示:E?,计算中桩,输入 0,或仍保留 – 90;

㉑按 EXE 键,显示:X = 405.758(K128 + 250 中桩 x 值);

㉒按 EXE 键,显示:Y = 207.168(K128 + 250 中桩 y 值);

㉓按 EXE 键,显示:H?,计算右边桩,保留 250(m);

㉔按 EXE 键,显示:S?,输入中—右距离 13.16(m);

㉕按 EXE 键,显示:E?,输入 90;

㉖按 EXE 键,显示:X = 392.804(K128 + 250 右桩 x 值);

㉗按 EXE 键,显示:Y = 204.844(K128 + 250 右桩 y 值)。

至此,K128 + 250 断面左、中、右桩位坐标都算出。以下各待求点坐标,重复操作 H,S,E 即可算出。

二、圆曲线上点位坐标计算程序清单

文件名:ZY – YZ – XY　　　(181 步骤数)

Q:W:K:R:F:N:U ↵

T = Rtan(N ÷ 2)　↵

A = Q – T　↵

Rec(T,F + 180)↵

M = W + I:G = K + J↵

LbI　0 ↵

{H S E}↵

Z = Abs(H – A)↵

O = 180Z ÷ (Rπ)↵

X = RsinO ↵

Z = R(1 – cosO)↵

Rec(X,F)↵

X = M + I:Y = G + J ↵

Rec(Z,F + 90U)↵

X = X + I:Y = Y + J ↵

Rec(S,F + OU + E)↵

X = X + I　▲

Y = Y + J　▲↵

Goto　0

程序中:Q——交点里程桩号;

　W,K——交点 x,y 坐标值;

　　R——圆曲线半径;

　　F——前切线正方位角;

　　N——偏角,输入时不考虑符号;

　　U——控制偏角条件,左偏输入"– 1",右偏角输入"1";

　I,J——计算机坐标变换功能计算的坐标增量,不输入亦不删除;

315

H——圆曲线上任一点里程桩号;

S——中桩至边桩距离;

E——夹角:同一横断面中—边桩连线与线路中线之夹角,左边桩输入" – E",右边桩输入"E";

X,Y——线路圆曲线上任一点的坐标值。

fx—4800P 型计算机线路圆曲线上点位坐标计算常规计算公式,以及依据此常规计算公式进行程序编辑的过程、程序的应用范围及注意事项、程序应用算例详见上篇第五章第六节二及表 5-11。

算例中,起算点 JD_{18},桩号:K128 + 645.04(m),x = 31 336.000m,y = 69 596.000m,圆曲线半径:R = 5 000m,前切线正方位角:100°10′15″,线路偏角:– 8°32′48″。以此为据,计算 ZY—QZ—YZ 曲线上任一待求点的中桩、边桩坐标。

用 ZY-YZ-XY 程序计算,程序执行操作方法步骤如下:

①按 AC 键,开机;

②按 FILE 键,将光标移至文件名 ZY-YZ-XY 旁;

③按 EXE 键,显示:Q?,输入交点 JD_{18} 桩号:Q = 645.04(m);

④按 EXE 键,显示:W?,输入 JD_{18} 的 x 值 336.000(m);

⑤按 EXE 键,显示:K?,输入 JD_{18} 的 y 值 596.000(m);

⑥按 EXE 键,显示:R?,输入圆曲线半径:R = 5000(m);

⑦按 EXE 键,显示:F?,输入前切线正方位角:F = 100°10′15″;

⑧按 EXE 键,显示:N?,输入线路偏角:N = 8°32′48″;

⑨按 EXE 键,显示:U?,输入控制偏角条件:U = – 1;

⑩按 EXE 键,显示:I?,计算机内部运算;

⑪按 EXE 键,显示:J?,计算机内部运算;

⑫按 EXE 键,显示:H?,输入圆曲线上任一待求点的桩号,例如输入 K128 + 644.347(m);

⑬按 EXE 键,显示:S?,输入中桩至边桩距离:S = 13.16(m);

⑭按 EXE 键,显示:E?,输入夹角 – 90;

⑮按 EXE 键,显示:X = 362.956(K128 + 644.347 左边桩的 x 值);

316

⑯按 EXE 键,显示:Y = 598.784(K128 + 644.347 左边桩的 y 值);

⑰按 EXE 键,显示:H?,计算中桩,桩号仍是 644.347(m);

⑱按 EXE 键,显示:S?,计算中桩,S 输入 0;

⑲按 EXE 键,显示:E?,计算中桩,E 可输入 0,或保留原输入不变;

⑳按 EXE 键,显示:X = 349.865(中桩的 x 值);

㉑按 EXE 键,显示:Y = 597.432(中桩的 y 值);

㉒按 EXE 键,显示:H?,计算右边桩,原输入不变;

㉓按 EXE 键,显示:S?,计算右边桩,输入中桩至右边桩距离:S = 13.16 (m);

㉔按 EXE 键,显示:E,计算右边桩,输入 90;

㉕按 EXE 键,显示:X = 336.775(右边桩的 x 值);

㉖按 EXE 键,显示:Y = 596.080(右边桩的 y 值)。

至此,K128 + 644.347 断面的左、中、右三点的 x,y 坐标值都已算出。

以下各待求点坐标计算,程序操作是重复 H,S 和 E。

三、有缓和曲线的圆曲线上点位坐标计算程序清单

1. 程序清单一

文件名:F-Y-X-Y　　　(257 步骤数)

Q:W:K:R:F:N:V:U ↵

$L = 90(V \div (R\pi))$ ↵

$P = V^2 \div (24R) - V^4 \div (2688R^3)$ ↵

$M = V \div Z - V^3 \div (240R^2)$ ↵

$T = (R + P)\tan(N \div 2) + M$ ↵

$A = Q - T : B = A + V$ ↵

$Rec(T, F + 180)$ ↵

$D = W + I : C = K + J$ ↵

LbI　0 ↵

{H S E} ↵

$Z = Abs(H - B)$ ↵

$O = 180Z \div (R\pi) + L$ ↵

$X = R\sin O + M$ ↵

317

$Z = R(1 - \cos O) + P$ ↵

$\text{Rec}(X, F)$ ↵

$X = D + I : Y = C + J$ ↵

$\text{Rec}(Z, F + 90U)$ ↵

$X = X + I : Y = Y + J$ ↵

$\text{Rec}(S, F + OU + E)$ ↵

$X = X + I$ ◢

$Y = Y + J$ ◢ ↵

Goto 0

程序中:Q——交点里程桩号;

    W,K——交点 x, y 坐标值;

        R——圆曲线半径;

        F——前切线正方位角;

        N——偏角,输入时不考虑符号;

        V——缓和曲线长;

        U——控制偏角条件:左偏角输入"-1",右偏角输入"1";

     I,J——计算机坐标变换功能计算的坐标增量,不输入亦不删除;

        H——有缓和曲线的圆曲线上任一点的里程桩号;

        S——中—边桩距离;

        E——夹角:同一横断面之中桩至边桩连线与线路中线之夹角,

            "-E"计算左边桩,"+E"计算右边桩;

    X,Y——有缓和曲线的圆曲线上任一点的 x, y 坐标值。

fx—$4800P$ 型计算机有缓和曲线的圆曲线上任一点的坐标计算的常规计算公式,以及依据此公式进行编辑设计程序的过程、程序应用范围及注意事项、程序应用算例,详见上篇第五章第六节三及表 5-11。

操作方法步骤:

①按 AC 键,开机;

②按 FILE 键,将光标移至文件名:F-Y-X-Y 旁;

③按 EXE 键,显示:$Q^?$,输入交点桩号 246.760;

④按 EXE 键,显示:$W^?$,输入交点 x 值 4814.878;

⑤按 EXE 键,显示:$K^?$,输入交点 y 值 8720.076;

⑥按 EXE 键,显示:$R^?$,输入半径 R = 400;

⑦按 EXE 键,显示:$F^?$,输入前切线正方位角:$F = 166°15'17''$;

318

⑧按 EXE 键,显示:N?,输入偏角:N = 39°16′07″;

⑨按 EXE 键,显示:V?,输入缓和曲线长 100;

⑩按 EXE 键,显示:U?,输入控制条件 1;

⑪按 EXE 键,显示:I?;
⑫按 EXE 键,显示:J?; } (计算机内部运算)

⑬按 EXE 键,显示:H?,输入有缓和曲线的圆曲线上任一点桩号:H = 175;

⑭按 EXE 键,显示:S?,输入中桩至边桩距离:S = 8.48;

⑮按 EXE 键,显示:E?,计算左桩,输入 – 90;

⑯按 EXE 键,显示:X = 4883.744(左边桩 x 值);

⑰按 EXE 键,显示:Y = 8704.227(左边桩 y 值);

⑱按 EXE 键,显示:H?,计算同一横断面中桩,仍输入 H = 175;

⑲按 EXE 键,显示:S?,计算中桩,输入 0;

⑳按 EXE 键,显示:E?,计算中桩,原输入不变,或输入 0;

㉑按 EXE 键,显示:X = 4883.221(中桩 x 值);

㉒按 EXE 键,显示:Y = 8695.763(中桩 y 值);

㉓按 EXE 键,显示:H?,计算同一横断面右桩,原输入 175,不变;

㉔按 EXE 键,显示:S?,输入中桩至边桩距离:S = 8.48;

㉕按 EXE 键,显示:E?,计算右桩,输入 E = 90;

㉖按 EXE 键,显示:X = 4882.699(右边桩 x 值);

㉗按 EXE 键,显示:Y = 8687.300(右边桩 y 值)。

至此,K251 + 175 断面,左、中、右桩 x,y 计算完毕,以下计算另一断面,程序执行重复运算,操作步骤同上,略。

2.程序清单二——用直缓(ZH)点坐标为起算数据,计算缓圆(HY)点至圆缓(YH)点间任意一点中桩、边桩坐标的程序清单

文件名:HY-QZ-YH　　(237 步骤数)

LbI　0

R:V:A:P:Q:F:G:{B S E}:B≤0 ⇒Goto 1↵

T = 90(V ÷ (Rπ))↵

$$D = V^2 \div (24R) - V^4 \div (2688R^3) \hookleftarrow$$

$$L = V \div 2 - V^3 \div (240R^2) \hookleftarrow$$

$$K = Abs(B - A) \hookleftarrow$$

$$O = 180K \div (R\pi) + T \hookleftarrow$$

$$Z = R\sin O + L \hookleftarrow$$

$$U = R(1 - \cos O) + D \hookleftarrow$$

$$Rec(Z, F) \hookleftarrow$$

$$X = P + I : Y = Q + J \hookleftarrow$$

$$Rec(U, F + 90G) \hookleftarrow$$

$$X = X + I \quad \blacktriangle$$

$$Y = Y + J \quad \blacktriangle \hookleftarrow$$

$$M = X + S \cos(F + OG + E) \quad \blacktriangle$$

$$N = Y + S \sin(F + OG + E) \quad \blacktriangle \hookleftarrow$$

Goto 0 $\hookleftarrow$

LbI 1 $\hookleftarrow$

{R V A P Q F G }

Goto 0

程序中:R——圆曲线半径;

V——缓和曲线长度,当计算没有设缓和曲线的圆曲线时,V = 0;

A——缓圆(HY)点里程桩号,当计算不设缓和曲线的圆曲线时,A 为直圆(ZY)点里程桩号;

P,Q——直缓(ZH)点 x,y 坐标值,当计算不设缓和曲线的圆曲线时, P,Q 为直圆(ZY)点的 x,y 坐标值;

F——前切线正方位角;

G——控制偏角条件:左偏角 G 输 – 1,右偏角 G 输入 1;

B——缓圆(HY)点至圆缓(YH)点间任意一点的桩号,当计算不设缓和曲线的圆曲线时,B 为 ZY 点至 YZ 点间任意一点的桩号;

S——中桩至边桩距离;

E——夹角:中—边桩连线与线路中线之夹角;

X,Y——中桩坐标值;

M,N——边桩坐标值:" + E"为右边桩坐标值," – E"为左边桩坐标值。

fx—4800P 型计算机 HY-QZ-YH 程序应用范围及注意事项,详见上篇第五章第六节三"程序清单二"。算例详见上篇第五章第六节表 5-11。操作方法步骤详见上篇第五章第六节三"程序清单二"算例及操作方法步骤。

本节用《公路测设实用程序》（陶启嶙编著·华南理工大学出版社，2003年6月第1版第2次印刷）第二部分公路测设计算程序例12-1的数据，用HY-QZ-YH程序验算如下：

起算点里程桩号，直缓(ZH)点K29＋422.067；中桩坐标x＝993 459.444m，y＝467 445.187m；圆曲线半径R＝700m，缓和曲线长度：100m；转角：右偏；前切线正方位角：334°44′48.6″；中桩至左、右边桩的距离见表11-5。缓圆(HY)点里程桩号：K29＋522.067。

采用HY—QZ—YH程序计算圆曲线上任意一点的中桩、左和右边桩的坐标值见表11-5。

有缓和曲线的圆曲线上任一点中桩、边桩坐标计算表
（采用HY-QZ-YH程序计算）　　　　表11-5

ZH桩号	x(m)	y(m)	半径R(m)	缓和曲线长(m)	转角	前切线正方位角	HY桩号
K29＋422.067	993 459.444	467 445.187	700	100	右偏	334°44′48.6″	K29＋522.067

桩号	左边桩		中—边距离(m)	中桩		中—边距离(m)	右边桩	
	x(m)	y(m)		x(m)	y(m)		x(m)	y(m)
HY K29＋522.067	993 531.645	467 355.068	53.22	993 550.856	467 404.700	20.43	993 558.231	467 423.752
＋565	993 581.178	467 358.477	33.54	993 591.345	467 390.439	12.25	993 595.058	467 402.112
＋592	993 604.883	467 338.055	46.37	993 617.226	467 382.752	12.25	993 620.486	467 394.560
＋620	993 640.150	467 357.826	18.50	993 644.357	467 375.841	18.22	993 648.501	467 393.584
YH K29＋637.056	993 658.518	467 360.172	12.25	993 661.012	467 372.165	12.25	993 663.506	467 384.158

从表11-5知，采用HY-QZ-YH程序计算的有缓和曲线的圆曲线K29＋522.067～K29＋637.056间各桩号的中桩、左边桩和右边桩的x，y坐标与前述书中算例完全相等。

HY-QZ-YH程序执行操作方法步骤如下（以K29＋592断面左边桩、中桩、右边桩计算为例）：

①按 AC 键,开机;

②按 FILE 键,将光标移至文件名 HY-QZ-YH 旁;

③按 EXE 键,显示:R?,输入圆曲线半径:R = 700(m);

④按 EXE 键,显示:V?,输入缓和曲线长度:V = 100(m);

⑤按 EXE 键,显示:A?,输入缓圆点里程桩号:A = 522.067(m);

⑥按 EXE 键,显示:P?,输入直缓(ZH)点 x 值:P = 3459.444(m);

⑦按 EXE 键,显示:Q?,输入直缓(ZH)点 y 值:Q = 7445.187(m);

⑧按 EXE 键,显示:F?,输入前切线正方位角:F = 334°44′48.6″;

⑨按 EXE 键,显示:G?,输入 1(右偏角);

⑩按 EXE 键,显示:B?,输入所求点里程桩号:B = 592(m);

⑪按 EXE 键,显示:I?;

⑫按 EXE 键,显示:J?; } (计算机内部运算,不输入亦不删除)

⑬按 EXE 键,显示:X = 3617.226(K29 + 592 断面中桩 x 坐标值);

⑭按 EXE 键,显示:Y = 7382.752(K29 + 592 断面中桩 y 坐标值);

⑮按 EXE 键,显示:S?,输入中桩至左边桩距离:S = 46.37(m);

⑯按 EXE 键,显示:E?,计算左边桩,输入 – 90;

⑰按 EXE 键,显示:M = 3604.883(左边桩 x 值);

⑱按 EXE 键,显示:N = 7338.055(左边桩 y 值);

⑲按 EXE 键,显示:B?,输入所求点里程桩号,此例计算 K29 + 592 边桩,仍输入:B = 592(m);

⑳按 EXE 键,显示:X = 3617.226;

㉑按 EXE 键,显示:Y = 7382.752; } (K29 + 592 中桩重复计算)

㉒按 EXE 键,显示:S?,输入中桩至右边桩距离 S = 12.25(m);

㉓按 EXE 键,显示:E?,输入 90(计算右边桩);

㉔按 EXE 键,显示:M = 3620.486(右边桩 x 值);

㉕按 EXE 键,显示:N = 7394.560(右边桩 y 值)。

至此,K29 + 592 横断面中桩、左边桩、右边桩的 x,y 坐标值全部算出。下面程序执行重复操作,只要给 $B^?$,$S^?$,$E^?$ 输入所求点里程桩号、中桩至边桩距离,以及夹角 E,就可计算出所求点中桩、左边桩、右边桩 x,y 值。

值得提醒读者注意的是,在使用 HY-QZ-YH 程序时:

①起算点的桩号必须是缓圆(HY)点的里程桩号;

②起算坐标必须是直缓(ZH)点的 x,y 坐标;

③起算方位角必须是前切线(以交点位置划分)的正方位角。

3. 程序清单三——以缓直(HZ)点坐标为起算数据,计算圆缓(YH)点至缓圆(HY)点间任意一点的中桩、边桩坐标的程序清单

文件名:YH-QZ-HY　　(237 步骤数)

LbI　0

R:V:A:P:Q:F:G:{B S E}:B≤0 ⇒ Goto　1　△←

$T = 90(V \div (R\pi))$ ←

$D = V^2 \div (24R) - V^4 \div (2688R^3)$ ←

$L = V \div 2 - V^3 \div (240R^2)$ ←

$K = Abs(B - A)$ ←

$O = 180K \div (R\pi) + T$ ←

$Z = R\sin O + L$ ←

$U = R(1 - \cos O) + D$ ←

Rec(Z, F) ←

$X = P + I : Y = Q + J$ ←

Rec(U, F - 90G) ←

$X = X + I$　◢

$Y = Y + J$　◢←

$M = X + S\cos(F - OG - E)$　◢

$N = Y + S\sin(F - OG - E)$　◢←

Goto　0　←

LbI　1

{R V A P Q F G} ←

Goto　0

程序中:R——圆曲线半径;

　　　V——缓和曲线长度,当计算不设缓和曲线的曲线时,V = 0;

　　　A——圆缓(YH)点桩号,当计算不设缓和曲线的圆曲线时,A 为圆直(YZ)点的桩号;

　　P,Q——缓直(HZ)点的 x,y 坐标值,当计算不设缓和曲线的圆曲线

时,P,Q 为圆直(YZ)点的 x,y 坐标;

F——后切线的反方位角,当用前切线的正方位角计算时:F = F$_正$ + 右偏角 + 180,或 F = F$_正$ - 左偏角 + 180;

G——控制偏角条件:左偏角 G 输入 -1,右偏角 G 输入 +1;

B——YH 点至 HY 点间任意一点的桩号,当计算不设缓和曲线的圆曲线时,B 为 YZ 点至 ZY 点间任意一点的桩号;

S——中桩至边桩距离;

E——夹角:中桩至边桩连线与线路中线之夹角;

X,Y——中桩坐标值;

M,N——边桩坐标值,"+E"为右边桩坐标值,"-E"为左边桩坐标值。

fx—4800P 型计算机 YH-QZ-HY 程序应用范围及注意事项详见上篇第五章第六节三程序清单三。

算例及操作方法步骤:

(1)算例计算结果详见上篇第五章第六节表 5-11。其起算数据缓直(HZ)点的桩号是 K251 + 427.858,x = 4 640.669m,y = 8 636.895m(详见上篇第五章第六节表 5-5)。

(2)操作方法步骤:

①按 AC 键,开机;

②按 FILE 键,将光标移至文件名 YH-QZ-HY 旁;

③按 EXE 键,显示:R$^?$,输入半径:R = 400m;

④按 EXE 键,显示:V$^?$,输入缓和曲线长:V = 100m;

⑤按 EXE 键,显示:A$^?$,输入 YH 点桩号 327.858m;

⑥按 EXE 键,显示:P$^?$,输入 HZ 点 x 值 4640.669m;

⑦按 EXE 键,显示:Q$^?$,输入 HZ 点 y 值 8636.895m;

⑧按 EXE 键,显示:F$^?$,输入 F = 166°15′17″ + 39°16′07″ + 180°;

⑨按 EXE 键,显示:G$^?$,此例右偏,G 输入 1;

⑩按 EXE 键,显示:B$^?$,计算 K251 + 300,则 B 输入 300;

⑪按 EXE 键,显示:I$^?$;
⑫按 EXE 键,显示:J$^?$;} (计算机内部运算,不输入亦不删除)

⑬按 EXE 键,显示:X = 4759.286(K251 + 300 中桩 x 坐标);

324

⑭按 EXE 键,显示:Y = 8684.007(K251 + 300 中桩 y 坐标);

⑮按 EXE 键,显示:S?,输入中桩至边桩距离:S = 8.48(m);

⑯按 EXE 键,显示:E?,计算右边桩,E 输入 90;

⑰按 EXE 键,显示:M = 4761.391(K251 + 300 的右边桩 x 坐标值);

⑱按 EXE 键,显示:N = 8675.793(K251 + 300 的右边桩 y 坐标值);

⑲按 EXE 键,显示:B?,计算左边桩,B 仍输入 300;

⑳按 EXE 键,显示:X = 4759.286(K251 + 300 中桩 x 值);

㉑按 EXE 键,显示:Y = 8684.007(K251 + 300 中桩 y 值);

㉒按 EXE 键,显示:S?,输入中桩至边桩距离:S = 8.48(m);

㉓按 EXE 键,显示:E? 计算左边桩,E 输入 – 90;

㉔按 EXE 键,显示:M = 4757.182(m)(K251 + 300 左边桩 x 坐标值);

㉕按 EXE 键,显示:N = 8692.222(m)(K251 + 300 左边桩 y 坐标值)。

至此,K251 + 300 断面左边桩、中桩、右边桩位坐标计算完毕,以下计算重复上述操作,略。

此算例是设有缓曲线的圆曲线上任意一点的坐标计算,若要计算不设缓和曲线的圆曲线上的任意一点的坐标,可用上篇第五章第六节二表 5-10 中的数据演算,只是此时应注意缓和曲线长 V = 0,YH 点桩号 A 要用 YZ 点的桩号,HZ 点的坐标要用 YZ 点的坐标,而方位角 F 的输入更应特别注意。详见上篇第五章第六节三的程序清单三后切线方位角 F 的三种计算方法。

四、缓和曲线段上点位坐标计算程序清单

1.程序清单一:用交点元素为起算数据,计算交点两侧缓和曲线段上任意一点的坐标

文件名:F-X-Y   (559 步骤数)

Q:W:K:R:F:N:V:U ↵

Defm 4 ↵

M = V ÷ 2 – V³ ÷ (240R²) ↵

P = V² ÷ (24R) ↵

L = RNπ ÷ 180 + V ↵

T = (R + P)tan(N ÷ 2) + M ↵

A = Q – T:B = A + V:D = A + L:C = D – V ↵

Rec(T, F + 180)↵

$Z[1] = W + I$ ◢ $Z[2] = K + J$ ◢↵

Rec(T, F + NU)↵

$Z[3] = W + I$ ◢

$Z[4] = K + J$ ◢↵

Lbl 0 ↵

{H S E }↵

$H \leq B \Rightarrow$ Goto 1:

$\neq \Rightarrow H \leq D \Rightarrow$ Goto 2 △ △↵

Lbl 1 ↵

$Z = H - A$ ↵

$O = 90Z^2 \div (RV\pi)$↵

$X = Z - Z^5 \div (40R^2 V^2) + Z^9 \div (3456R^4 V^4)$↵

$Z = Z^3 \div (6RV) - Z^7 \div (336R^3 V^3) + Z^{11} \div (42240R^5 V^5)$↵

Rce(X, F)↵

$X = Z[1] + I : Y = Z[2] + J$↵

Rec(Z, F + 90U)↵

$X = X + I : Y = Y + J$↵

Rec(S, F + OU + E)↵

$X = X + I$ ◢

$Y = Y + J$ ◢↵

Goto 0

Lbl 2 ↵

$Z = D - H$↵

$O = 90Z^2 \div (\pi RV)$↵

$X = Z - Z^5 \div (40R^2 V^2) + Z^9 \div (3456R^4 V^4)$↵

$Z = Z^3 \div (6RV) - Z^7 \div (336R^3 V^3)$↵

Rec(X, F + NU + 180)↵

$X = Z[3] + I : Y = Z[4] + J$↵

Rec(Z, F + NU + 180 - 90U)↵

$X = X + I : Y = Y + J$↵

Rec(S, F + NU + 180 - OU - (180 - E))↵

$X = X + I$ ◢

$Y = Y + J$ ◢↵

Goto 0

326

程序中: Q——交点里程桩号;

W,K——交点 x, y 坐标值;

R——圆曲线半径;

F——前切线正方位角;

N——偏角,输入时不考虑正负号;

U——控制偏角条件:左偏角输入"-1",右偏角输入"1";

I,J——计算机坐标变换功能计算的坐标增量,不输入亦不删除;

Z[1],Z[2]——直缓(ZH)点坐标;

Z[3],Z[4]——缓直(ZH)点坐标;

H——缓和曲线段上任一点的里程桩号;

S——中桩至边桩距离;

E——夹角:同一横断面中桩至边桩连线与线路中心线之夹角:左夹角输入"-E",右夹角输入"E";

X,Y——缓和曲线段上任一点的坐标值。

fx—$4800P$ 型计算机线路缓和曲线段上点位坐标计算的常规计算公式,以及依据此公式进行程序编辑的过程、程序应用范围及注意事项,详见上篇第五章第六节四。

程序应用算例详见上篇第五章第六节四的表 5-12。

程序执行方法步骤如下:

①按 AC 键,开机;

②按 FILE 键和 ▼ 键,将光标移至 F-X-Y 文件名旁;

③按 EXE 键,显示:$Q^?$,输入交点,JD_{19}桩号:$Q = 246.76$;

④按 EXE 键,显示:$W^?$,输入 JD_{19} 的 x 值:$W = 4814.878$;

⑤按 EXE 键,显示:$K^?$,输入 JD_{19} 的 y 值:$K = 8720.076$;

⑥按 EXE 键,显示:$R^?$,输入圆曲线半径:$R = 400$;

⑦按 EXE 键,显示:$F^?$,输入前切线段正方位角:$F = 166°15'17''$;

⑧按 EXE 键,显示:$N^?$,输入偏角:$N = 39°16'07''$;

⑨按 EXE 键,显示:$V^?$,输入缓和曲线长:$V = 100$;

⑩按 EXE 键,显示:$U^?$,输入右偏角:$U = 1$;

⑪按 EXE 键,显示:$I^?$,不输入亦不删除;

⑫按 EXE 键,显示:$Z[1] = 5002.398$(ZH 点 x 坐标值);

⑬按 EXE 键,显示:J?,不输入亦不删除;

⑭按 EXE 键,显示:Z[2] = 8674.206(ZH 点 y 坐标值);

⑮按 EXE 键,显示:Z[3] = 4640.669(HZ 点 x 坐标值);

⑯按 EXE 键,显示:Z[4] = 8636.895(HZ 点 y 坐标值);

⑰按 EXE 键,显示:H?,输入任一点 H = 100;

⑱按 EXE 键,显示:S?,计算左边桩,输入 S = 8.48;

⑲按 EXE 键,显示:E?,左边桩输入:E = − 90;

⑳按 EXE 键,显示:X = 4959.134(K251 + 100 桩左边桩 x 值);

㉑按 EXE 键,显示:Y = 8693.091(K251 + 100 桩左边桩 y 值);

㉒按 EXE 键,显示:H?,继续计算 K251 + 100 横断面之中桩:H = 100;

㉓按 EXE 键,显示:S?,计算中桩:S = 0;

㉔按 EXE 键,显示:E?,计算中桩,E 不变或输入 0;

㉕按 EXE 键,显示:X = 4957.340(K251 + 100 中桩 x 值);

㉖按 EXE 键,显示:Y = 8684.803(K251 + 100 中桩 y 值);

㉗按 EXE 键,显示:H?,继续计算右边桩:H = 100;

㉘按 EXE 键,显示:S?,计算右边桩:S = 8.48;

㉙按 EXE 键,显示:E?,计算右边桩:E = 90;

㉚按 EXE 键,显示:X = 4955.546(K251 + 100 右边桩 x 值);

㉛按 EXE 键,显示:Y = 8676.515(K251 + 100 右边桩 y 值)。

至此,K251 + 100 左边桩、中桩、右边桩坐标计算完毕,接着按 EXE 键,以下重复计算,略。

2.程序清单二——计算直缓(ZH)点至缓圆(HY)点间前缓和曲线段上任意一点的中桩、边桩坐标程序(前缓和曲线段程序)

文件名:ZH-HY   (237 步骤数)

LbI   0↵

R:V:A:P:Q:F:G:{B S E}:B≤0 ⇒Goto   1   ◁↵

K = B − A↵

$Z = K - K^5 \div (40R^2V^2) + K^9 \div (3456R^4V^4)$↵

328

$U = K^3 \div (6RV) - K^7 \div (336R^3 V^3) + K^{11} \div (42240R^5 V^5)$ ↵

$\text{Rec}(Z, F)$ ↵

$X = P + I : Y = Q + J$ ↵

$\text{Rec}(U, F + 90G)$ ↵

$X = X + I$ ▲

$Y = Y + J$ ▲↵

$O = 90K^2 \div (R\pi V)$ ↵

$M = X + S\cos(F + OG + E)$ ▲

$N = Y + S\sin(F + OG + E)$ ▲↵

Goto　0 ↵

LbI　1 ↵

{ R V A P Q F G } ↵

．Goto　0

程序中:R——圆曲线半径;

       V——前缓和曲线长度;

       A——直缓(ZH)点里程桩号;

   P,Q——ZH 点 x,y 坐标值;

       F——前切线正方位角;

       G——控制偏角条件:右偏角 G 输入 1,左偏角 G 输入 -1;

       B——直缓(ZH)点至缓圆(HY)点间任意一点的里程桩号;

       S——中桩至边桩距离;

       E——夹角:中桩至边桩连线与线路中线之夹角,"$+E$"计算右桩,

         "$-E$"计算左桩;

   X,Y——中桩坐标;

   M,N——边桩坐标。

fx—$4800P$ 型计算机 ZH-HY 程序应用范围及注意事项,详见上篇第五章第六节四的程序清单二。

算例及操作步骤:

(1)算例

详见上篇第五章第六节表 5-12 的上部分。

(2)操作方法步骤

①按 AC 键,开机;

②按 FILE 键,将光移至 ZH-HY 文件名旁;

③按 EXE 键,显示:R?,输入半径:R = 400(m);

④按 $\boxed{\text{EXE}}$ 键,显示:V?,输入前缓和曲线长度:V = 100(m);

⑤按 $\boxed{\text{EXE}}$ 键,显示:A?,输入 ZH 点桩号:A = 53.711(m);

⑥按 $\boxed{\text{EXE}}$ 键,显示:P?,输入 ZH 点 x 值 5002.398(m);

⑦按 $\boxed{\text{EXE}}$ 键,显示:Q?,输入 ZH 点 y 值 8674.206(m);

⑧按 $\boxed{\text{EXE}}$ 键,显示:F?,输入前切线正方位角:F = 166°15′17″;

⑨按 $\boxed{\text{EXE}}$ 键,显示:G?,输入右偏角:G = 1;

⑩按 $\boxed{\text{EXE}}$ 键,显示:B?,输入 ZH 点至 HY 点间任意一点桩号:B = 150(m);

⑪按 $\boxed{\text{EXE}}$ 键,显示:I?;

⑫按 $\boxed{\text{EXE}}$ 键,显示:J?;
$\left.\right\}$ (计算机内部运算,不输入亦不删除)

⑬按 $\boxed{\text{EXE}}$ 键,显示:X = 4908.109(K251 + 150 中桩的 x 坐标值);

⑭按 $\boxed{\text{EXE}}$ 键,显示:Y = 8693.444(K251 + 150 中桩的 y 坐标值);

⑮按 $\boxed{\text{EXE}}$ 键,显示:S?,输入中桩至边桩距离:S = 8.48(m);

⑯按 $\boxed{\text{EXE}}$ 键,显示:E?,计算 + 150 的左边桩:E = − 90;

⑰按 $\boxed{\text{EXE}}$ 键,显示:M = 4909.158(K251 + 150 左边桩的 x 坐标值);

⑱按 $\boxed{\text{EXE}}$ 键,显示:N = 8701.859(K251 + 150 左边桩的 y 坐标值);

⑲按 $\boxed{\text{EXE}}$ 键,显示:B?,计算 + 150 的右边桩,仍输入:B = 150(m);

⑳按 $\boxed{\text{EXE}}$ 键,显示:X = 4908.109(K251 + 150 中桩 x 值);

㉑按 $\boxed{\text{EXE}}$ 键,显示:Y = 8693.444(K251 + 150 中桩 y 值);

㉒按 $\boxed{\text{EXE}}$ 键,显示:S?,输入:S = 8.48(m);

㉓按 $\boxed{\text{EXE}}$ 键,显示:E?,计算右边桩,输入 E = 90;

㉔按 $\boxed{\text{EXE}}$ 键,显示:M = 4907.060(K251 + 150 右边桩 x 值);

㉕按 $\boxed{\text{EXE}}$ 键,显示:N = 8685.029(K251 + 150 右边桩 y 值);

至此,K251 + 150 断面左边桩、中桩、右边桩位 x,y 坐标值已计算完毕;

㉖按 $\boxed{\text{EXE}}$ 键,显示:B?,输入下一任意点的桩号;

以下操作同上,重复计算,略。

3.程序清单三——计算缓直(HZ)点至圆缓(YH)点间后缓和曲线段上任意一点的中桩、边桩坐标程序(后缓和曲线段程序)

文件名:HZ-YH　　（241 步骤数）

LbI　0 ↵

R:V:A:P:Q:F:G:{B S E}:B≤0⇒Goto　1　◺ ↵

$K = Abs(B - A)$ ↵

$Z = K - K^5 \div (40R^2V^2) + K^9 \div (3456R^4V^4)$ ↵

$U = K^3 \div (6RV) - K^7 \div (336R^3V^3) + K^{11} \div (42240R^5V^5)$ ↵

$Rec(Z, F)$ ↵

$X = P + I : Y = Q + J$ ↵

$Rec(U, F - 90G)$ ↵

$X = X + I$　◢

$Y = Y + J$　◢ ↵

$O = 90K^2 \div (R\pi V)$ ↵

$M = X + S\cos(F - OG - E)$　◢

$N = Y + S\sin(F - OG - E)$　◢ ↵

Goto　0 ↵

LbI　1 ↵

{R V A P Q F G} ↵

Goto　0

程序中:R——圆曲线半径;

　　　　V——后缓和曲线长度;

　　　　A——缓直(HZ)点里程桩号;

　　P,Q——缓直(HZ)点的 x, y 坐标值;

　　　　F——后切线反方位角:F = 前切线方位角 + 右偏角 + 180°,或 F = 前切线方位角 - 左偏角 + 180°(此处应特别注意);

　　　　G——控制偏角条件:右偏角 G 输入"+ 1",左偏角 G 输入"- 1";

　　　　B——HZ 点至 YH 点间任一点的里程桩号;

　　　　S——中桩至边桩距离;

　　　　E——夹角,中桩至边桩连线与线路中线之夹角,"+ E"计算右边桩,"- E"计算左边桩;

　　X,Y——中桩坐标;

　　M,N——边桩坐标。

　　fx—4800P 型计算机 HZ-YH 程序——后缓和曲线段程序的应用范围及注意事项,详见上篇第五章第六节四程序清单三。

　　算例详见上篇第五章第六节表 5-12 下部分。

　　操作方法步骤如下:

①按 AC 键,开机;

②按 FILE 键,将光标移至文件名 HZ-YH 旁;

③按 EXE 键,显示:$R^?$,输入 R = 400(m);

④按 EXE 键,显示:$V^?$,输入 V = 100(m);

⑤按 EXE 键,显示:$A^?$,输入后缓和曲线 HZ 点的桩号:A = 427.858(m);

⑥按 EXE 键,显示:$P^?$,输入 HZ 点 x 值 4640.669;

⑦按 EXE 键,显示:$Q^?$,输入 HZ 点 y 值 8636.895(m);

⑧按 EXE 键,显示:$F^?$,输入 F = 166°15′17″ + 39°16′07″ + 180°;

⑨按 EXE 键,显示:$G^?$,输入 G = 1;

⑩按 EXE 键,显示:$B^?$,输入后缓和曲线段任一点桩号,例如 B = 425(m);

⑪按 EXE 键,显示:$I^?$; ⎫
⑫按 EXE 键,显示:$J^?$; ⎬ (计算机内部运算)

⑬按 EXE 键,显示:X = 4643.248(K251 + 425 中桩 x 坐标值);

⑭按 EXE 键,显示:Y = 8693.126(K251 + 425 中桩 y 坐标值);

⑮按 EXE 键,显示:$S^?$,输入 S = 8.48(m);

⑯按 EXE 键,显示:$E^?$,输入 E = −90;

⑰按 EXE 键,显示:M = 4639.595(K251 + 425 左边桩 x 值);

⑱按 EXE 键,显示:N = 8645.779(K251 + 425 左边桩 y 值);

⑲以下重复操作,略。

值得提醒的是:采用后缓和曲线段程序 HZ-YH 计算后缓和曲线段上任意一点的坐标时,一定要注意方位角 F 的输入。

4. 直缓(ZH)点及缓直(HZ)点中桩坐标计算程序清单

文件名:ZH-HZ-X-Y　　(147 步骤数)

LbI　0↵

{R I N G J K F}↵

$M = I \div 2 - I^3 \div (240R^2)$↵

$P = I^2 \div (24R) - I^4 \div (2688R^3)$↵

$T = (R + P)\tan(N \div 2) + M$↵

$X = J + T\cos(F + 180)$　◢

$$Y = K + T\sin(F + 180) \quad \blacktriangleleft\hookleftarrow$$
$$Z = J + T\cos(F + GN) \quad \blacktriangleleft$$
$$L = K + T\sin(F + GN) \quad \blacktriangleleft\hookleftarrow$$

Goto   0

程序中:R——圆曲线半径;

      I——缓和曲线长度,当计算不设缓和曲线的圆曲线起点 ZY 点和

         终点 YZ 点坐标时,I 输入 0;

      N——偏角,输入 N 时不考虑符号;

      G——控制偏角条件:左偏角 G 输入"– 1",右偏角 G 输入"1";

   J,K——交点的 x,y 坐标值;

      F——前切线的正方位角;

  X,Y——ZH 点的中桩坐标;

  Z,L——HZ 点的中桩坐标。

fx—4800P 型计算机 ZH-HZ-X-Y 程序计算范围详见上篇第五章第六节。

算例及操作方法步骤:

(1)算例选用钟孝顺、聂让主编的高等学校试用教材《测量学》(公路与城市道路、桥梁、隧道工程专业用)(人民交通出版社,1997 年 9 月第 1 版)§10-10"道路中线逐桩坐标计算"的例 7 数据来验算。

数据如下:

交点:JD$_3$,x_{JD3} = 2 591 069.056m,y_{JD3} = 20 478 662.850m;圆曲线半径 R = 2 000m,缓和曲线长 I = 100m;线路转角 N = 右 39°01′09.1″;前切线正方位角 F = 359°01′38.4″。

采用 ZH-HZ-X-Y 程序计算结果如下:

$$\begin{cases} x_{ZHB} = 2\ 590\ 310.478\text{m} \\ y_{ZHB} = 20\ 478\ 675.729\text{m} \end{cases}$$

$$\begin{cases} x_{HZ3} = 2\ 591\ 666.530\text{m} \\ y_{HZ3} = 20\ 479\ 130.430\text{m} \end{cases}$$

与《测量学》例 7 计算结果相同,证明 ZH-HZ-X-Y 程序是可行的。

(2)ZH-HZ-X-Y 程序执行操作方法步骤如下:

①按 AC 键,开机;

②按 FILE 键,将光标移至文件名 ZH-HZ-X-Y 旁;

③按 EXE 键,显示:I$^?$,输入 I = 100(m);

④按 EXE 键,显示:R?,输入 R = 2000(m);

⑤按 EXE 键,显示:N?,输入 N = 39°01′09.1″;

⑥按 EXE 键,显示:J?,输入 J = 91069.056(m);

⑦按 EXE 键,显示:F?,输入 F = 359°01′38.4″;

⑧按 EXE 键,显示:X = 90310.478(ZH₃ 的 x 值);

⑨按 EXE 键,显示:K?,输入 K = 78662.850(m);

⑩按 EXE 键,显示:Y = 78675.729(ZH₃ 的 y 值);

⑪按 EXE 键,显示:G?,输入 G = 1;

⑫按 EXE 键,显示:Z = 91666.530(HZ₃ 的 x 值);

⑬按 EXE 键,显示:L = 79130.430(HZ₃ 的 y 值)。

以下重复计算,略。

五、非对称曲线上点位坐标计算程序清单

fx—4800P 型计算机程序计算非对称缓和曲线,圆曲线上点位中桩、边桩坐标程序清单如下:

(1)直缓(ZH)点至缓圆(HY)点间任一点中桩、边桩坐标计算程序清单详见本节四程序清单二:ZH-HY 程序;

(2)缓直(HZ)点至圆缓(YH)点间任一点中桩、边桩坐标计算程序清单详见本节四程序清单三:HZ-YH 程序;

(3)缓圆(HY)点至圆缓(YH)点间任一点中桩、边桩坐标计算程序清单详见本节三程序清单二:HY-QZ-YH 程序;

(4)圆缓(YH)点至缓圆(HY)点间任一点中桩、边桩坐标计算程序清单详见本节三程序清单三:YH-QZ-HY 程序。

作业中,使用这几个程序应注意的事项详见上篇第五章五。

下面直接写出 fx—4800P 型计算机程序计算直缓(ZH)点和缓直(HZ)点坐标的程序清单:

文件名:ZH-HZ-X-Y-2

J:K:F↵

Z = 0 ⇒ Goto 1:⇐⇒ Goto 2↵

LbI　1↵

{T}↵

$X''ZHX'' = J + T\cos(F + 180)$ ◀↵

$Y''ZHY'' = K + T\sin(F + 180)$ ◀↵

Goto 2 ↵

LbI 2 ↵

N:G:{P}↵

$X''HZX'' = J + P\cos(F + GN)$ ◀

$Y''HZY'' = K + P\sin(F + GN)$ ◀↵

Goto 1

程序中:J,K——交点的 x,y 坐标值;

　　　　F——前切线正方位角;

　　　　Z——条件控制:Z 输入 0,则计算缓和曲线起点(ZH)的 x,y 坐标
　　　　　　值;Z 输入不等不 0 的数,例如 Z 输入 1,则计算缓和曲线终
　　　　　　点(HZ)的 x,y 坐标值;

　　　　T——前切线长度;

　　ZHX,ZHY——前缓和曲线起点 x,y 值;

　　　　N——线路转角,输入时不考虑符号;

　　　　G——转角控制条件:左转角 G = - 1,右转角 G = 1;

　　　　P——后切线长度;

　　HZX,HXY——后缓和曲线终点 x,y 值。

fx—4800P 型计算机 ZH-HZ-X-Y-2 程序执行方法:

(1)选择文件名,给 Z 输入 0,先计算前缓和曲线起点(ZH)坐标 x,y 值,
接着计算后缓和曲线终点(HZ)的坐标 x,y 值;

(2)选择文件名,给 Z 输入 1,先计算后缓和曲线终点(HZ)的坐标 x,y
值,接着计算前缓和曲线起点(ZH)的坐标 x,y 值。

例如,××线路交点 JD_{286},$x = 560.593$m,$y = 1\,959.1823$m;前切线正方
位角 F = 251°22′14.1″;前切线长 $T = 107.125$m,后切线长 $P = 124.863$m,线
路转角 $N_{右} = 85°06′55.7″$。采用 ZH-HZ-X-Y-2 程序计算前缓和曲线起点、后
缓和曲线终点坐标值。

程序执行操作方法步骤如下:

①按 AC 键,开机;

②按 FILE 键,将光标移至 ZH-HZ-X-Y-2 文件名旁;

③按 EXE 键,显示:J?,输入交点 x 坐标:J = 560.593(m);

④按 EXE 键,显示:K?,输入交点 y 坐标:K = 1959.1823(m);

⑤按 EXE 键,显示:F?,输入前切线正方位角:F = 251°22′14″.4;

⑥按 EXE 键,显示:Z?,输入 Z = 0;

⑦按 EXE 键,显示:T?,输入前切线长度:T = 107.125(m);

⑧按 EXE 键,显示:ZHX = 594.814(ZH 点的 x 值);

⑨按 EXE 键,显示:ZHY = 2060.6944(ZH 点的 y 值);

至此,前缓和曲线起点坐标 x,y 值已经算出,接着操作下去:

⑩按 EXE 键,显示:N?,输入转角:N = 85°06′55.7″;

⑪按 EXE 键,显示:G?,输入 G = 1;

⑫按 EXE 键,显示:P?,输入后切线长度:P = 124.863(m);

⑬按 EXE 键,显示:HZX = 675.088(HZ 点的 x 值);

⑭按 EXE 键,显示:HXY = 1909.3654(HZ 点的 y 值);

至此,后缓和曲线终点的坐标 x,y 值计算完毕。

以下程序是重复计算,略。

计算结果整理如下:

前缓和曲线起点 HZ 点:

$x = 594.814$m;

$y = 2\,060.694\,4$。

后缓和曲线终点 HZ 点:

$x = 675.088$m;

$y = 1\,909.365\,4$m。

fx—4800P 型计算机程序计算非对称缓和曲线,圆曲线上点位中桩、边桩坐标算例详见上篇第五章五的算例及表 5-14。

程序执行操作方法步骤(介绍 HZ-YH 程序计算后缓和曲线段上 K65 + 740 左边桩、中桩、右边桩的坐标):

①按 AC 键,开机;

②按 FILE 键,将光标移至文件名 HZ-YH 旁;

③按 EXE 键,显示:R?,输入半径:R = 95.000(m);

④按 EXE 键,显示:V?,输入后缓和曲线长度:V = 75.000(m);

⑤按 EXE 键,显示:A?,输入 HZ 点的桩号:A = 807.320(m);

⑥按 EXE 键,显示:P?,输入 HZ 点的 x 坐标:P = 675.086(m);

⑦按 EXE 键,显示:Q?,输入 HZ 点的 y 坐标:Q = 1909.3661(m);

⑧按 EXE 键,显示:F?,输入后切线反方位角:F = F前 + N右 + 180,或 F = F前 - N左 + 180,本例 F = 251°22′14.1″ + 85°06′55.7″ + 180°;

⑨按 EXE 键,显示:G?,输入 G = 1;

⑩按 EXE 键,显示:B?,输入 B = 740(m);

⑪按 EXE 键,显示:I? (计算机内部计算);

⑫按 EXE 键,显示:J? (计算机内部计算);

⑬按 EXE 键,显示:X = 616.804(K65 + 740 中桩 x 值);

⑭按 EXE 键,显示:Y = 1942.4515(K65 + 740 中桩 y 值);

⑮按 EXE 键,显示:S?,输入中桩至边桩距离:S = 4.25(m);

⑯按 EXE 键,显示:E?,计算左边桩,输入 E = - 90;

⑰按 EXE 键,显示:M = 613.975(K65 + 740 左桩 x 值);

⑱按 EXE 键,显示:N = 1939.2800(K65 + 740 左桩 y 值);

⑲按 EXE 键,显示:B?,计算右桩,仍输入 B = 740(m);

⑳按 EXE 键,显示:X = 616.804(K65 + 740 中桩重复计算);

㉑按 EXE 键,显示:Y = 1942.4515(K65 + 740 中桩重复计算);

㉒按 EXE 键,显示:S?,输入中桩至边桩距离:S = 4.25(m);

㉓按 EXE 键,显示:E?,计算右边桩,输入 E = 90;

㉔按 EXE 键,显示:M = 619.634(K65 + 740 右桩 x 值);

㉕按 EXE 键,显示:N = 1945.6229(K65 + 740 右桩 y 值)。

至此,K65 + 740 断面左边桩、中桩、右边桩坐标 x,y 值均已算出,其余桩号左边桩、中桩、右边桩坐标计算,重复 B?,S?,E?,X = ,Y = ,M = ,N = 。

第七节　经纬仪视距法放样数据计算程序清单

文件名:JSF

LbI　0 ↵

H:I:{A B T E C F} ↵

$$D = 100\mathrm{Abs}(A - B)(\cos E)^2 \quad \blacktriangle$$

$$V = D - C \quad \blacktriangle \hookleftarrow$$

$$M = H + D\tan E + I - T \quad \blacktriangle$$

$$U = M - F \quad \blacktriangle \hookleftarrow$$

Goto 0

程序中：　H——测站点高程；

I——测站点仪器高度；

A,B——立尺点标尺的上丝、下丝读数,实践作业中,习惯上常将下丝照准标尺以整米分画,例如1.0m,2.0m等；

T——觇标高:在读取A,B时的中丝读数；

E——垂直角:在中丝位置仪器竖盘所测垂直角；

D——测站点至标尺立点处间之平距；

C——测站点至放样点间设计的平距；

V——V = D - C = 实测距离 - 放样设计距离；V若为负值,说明实放距离短了,向后移(面对测站而言)V值,才是设计距离；V若为正值,说明放的长了,应向前移V值,才是设计距离,实际放样中,应重复操作数次,才能使V = D - C = 0；

M——标尺立点处高程,即实测高程；

F——放样点设计高程；

U——U = M - F = 实测高程 - 放样点设计高程；U若为负值,说明测点处低了,需填U值,才可达到设计标高；U若为正值,说明测点处高了,需下挖U值,才可达到设计高程。

fx—4800P型计算机经纬仪视距法放样数据计算常规计算公式,以及依据此常规计算公式进行程序编辑设计的过程、程序应用范围及注意事项详见上篇第五章第七节一、二和四。

程序执行算例及操作方法步骤详见上篇第五章第七节三。

当用平板仪进行地形测量时,可将JSF程序修改如下：

文件名:DXZL-DH

LbI 0 ↵

H:I:T:{S E} ↵

$$D = S(\cos E)^2 \quad \blacktriangle$$

$$M = H + D\tan E + I - T \quad \blacktriangle \hookleftarrow$$

Goto 0

程序中:H——测站点高程；

I——测站点仪器高,简称仪高；

338

T——照准点即地形点觇标高,简称觇高;地形测量时,为了方便计算,常将 T 设为仪高 I,即 T = I;操作时,在读取 S 后,将中丝照准 I 读数即可;

S——测站至标尺立点处(地形点)直读的距离,操作时,将下丝照准标尺整米分画,例如 1.000m,便可很方便地读出 S;

E——垂直角:当读取 S 后,即将中丝调到 I 读数处,然后立即读竖盘垂直角 E,如果在读出 S 后,不将中丝调到 I 处就读了 E,则此时的中丝读数就是觇标高。

此程序在地形测量时,可快速地、准确地计算出地形点的平距和高程,不需翻查"视距表",非常方便实用。

当用经纬仪视距法测设低等级导线,或测设低等级公路交点时,可用此程序计算:

(1)导线点间平距,或交点间平距;

(2)导线点的高程,或交点的高程。

此时,程序清单如下:

文件名:JSF-DM

LbI   0 ↵

H:I:{A B T E}↵

$D = 100Abs(A - B)(cosE)^2$ ◣↵

$M = H + DtanE + I - T$ ◣↵

Goto   0

程序中,H,I,A,B,T,E,D 和 M 的符号意义同上。

第十二章

线路施测中其他有关计算程序清单

第一节 圆曲线要素及其主点里程桩号计算程序清单

文件名:ZY-QZ-YZ　　（127 步骤数）

LbI　0　↵

{Q R N}↵

$T = R\tan(N \div 2)$ ◢

$L = RN\pi \div 180$ ◢

$E = R(1 \div \cos(N \div 2) - 1)$ ◢

$P = 2T - L$ ◢　↵

$A''ZY'' = Q - T$ ◢

$B''QZ'' = A + L \div 2$ ◢

$C''YZ'' = B + L \div 2$ ◢　↵

$C''YZ2'' = Q + T - P$ ◢　↵

Goto　0

程序中:Q——交点里程桩号;

　　　　R——圆曲线半径;

　　　　N——偏角,输入时不带符号;

　　　　T——切线长;

　　　　L——曲线长;

　　　　E——外距;

　　　　P——切曲差;

　　　ZY——直圆点里程桩号;

　　　QZ——曲中点里程桩号;

340

YZ——圆直点里程桩号；

YZ2——圆直点里程桩号，YZ2应等于YZ，用此检查计算正确性。

fx—4800P型计算机圆曲线要素及主点里程桩号计算常规计算公式，以及依据此公式进行程序编辑设计的过程、程序应用范围及注意事项、程序应用算例，详见上篇第六章第一节及表6-1。程序执行操作方法步骤如下：

①按 AC 键，开机；

②按 FILE 键，将光标移至文件名 ZY-QZ-YZ 旁；

③按 EXE 键，显示：R?，输入圆曲线半径：R = 5000(m)；

④按 EXE 键，显示：N?，输入线路偏角：N = 8°32′48″；

⑤按 EXE 键，显示：T = 373.612 （切线长）；

⑥按 EXE 键，显示：L = 745.837 （曲线长）；

⑦按 EXE 键，显示：E = 13.939 （外距）；

⑧按 EXE 键，显示：P = 1.386 （切曲差）；

⑨按 EXE 键，显示：Q?，输入交点桩号：Q = 645.04(m)；

⑩按 EXE 键，显示：ZY = 271.428 （直圆桩号）；

⑪按 EXE 键，显示：QZ = 644.347 （曲中桩号）；

⑫按 EXE 键，显示：YZ = 1017.266 （圆直桩号）；

⑬按 EXE 键，显示：YZ2 = 1017.266 （检查计算：YZ = YZ2 计算正确）；

以下重复操作，计算另一圆曲线要素及主点桩号。

第二节　有缓和曲线的圆曲线要素和主点里程 桩号计算程序清单

文件名：ZH-HY-YH-HZ　　（196步骤数）

LbI 0 ↵

{Q R N I} ↵

$S = I^2 \div (24R)$ ↵

$M = I \div 2 - I^3 \div (240R^2)$ ↵

$T = (R + S)\tan(N \div 2) + M$ ◢

$L = RN\pi \div 180 + I$ ◢

$E = (R + S) \div \cos(N \div 2) - R$ ◢

$P = 2T - L$ ◢ ↵

$A''ZH'' = Q - T$ ◢

$B''HY'' = A + I$ ◢

$C''QZ'' = A + L \div 2$ ◢

$D''HZ'' = C + L \div 2$ ◢

$F''YH'' = D - I$ ◢ ↵

$D''HZ2'' = Q + T - P$ ◢ ↵

Goto 0

程序中：Q——交点里程桩号；

      R——圆曲线半径；

      N——偏角，输入时不考虑符号；

      I——缓和曲线长度；

      S——内移距；

      M——切线增值；

      T——切线长；

      L——曲线长；

      E——外距；

      P——切曲差；

    ZH——直缓点里程桩号；

    HY——缓圆点里程桩号；

    HZ——缓直点里程桩号；

    YH——圆缓点里程桩号；

  HZ2——检查计算，HZ2 应等于 HZ。

fx—4800P 型计算机有缓和曲线的圆曲线要素、主点里程桩号常规计算公式，以及依据此常规计算公式进行编辑设计程序的过程、程序应用范围及注意事项、程序应用算例，详见上篇第六章第二节表 6-2。

为了证明 ZH-HY-YH-HZ 程序普及实用性，下面以钟孝顺、聂让主编的高等学校试用教材《测量学》（公路与城市道路、桥梁、隧道工程专业用）（人民交通出版社，1997 年 9 月第 1 版）第十章"道路中线测量"§10-10 例 7 数据验算。

《测量学》例 7 原数据如下：

JD$_3$ 的里程桩号为：K6 + 790.306，$x = 2\ 591\ 069.056$m，$y = 20\ 478\ 662.850$m，圆曲线半径 $R = 2\ 000$m，缓和曲线长 $l_s = 100$m，转角 $\alpha = 39°01'09.1''$。

342

计算的曲线测设元素如下：

$p = 0.208$　　　　　　　（内移距）

$q = 49.999$　　　　　　（切线增值）

$T = 758.687$　　　　　（切线长）

$L = 1462.027$　　　　　（曲线长）

$E = 122.044$　　　　　（外距）

$D_H = 55.347$　　　　　（切曲差）

ZH 点桩号：K6 + 031.619

HY 点桩号：K6 + 131.619

YH 点桩号：K7 + 393.646

QZ 点桩点：K6 + 762.632

HZ 点桩号：K7 + 493.646

下面采用 ZH-HY-YH-HZ 程序计算。

程序执行操作方法步骤如下：

①按 AC 键，开机；

②按 FILE 键，将光标移至文件名 ZH-HY-YH-HZ 旁；

③按 EXE 键，显示：I?，输入缓和曲线长：I = 100(m)；

④按 EXE 键，显示：R?，输入圆曲线半径：R = 2000(m)；

⑤按 EXE 键，显示：S = 0.208　　（内移距）；

⑥按 EXE 键，显示：M = 49.999　　（切线增值）；

⑦按 EXE 键，显示：N?，输入转角：N = 39°01′09.1″；

⑧按 EXE 键，显示：T = 758.687　　（切线长）；

⑨按 EXE 键，显示：L = 1462.027　　（曲线长）；

⑩按 EXE 键，显示：E = 122.044　　（外距）；

⑪按 EXE 键，显示：P = 55.347　　（切曲差）；

⑫按 EXE 键，显示：Q?，输入交点 JD_3 桩号：Q = K6 + 790.306；

⑬按 EXE 键，显示：ZH = 6031.619　　（ZH 点桩号）；

⑭按 EXE 键，显示：HY = 6131.619　　（HY 点桩号）；

⑮按 EXE 键，显示：QZ = 6762.632　　（QZ 点桩号）；

⑯按 $\boxed{EXE}$ 键，显示：HZ = 7493.646 （HZ 点桩号）；

⑰按 $\boxed{EXE}$ 键，显示；YH = 7393.646 （YH 点桩号）；

⑱按 $\boxed{EXE}$ 键，显示：YH2 = 7393.646 （检查计算 YH = YH2，说明计算正确）；

以下程序执行是重复操作，略。

采用 ZH-HY-YH-HZ 程序计算上例，计算结果完全相等，说明 ZH-HY-YH-HZ 程序实用，且计算快捷、准确。

第三节　低等级公路中线测设计算程序清单

一、依据外距 E 和偏角 N 计算圆曲线要素和主点里程桩号的程序清单

文件名：EN-RTLP　　（122 步骤数）

LbI　0　←

{E N Q}　←

$R = E \div (1 \div \cos(N \div 2) - 1)$　▰

$T = R\tan(N \div 2)$　▰

$L = RN\pi \div 180$　▰

$P = 2T - L$　▰　←

$A''ZY'' = Q - T$　▰

$B''QZ'' = A + L \div 2$　▰　←

$C''YZ'' = B + L \div 2$　▰　←

$C''YZ2'' = Q + T - P$▰　←

Goto　0

程序中：E——低等级公路改造工程线路中线测量时，实地量取弯道的外距值；

　　　　N——低等级公路改造工程线路中线测量时，实地选定交点处测量的线路偏角值；

　　　　Q——实地选定的交点的里程桩号；

　　　　R——根据 E，N 计算的圆曲线半径；

　　　　T——计算的切线长；

　　　　L——计算的曲线长；

　　　　P——计算的切曲差值；

　　　　ZY——计算的直圆里程桩号；

　　　　QZ——计算的曲中里程桩号；

344

YZ——计算的圆直里程桩号；

YZ2——检查计算，YZ2 应等于 YZ。

fx—4800P 型计算机低等级公路改造工程线路中线选线，依据实测外距 E 和偏角 N 计算圆曲线有关要素及主点里程桩号的常规计算公式，以及依据此常规计算公式进行程序编辑设计的过程、程序的应用范围及注意事项、程序应用的算例，详见上篇第六章第三节及表6-3。

程序执行操作方法步骤如下：

① 按 | AC | 键，开机；

② 按 | FILE | 键，将光标移至文件名 EN-RTLP 旁；

③ 按 | EXE | 键，显示 $E^?$，输入实量外距：$E = 2.65(m)$；

④ 按 | EXE | 键，显示 $N^?$，输入实测偏角：$N = 57°18'$；

⑤ 按 | EXE | 键，显示：$R = 18.99$ （圆曲线半径）；

⑥ 按 | EXE | 键，显示：$T = 10.38$ （切线长）；

⑦ 按 | EXE | 键，显示：$L = 19.00$ （曲线长）；

⑧ 按 | EXE | 键，显示：$P = 1.76$ （切曲差）；

⑨ 按 | EXE | 键，显示 $Q^?$，输入交点桩号：$Q = 15008.31(m)$；

⑩ 按 | EXE | 键，显示：$ZY = 14997.93$ （ZY 点桩号）；

⑪ 按 | EXE | 键，显示：$QZ = 15007.43$ （QZ 点桩号）；

⑫ 按 | EXE | 键，显示：$YZ = 15016.93$ （YZ 点桩号）；

⑬ 按 | EXE | 键，显示：$YZ2 = 15016.93$ （检查计算，YZ = YZ2，计算正确）。

计算完毕，转入下一站计算，程序执行重复操作，略。

二、依据弦长 C 和中央纵距 y 计算圆曲线有关要素和主点里程桩号的程序清单

文件名：CY-RNETLP （144 步骤数）

LbI 0 ↵

{C Y Q} ↵

$R = C^2 \div (8Y)$ ◢

$N = C \div (2R) : N = 2\sin^{-1}N$ ◢

$E = R(1 \div \cos(N \div 2) - 1)$ ◢

$T = R\tan(N \div 2)$ ▲

$L = NR\pi \div 180$ ▲

$P = 2T - L$ ▲ ↵

$A''ZY'' = Q - T$ ▲

$B''QZ'' = A + L \div 2$ ▲

$C''YZ'' = B + L \div 2$ ▲

$C''YZ2'' = Q + T - P$ ▲ ↵

Goto 0

程序中：C——弯道处圆曲线实地 ZY 点和 YZ 点间距离，即弦长；

        Y——中央纵距，即实地 ZY 点和 YZ 点两点弦线中点至实地曲中 (QZ)点的距离；

        Q——交点里程桩号；

        R——计算的圆曲线半径；

        N——计算的线路偏角值；

        E——计算的外距；

        T——计算的切线长；

        L——计算的曲线长；

        P——计算的切曲差；

      ZY——计算的直圆点桩号；

      QZ——计算的曲中点桩号；

      YZ——计算的圆直点桩号；

    YZ2——检查计算，YZ2 应等于 YZ。

fx—4800P 型计算机低等级公路选测中线时，依据弦长 C、中央纵距 y 计算圆曲线要素、圆曲线主点里程桩号的常规计算公式，以及依据此常规计算公式进行编辑设计的过程、程序应用范围及注意事项、程序执行算例及操作方法步骤，详见上篇第六章第三节二及表6-4。

第四节　线路填、挖方量计算程序清单

一、线路结构层横断面面积计算程序清单

文件名：WTMJ

Lbl 0 ↵

{A B C G D M N} ↵

$S = 0.5((A + B)G + (B + C)D + MA^2 + NC^2)$ ▲ ↵

346

Goto　0

程序中:A,B,C——线路横截面左、中、右桩位实测高程与设计高程之
差;

G,D——线路横断面左、右半幅路宽;

M,N——边坡坡度;

S——线路横截面面积。

二、线路填、挖方量计算程序清单

文件名:FL

LbI　0　←

{A B S}　←

K = (A + B) ÷ 2　◢←

V = KS　◢←

Goto　0

程序中:A,B——两相邻横断面的面积,即用程序计算的横断面面积 S;

S——两相邻横断面间距;

K——两相邻横断面的平均面积;

V——两相邻横断面间填(挖)方量。

fx—$4800P$ 型计算机线路填(挖)方量计算的常规计算公式,以及依据此常规计算公式进行程序编辑设计的过程、程序应用范围及注意事项、程序应用算例,详见上篇第六章第四节及表 6-5 和表 6-6。

程序执行操作方法步骤如下[以 K129 + 325 断面为例(见表 6-5)]:

①按　AC　键,开机;

②按　FILE　键,将光标移至文件名 WTMJ 旁;

③按　EXE　键,显示:A?,输入左边桩应填高度 5.65(m);

④按　EXE　键,显示:B?,输入 K129 + 325 断面中桩应填高度 5.60(m);

⑤按　EXE　键,显示:G?,输入 K129 + 325 断面左边桩至中桩距离:G = 14.16(m);

⑥按　EXE　键,显示:C?,输入 K129 + 325 断面右边桩应填高度 5.21(m);

⑦按　EXE　键,显示:D?,输入 K129 + 325 断面右边桩至中桩距离:D = 14.16(m);

⑧按 EXE 键,显示:M?,输入填方左边坡坡度比分母 1.5;

⑨按 EXE 键,显示:N?,输入填方右边坡坡度比分母 1.5;

⑩按 EXE 键,显示:S = 200.49(K129 + 325 断面面积);

以下各断面仿上计算,程序执行重复操作,略。

下面介绍 FL 程序计算线路填、挖方量的操作方法步骤:

①按 AC 键,开机;

②按 FILE 键,将光标移至文件名 FL 旁;

③按 EXE 键,显示:A?,输入 K129 + 325 断面面积 200.49(m²);

④按 EXE 键,显示:B?,输入 K129 + 350 断面面积 161.36(m²);

⑤按 EXE 键,显示:K = 180.93(前述两断面面积平均面积);

⑥按 EXE 键,显示:S?,输入前述两断面之间距离 25(m);

⑦按 EXE 键,显示:V = 4523.13(前述两断面之间的工程量);

以下两断面间填挖量仿上计算。程序操作是重复上述按键,略。

第五节　边坡因故改坡度修挖工程量计算程序清单

文件名:GP-WMJ　　(45 步骤数)

LbI　0　←

I:N:M　←

{C}　←

A = 0.5(C²(sinI)²(N − M))　◢←

Goto　0

程序中:I——改后边坡坡角;

　　　　N——改后边坡坡度;

　　　　M——改前边坡坡度;

　　　　C——改后边坡斜距,即用皮尺实地量取的改后边坡堑顶至坡脚的斜距。

用 GP-WMJ 程序计算出各横断面因改坡而挖去的面积后,再用前述第四节二 FL 程序计算出因改坡而挖修的工程量。

fx—4800P 型计算机边坡因故改坡度挖修的面积常规计算公式,以及依据此常规计算公式进行程序编辑设计的过程、程序应用范围及注意事项、程序应用算例,详见上篇第六章第五节及表 6-7 和表 6-8。

348

第六节　曲线段皮(钢)尺交会法加放边桩数据计算程序清单

曲线段皮(钢)尺交会法放边桩分内圆和外圆两种情形,下面分述之。

外圆加放边桩放样数据计算程序清单:

文件名:WY-BZ　　(77 步骤数)

LbI　0　←

{R C B}　←

$Y = R - \sqrt{(R + C \div 2)(R - C \div 2)}$　◢←

$S''AN'' = \sqrt{(C \div 2)^2 + (Y + B \div 2)^2}$　◢←

Goto　0

内圆加放边桩放样数据计算程序清单:

文件名:LY-BZ

LbI　0　←

{R C B}　←

$Y = R - \sqrt{(R + C \div 2)(R - C \div 2)}$　◢←

$S''AP'' = \sqrt{(C \div 2)^2 + (B \div 2 - Y)^2}$　◢←

Goto　0

上述程序中:R——圆曲线半径,m;

　　　　　　C——圆曲线中桩 AB 间距离;C÷2:中桩相邻两点间距离(见上篇第六章图 6-6)。

　　　　　　B——路面宽度,m;

fx—4800P 型计算机圆曲线用皮(钢)尺交会法加放边桩放样数据计算常规计算公式,以及依据此常规计算公式进行程序编辑设计的过程、程序应用算例,详见上篇第六章第六节。

程序执行操作方法步骤:

上篇第六章第六节算例采用外圆程序——WY-BZ 程序来计算放样数据的,本节采用内圆程序——LY-BZ 程序来计算。

其算例数据如下:

××高速公路,在改线路基施工中,实地只放出了间隔为 25m 的平曲线中桩位置,为了方便施工,欲用皮尺交会法加放左、右边桩,为此,需计算外(或内)圆交会边距离。本例用内圆交会,圆曲线半径 $R = 72$m。路基宽 $B = 13.00$m(参阅上篇第六章第六节图 6-3)。

①按 AC 键,开机;

②按 FILE 键,将光标移至文件名 LY-BZ 旁;

③按 EXE 键,显示:R?,输入半径:R = 72.00(m);

④按 EXE 键,显示:C?,输入桩距 50(m);

⑤按 EXE 键,显示:Y = 4.48(中央纵距值若不显示,删除程序中 "▲");

⑥按 EXE 键,显示:B?,输入路基宽:B = 13.00(m);

⑦按 EXE 键,显示:AP = 25.08(内圆交会边距离);

⑧按 SHIFT AC 键,关机。

第七节 灌砂法压实度计算程序清单

文件名:GS-1　　(100 步骤数)

LbI　0　↵

A:C:P:N　↵

{B F M}　↵

D″3″ = A − B − C　▲

V″4″ = D ÷ P　▲

G″6″ = F ÷ V　▲

W″15″ = G ÷ (1 + M ÷ 100)　▲

I″17″ = (W ÷ N) × 100　▲　↵

Goto　0

程序中:A——灌砂前筒重 + 砂重,g;

　　　　C——锥体内砂重,g;

　　　　P——标准砂密度,g/cm³;

　　　　N——最大干密度,g/cm³;

　　　　B——灌砂后筒重 + 砂重,g;

　　　　F——湿试样重,g;

　　　　M——平均含水量,%;

　　　D″3″——灌入试坑砂重,g;

　　　V″4″——试坑体积,cm³;

　　　G″6″——湿密度,g/cm³;

350

W″15″——干密度，g/cm³；

I″17″——压实度，%。

fx—4800*P* 型计算机灌砂法压实度计算常规计算公式、程序执行算例、程序应用范围，详见上篇第六章第七节表 6-9。

程序中含水量计算较简单，可在表中手算；若用程序计算，则其程序清单：

文件名：GS-M   （62 步骤数）

LbI   0   ←┘

{K E Z}   ←┘

X″11″ = Z − K   ◢

Y″12″ = E − Z   ◢

Q″13″ = (Y ÷ X) × 100   ◢←┘

Goto   0

程序中：Z——盒重 + 干土重，g；

K——盒重，g；

E——盒重 + 湿土重，g；

X″11″——干土重，g；

Y″12″——水重，g；

Q″13″——含水量，%。

程序执行操作方法步骤：

(1)用 GS—M 程序(含水量计算程序)计算含水量

①按 AC 键，开机；

②按 FILE 键，将光标移至文件名 GS-M 旁；

③按 EXE 键，显示：Z?，输入盒重 + 干土重：Z = 541(g)；

④按 EXE 键，显示：K?，输入盒重：K = 65(g)；

⑤按 EXE 键，显示：11 = 476[干土重(g)]；

⑥按 EXE 键，显示：E?，输入盒重 + 湿土重：E = 565(g)；

⑦按 EXE 键，显示：12 = 24[水重(g)]；

⑧按 EXE 键，显示：13 = 5.0[含水量(%)]；

以下重复操作，计算 2 号盒试料的含水量，然后计算平均含水量。本例平均盒水量 M = 4.9%。

(2)用 GS-1 程序(灌砂法压实度计算程序)计算压实度

①按 AC 键,开机;

②按 FILE 键,将光标移至文件名 GS-1 旁;

③按 EXE 键,显示 $A^?$,输入灌砂前筒重 + 砂重:A = 9000(g);

④按 EXE 键,显示:$C^?$,输入锥体内砂重:C = 730(g);

⑤按 EXE 键,显示:$P^?$,输入标准砂密度:P = 1.426(g/m^3);

⑥按 EXE 键,显示:$N^?$,输入最大干密度:N = 2.32(g/m^3);

⑦按 EXE 键,显示:$B^?$,输入灌砂后筒重 + 砂重:B = 4295(g);

⑧按 EXE 键,显示:3 = 3975(灌入试坑砂重);

⑨按 EXE 键,显示:4 = 2788[试坑体积(cm^3)];

⑩按 EXE 键,显示:$F^?$,输入湿试样重:F = 6705(g);

⑪按 EXE 键,显示:6 = 2.405[湿密度(g/cm^3)];

⑫按 EXE 键,显示:$M^?$,输入平均含水量:M = 4.9(%);

⑬按 EXE 键,显示:15 = 2.293[干密度(g/cm^3)];

⑭按 EXE 键,显示:17 = 98.8[压实度(%)];

以下只要重新输入 $B^?$,$F^?$,$M^?$ 就可计算另一测点的 D,V,G,W 和 I。

第八节　弯沉检验现场随机取样测点计算程序清单

文件名:WC

LbI　0　↵

S:D:M　↵

{B C}　↵

E = BS + D　◢

F = CM − M ÷ 2　◢↵

Goto　0

程序中:S——弯沉检测段总长,m;

D——检测段起点里程桩号,m;

M——检测段每一车道路宽,m,一般为路面宽的 1/2,即半幅路宽;

B——同一栏号下 A 子栏中相对应的 B 子栏数值;

C——同一栏号下 A 子栏中相对应的 C 子栏数值;

E——程序计算的检测点的纵向里程桩号；

F——程序计算的检测点的横向里程桩号；计算值为正,表示检测点在车道中线右侧；计算值为负,表示检测点在车道中线左测。

关于 A 子栏、B 子栏和 C 子栏的含义,详见《公路工程施工测量》(人民交通出版社,2004 年 9 月第 1 版)第八章第三节一"弯沉检验现场测试随机选点方法"。

程序应用算例详见上篇第六章第八节表 6-10。

算例已知数据:弯沉检测段总长 460m;检测段起点桩号 K2 + 240;检测段每一车道路宽 7.5m,随机抽栏号:6;检测段 A 子栏、B 子栏和 C 子栏见表6-10 第 2 栏、第 3 栏和第 5 栏。下面以测点 10 号为例,介绍 WC 程序执行操作方法步骤:

①按 $\boxed{AC}$ 键,开机;

②按 $\boxed{FILE}$ 键,将光标移至文件名 WC 旁;

③按 $\boxed{EXE}$ 键,显示:$S^?$,输入检测段总长 S = 460(m);

④按 $\boxed{EXE}$ 键,显示:$D^?$,输入检测段起点桩号:D = 2240(m);

⑤按 $\boxed{EXE}$ 键,显示:$M^?$,输入每一车道路宽:M = 7.5(m);

⑥按 $\boxed{EXE}$ 键,显示:$B^?$,输入测点 10A 子栏 09 相对应的 B 子栏系数0.388;

⑦按 $\boxed{EXE}$ 键,显示:E = 2418.5(测点 10 纵向里程桩号);

⑧按 $\boxed{EXE}$ 键,显示:$C^?$,输入测点 10A 子栏 09 相对应的 C 子栏系数0.484;

⑨按 $\boxed{EXE}$ 键,显示:F = - 0.120(测点 10 纵向里程桩号 K2 + 418.5 断面横向距离:车道左侧 0.12m 处)。

以下各测点,只要输入各测点相对应之$B^?$子栏系数、$C^?$子栏系数,就可计算出各测点的纵向里程桩号及横向距车道中线之距离。

第九节　经纬仪视距法测设堑顶放样数据计算程序清单

文件名:JSCZ

LbI　0　↵

{A B D}　↵

$H = A - B$ ↵

$T = H \div D$ ↵

$F = \tan^{-1} T$ ◢

接着按 $\boxed{\text{SHIFT}}$ $\boxed{\circ\,\prime\,\prime\prime}$ 键,显示角度值。

$S = H \div \sin F$ ◢

$S''S2'' = \sqrt{(H^2 + D^2)}$ ◢ (检查计算:S = S2)

$L = S \div \cos F$ ◢

$K = D \div (\cos F)^2$

$V = L - K$ ◢ ↵(检查计算:V = 0)

Goto   0

程序中:A——堑顶设计高程,可从线路横断面图取用;

B——与堑顶同一横断面的中桩设计高程,可从线路横断面图取
　　　用;

D——堑顶至路中桩平距,可从线路横断面图量取;

T——经纬仪望远镜视线与水平面之夹角及设站处(中桩)拨放的
　　　倾角;

L,K——视距标尺读取的距离,即在中桩设站放堑顶时标尺应读的距
　　　离。

程序应用算例详见上篇第六章第九节。

程序输入中的公式详见上篇第六章第九节。

第十节　坐标反算计算程序清单

文件名:ZF　　(123 步骤数)

LbI   0   ↵

$A : B : \{C\ D\} : C \leq 0 \Rightarrow$ Goto 2 △   ↵

$X = C - A$ ↵

$Y = D - B$ ↵

$\text{PoI}(X, Y)$ ↵

$I''S'' = I$ ◢

$J''T'' = J$ ↵

$J < 0 \Rightarrow$ Goto   1   △   ↵

$J''T'' = J$ ◢

Goto   0   ↵

LbI 1 ↵

J″T″ = 360 + J ◢

Goto 0 ↵

LbI 2

{A B} ↵

Goto 0

程序中：A,B——测站点(施工导线点)x,y坐标值；

C,D——待放样点(所求点)x,y坐标值；

I″S″ = I——测站点至待放样点间平距；

J″T″ = J——测站点至待放样点边的方位角。

说明：(1)程序执行中，当给 $C^?$ 输入0或小于0的数，则程序重复显示 $A^?$，重新开始计算。这一功能，将大大方便程序使用，这是此程序的一个特点。

(2)fx—4800P 型计算机坐标反算计算常规公式，以及依据此公式进行程序编辑设计的过程，参阅上篇第六章第十节。

程序计算算例详见上篇第六章第十节表6-11。程序执行的方法、操作步骤如下：

①按 AC 键，开机；

②按 FILE ▼ 键，将光标移至所用文件名 ZF 旁；

③按 EXE 键，显示：$A^?$，输入测站 x 坐标 31363.567；

④按 EXE 键，显示：$B^?$，输入测站 y 坐标 69814.454；

⑤按 EXE 键，显示：$C^?$，输入放样点 x 坐标：K129 + 100，$x = 31323.066$；

⑥按 EXE 键，显示：$D^?$，输入放样点 y 坐标：K129 + 100，$y = 70052.163$；

⑦按 EXE 键，显示：$I^?$，计算机内部计算，不需输入数据；

⑧按 EXE 键，显示：$S = 241.135$ [测站点至放样点间距离(m)]；

⑨按 EXE 键，显示：$J^?$，计算机内部计算，不需输入数据；

⑩按 EXE 键，显示：$T = 99.669$，接着按 SHIFT °,″ 键，显示：$T = 99°40'09''$(测站点至放样点边方位角)；

⑪按 EXE 键，显示：$C^?$，输入下一放样点的 x 值；

以下连续重复计算，操作方法略。

注:当显示 $C^?$,输入 0 时,计算则重头开始执行。

第十一节　竖曲线要素及竖曲线起终点里程桩号计算程序

竖曲线概念、竖曲线要素常规计算公式、竖曲线起点和终点里程桩号计算公式,以及依据前述公式进行的程序编辑设计过程,详见上篇第六章第十一节。本节直接写出其程序清单:

文件名:F-TLE

LbI　1　↵

{I J R Q}　↵

$C = Abs(I - J)$　↵

$T = R \div 2 \times C$　◢

$L = 2T$　◢

$E = T^2 \div (2R)$　◢　↵

$A = Q - T$　◢

$B = Q + T$　◢↵

Goto　1

程序中:I——变坡点前纵坡坡度,输入时带符号;

　　　　J——变坡点后纵坡坡度,输入时带符号;

　　　　R——竖曲线半径;

　　　　Q——变坡点里程桩号;

　　　　T——竖曲线切线长度;

　　　　L——竖曲线长度;

　　　　E——竖曲线外矢距;

　　　　A——竖曲线起点里程桩号;

　　　　B——竖曲线终点里程桩号。

fx—4800P 型计算机 F-TLE 程序应用算例及程序执行操作方法步骤,详见上篇第六章第十一节四。

第十二节　缓和曲线、圆曲线弦长计算程序清单

1.程序清单 I

文件名:XZJS-1

LbI　1　↵

356

$R:I:A:\{B\}:B \leq 0 \Rightarrow$ Goto 2 △ ↵

$K = Abs(A - B)$ ▲↵

$D''F'' = K - K^5 \div (90R^2I^2)$ ▲↵

$N = 57.29578(K \div R)$ ↵

$C''Y'' = 2Rsin(N \div 2)$ ▲↵

Goto 1 ↵

LbI 2 ↵

$\{R\ I\ A\}$ ↵

Goto 1

程序中:A——ZH 点、HY 点、YH 点、HZ 点的里程桩号;

B——圆曲线、缓和曲线上任一点的里程桩号;

R——圆曲线半径;

I——缓和曲线长;

K——曲线长(弧长):计算圆曲线弦长时,K 为圆曲线上弧长;计算
缓和曲线的弦长时,K 为缓和曲线上的弧长;

N——K 所对圆心角;

$C''Y''$——圆曲线上的弦长,Y 表示圆曲线;

$D''F''$——缓和曲线上的弦长,F 表示缓和曲线。

XZJS-1 程序执行方法详见上篇第六章第十二节三的程序清单 I。

2.程序清单 II

文件名:XZJS-2 (164 步骤数)

$R:I$ ↵

$Z = 0 \Rightarrow$ Goto 1:≠$\Rightarrow$ Goto 2 △ ↵

LbI 1 ↵

$E:\{F\}:F \leq 0 \Rightarrow$ Goto 3 △ ↵

$K = Abs(E - F)$ ▲↵

$N = 57.29578(K \div R)$ ↵

$C''Y'' = 2Rsin(N \div 2)$ ▲↵

Goto 1 ↵

LbI 2 ↵

$A:\{B\}:B \leq 0 \Rightarrow$ Goto 4 △ ↵

$K = Abs(A - B)$ ▲↵

$D''F'' = K - K^5 \div (90R^2I^2)$ ▲↵

Goto 2 ↵

LbI 3 ↵

$\{E\}$ ↵

Goto 1 ↵

LbI 4 ↵

$\{A\}$ ↵

Goto 2

程序中:R——圆曲线半径;

      I——缓和曲线长;

      Z——程序执行条件控制,当 Z 输入 0 时,程序执行计算圆曲线部分的弦长"Y";当 Z 输入不等于 0 的数,例如输入 1,则程序执行计算缓和曲线部分的弦长"F";

      E——HY(或 YH)点的里程桩号:当圆曲线从 HY 点向 QZ 点测设曲线时,E 输入 HY 点的里程桩号;当圆曲线从 YH 点向 QZ 点测设曲线时,E 输入 YH 点的里程桩号;当前半圆部分 HY 点至 QZ 点计算完成,要计算后半圆部分 YH 点至 QZ 点时,只要给"F"输入 0 就可实现转换;

      F——圆曲线上任一点的里程桩号,当给"F"输入 0 或小于 0 的数,圆曲线上弦长计算,程序要求重新输入 E 和 F,这一功能,能很方便地使前半曲线转为后半曲线计算;

      A——ZH(或 HZ)点的里程桩号,当缓和曲线从 ZH 点向 HY 点测设时,"A"输入 ZH 点的里程桩号;当缓和曲线从 HZ 点向 YH 点测设时,"A"输入 HZ 点的里程桩号;当前缓和曲线 ZH 点至 HY 点计算完成,要计算后缓和曲线 HZ 点至 YH 点时,只要给"B"输入 0 就可完成;

      B——缓和曲线上任一点的里程桩号,当给"B"输入 0 或小于 0 的数,缓和曲线弦长计算,程序要求重新输入 A 和 B,这一功能,很方便地使前缓和曲线弦长计算转为后缓和曲线计算;

   C"Y"——圆曲线上的弦长,Y 表示圆曲线;

   D"F"——缓和曲线上的弦长,F 表示缓和曲线。

XZJS-2 程序执行方法详见上篇第六章第十二节三的程序清单 II。

3.程序清单 III

文件名:XZJS-3

LbI 1 ↵

R:I:A:E:G:M:$\{$B F H N$\}$ ↵

$K = \mathrm{Abs}(A - C)$ ▲

$Z"ZH" = K - K^5 \div (90R^2 I^2)$ ▲↵

358

$L = \mathrm{Abs}(E - F)$ ◢

$V = 57.29578(L \div R)$

$Y''HY'' = 2R\sin(V \div 2)$ ◢◄┘

$U = \mathrm{Abs}(G - H)$ ◢

$Q = 57.29578(U \div R)$

$Y''YH'' = 2R\sin(Q \div 2)$ ◢◄┘

$P = \mathrm{Abs}(M - N)$ ◢

$H''HZ'' = P - P^5 \div (90R^2 I^2)$ ◢◄┘

Goto 1

程序中:R——圆曲线半径;

       I——缓和曲线长;

      A——ZH 点的里程桩号;

      B——前缓和曲线(ZH 点至 HY 点)上任一点的里程桩号;

      K——B 至 A 间曲线长,即弧长;

Z''ZH''——前缓和曲线(ZH 点至 HY 点)上 B 至 A 弧长的弦长;

      E——HY 点的里程桩号;

      F——前半圆曲线(HY 点至 QZ 点)上任一点的里程桩号,如果从 HY 点计算至 YH 点,则是整条圆曲线(HY 点至 YH 点)上任一点的里程桩号;

      L——F 至 E 间曲线长,即弧长;

      V——L 所对圆心角;

Y''HY''——前半圆曲线(HY 点至 QZ 点)上 F 至 E 弧长的弦长,如果计算整条圆曲线,则是 HY 点至 YH 点上 F 至 E 间弦长;

      G——YH 点的里程桩号;

      H——后半圆曲线(YH 点至 QZ 点)上任一点的里程桩号;

      U——H 至 G 间曲线长,即弧长;

      Q——U 所对圆心角;

Y''YH''——后半圆曲线(YH 点至 QZ 点)上 H 至 G 弧长的弦长;

      M——HZ 点的里程桩号;

      N——后缓和曲线(HZ 点至 YH 点)上任一点的里程桩号;

      P——N 至 M 间曲线长,即弧长;

H''HZ''——后缓和曲线(HZ 点至 YH 点)上 N 至 M 弧长的弦长。

XZJS-3 程序执行方法详见上篇第六章第十二节三程序清单 III。

算例及操作方法步骤:

算例数据见上篇第六章第十二节表 6-12。

采用 XZJS-2 程序计算弦长的操作方法步骤如下:

①按 AC 键,开机;

②按 FILE 键,将光标移至文件名 XZJS-2 旁;

③按 EXE 键,显示:$R^?$,输入圆曲线半径:R = 400(m);

④按 EXE 键,显示:$I^?$,输入缓和曲线长:I = 100(m);

⑤按 EXE 键,显示:$Z^?$,计算前缓和曲线段弦长,Z 输入 1;

⑥按 EXE 键,显示:$A^?$,输入 ZH 点的里程桩号:A = 740.52(m);

⑦按 EXE 键,显示:$B^?$,输入前缓和曲线任一点桩号,例如 780(m);

⑧按 EXE 键,显示:K = 39.48(780 桩至 ZH 点弧长);

⑨按 EXE 键,显示:F = 39.479(AB 桩间弦长);

⑩按 EXE 键,显示:$B^?$,输入另一桩点里程桩号:B = 800;

以下重复操作,略。

当前缓和曲线段各桩点弦长计算完毕,再显示 $B^?$ 时,给 B 输入 0,则屏幕重新显示:$A^?$,此时转入计算后缓和曲线段,应给 A 输入 HZ 点的里程桩号:196.45(m),按 EXE 键,显示 $B^?$,输入后缓和曲线(HZ 点至 YH 点)上任一点里程桩号,例如输入 100(m),按 EXE 键,则 K = 96.45(m),F = 96.39(m),如此重复显示 $B^?$,K = ,F = ,直到将后缓和曲线上所有桩点弦长计算完。

当要计算圆曲线段弦长,则要重新选择文件名:XZJS-3。重新输入 $R^?$,$I^?$,$Z^?$,此时,R 和 I 保留原输入不变,而 $Z^?$ 应输入 0,接着按 EXE 键,显示 $E^?$,此时应输入 HY 点的里程桩号:E = 840.52(m),接着如下操作:

①按 EXE 键,显示:$F^?$,输入圆曲线上任一点里程桩号,例如 F = 1084.82(m);

②按 EXE 键,显示:K = 244.30(F 至 E 的弧长);

③按 EXE 键,显示:Y = 240.521(F 至 E 的弦长);

④按 EXE 键,显示:$F^?$,输入圆曲线上另一桩点里程桩号,例如 F = 1065(m);

以下重复操作,略。

360

第十三节　非对称曲线要素及主点里程桩号计算程序清单

程序清单：

文件名：FDZYS

LbI　0　←

{R N I J Q}　←

$P = I^2 \div (24R) - I^4 \div (2688R^3)$　←

$M = I \div 2 - I^3 \div (240R^2)$　←

$E = J^2 \div (24R) - J^4 \div (2688R^3)$　←

$F = J \div 2 - J^3 \div (240R^2)$　←

$T = (R + P)\tan(N \div 2) + M - (P - E) \div \sin N$　◢

$S = (R + E)\tan(N \div 2) + F + (P - E) \div \sin N$　◢　←

$L = N\pi R \div 180 + (I + J) \div 2$　◢

$G = (R + (P + E) \div 2) \div \cos(N \div 2) - R$　◢

$D = (T + S) - L$　◢←

$Z''ZH'' = Q - T$　◢

$Y''HY'' = Z + I$　◢

$H''HZ'' = Q + S - D$　◢

$K''YH'' = H - J$　◢

$Y''QZ'' = (Y + K) \div 2$　◢

Goto　0

程序中：R——圆曲线半径；

　　　　I——前缓和曲线长度；

　　　　J——后缓和曲线长度；

　　　　N——线路转角；

　　　　Q——交点里程桩号；

　　　　T——前切线长度；

　　　　S——后切线长度；

　　　　L——曲线长度；

　　　　G——外距；

　　　　D——切曲差(校正值)；

　　　ZH——直缓点里程桩号；

　　　HY——缓圆点里程桩号；

YH——圆缓点里程桩号；

HZ——缓直点里程桩号；

QZ——曲中点里程桩号。

fx—4800P型计算机程序计算非对称曲线要素及主点里程桩号编程过程参阅上篇第六章第十三节。

算例及程序操作方法步骤：

(1)算例见上篇第六章第十三节表6-13。

(2)程序执行操作方法步骤如下：

①按 AC 键,开机；

②按 FILE 键,将光标移至文件名 FDZYS 旁；

③按 EXE 键,显示:I$^?$,输入前缓和曲线长度:I = 35.000(m)；

④按 EXE 键,显示:R$^?$,输入半径:R = 190.00(m)；

⑤按 EXE 键,显示:J$^?$,输入后缓和曲线长度:J = 70.000(m)；

⑥按 EXE 键,显示:N$^?$,输入转角:N = 28°53′19.8″；

⑦按 EXE 键,显示:T = 68.171(前切线长度)；

⑧按 EXE 键,显示:S = 82.512(后切线长度)；

⑨按 EXE 键,显示:L = 148.299(曲线长度)；

⑩按 EXE 键,显示:G = 6.895(外距)；

⑪按 EXE 键,显示:D = 2.384(切曲差)；

⑫按 EXE 键,显示:Q$^?$,输入交点里程桩号:Q = 976.672(m)；

⑬按 EXE 键,显示:ZH = 908.501(直缓点桩号)；

⑭按 EXE 键,显示:HY = 943.501(缓圆点桩号)；

⑮按 EXE 键,显示:HZ = 1056.800(缓直点桩号)；

⑯按 EXE 键,显示:YH = 986.800(圆缓点桩号)；

⑰按 EXE 键,显示:QZ = 965.151(曲中点桩号)；

以下是程序重复计算,输入另一非对称曲线数据计算下去。

fx—4800P型计算机 FDZYS 程序计算非对称曲线要素及主点里程桩号的应用范围及注意事项,参阅上篇第六章第十三节四。

第十四节　匝道平面线位放样桩位坐标程序计算

关于匝道线位平面位置放样,许多读者来电来信咨询其有关程序计算问题。下面用实例说明匝道线位加桩平面坐标程序计算方法。

这一实例是甘肃省平凉市泾川县××高速公路二标测量工程师邵立刚提供的。

图 12-1 是××高速公路××村停车区匝道线形平面图;图 12-2 是××高速公路××互通立体交叉匝道线形平面图。

接受任务后,按照下述方法选用程序来计算匝道上加桩点的坐标。

(1)分析匝道线形组成。一般来说,一条匝道的线形是由直线段、圆曲线段、前缓和曲线段、带有缓和曲线的圆曲线段、后缓和曲线段等线形组成的。

如图 12-1 所示的 Z 匝道,它的线形有前直线段 ZQD 至 ZY;圆曲线段 ZY 至 YZ;后直线段 YZ 至 ZY;圆曲线段 ZY 至 GQ;圆曲线段 GQ 至 ZZD。

如图 12-2 所示的 A 匝道,它的线形则是由直线段、前后缓和曲线段、带有缓和曲线的圆曲线段组成的。

(2)弄清楚匝道各线形段的起算数据。一般情况下,设计单位提供的匝道线形图都会说明匝道各线形段的有关数据:

①坐标。

②方位角。

③半径。

④缓和曲线长。

⑤各线形段起、终点的里程桩号。

(3)根据匝道各线形段的线形,以及各线形段的有关起算数据,选用计算匝道线位加桩点坐标的程序。

匝道线形上加桩点的平面坐标,可选用线路点位坐标分步计算程序计算。

匝道直线段加桩点位坐标,可选用线路直线段点位坐标计算程序 Z-X-Y-1 计算。

匝道前缓和曲线段加桩点位坐标,可选用缓和曲线段上点位坐标计算程序 ZH-HY 计算。

匝道后缓和曲线段加桩点位坐标,可选用缓和曲线段上点位坐标计算程序 HZ-YH 计算。

匝道圆曲线段加桩点位坐标,可选用圆曲线上点位坐标计算程序 ZY-

YZ-XY计算,亦可选用有缓和曲线的圆曲线上点位坐标计算程序 HY-QZ-YH计算,只是此时,缓和曲线长 V 输入为零。

匝道有缓和曲线的圆曲线段加桩点位坐标,可选用有缓和曲线的圆曲线上点位坐标计算程序 HY-QZ-YH 计算。

(4)判断匝道圆圆曲线的偏角(转向角),设计单位提供的匝道线形平面图上若提供了偏角,则直接取用;若其没有提供偏角,则要根据匝道线形平面图来判断左、右偏角。方法如下:

①面向匝道前进方向。

②判断切线方向线。

③弯道在切线左侧,则是左偏角;弯道在切线右侧,则是右偏角。

上述程序中,用 G 来控制偏角条件,当为左偏角时,则 G 输入为 - 1,当为右偏角时,则 G 输入为 1。

(5)根据匝道横断面图判断匝道中桩至左、右边桩的距离。如图 12-2,从 A 匝道标准横断面图可知:

中桩至右边桩距离(路基):

$$0.5 + 0.5 + 3.5 + 0.5 + 2.0 + 0.75 = 7.75(m)$$

中桩至左边桩距离(路基):

$$0.5 + 0.5 + 3.5 + 0.5 + 2.0 + 0.75 = 7.75(m)$$

A 匝道路基宽:

$$7.75 + 7.75 = 15.50(m)$$

从 B、C、D、E 匝道标准横断面图可知:

中桩至右边桩距离(路基):

$$1.75 \div 2 + 2.5 + 0.75 = 4.125(m)$$

中桩至左边桩距离(路基):

$$1.75 \div 2 + 1.75 + 1.00 + 0.75 = 4.375(m)$$

B、C、D、E 匝道路基宽:

$$4.125 + 4.375 = 8.50(m)$$

分析中桩至左、右边桩距离的目的是为了用程序计算左、右边桩坐标。

上述 5 项准备工作做好后,则可用程序来计算匝道平面位置放样加桩点位的中、左、右边桩坐标了。

下面以图 12-2 中的 A 匝道为算例,说明计算匝道加桩点位坐标的方法、步骤。

(1)AQD 至 ZH 是直线段,选用 Z-X-Y-1 程度来计算。其起算数据是:

起算点桩号:AQD;

里程:L = AK0 + 000;

起算点:AQD 的坐标为 X = A = 22110.508,Y = B = 67625.051;

方位角:F = 296°15′07.5″。

L、A、B、E 为程序中符号。

(2)ZH 至 HY 是前缓和曲线段,选用 ZH – HY 程序来计算。其起算数据是:

半径:R = 120;

缓和曲线长:V = 249.966 – 196.633 = 53.333;

起算点里程桩号:A = ZH = 196.633;

起算点已知坐标:X = P = 22197.482,Y = Q = 67448.700;

方位角:F = 296°15′07.5″;

G = 1(曲线在切线右侧)。

(3)HY 至 YH 是圆曲线段,选用 HY-QZ-YH 程序来计算。其起算数据是:

半径:R = 120;

缓和曲线长,用前缓和曲线长:V = 53.333;

起算点里程桩号,用缓圆(HY)的:A = 249.966;

起算点坐标,用直缓(ZH)点的:X = P = 22197.482,Y = Q = 67448.700;

方位角,用前切线的:F = 296°15′07.5″;

G = 1(曲线在切线右侧)。

(4)YH 至 HZ 是后缓和曲线段,选用 HZ-YH 程序来计算。其起算数据是:

R = 120;

V = 53.333(后缓和曲线长 372.875 – 319.541 = 53.334);

A = 372.875(HZ 点的里程桩号);

P = 22333.606(HZ 点 X 坐标值);

Q = 67335.475(HZ 点 Y 坐标值);

F = 354°56′11.5″ + 180°(后切线反方位角);

G = 1(曲线在切线右侧)。

(5)HZ 至 ZH 是直线段,选用 Z-X-Y-1 程序来计算。其起算数据是:

L = 372.875(HZ 点里程桩号);

A = 22333.606(HZ 点的 X 坐标值);

B = 67355.475(HZ 点的 Y 坐标值);

F = 354°56′11.5″(后切线正方位角)。

(6)ZH 至 HY 是 A 匝道第二个曲线的前缓和曲线段,选用 ZH-HY 程序来计算。其起算数据是:

R = 62.750(第二个曲线的半径);

V = 78.088(第二个曲线的前缓和曲线长);

A = 578.195(第二个曲线 ZH 点的里程桩号)；

P = 22538.125(上述 ZH 的 X 坐标值)；

Q = 67337.353(上述 ZH 的 Y 坐标值)；

F = 354°56′11.5″(第二个曲线的切线的正方位角)；

G = −1(曲线在切线的左侧)。

(7)HY 是 AZD 是匝道第二个圆曲线,选用 HY-QZ-YH 程序来计算。其起算数据是：

R = 62.750；

V = 78.088；

A = 656.283(第二个圆曲线 HY 点的里程桩号)；

P = 22538.125(ZH 点的 X 坐标值)；

Q = 67337.353(ZH 点的 Y 坐标值)；

F = 354°56′11.5″(第二个曲线的切线的正方位角)；

G = −1(曲线在切线的左侧)。

至此,A 匝道加桩点位坐标用上述选用的程序即可全部算出。至于程序执行的操作步步骤,此处不再详述,读者可参考第十一章第六节。下面直接列出 A 匝道中第一个圆曲线段加桩点的计算结果,详见表 12-1。

为了检查计算结果的正确性,可用坐标展点法把该段平面线形绘出。见图 12-3。

A 匝道 HY 至 YH 段任一点坐标计算 表 12-1

桩　号	左边桩		中一边距离(m)	中　桩		中一边距离(m)	右边桩	
	X(m)	Y(m)		X(m)	Y(m)		X(m)	Y(m)
AK0 + 249.966	22218.462	67397.969	7.75	22224.487	67402.845	7.75	22230.511	67407.721
+ 250	22218.485	67397.941	7.75	22224.508	67402.819	7.75	22230.531	67407.696
+ 260	22225.522	67389.956	7.75	22231.118	67395.318	7.75	22236.714	67400.680
+ 270	22233.198	67382.585	7.75	22238.329	67388.394	7.75	22243.459	67394.203
+ 280	22241.462	67375.878	7.75	22246.091	67382.094	7.75	22250.720	67388.310
+ 290	22250.255	67369.883	7.75	22254.351	67376.462	7.75	22258.446	67383.042
+ 300	22259.517	67364.640	7.75	22263.051	67371.537	7.75	22266.584	67378.435
+ 310	22269.183	67360.186	7.75	22272.130	67367.354	7.75	22275.078	67374.521
AK0 + 319.541	22278.721	67356.701	7.75	22281.089	67364.080	7.75	22283.458	67371.459
已知数据	HY 桩号:AK0 + 249.966m YH 桩号:AK0 + 319.541m ZH 点坐标:X = 22197.482m 　　　　　Y = 67448.700m			R = 120m V = 53.333m F = 296°15′07.5″ G = 1				

366

附　录　一

公路工程施工测量实用程序一览表

（采用 fx—4500PA 型计算机，fx—4800P 型计算机）

项目	序号	文 件 名	程 序 功 能
公路工程施工导线测量 近似平差分步计算程序	1	附合导线观测角平差程序：D101-1	计算附合导线观测角改正数及观测角平差值
	2	闭合导线观测角平差程序：D101-2	计算闭合导线观测角改正数及观测角平差值
	3	附（闭）合导线方位角及坐标增量计算程序：D102	计算附（闭）合导线方位角及导线纵、横坐标增量
	4	附（闭）合导线坐标增量闭合差计算程序：D103	计算附（闭）合导线纵横坐标增量闭合差
	5	导线坐标增量改正数计算及导线精度评定计算程序：D104	计算附（闭）合导线坐标增量改正数和导线精度评定值：绝对闭合差和相对闭合差
	6	导线坐标平差值计算程序：D105	计算附（闭）合导线点纵、横坐标平差值
支导线测量 坐标计算程序	7	复测支导线点坐标计算程序（逐点计算）：D106-1	逐点计算复测支导线各点纵、横坐标值
	8	复测支导线点坐标计算程序（一次性全部点计算）：D106-2	一次性全部计算复测支导线点纵、横坐标值
	9	引点坐标计算程序：D106-3	计算一个支导线点纵、横坐标值
公路施工水准测量 近似平差计算程序	10	附（闭）合水准线路高程计算程序：H001	计算附（闭）合水准线路上各点高程平差值
	11	复测支水准线路高程计算程序（逐点计算）：H002	逐点计算复测水准线路上各点高程平差值
	12	复测支水准线路高程计算程序（一次性全部点计算）：H003	一次性全部计算复测支水准线路上各点高程平差值
公路工程施工高程 位置放样数据计算程序	13	线路直线、圆曲线段设计高程计算程序：H-ZY	计算线路直线段、圆曲线段上任一点的中桩和边桩的设计高程
	14	竖曲线段设计高程计算程序：F-H	计算竖曲线段上任一点的中桩和边桩的设计高程

项目	序号	文件名	程序功能
公路工程施工高程位置放样数据计算程序	15	直线竖曲线段设计高程联算程序:F-Z-Y-H	计算前竖曲线终点至后竖曲线起点之间线路上任一点中桩和边桩设计高程
	16	缓和曲线超高段设计高程计算程序:ZHD-001 和 ZHD-002	计算缓和曲线起点至全超高段起点、缓和曲线终点至全超高段终点间任一横断面的超高横坡度及左、右边桩的设计高程
水准仪高程放样数据计算程序	17	水准前视法测高计算程序:H	计算水准前视法测量桩位地面或桩顶高程
	18	水准视线高计算程序:S-X-G	计算水准视线高法放样的视线高
公路工程施工平面位置放样数据计算程序	19	极坐标法放样数据计算程序:JZBF	计算待放样点的放样要素——距离和角度,还可应用于坐标为已知的两点的坐标反算
	20	偏角法测设圆曲线放样数据计算程序:P-J	计算偏角法实地测设圆曲线中线桩位的要素——圆曲线上任一点的偏角值
	21	切线支距法测设圆曲线放样数据计算程序:Z-XY	计算切线支距法实地测设圆曲线中线桩位的要素——圆曲线上任一点的切线支距的 x,y 数值
	22	偏角法测设缓和曲线放样数据计算程序:H-P-J	计算偏角法实地测设缓和曲线中线桩位的要素——缓和曲线上任一点的偏角值
	23	坐标法放样点位平面位置数据计算程序:XY	计算线路直线、曲线上任一点的中桩及边桩的 x,y 值。计算范围是:①前直线段(第一直线段)HZ 点至 ZH 点(或圆曲线 YZ 点至 ZY 点);②本缓和曲线 ZH 点至 HZ 点(或圆曲线 ZY 点至 YZ 点);③后直线段(第二直线段)HZ 点至 ZH 点(圆曲线 YZ 点至 ZY 点)
公路工程施工平面位置放样数据分步计算程序	24	线路直线段点位坐标计算程序:Z-X-Y-1	以线路直线段一个点的坐标和该段正方位角为起算数据,计算线路直线段上任一点中桩、边桩坐标值
	25	线路圆曲线两侧直线段点位坐标计算程序:Y-Z-X-Y-2	计算圆曲线两侧直线段上任一点中桩、边桩坐标
	26	线路缓和曲线两侧直线段点位坐标计算程序:F-Z-X-Y-3	计算缓和曲线两侧直线段或者当缓和曲线等于 0 时,计算圆曲线两侧直线段上任一点的中桩、边桩坐标

项目	序号	文件名	程序功能
公路工程施工平面位置放样数据分步计算程序	27	圆曲线上点位坐标计算程序：ZY-YZ-XY	计算圆曲线 ZY-QZ-YZ 上任意一点的中桩、边桩坐标
	28	有缓和曲线的圆曲线上点位坐标计算程序 I：F-Y-X-Y	以交点坐标为起算数据，计算有缓和曲线的圆曲线或不设缓和曲线的圆曲线上任一点中桩、边桩坐标
	29	有缓和曲线的圆曲线上点位坐标计算程序 II：HY-QZ-YH	以 ZH 点坐标为起算数据，计算 HY—QZ—YH 间任一点中桩、边桩坐标。当缓和曲线长等于零，则以 ZY 点坐标为起算数据。计算 ZY—QZ—YZ 间任一点的中桩、边桩坐标。还可计算非对称曲线
	30	有缓和曲线的圆曲线上点位坐标计算程序 III：YH-QZ-HY	以 HZ 点坐标为起算数据，计算 YH—QZ—HY 间任一点中桩、边桩坐标。当缓和曲线长等于零，则以 ZY 点为起算点，计算 YZ—QZ—ZY 间任一点的中桩、边桩坐标。还可计算非对称曲线
	31	缓和曲线段上点一位坐标计算程序 I：F-X-Y	计算交点两侧缓和曲线段上任一点的中桩、边桩坐标
	32	缓和曲线段上点位坐标计算程序 II——前缓和曲线段坐标计算程序：ZH-HY	以 ZH 点坐标为起算数据，计算 ZH 点至 HY 点间任一点的中桩、边桩坐标。计算方向是从 ZH 点到 HY 点。另外，本程序可计算非对称缓和曲线坐标
	33	缓和曲线段上点位坐标计算程序 III——后缓和曲线段坐标计算程序：HZ-YH	以 HZ 点坐标为起算数据，计算 HZ 点至 YH 点间任一点的中桩、边桩坐标。计算方向是从 HZ 点到 YH 点。另外，本程序可计算非对称缓和曲线坐标
	34	直缓(ZH)点及缓直(HZ)点中桩坐标计算程序：ZH-HZ-X-Y	以交点坐标为起算数据，计算 ZH 点或 HZ 点中桩坐标。当缓和曲线长等于 0 时，计算 ZY 点或 YZ 点中桩坐标
公路工程施工平面位置放样数据计算程序	35	非对称曲线直缓(ZH)点和缓直(HZ)点中桩坐标计算程序：ZH-HZ-X-Y-2	以交点坐标，前、后切线长度，前切线正方位角，线路转角为已知数据，计算非对称曲线缓和曲线 ZH 点和 HZ 点坐标
	36	经纬仪视距法放样数据计算程序：JSF	极坐标法放样采用经纬仪视距法时，计算测站至放样点间的平距及移动量；计算放样点位的实地高程及挖、填高度
	37	地形测量平距及高程计算程序：DXZL-DH	平板仪测图时，计算测站至地形点间平距及地形点的高程，以便刺点和图上注记

项目	序号	文 件 名	程 序 功 能
公路工程施工测量其他有关计算程序	38	圆曲线要素及主点里程桩号计算程序:ZY-QZ-YZ	计算圆曲线要素:T,L,E,P 和主点 ZY,QZ,YZ 点的里程桩号
	39	有缓和曲线的圆曲线要素及主点里程计算程序:ZH-HY-YH-HZ	计算有缓和曲线的圆曲线要素 T,E,P 和 ZH,HY,QZ,YH,HZ 点的里程桩号
	40	依据外距 E 和偏角 N 计算圆曲线其他要素及主点里程程序:EN-RTLP	低等级公路山区线路外业选中线时,计算 R,T,L,P 和主点 ZY—QZ—YZ 的里程桩号
	41	依据弦长 C 和中央纵距 y 计算圆曲线有关要素及主点里程程序:CY-RNETLP	低等级公路山区线路外业选中线时,计算 R,N,E,T,L,P 和主点 ZY—QZ—YZ 的里程桩号
	42	经纬仪视距法测设低等级导线或测设低等级山区乡村路交点的计算程序:JSF-DM	用于山区乡村公路选测中线的低等级导线间平距或测设交点间平距以测量低等级导线点或线路交点高程计算
	43	线路结构层横截面面积计算程序:WTMJ	计算线路横截面填方、挖方面积
	44	线路填、挖方量计算程序:FL	计算线路两相邻横断面间工程量
	45	改坡挖修横断面面积计算程序:GP-WMJ	计算挖方边坡(路堑)因改坡而挖去部分的截面积
	46	曲线段交会法加放边桩放样数据计算程序 I:WY-BZ	计算圆曲线外圆加放边桩放样数据
	47	曲线段交会法加放边桩放样数据计算程序 II:LY-BZ	计算圆曲线内圆加放边桩放样数据
	48	灌砂法压实度计算程序:GS-1 和 GS-M	GS-1 程序计算灌砂法测定的压实度;GS-M 程序计算灌砂法测定的含水量
	49	弯沉检验现场随机取样测点位置计算程序:WC	计算弯沉现场检测点的随机纵向里程桩号和横向距离
	50	经纬仪视距法测设堑顶放样数据计算程序:JSCZ	计算经纬仪视距法测设堑顶的倾角和视距标尺读数
	51	坐标反算计算程序:ZF	计算已经坐标的两点间的距离和方位角
	52	竖曲线要素及竖曲线起终点里程桩号计算程序:F-TLE	1.计算竖曲线要素:T,L 和 E; 2.计算竖曲线起点和终点的里程桩号

项目	序号	文 件 名	程 序 功 能
公路工程施工测量 其他有关计算程序	53	圆曲线、缓和曲线的弦长计算 程序:XZJS-1,XZJS-2,XZJS-3	计算圆曲线、缓和曲线上任一弧长的弦长
	54	非对称曲线要素及主点里程计 算程序:FDZYS	以交点里程,圆曲线半径,线路转角,前、后缓 和曲线长度为已知数据,计算非对称曲线要素 和主点里程桩号

附　录　二

CASIO fx—$5800P$ 型计算器编程规律与格式

　　本文力求用最简单的语句,最简单的程序命令来编写 5800 程序清单。并根据这一编程规律,将其格式化。这一格式,在公路工程施工测量中可普及应用,据此施工现场测量员可很容易地将 4800/4850 程序修改成 5800 机型能用的程序。现将这一格式列述于下,供施工一线测量员应用。

一、格　式　一

文件名: × × × ×

"常量 ="? 常量: ……"常量 ="? 常量↵	
计算表达式↵	
计算表达式↵	（与常量有关的计算公式,如无此式,则不编写）
…… ↵	
计算表达式↵	
LbI n ↵	（与 Goto n 相应,无条件转移）
"变量"? 变量: ……"变量"? 变量↵	
While　变量 >0 ↵	（重复计算命令）
计算表达式↵	
If <条件 >: Then <语句块 >: Else If <条件 >:	
Then <语句块 >:	条件转移命令,转移层次,
Else If <条件 >:	根据实际情况决定。此外
Then <语句块 >:	转移 4 次,IfEnd 要 4 句。
Else If <条件 >:	转移连接用":"中途不能用
Then <语句块 >:	回车符号。
If End:　If End:	
If End:　If End ↵	
计算表达式↵	
计算表达式↵	
……	
"显示字符 =": 计算结果字符▲	显示计算结果
"显示字符 =": 计算结果字符▲	
……	
Goto n ↵	（无条件转移与 LbI n 对应）
While End　（重复计算命令）	

重复计算

示例:以直竖联算程序为例。

文件名:ZFLS

"H＝"? H: "B＝"? B: "R＝"? R:	（常量:变坡点高程、桩号;半
"O＝"? O: "Q＝"? Q: "N＝"? N:	径;前、后纵坡度;路层厚;中
"M＝"? M: "E＝"? E ↵	边桩距离,路面横坡度）
R Abs(Q－O)÷2→T ↵	（切线长计算公式）
B－T→A: B＋T→D ↵	（竖曲线起终点桩号计算）
"A＝": A ▲	
"D＝": D ▲	显示起终点桩号
LbI 0 ↵	
"L"? L ↵	变量(计算范围内任意点桩号)
While L＞0 ↵	重复计算命令及条件
B—L→C ↵	计算公式
1→F ↵	判断凹凸竖曲线
0＞Q⇒－1→F ↵	
If L＜B－T: Then 0→Z: O→P:	（条件转移:前直线任一点高
Else If L＜B: Then 1→Z: O→P:	程计算;起点到变坡点间任
Else If L＜B＋T: Then 1→Z: Q→P:	一点高程计算;变坡点到终
Else IF L＞B＋T: Then 0→Z: Q→P:	点任一点高程计算;后直线
If End: If End: If End: If End ↵	任一点高程计算。转移 4 次）
H—N—CP＋ZF(T－Abs(c))²÷(2R)→G ↵	（计算中桩高程）
G＋ME→U ↵	（计算边桩高程）
"G＝": G ▲	（显示中桩高程）
"U＝": U ▲	（显示边桩高程）
Goto 0 ↵	（与 LbI 0 相对应）
While End	（重复计算命令）

左侧标注:重复计算

二、格 式 二

格式一用的重复计算命令是:While ~ WhileEnd。只要 While 后面的条件语句为真(非零),则从 While 到 WhileEnd 之间的语句就会重复。当 While 后面的语句变为假(0)时,则执行 WhileEnd 后面的语句。

格式二用的重复计算命令是:Do ~ Lp While。只要 LpWhile 后面的条件语句为真(非零),则从 Do 到 LpWhile 之间的语句就会重复。当 Do 后面的语句为假(0)时,则执行 LpWhile 后面的语句。

格式二除重复计算命令与格式一不同外,其他语句形式基本与格式一相同。

格式二形式是:

文件名:××××

```
    "常量 = "？常量：……"常量 = "？常量↵
    计算表达式↵
    ……
    计算表达式↵
    LbI n ↵
┌ Do ↵
│   "变量"？"变量:……"变量"？变量↵
│   计算表达式↵
│   If < 条件 >: Then < 语句块 >:
重│   Else If < 条件 >: Then < 语句块 >:
复│   ……
计│   If End: If End……↵
算│   计算表达式↵
│   ……↵
│   "显示字符 = ": 计算结果字符   ◣
│   ……  ◣
│   Goto n ↵
└ LpWhile
```

示例,还以直竖联算程序为例。示例中与格式一相同语句略,只列出不同的语句。

文件名:与格式一同。

```
          ⋮
      语句与格式同
          ⋮
注 ┌ LbI 0 ↵
意 │
不 │
同 ├ Do ↵
部 │
分 └ "L"? L ↵
          ⋮
      语句与格式一同
          ⋮
      Goto 0 ↵
      LpWhile
```

三、格 式 三

前述格式一与格式二,程序语句中都设置了条件转移命令。对于没有条件转移的程序,则可用格式三:

对于不需要重复计算的程序:

文件名:××××

LbI n ↵
"常量 = "? 常量: ……"常量 = "? 常量↵
计算公式↵
……
计算公式↵
"显示字符 = ": 计算公式◢
……
"显示字符 = ": 计算公式◢
Goto n

示例:对称曲线直缓点(ZH)和缓直点(HZ)中桩坐标计算程序

文件名:ZH—HZ—XY

LbI 0 ↵
"R = "? R: "I = "? I: "N = "? N: "G = "? G:
"Q = "? Q: "K = "? K: "F = "? F↵
(已知数据:圆曲线半径、缓和
曲线长、转角、控制转角条件、
交点坐标、前切线正方位角)

$I \div 2 - I^3 \div (240R^2) \to M$ ↵ (切线增长的距离)

$I^2 \div (24R) - I^4 \div (2688R^3) \to P$ ↵ (内移量)

$(R + P)\tan(N \div 2) + M \to T$ ↵ (切线长)

"ZHX = ": $Q + T\cos(F + 180)$ ◢ ⎤
"ZHY = ": $K + T\sin(F + 180)$ ◢ ⎦ ZH 点的 x、y 值
"HZX = ": $Q + T\cos(F + GN)$ ◢ ⎤
"HZ = ": $K + T\sin(F + GN)$ ◢ ⎦ HZ 点 x、y 值
Goto 0

对于需要重复计算的程序:

这种程序需要重复计算,但程序中没有条件转移命令。其格式与格式

一和格式二基本相同,但是要把格式一和格式二中的条件转移命令部分删除。例如线路直线段点位坐标计算程序:

文件名:ZX—XY

"L＝"? L: "A＝"? A: "B＝"? B: "F＝"? F ↵　　　　　（常量:起点桩号,坐标,方位角）

LbI 0 ↵

Do ↵　　　　　　　　　　　　　　　　　　　　　（重复计算命令）

"D"? D: "S"? S: "E"? E ↵　　　　（所求点桩号,中边桩距离夹角）

Abs(D—L)→K ↵　　　　　　　　　　（所求点至起点间距离计算）

Rec(K,F)↵　　　　　　　　　　　　　（调用直角坐标转换计算）

A＋I→X: X＋J→Y ↵　　　　　　　　　（中桩坐标计算）

"X＝": X　◢ }　　　　　　　　　　　（显示中桩坐标值）
"Y＝": Y　◢

"M＝": X＋Scos(F＋E) }　　　　　（计算边桩坐标并显示）
"N＝": Y＋Ssin(F＋E)◢

Goto 0 ↵

LPWhild　　　　　　　　　　　　　　　　　　（重复计算命令）

分析格式一、格式二与格式三,我们发现 5800 编辑程序很有规律,这个规律的基本模式是:

常量→计算式→LbI n→Do→变量→或 While→条件转移命令(If ＜条件 ＞: Then 语句: ElseIf ＜条件 ＞: Then 语句: IfEnd: IfEnd)→计算式及显示→Goto n→LPWhile 或 WhileEnd

这个规律有八大要领:

1. 常量语句:"常量＝"? 常量或"常量"? 常量。

2. 变量语句:"变量＝"? 变量或"变量"? 变量。

3. 赋值语句:"计算式"→变量。

4. 重复计算命令:

(1) While ~ WhileEnd;

(2) Do ~ LpWhile。

5. 无条件转移命令:Goto n ~ LbI n。

6. 条件转移命令: If—Then—Else If—Then—If End

7. 计算结果显示命令:"英大字母＝": 英字母 ◢。

8. 正确使用: 、◢、↵。

只有掌握了这八大要领的使用规律,才能快速、准确地编辑 5800 程序清单并将其快速地输入到 5800 型计算器。

　　施工现场仍在使用 4800/4850 的测量员可对照格式一、格式二或格式三,遵照上述八大要领,将 4800/4850 相应语句改过来,就能容易地快速、准确地使用 5800 机型。

　　为了方便施工现场测量员修改 4800/4850 程序,下面将 4800/4850 与5800 相对应的语句列于表附表 2-1:

5800/4800/4850 程序语句置换表　　　　附表 2-1

项　目	5800	4800/4850
常量语句	"A = "? A: "B = "? B······← 或 "A"? A: "B"? B······←	A: B: ······←
变量语句	"A = "? A: "B = "? B······← 或 "A"? A: "B"? B······←	{ AB······ }←
赋值语句	A + B − C→D ←	A + B − C = D
无条件转移 语句	Goto n ~ LbI n	Goto n ~ LbI n
重复计算 语句	While ~ WhileEnd 或 Do ~ LPWhile	无
条件转移 语句	1→F: I > J⇒ − 1→F ←	F = 1: I > J⇒F = − 1△
	If L < B − T: Then 0→Z: I→P:	≒⇒L < B − T⇒Z = 0: P = I:
	ElseIf L < B: Then 1→Z: I→P:	≒⇒L < B⇒Z = 1: P = I:
	Else If L < B + T: Then 1→Z: J→P:	≒⇒L < B + T⇒Z = 1: P = J:
	Else If L > B + T: Then 0→Z: J→p:	≒⇒Z = 0: P = J△△△△ ←
	IfEnd: IfEnd: IfEnd: IfEnd: ←	
计算结果 显示语句	"XF1 = ": X + I ◢	4800:X "XF1" = X + I ◢
	"YF1 = ": Y + J ◢	Y "YF1" = Y + J ◢
		4850:X = X + I: "X = ": X ◢
	J→F ←	Y = Y + J: "Y = ": Y ◢
		"XF1 = ": X + I ◢
		"YF1 = ": Y + J ◢
	"F = ": F▶DMS ◢	4800:J "F = "J ◢
		4850: "F": F▶DMS ◢